德智融合

素养导向的课程文化建设

上海市杨浦高级中学教师论文集

张田岚 ◎ 主编

上海教育出版社
SHANGHAI EDUCATIONAL
PUBLISHING HOUSE

培根铸魂　教育弘道

——于漪精神和教育使命的杨高实践

　　走进上海市杨浦高级中学就可以看到"一身正气，为人师表"这八个大字镶嵌在科技实验楼的墙上，这是 20 世纪 80 年代，于漪老师担任上海市第二师范学校（上海市杨浦高级中学前身）校长时，组织全校师生进行"师范生的美"大讨论而凝成的全校共识，它时刻提醒全校师生铭记使命和担当。时至今日，这八个大字，依然在杨浦高级中学熠熠生辉。

　　于漪老师在十年的校长任职生涯中，深入思考了学校管理的要求和学生培养的方向、路径，提出了三个"制高点"：首先，要站在时代的制高点上；其次，要站在战略的制高点上；再其次，要站在与基础教育发达国家竞争的制高点上。这一思想突破了学校的微观定位，把学校办学使命与国家民族命运紧密联系起来。

　　从 1997 年第二师范学校转制为杨浦高级中学至今，27 年间，学校经历了三任校长，涌现出了 16 位特级教师、6 位正高级教师，培养了 25 届，共万余名学生。从康士凯校长的"责任感和文化判断力培养"，到向玉青校长的"教师集'德、才、学'于一身，学生求'真、善、美'于一体"教育理想，再到如今"德智融合，全面发展"的办学理念，学校始终站在三个制高点上继承和弘扬于漪老师的教育家精神，弘扬为人、为学、为事的一身正气，始终与时代发展同频共振，始终以服务国家和社会为己任，坚守"为党育人、为国育才"的初心使命。

　　教师一肩挑着学生的今天，一肩挑着国家的未来。21世纪初，于漪老师提出教育要"树魂立根"，教学要"德智融合"。"德智融合"教育思想是于漪老师数十年教育教学实践与探索的总结提炼，她说："教师肩负的千钧重担须聚焦在滴灌学生的生命之魂。"

　　于漪老师明确指出要关注教师德性和智性两方面的发展。为此，学校设计了"基于'德智融合'教育思想的教师发展分层评价"，多维多层面地对教师工作进行个性化评价，充分发挥评价的正确导向、潜能激发和促进发展的作用，从中寻找有效的教师专业发展评价的实践道路。在于漪老师的教育教学思想引领下，杨浦高级中学建设了一支"师德为魂，专业为本，名师引领，团队发展"的高质量教师队伍，涌现出了获得全国五一劳动奖章、全国优秀教师称号、全国优秀班主任称号、上海市教育功臣提名奖等荣誉的一大批优秀教师，语文教研组四代特级教师薪火相传，成为基础教育一道亮丽的风景。

　　教育的目标不仅仅是传授知识，更重要的是培养学生的道德品质，塑造他们的灵魂，建设他们的精神家园。于漪老师的"德智融合"的教育教学思想，是学校文化的价值基础。"德智融合"教育教学思想是对课程"立德树人"如何落地生根的探索和回答——充分挖掘课程内在的育人价值，将其与知识传授相融合，立体化施教、全方位育人，真正将"立德树人"落实到课程主渠道、课堂主阵地，促进"双新"高质量落实。

　　杨浦高级中学作为于漪老师开创的德智融合教育理想园，处处留存着于漪老师立德树人的教育思想光辉。我们将追寻于漪老师的教育理想和信念，弘扬践行教育家精神，胸怀天下，以文化人，在德智融合育人实践中不断探索前进。

张田岚

上海市杨浦高级中学

目　录

第三章 扎根课堂的教学研究 / 193

第四章　破解难题的教育反思 / 363

第一章

打动人心的教育力量

德智融合课例开发研究
——于漪"德智融合"教学思想的实践转化

张田岚

一、主题与背景

（一）背景介绍

从国家教育政策大背景来看，党的二十大报告提出要办好人民满意的教育，全面贯彻党的教育方针，落实立德树人根本任务。如何把立德树人融入文化知识教育，这既是时代命题，也是历史使命，更是学科教学"德智融合"的现实意义。教育部还明确提出"课程育人"的思想，印发了《中小学德育工作指南》，要求教师充分发挥课堂教学的主渠道作用，将中小学德育内容细化落实到各学科课程的教学目标之中，融入渗透到教育教学全过程。其中，更是要求"语文、历史、地理等课要利用课程中语言文字、传统文化、历史地理常识等丰富的思想道德教育因素，潜移默化地对学生进行世界观、人生观和价值观的引导"。

从上海市杨浦高级中学（下称"杨高"）的文化传统来看，"德见一题一课，育见一言一行"，杨高的教师认真开展着德智融合、落实素养的教学实践活动，"真正将立德树人落实到学科主渠道、课堂主阵地"。于漪是杨高的老校长、荣誉校长，于漪德智融合教学思想已经逐渐被杨高的教师接受、内化、践行与传承，成为教师开展教学的指导思想。杨高的教师们思考育人价值与学科价值的关系，把自己对德智融合的实践感悟融入自己的科研课题中，不同学科的教师从不同的角度去思考德智融合的内涵，在教学中遇到问题时随机研究。渐渐地，教师们对于漪老师德智融合的自发散点研究由点成了线，如同传导链般传播发散，逐渐成为杨高教师共同的价值认同。开展德智融合课例开发与研究，杨高有非常好的基础与传统。

从教师的培养来看，于漪是从课堂中走出来的人民教育家，她的教育思想可以且应该在课堂实践中生根、发芽、开花、结果，探究于漪教育教学思想在课堂这一扎根地的实践转化方法，让于漪教育教学思想被广大的一线教师学习、吸收、内化与掌握，并应用于实践之中。这对于培育和培养新一代人民教师有着重要价值与丰富意义，也为于漪教育教学思想实践转化提供了丰富的实践内涵与内容要素。

从学校的研究支撑来看，学校明确提出"德智融合、自主发展"的课程体系，始终坚持在办学中继承于漪老师提出的"德智融合"教育思想。学校通过学科知识体系和价值体系的统一，在学科"德智融合"的知与行中滴灌学生的生命之魂，促进学生的全面、自主发展。基于于漪老师"德智融合"的学科教学思想，学校积极思考未来的教育方向，不断寻求课程建设中破解难题的方法和途径。学校申报了"德智融合特色课程建设与实践"和"情境化试题设计在命题中的应用"两个市级项目和《德智融合课例开发研究——于漪"德智融合"教学思想的实践转化》国家课题子课题项目，开展于漪"德智融合"教学思想在课堂中扎根的行动实践。

（二）主题阐释

对于于漪"德智融合"教学思想内涵的认识和理解，首先要聚焦在两个层面。一是对"德"的校本解读和理解。扩大关于"德"的内涵，不能狭义地理解为仅仅是爱国主义、民族精神等，杨高的教师们在课堂中激发学生兴趣，培育学生意志品质，读懂学生，厚植爱国情怀，严谨求真，探究理性之美，不同学科的教师从不同的角度去解读和理解"德"的内涵：德是素养、品性、品质，真善美的价值观、道德良知和社会责任等。

二是对"融合"二字的理解。"德智融合"关键在"融"，不是一加一，不是德育加智育，不是"穿靴戴帽"，更不是空洞说教。"融"是水乳交融，融为一体。知识传授、能力培养是显性的，心灵滋养是隐性的，注重陶冶感染，潜移默化，春风化雨、润泽心灵。学校各教研组进行集体研讨，找到德智融合课堂教学的一个个融合点，润物细无声地将德育和智育自然地融入学科教学中，探究学生德性和智性和谐发展的方法路径。

在上述对"德"与"融合"的理解的基础上，可以将于漪德智融合教育思想作如下阐释，即通过对"德育""智育"培养目标的整合，统整教学内容和教学过程，以情境任务创设和学生建构反应为主要特征，实现学科知识学习、能力培养与育人本质结合的最优化。

于漪老师说：课堂学科教学是单一传授知识技能，还是以所教学科智育为核心，融合情感态度价值观的教育，教学效果迥然不同。后者是真正的教书育人，把情意激发、情操陶冶、责任心、创新意识、对真善美的价值追求等，伴随着知识的传授、能力的培养散播到学生心中，使学生在掌握知识的同时，智力获得发展，心里逐步亮起人生追求的明灯，形成正确的人生价值判断。

于漪老师一直强调"目中有人"，"人"指活在当下的学生。德育课题研究和探索的起点也正是"学生的内心世界"。高中三年，学生身心发展是不同的，他们对世界认识的侧重点也是不同的。关注、尊重各学段学生的独特性，走近并且研究他们，结合不同学科课程特点，学科德育才有可能直抵学生的内心，才能真正使"育德"与"增智"互促互进。

二、实践过程

学校通过研究德智融合的具体真实课例以及对教学问题的描述和再现，揭示教与学的改进过程，讲述对教学改进背后的德智融合思想的认识和理解。研究以学校实际发生的育德学科教学中的真实课堂教学为载体，以小的教育教学问题为主题，以解决操作性问题为手段，培养教师面对育德实际问题的决策能力和反思能力，促进教师基于实践经验的专业知识（即实践知识）的增长。在德智融合的课例研究的过程中，透视课堂和改进课堂是两个关键点。最终把德智融合课例研究作为教师提升发展的重要方式和促进学生成长的重要路径。

具体的实践内容体现在以课例为载体，聚焦德智融合教学实施中的关键问题，建立系统开放的工作机制和多路径的运作模式，保障项目扎实、有序、有效推进。一是以"课堂实践"为抓手，形成德智融合转化的丰富实践意蕴，转化于漪老师德智融合的教育思想。学校开展全员开课评课活动，让学生能心有所悟，身有所感。二是以研训为方法，找到实现德智融合思想内隐转化方向。学校开展以"德智融合"为主题的双向性培训，如"德智融合的课堂文化转型""情境化命题设计研究""德智融合自主发展的课程建设"，强化骨干教师的影响力，引导教师去追求学科教学中的德智融合，让师德素养和学科育德的使命紧密联系。

（一）实践阶段

1. 第一阶段：自发的个体研究——提供鲜活的实践案例

（1）融合点梳理。

研究初始，研究团队按学科将教师分为研究小组，首先确立德的内涵，教师在课堂教学中所面临的"融合点"问题。梳理高中学科德智"融合点"，将新教材新课程的逻辑结构与教学过程的程序结合起来，审慎地选择知识点或训练点，纵横延伸，找准各学科蕴藏的"思想情操熏陶感染点"。创设情境，找到于漪教育思想转化的具体实践点，从而确定德的内涵。

（2）梳理于漪德智融合教学思想的内涵、要素、操作方式等。

梳理于漪德智融合教学思想的内涵、要素、操作方式等，这是研究与实践的基础（关注于漪老师的课堂和课例）。德智融合课例内涵、要素、操作方式对提升德智融合课例研究质量具有重要的意义。第一，选择符合德智融合研究主题的要素，便于德智融合课例主题的有效落实；第二，研究落实于漪德智融合思想在课堂教学中的转化路径。

（3）德智融合课例设计。

德智融合课例设计的关键内容：第一，做好学情分析，便于德智融合的教学活动设计。德智融合课例设计前需要对学生的基础知识、认知能力和学习态度等进行详细分析，并根据学生的情况做好学习活动的设计。为了形成思维难度的梯度分布，帮助学生更好地理解学习内容，同时提升学生的课堂参与度，要设计"独立研讨、生生合作、师生合作"的活动环节。第二，做好素材加工，以便于德智融合的教学活动实施。科学规范的素材是德智融合课例实施的保障。因此，德智融合课例设计时需要根据德智融合课例研究的对象和目的对选择的素材进行深度加工，包括德智融合典型案例的开发和研讨活动的设计。第三，备置详细教案，以便于课堂观察。课堂观察是德智融合课例研究重要的数据收集方法，而详细的教学设计能够有效提升课堂观察的效率，提升德智融合课例数据的完整性。

（4）反思与论文撰写。

① 案例反思。德智融合课例反思是提炼德智融合课例成果的基础，是德智融合深化的保障。德智融合课例反思包括对德智融合课例设计的反思和对德智融合课例实施的反思。对德智融合课例设计的反思，即反思德智融合课例设计的合理性和科学性。主要反思内容包括两个方面：第一，德智融合课例是否与德智融合的主题吻合；第二，学情分析是否准确，学习活动设计是否合理等。

② 德智融合课例论文撰写。德智融合课例论文撰写的基本原则是理论与实践有机融合。德智融合的理论是实践的依据，两者深度融合形成高质量的德智融合课例论文。理论描述需要重点说明三项内容：德智融合课例研究的背景，即开展德智融合课例研究的原因和价值，德智融合课例设计遵循的教育思想、教育规律和设计思路，德智融合课例研究形成的认识性成果和操作性成果。实践描述重点说明两项内容：德智融合课例实施的主要过程及内容，德智融合课例实施的效果。德智融合课例论文包括研究背景、理论依据、改革措施、德智融合课例实施过程简述等。杨高的教师在教学中遇到问题，随机研究，把自己对德智融合的实践感悟融入自己的科研课题中，这些闪烁着教师个体智慧的研究弥足珍贵，为研究的整体推进提供了鲜活的实践案例。

2. 第二阶段：团队的联动推进——形成系列课题成果

团队联动，形成典型的德智融合课例。德智融合课例实施过程由两个基本环节构成：教师上课，集体听课和集体研讨。通过两个环节的反复实施，最终形成具有推广价值的典型德智融合课例。

学校各研究团队开展全面备课，通过集体研讨的方式选择德智融合课例的主题和素材，主讲教师在集体研讨的基础上，撰写详细的德智融合课例实施方案；通过集体研讨，对主讲教师的德智融合课例实施方案进行修改，形成比较完善的方案；通过专家咨询，包括相关专家对德智融合课例实施方案进行指导，根据专家的建议，对德智融合课例实施方案进行完善。

3. 第三阶段：学校的顶层设计——助力课堂文化转型

学校顶层规划，以重点课题顶层引领，助力项目开展：一是开展"德智融合特色课程建设与实践""情境化实体设计在命题中的运用"市级双新项目研究，总结项目实施经验，推动学校特色课程持续完善。不断提炼经验，促进学科与德育的深度融合，转化为学校全体教师的育德能力，促进学校整体"德智融合"课堂文化转型的变革。二是确立"德智融合、自主发展"的学校课程体系，以于漪"德智融合"教育教学思想为引领，转变育人方式，发展学校"德智融合"的教育特色，遵循学生成长规律和教育教学规律，以课程本体认识为突破口，融入体现时代特征的德育内容，体现纵贯横通，实现德智融合，系统落实立德树人根本任务。

（二）转化与应用的路径或策略

学校行动研究的策略和路径成果都来自一线教师的创造性实践，我们不断总结教师在课堂中独特的个人研究路径智慧。提炼出三大德智融合的路径：

一是融情入境，发掘课程中的德智融合点，将课程内容置于社会生活情境中，融情入境，情境濡染，产生濡染之效应。

李润玉老师在教授"发现潜藏的逻辑谬误"时，引导学生运用逻辑规律解决日常情境中的逻辑问题，培养理性精神，探究逻辑谬误与语言艺术之间的区别。

二是启智涵德，以学科思维在课程内容和德育之间架构桥梁，在启迪智慧的同时涵养美德，启蒙理性，培养美善，产生涵德之效应。

周丽倩老师在教授《别了，"不列颠尼亚"》一文时，运用"写颁奖词"

的任务驱动学生理解本篇新闻的写作特色，引导学生体会新闻语言庄重、含蓄背后的民族自豪感。

三是润泽内化，各学科合力而为，运用感化、体验、浸润、熏陶去润泽生命，在多感官并用中润泽融合，产生内化之效应。

姜俊杰老师的跨学科课程《建水生生态环境》以多学科知识为基础，立足生态教育，融合地理、生物、物理、化学多学科知识，使学生体会人与自然和谐相处，理解生命的意义。

三、实践成效

（一）研究实践成果

1. 填补了德智融合思想落实到课堂的转化路径研究的空白

由于国内高层次专家的实验、倡导，课例研究得到一些教师和研究人员的关注。但这些研究较多地停留于理论知识的介绍、探索性的小范围实验，在实践层面还没有得到普遍的重视、推广，特别是在区域层面较大范围加以实践推广的更少，更别说德智融合的课例研究了。课例研究作为一种立足教育教学实践的专业化行动研究方式，是教师专业成长的有效推进器。德智融合课例研究的完善补充，为于漪德智融合的转化路径找到课堂实践的新路。

于漪老师的"德智融合"的思想，将"立德树人""德智融合"落实到学科主渠道、课堂主阵地。杨高探索实践路径，开展德智融合的课例研究，填补了德智融合思想落实到课堂的转化路径研究的空白。

2. 提供德智融合课例研究范本

在课堂教学实践中落实"德智融合"，于漪老师给我们提出了"看得见""抓得准""有创意"九个字的实践原则。"看得见"即教师对教学中的育人因素要有发现的意识，能主动发现教学内容中蕴含的德智"融合点"，在单元整体教学设计时加以体现；"抓得准"即教学设计的切口要抓得准，切入小，挖得深，要深入挖掘学科的育人价值，育人价值要与学科价值结合起来;"有创意"即形式多样,富有新意,符合当代学生的认知和心理特点,学生能心有所悟,身有所感。

学校形成了一批特色"德智融合"精品课例和研究范本,在这些研究课例中,教师充分挖掘各学科内在的育人价值,拓展德智融合的内涵,在各个学科中创造性地发掘德智融合点,落实"看得见""抓得准""有创意"的实践原则。

诸懿霖老师以统编高中教材中两篇小说《百合花》和《哦,香雪》为例,具体阐述关于高中小说教学中实现"德智融合"的课堂转化路径,指出师生在互动中即兴创造,学生在探索中体验情感,在过程中学会小说的解读方法,建构其自身的学科核心素养,在体认与思辨中体会本民族情感表达的内敛与深沉,才有可能实现智育与德育的融合。而唯有在每一堂课中将其作为"日常"的范式去遵循、去实践,才有可能实现"滴灌生命之魂"。

张黎明老师通过引导学生在课堂中对比阅读海明威的《一个干净明亮的地方》与《老人与海》,让学生学习其精神气质,激发学生阅读兴趣,深入思考生命价值。

吕嘉怡老师在对《烛之武退秦师》一篇的教学与思考中,从智育、德育与德智融合的融合点三方面,归纳出三条语文课堂做到德智融合的可能路径:确定培养文字能力为语文教学的智育任务,为德育做好铺垫;德智融合的融合点可以在于对文化的思辨性接受;教师要在课堂中设置多个环节引导学生思考德育内容。

高琳老师依托于漪老师的"德智融合"教学思想,力求将语文学科知识与德育完美融合。通过挖掘先秦诸子散文德智融合点,进行三次教学实践与反思,明确《庖丁解牛》多重寓意对于提升学生思维品质的作用。总结单元教学德智融合的几条转化路径,如关注学生的内在需求、搭建德育支架进行教学等。

李润玉老师以逻辑单元第二课时"发现潜藏的逻辑谬误"为例,探究"德智融合"在逻辑单元中的实施路径与改进策略,启"智"明"德",引导学生在一个碎片化和情绪化的网络世界里,更理性、更审慎。

汤沁老师以高中英语探究课为例，探讨如何在课堂教学中对学生进行志愿者精神的培养。采用项目探究学习法，创设生活化情境，通过包含自评、互评及教师提问在内的多元评价，引导学生深入反思，感悟志愿者精神的内涵和价值。

陈琦伟老师灵活运用教材内容，从学生角度出发，研究学生，引导学生，多感官促进学生对于教材的理解，找准"德智融合"的最佳切入点，将德育和智育水乳交融，推动教育全面培养时代新人。

杨高教师将"德智融合"的教育思想内化于心，自觉在教学实践中落实"德智融合"，围绕"政治认同""国家意识""文化自信""公民人格"对课文进行深度开发，教学设计不再停留在知识技能层面，更多的是引导精神层面的构建；教师们在教学方法上突破一言堂、满堂灌，"教育不是无情物"，以平等的师生关系促进教学相长，以德育德，以人育人。学校总结项目实施经验，推动学校特色课程、课例研究持续完善；不断提炼经验，促进学科与德育的深度融合，转化为学校全体教师的育德能力，促进学校整体课堂文化转型的变革。

（二）学校办学的实践效果

1. 聚焦顶层框架设计，护航"德智融合"落地转化

以于漪老师"德智融合"思想为主心骨，以教师与学生为中心，以课程与教学为核心，以组织与管理为重心，全面、系统地规划"杨浦高级中学'德智融合'的课堂文化转型框架"，开展各类精准培训，落实理念；完善学校日常课程管理，组织各教研组和各类学习共同体开展"德智融合"主题活动，在实践中不断完善顶层规划和架构，护航"德智融合"落地转化。

2. 聚焦课题研究，引领"德智融合"落地转化之路

于漪老师说："学科本身有德有育，具备内在的育人价值，而教师要做的，就是把学科本身的德育特点激发出来，把它与知识传授能力的培养相结合，全方位育人，真正将立德树人落实到学科主渠道、课堂主阵地。"学校关注如何将各学科核心素养、德智融合的理念落实到教学中，鼓励教师依据学生发展核心素养和学科核心素养，以单元教学设计为载体加以落

实，坚持"学生立场"，把握住"人"这一关键。学校开展了教师全员开课评课活动。"德见一题一课，育见一言一行"，要求教师认真开展德智融合、落实素养的教学实践活动。在德智融合的课例研究的开课、观课、评课、反思研究中，学校教师进一步探究"熔知识传授、能力训练、智力发展、思想情操陶冶于一炉"的立体化全学科教学途径，主动将"德智融合"课堂转型理念内化于心，理解、领会其内在精神，并落实到自身的教学实践中，全面提高教学质量。语文教研组曾向全区公开展示"德智融合背景下的语文课堂教学实践"，几位老师的语文公开课将理论与实践相结合，促进教师思考"德"的内涵，王伟老师的微报告《德智融合背景下语文课堂教学实践探索》，总结了语文组多年实践德智融合思想的集体智慧。

3. 聚焦师资培养，打造"德智融合"教师群体

学科发展本质上要解决的核心问题是教师的专业发展问题。学校始终坚持强化师德师风建设，以教师需求为导向，以教师专业发展为基点，凸显"教研相长""研训一体"，构建教师专业发展平台，优化学科教研团队，积极探索新课程新教材的实施路径。

学校组建有利于教师专业发展的校内基层学术团队，搭建联动平台。将教师由过去主要依靠个人努力、单兵发展为主的形式，转变为依靠团队、共同发展为主的形式，实施"团队培养计划"。比如："扬"青年团队，每学期定时、定点、定主题开展形式多样的活动，在"于漪讲坛""班主任沙龙"中，青年教师交流探讨，共同成长。还有学科团队，比如学校语文组，充分发挥团队培养优势，三代特级教师接力成长，传承师风；跨学科团队，比如学科创新小组。团体联动，最终实现校内资源的优化，达到教师专业发展共赢的目的。

人民教育家、我校名誉校长于漪老师说："只有德育口号，没有专业能力，学科德育流于空洞；只有专业能力，没有德育融合，学科育人无法实现。"于漪老师"德智融合"的思想，是其教育教学思想的精华，在"双新"背景下更显其现实意义。核心素养培育中"品格"和"价值观"是重中之重。今天，德智融合的理念正日渐深入杨高全员、全方位、全过程的教育和学校管理中。

四、反思与展望

学校将始终坚持在办学中传承于漪老师提出的"德智融合"教育思想。让该思想更深入地被杨高教师接收、传承，成为教师开展教学、研究课例的指导思想。

杨高的教师们将继续思考育人价值与学科价值的关系，把自己对德智融合的实践感悟融入科研，不同学科的教师从不同的角度去持续思考德智融合的内涵，提供更多德智融合研究的课例，积极思考学校未来的教育方向，不断在课程建设中寻求破解难题的方法和途径。

参考文献

［1］王荣华，王平．于漪教育教学思想概要［M］.上海：上海教育出版社，2021.

［2］杨玉东．课例研究的国际动向与启示［J］.全球教育展望，2007（3）：47-49.

［3］杨玉东．课例研究的关键是聚焦课堂［J］.人民教育，2013（7）：44-47.

［4］王洁．教师的课例研究旨趣与过程［J］.中国教育学刊，2009（10）：83-85.

［5］安桂清．课例研究：信念、行动与保障［J］.全球教育展望，2007（3）：42-46；85.

［6］安桂清．课例研究的意蕴和价值［J］.全球教育展望，2008（7）：15-19.

2 "双新"背景下书香校园的构建
——校园图书馆书香专柜的设置

李 琳

一、背景

在"双新"（新课标、新教材）的大背景下，语文这一学科所应有的人文精魂、文学魅力、趣味美感、开放体系，以及它对学生个体精神发育、人格成长不可忽视的作用，都被提到了前所未有的高度。

《普通高中语文课程标准（2017 年版 2020 年修订）》中对"语文"的定位是：语文课程是一门学习祖国语言文字运用的综合性、实践性课程。工具性与人文性的统一，是语文课程的基本特点。

语文学科如何担起新课标的定位和理念？语文教师将有何作为？大家在各自的操作层面作着不懈的努力和探索。

高中语文学科核心素养包括四个方面："语言建构与运用""思维发展与提升""审美鉴赏与创造""文化传承与理解"。四者应以"语言建构与运用"为核心，齐头并进，全面交融而且持续发展。与此同时，专家学者们也认为，充分、广泛而又深层次地阅读人类文明千百年传承下来的经典作品是提升语文全面素养的抓手。新课标把"整本书阅读"这个任务置于首位，是放到了相当重要的位置。以高中为例，《乡土中国》和《红楼梦》被列入教材的整本书阅读书目。

哲学家贺麟说，读书是划分人与禽兽的界限，也是划分文明人与野蛮人的界限。读现代的书就是和同时代的人沟通思想，交流看法；读古人的书能了解人类创造的文明，择其精要继承发展。读书是人类特有的神圣权利。

然而高中生阅读现状却不容乐观,学生们不再是缺少书而是书太多。他们被两种力量所左右。一个是以升学考试为目的的教育要求,一个是呼啸而来的短视频等流行文化。前者形成了升学的压力,而后者往往能给学生以解放的幻想空间。就前者而言,课堂教学正试图在应试和素质教育之间谋求更好的结合点,而后者鱼龙混杂,快餐式的文学产品大行其道,欲望符号大肆流行,逐渐败坏学生的阅读品位。与此同时,经典被束之高阁,乏人问津。如何让青少年在人生成长的关键期阅读经典,提升核心素养,走近大师?如何才能夯实基础、激发兴趣、提升素养?如何建构学校的书香氛围?这些问题亟待解决。

我们在工作中,与图书馆形成合力,尝试用"书香专柜"的形式,推动学生阅读经典,成就自我。

二、缘起

笔者爱听课,也喜欢借听课的良机去每个学校的图书馆看看。根据图书馆陈列的书籍,可以看出该校学生对于书籍的品位,根据学生借阅情况可以看到他们关注哪些话题。而在这些图书馆里给我印象最深的是某附中的图书馆——进门最显眼的地方有一个专柜,那是附中学子借阅最热门的书籍专柜。里面有包含文史哲类的商务印书馆的经典之作——"汉译名著"系列,以及最新出版的学术著作,甚至有百衲本的《红楼梦》。该附中学子的阅读视野代表着优秀高中生的趣味、视野和思考的方向。于是笔者受到启发,想用一种新的方式,调动学生的读书积极性。

如何更好地运用本校图书馆的丰富资源?据图书馆提供的2023年的资料:杨浦高级中学图书馆馆舍总面积1500平方米,年购图书、报刊经费在27万左右。现有馆藏图书近10万册,年订购期刊196种,报纸27种。2023年生均外借册数3.5本,生均阅览次数10.87次。

书刊浩如烟海,现代人手机不离手,学生的阅读情况堪忧。学生如何快速有效地在浩如烟海的图书当中找到适合自己的书籍,如何克服手机的诱惑，如何在碎片化阅读中坚持阅读并且读好书？笔者脑海中萌生了一个念头：在图书馆中显眼、便捷的位置设置两个大书柜，本着"从书里到书外，从课本到书本"原则，建立"书香专柜——语文教师荐书"。这样能够对学生阅读进行精心的指导，让书籍"活"起来。语文学习的外延应当与学生阅读的外延相同，有效占据学生的课余时间，用优秀经典阅读充实他们的思想。

三、实施过程

书柜放置的形式很重要，在图书馆老师的大力支持下，在组内几位老师的协同下，我们在图书馆最显眼的地方陈列专柜，分必修上下、选择性必修上中下五个部分，每个部分有一层书架，放置相关书籍，作为从课本向课外阅读的延伸。

以经典篇目苏轼的《赤壁赋》（又称《前赤壁赋》）为例，该课文现编排在高中语文必修上册第七单元，我们在图书馆的艺术大类中找到由上海书画出版社出版的中国碑帖名品《苏轼黄州寒食诗帖赤壁赋》。这本书法碑帖被放在图书馆书法专柜，并不引人注目，若非书法爱好者，恐怕不会驻足。于是我们把这本字帖放到了书香专柜。与之同列的是《苏轼书法经典鉴赏》（周世闻编著）、《苏东坡传》（王水照、崔铭著）、《苏东坡传》（林语堂著）、《苏轼十讲》（朱刚著）等相关书籍，引导学生通过阅读不同学者的各种著作，对苏轼其人其文有较为深入的了解，而不仅仅是贴标签式的"苏东坡是一个旷达之人"。

史铁生的《我与地坛》（节选），和《赤壁赋》一样，也被放在必修上册第七单元。我们将史铁生散文集，多种版本的《我与地坛》和他的代表小说集陈列在一起，还包括他妻子陈希米所写的回忆纪念文集《让死活下去》。学生无须在图书馆两层楼间"上下求索"，只要驻足于此，就可把这位当代文学杰出作家的作品"一网打尽"。

再比如选择性必修下册教材中有鲁迅的《阿Q正传》（节选）和沈从文的《边城》（节选）。但仅仅看这两篇课文肯定是不够的，所以我们把

上海市杨浦高级中学教师论文集

图书馆里所有关于鲁迅、沈从文的代表作重新罗列，包括他们的散文、小说、自传以及几代学者对他们的评论，和《中国现代文学史简编》等文学史专著放在一起。

学生对这个专柜兴趣颇浓，也经常提出进一步的阅读要求，询问更多相关书籍。当学生提出这些要求的时候，我们都积极响应，设法满足学生日益增加的阅读要求。比如，2023 年 10 月底，在图书馆馆长陈荔老师的带领下，语文组八位老师去书店将学生要求的书籍尽可能采购带回。

四、反思

在今天这样一个时间碎片化时代，阅读折射了人们普遍浮躁的心态，人们不停地刷手机，却获得不了多少有效信息。而阅读，尤其是阅读经典，恰能伴随人的一生。我们想通过与图书馆联手打造的方式，将学生阅读课激活，使得学生对阅读产生浓厚的兴趣并培养他们终身阅读和思考的习惯。

在实施的过程当中，我们运用了这样几种方法：

1. 开设多门与书香校园有关的选修课活动课

阅读重在教师的有效、精心引导。课堂是我们的主阵地，以语文教师荐书专柜为"根据地"，分时间、地点、内容地对学生进行阅读指导。

2. 开设多门与书香校园有关的拓展课程

每位教师的人生经历、情感性情、阅读趣味都有所不同。韩愈说："闻道有先后，术业有专攻。"教师依据各自特长开设一系列拓展型、研究型课程，学生能根据自己的个性选择。如"中西方神话比较""漫谈红楼""中外经典文学作品选读"和"书里书外"等。笔者曾开设"20 世纪女性作家选讲"一课。选修多为女孩，她们被电视剧《人间四月天》所吸引，为更多了解林徽因而来。我们共同上网搜寻，慢慢确立对象。之后设计调查表，去书城发放问卷。学生的实践能力得以提高，并获得第一手资料。"说不尽的张爱玲""名门才女林徽因""一片'冰心'在玉壶""被忘却的梅娘""王安忆和她的弄堂世界"……学生们确立了一个个丰富而又别致的主题，这些作为高一学生的成果是喜人的。论文写作中遭遇的困惑和难题，独到的体会和感悟，使学生在阅读中思考和成长。

3. 运用上海本土的文化资源

古人说读万卷书，还要行万里路。古人讲究游学之路，在人生经历中增长见识。于漪老师曾说，读万卷书，行万里路，既是提高语文能力的必由之路，也是做一名视野开阔、心灵丰富、志趣高尚的人的重要途径。上海是现代文化的重镇。有鲁迅、巴金、张爱玲等多位现代文学名家生活所留下的痕迹。我们虽身处都市，但目力所及有文庙、博物馆、美术馆、文化街、纪念馆等各类人文场所。我们带领学生进行游览参观等课外活动。

钱理群先生在其著作《语文教育门外谈》中说："中小学语文教育主要应该培育学生对真、善、美的追求，对彼岸理想世界的向往与想象，对人类、自然、宇宙的大关怀，对未知事物的好奇心，并由此焕发出内在与外在的激情，生命的活力，坚强的不屈不挠的意志力，永不停息的精神探索，永远不满足于现状的批判与创造的欲求。所有这些宝贵而美丽的精神素质可以概括为'青春的精神'，它既符合青少年的生理与心理发展的特征，同时也是一个人的健全生命的基础。"

或许阅读经典能帮我们达到这一目标，至少是靠近它。

让我们努力从自己做起。

3 浅论高中文言文教学中思辨性阅读与表达能力培养

张唯婷

一、以"学习任务群"的教学模式，整合资源设计教学

学习任务群，顾名思义，就是将几种学习任务和项目放在一起，整合学习情境、方式、内容、资源，以任务为驱动激发学生的学习积极性和主动性，形成基于合作学习的以学生为主体的学习模式。在这种模式下，学生可以相互交流、合作，共同探索问题、解决问题，培养思辨性阅读与表达能力，同时增强团队合作精神和创造力。

以统编高中语文教材必修上册第六单元为例，里面选编了《劝学》《师说》《反对党八股》《拿来主义》《上图书馆》等名人名作，本单元属于思辨性阅读与表达"任务群"，阐释"学习之道"，可以根据文章所属年代及体裁设置几个小的任务群，例如《劝学》与《师说》同属于古代文言文，可作为一个子任务，引导学生从最基础的梳理文义着手，将较为晦涩的文言文翻译成通俗易懂的现代文。同时结合文言文（论说文类）通常具有严密的逻辑结构、深刻的思想内涵和精湛的表达技巧这一特点，引导学生对文章进行深入的阅读和分析，从作者的观点、论证方法、论证逻辑等方面展开思考，通过分析作者的思想意图和表达手法，深入理解文本的内涵，从而提升自己的思辨性阅读和表达能力。

当本单元的几个子任务群全部完成后，引导学生探究古代和现代"学习之道"有何异同点，各有何利弊，以及学生认为的"学习之道"。辅以辩论赛、演讲比赛等学习情境，使学生的思辨性阅读与表达能力得以

全面提升，帮助学生更好地提升语文核心素养，往往会收获事半功倍的教学效果。

用整合思维来设计教学，切实有效地把语文要素融入语文实践活动中，整合语文资源，构建专题开展文言文教学，让课堂的呈现更加具有"语文味"，真正提升学生的语文核心素养。

二、遵循学习规律，引导学生合理质疑，积极求证

高中阶段的学生正处于身体和心理高速发展和完善的时期，思维活跃，有独立的想法和主见，再加上身处信息爆炸的时代，面临着海量的信息数据，学生在学习时经常会带着批判和质疑的思维，这种质疑精神不容扼杀和压抑。况且文言本身所处年代久远，反映的是作者对当时社会现实的深刻观察和独到见解，很多观点对于现代人来说需要将其放到当时的语境中去理解。如何引导学生合理质疑，并想办法求证自己的质疑，这也是高中语文培养思辨性阅读与表达能力的重要内容。

还是以《劝学》和《师说》为例，学生在课堂上提出了很多的质疑，比较集中的是论据不完备的问题。有学生说，荀子举了青出于蓝、冰寒于水、木直中绳等例子，来证明"君子博学而日参省乎己，则知明而行无过矣"，实际上这论据是不充分的，从物理学角度讲，这些都是事物在外力作用下产生的变化，而"君子博学日参省乎己"是内力作用；还有的同学指出，"君子生非异也，善假于物也"，例如登高望、顺风呼，但是学习对于思考是外物吗？学习和思考本身就是一体的；等等。

在《师说》中，有学生说，"师者，所以传道受业解惑也"，这是古代对于教师职责的定义，在今天，教师不是单方面地灌输知识，而是应该启发学生探寻真理、发明创新。这样的观点我听了都感觉十分在理。还有的同学说，"古之学者必有师"中的"师"只指人，而在今天老师还可以是书本、是社会、是生活实践……

学生们的质疑都有一定的道理，因为文言文中的确存在很多作者观点、论证逻辑和论证方法有瑕疵的问题，这些质疑正是思辨性阅读与表

达能力的体现。我将学生分成几个合作小组，鼓励和引导学生对自己的质疑进行整理，并查找资料补充论证，形成有思想、有价值的议论文章，在积极回应中培养了学生批判和质疑的思维，并通过有效引导、评价，使学生养成严谨务实、求真求实的学习风气。

三、积极创设情境，还原历史语境中的合理认同

很多学生不爱学文言文，认为它晦涩难懂，但是我的学生恰恰相反，他们都很喜欢文言文的课程，因为这正是他们"大显身手"的时候。思辨性阅读与表达能力，阅读是基础，表达是落脚点，我利用多种形式的教学情境，使课堂教学生动起来，让学生投入进去，有效提升文言文教学的趣味性与实效性。

例如在《劝学》一课的教学中，针对学生们对"学与思"的质疑，我在班级中举办了辩论赛，正方观点支持孟子认为的"思比学重要"，反方观点支持荀子认为的"学比思重要"，同学们自由选择加入正方或反方，合作寻找论据支持自己的观点。大家引经据典，气氛十分热烈，最终得出了"学是基础，对思有着重要的指导意义，但是没有思考的学习，就会沦为一纸空谈"的结论，将《劝学》的内容进一步加以深化。

在《师说》一课的教学中，我举办了"我心目中的好教师"演讲比赛，大家各抒己见，有的学生认为好老师首先要以德为先，有的学生认为好老师不光是严肃的师者，更应该是心灵的朋友，还有的学生认为老师就应该挖掘出每个学生的亮点，让每个学生都对自己的未来有所规划……这些活动锻炼了学生们的思辨性表达能力，反过来，学生们的表达对我也很有启发。这些活动指引学生们在对传统文化有所质疑的同时，增进合理认同，从中汲取人生智慧，促进他们的生命成长与发展。

四、结语

通过在文言文教学中思辨性阅读与表达能力的培养，我们能够为学

生提供更广阔的视野和更深层次的思维能力，使他们在未来的学习和生活中能够更加自信、独立地思考和表达。希望我们的努力能够为学生的成长和发展提供有力的支撑，让他们成为具有创造力和批判性思维的社会栋梁。未来，高中语文教育应更加注重培养学生的思辨性阅读与表达能力，可以通过增加思辨性阅读与表达的课程内容、拓展教学手段和方法、加强师资培训等途径，提升学生的思辨性阅读与表达水平。此外，还应加强与其他学科的交叉融合，促进学科间的交流与合作，培养学生综合运用知识和思维方法解决问题的能力，为其未来的学习和生活奠定坚实的基础。

参考文献

[1] 刘建成. "思辨性阅读与表达"学习任务群的教学设计研究[J]. 语文教学通讯·D刊（学术刊），2024（4）：55-57.

[2] 覃霞峰. 基于核心素养的高中语文"思辨性阅读与表达"教学模式构建探索[J]. 中学教学参考，2024（1）：5-7.

[3] 王佳. 思辨性阅读与表达在高中语文教学中的应用[J]. 中学语文，2023（27）：16-17.

[4] 韦生妹. 高中语文思辨性阅读与表达学习任务群教学策略研究[D]. 西南大学，2023.

[5] 孟宪冶. 新课标背景下高中语文思辨性阅读教学策略分析[J]. 高考，2023（18）：42-44.

4 职前数学教师"反证法"部分 MKT 调查研究 *

朱佳威

张　雪（杭州市杭州师范大学经亨颐教育学院）

一、问题提出

教师知识理解的深度对教学质量的提升起到关键作用，影响着学生的数学认知水平，更关系到教学改革的效果，因此日益受到教育研究者的关注。那么数学教师想要提高课堂效率，完成教学目标，需要具备的数学知识和教学知识有哪些呢？

在这个问题上，国内外学者通过研究给出了多种解决方案。密歇根大学鲍尔教授带领的科研团队提出了一个引起数学教育研究者们高度关注的全新的名词——Mathematical Knowledge for Teaching（简称 MKT），译为面向教学的数学知识，指数学教师必须拥有的在数学教学中必不可少且利于教学的数学知识，并界定了 MKT 的知识子类别[1]，如图 4-1 所示。

沪教版高中数学新教材（2024 年）将"反证法"作为第一章第三节的标题，但在实际教学中，学生普遍反映使用反证法时会遇到众多困难，如不会反设、不易找到矛盾、对反证法有情感障碍等诸多问题。考虑到教师所具备的知识对反证法教学实践所带来的必然影响，本文从教师知识掌握的角度出发，针对"反证法"内容，通过问卷调查和访谈对职前教师

* 本文发表于《中学数学教学》2024 年第 5 期。

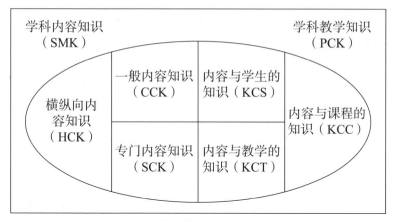

图 4-1 鲍尔等人提出的 MKT 理论框架

所具备的面向教学的数学知识（MKT）进行调查研究，为职前教师专业发展和教师教学实践提供参考和建议。

二、研究对象与方法

1. 研究对象

研究对象选取来自上海和杭州两所师范院校的共计 90 名有意愿从事中小学数学教师职业的学科教学（数学）专业二年级的研究生，其中男生 32 人，女生 58 人，最终得到有效问卷 87 份，问卷有效率 96.7%。

2. 研究方法

通过问卷调查及访谈的方法，了解职前数学教师"反证法"相关的 MKT 掌握情况。问卷在设计上参考鲍尔等人的 MKT 理论框架。

鲍尔将 MKT 划分为 6 个子类别，本文结合反证法，对其中子类别进行具体阐述（见表 4-1）。本调查重点关注与实践相关性较大的教师知识，故关注前 5 个维度，不考察职前教师关于内容与课程的知识（KCC）。

表 4-1　MKT 各知识子类别具体解释

MKT 子类别		各子类别内涵	对应"反证法"内容
SMK （学科内容知识）	CCK （一般内容知识）	一般内容知识。受过基础数学教育的人所拥有的，通过各阶段的学习一定要掌握的数学内容知识，与教法无关的知识。	会做出正确的反设，并理解命题的否定和否命题之间的区别，会用反证法证明命题。
	SCK （专门内容知识）	教学必需的专门的数学知识。准确表达数学思想方法及其原理，解释数学法则等，较一般内容知识更高一级的知识。	了解反证法有关的数学史，把握反证法与逆否命题的关系。
	HCK （横纵向内容知识）	能够分析同一学段不同专题之间的区别与联系以及能够把握某一数学专题在不同学段间的纵向关系的知识。	了解反证法的适用范围，掌握初高中教材中利用反证法来证明或涉及反证思想的内容。
PCK （学科教学知识）	KCS （内容与学生的知识）	关于学生对具体内容理解的知识。了解学生的学习困难和误解的知识。	预判学生使用反证法会犯哪些错误，难点是什么。
	KCT （内容与教学的知识）	关于具体数学内容的不同表征在教学上的优缺点，不同例子引入课题的优劣性知识。	选择适合引入反证法的情境，有效组织教学过程。
	KCC （内容与课程的知识）	关于课程的知识。这类知识陈述数学框架和课程从预设到实施再到达成的转换过程。	准备把握课标中对反证法的要求，对待具体的教学知识应该如何编排。

该调查问卷先以 8 位职前教师为对象进行预测,根据测试的反馈以及数学教育专家的意见,对问卷问题作了调整,以保证各个子维度与问题的匹配性,其中题目分布如表 4-2 所示。

表 4-2 调查问卷题目分布

子知识类别	题号	子知识类别	题号
CCK	1、2、3	KCS	8
SCK	4、5	KCT	9
HCK	6、7		

三、研究结果

1. SMK 的掌握情况

1) CCK 的掌握情况

问题 1:写出命题"任意三角形至少有两个锐角"的否定。

问题 1 的设置是针对职前教师对命题否定的理解进行调查,回答情况统计如表 4-3 所示。错误改写类型主要有以下两种:第一类是对"任意"和"存在",即全称量词和存在量词的否定的转化存在困难,二是在"至少两个"的否定上出现错误,将"至少两个"改成"至多两个""只有一个"等形式。总计有 28.7% 的职前教师在这一问题上产生了错误。

表 4-3 问题 1 答题情况统计

作答情况	人数	百分比
正确回答	62	71.26%
存在三角形只有一个锐角	8	9.20%
存在三角形至多有两个锐角	5	5.75%
任意三角形至多有两个锐角	5	5.75%
其他错误改写	7	8.04%

问题 2：对于命题"如果 a 为有理数，b 为无理数，那么 $a+b$ 为无理数。"如果要用反证法来证明这个命题，那么做出的反设是什么？

问题 2 的设置旨在调查职前教师的反设能力，回答情况统计如表 4-4 所示。调查发现有相当一部分职前教师混淆了命题的否定和否命题、逆命题以及逆否命题之间的区别，对于反证法的反设只需要否定命题结论这一步骤认识不清，错误率高达三分之一，尤其是不能辨析命题的否定和否命题之间的差异。

表 4-4　问题 2 答题情况统计

作答情况	人数	百分比
正确回答	58	66.67%
条件和结论都否定	11	12.64%
命题的否定和逆命题混淆	6	6.90%
命题的否定和逆否命题混淆	4	4.60%
其他错误改写	8	9.19%

问题 3：用反证法证明 $[0,1)$ 之间没有最大的有理数。

问题 3 的设置旨在调查职前教师使用反证法证明问题的具体能力，解决问题最关键的步骤是通过构造得出矛盾，各类型回答统计如表 4-5 所示。正确构造可分为两类：一类是平均数法，如构造 m 和 1 的算术平均数或调和平均数，另一类是运用不等式放缩法来适当扩大 m。而在错误回答中，有一类主要错误是构造出的反例不适当，新构造出的代数式范围超出了给定区间。

表 4-5　问题 3 答题情况统计

	作答情况	人数	百分比
正确	假设 $[0,1)$ 最大的有理数 m，构造 $\dfrac{m+1}{2}$	35	40.23%

作答情况		人数	百分比
正确	假设 $[0,1]$ 最大的有理数 $\dfrac{n}{m}$，构造 $\dfrac{n+1}{m+1}$	18	20.69%
	假设 $[0,1]$ 最大的有理数 m，构造 $\dfrac{2m}{m+1}$	3	3.45%
	假设 $[0,1]$ 最大的有理数 m，构造 $m+k(1-m)$ $(0<k<1, k\in \mathbf{Q})$	2	2.30%
错误	假设 $[0,1]$ 最大的有理数 $\dfrac{n}{m}$，错误构造 $\dfrac{n+1}{m}$	12	13.79%
	无法构造出矛盾或其他错误	17	19.54%

2）SCK 的掌握情况

问题 4：您知道哪些与反证法有关的历史呢?

问题 4 的设置旨在调查职前教师是否具有反证法相关的历史知识，作答情况及频次如表 4-6 所示，部分回答涉及了多个答案。出现频次最高的回答是"第一次数学危机"，其次是"《几何原本》中的反证法"。也有回答提到了伽利略的扔铅球实验，虽属于物理学史的范畴，但也是适合作为引入反证法的优秀素材。调查发现有超三分之一的职前教师对反证法相关数学史知之甚少，在对回答《几何原本》的职前教师进行进一步访谈之后得知，这些职前数学老师虽然知道书中有相当一部分用反证法来证明的命题，但并不能举出具体的实例。

表 4-6　问题 4 答题情况统计

作答情况	频次
《几何原本》中有使用反证法证明的命题	21
第一次数学危机、无理数的发现	30
欧几里得证明素数无穷多个	6

作答情况	频次
伽利略自由落体实验	5
道边苦李	12
空白及错误回答	30

问题5：您如何看待"反证法是利用逆否命题证明"这个说法，说说理由。

问题5旨在调查职前教师对反证法原理的理解，各类型回答统计如表4-7所示。虽然两者的证明过程非常相似，但逆否证法和反证法各自的逻辑等价式不同。有近70%的被调查者混淆了两者。在国外有关的实证研究里，也有学者发现学生有混淆反证法和对位证明的倾向，由于受反证法就是逆否命题的错误影响，在否定结论后的推理过程中，往往一味寻求与原题设的矛盾，而不注意寻求其他形式的矛盾，这样就大大限制和影响了解题思路。也有学生将反证法错认为用反例来证明[2]。本调查中，只有13位被调查者能说清楚两者具体的差别，可以预想到学生对于这个问题的理解也会有相似的困难。

表4-7 问题5答题情况统计

作答情况	人数	百分比
同意，逆否命题与原命题真假性相同	60	68.97%
不同意，反证法的归谬既可以和命题的条件矛盾，也可以和公理、反设条件等矛盾	13	14.94%
不同意，但不知道具体的理由	14	16.09%

3）HCK的掌握情况

问题6：哪类命题适用反证法来证明？

对于问题6，答题情况如表4-8所示，部分职前教师写了多个答案。在本次调查中，职前教师多认为其适用于否定型命题、直接证明较为困难的命题以及限定型命题。少部分教师提到起始命题也适用于反证法，如立体几何章节中的部分命题。也有 8 名职前教师认为反证法仅适用于代数命题，后通过访谈得知，由于高等教育阶段的数学课程较少涉及传统的平面几何及立体几何领域，这部分教师错以为反证法只适用于代数领域。

表 4-8　问题 6 答题情况统计

回答类型	频次
否定型命题	71
限定型命题	31
起始命题	7
直接证明较为困难的命题	52
代数命题	8

问题 7：初高中数学教材上哪些定理或命题是用反证法来证明的？

问题 7 的答题情况如表 4-9 所示，调查发现"$\sqrt{2}$是无理数"是出现频次最高的回答，其余类型回答出现频次都不高，可见职前教师普遍未能建立反证法和其他知识内容的联系。通过访谈进一步发现，职前教师均认为在其初高中阶段，反证法这一证明方法仅在教师做题时被提及，学校教学并不重视这一证明方法的讲授，更谈不上利用反证法来证明书本上的命题或定理了。国外也有学者认为中学课程对这种证明方法的重视程度较低，导致学生们发现这种证明方法难以理解，更谈不上使用[3]。

表 4-9　问题 7 答题情况统计

作答情况	频次
过同一条直线上的三个点不能作出一个圆	3
平行线的传递性	7
三角形至多一个内角为钝角（三角形至少有一个内角大于等于60°）	12
线面平行（面面平行）的判定	10

作答情况	频次
$\sqrt{2}$是无理数	64
异面直线的判定	3
最小正周期证明	5

2. PCK 的掌握情况

1）KCS 的掌握情况

问题 8：学生普遍反映反证法使用起来有困难，您觉得原因是什么？

问题 8 的回答统计结果如表 4-10 所示，职前教师的回答更多关注学生操作层面的困难，如找不到矛盾、不会反设等。也有部分被调查者从自身学习经历出发指出没有系统训练是反证法使用困难的最大原因。有7 名职前教师指出从反面证明问题时学生可能存在思维转换困难，缺乏解题信心，从偏好上更喜欢直接证明。总之，教师从三个方面关注学生使用反证法的困难原因：操作型、缺少系统训练型、非认知因素型，且关注度依次递减。

表 4-10　问题 8 答题情况统计

回答类型	频次
不清楚什么情况下会使用反证法	38
结论的否定出错	37
容易与逆否命题弄混	14
找不到矛盾	62
没有系统训练	20
心理上不适应从反面证明问题	7

2）KCT 的掌握情况

问题 9：您会使用什么情境来引入反证法，有什么优缺点？

问题 9 的引例选择频次如表 4–11 所示，表 4–12 展示了优缺点的理由统计。在统计的问卷中，有过半的职前教师选择利用纯数学情境引入，并认为这样既高效又便于给学生展现更多的适用反证法的不同例子，体会理解反证法的必要性。但同时也意识到了这样的引入太依赖教师讲解，没有留给学生思考探究的空间。日常生活情境和数学史情境也是教师偏好的引入方式，可以从生活中或历史上找到众多的素材。有部分职前教师提到了设计反证法游戏来引入反证法，更多考虑到能调动学生的学习兴趣。5 位职前教师提出利用其他学科的实例来引入反证法，突出不同学科内在联系，但也意识到了这对学生的知识储备有一定的要求，原则上尽量寻求简单易懂、不涉及复杂科学概念的例子。

表 4–11　问题 9 答题情况统计

回答类型	频次
游戏情境	9
日常生活情境	19
数学史情境	22
纯数学情境	47
跨学科情境	5

表 4–12　反证法教学引例的选择的理由统计

引例	优点	缺点
游戏（如猜帽子游戏、不存在全能神的推理）	具有趣味性，激发学生学习兴趣；形象、浅显易懂，学生容易接受	游戏情境虚设，有牵强之感
日常生活	贴近学生实际，学生能感受到反证法的应用价值	推理过于简单，不利于展现反证法的完整推理过程

引例	优点	缺点
数学史	充满历史文化韵味，领略数学家的人格魅力；历史素材丰富；能体现德育价值	数学史可能会冲淡主题内容
纯数学	直奔主题，效率高；有助于理解数学中使用反证法的必要性	缺乏探究意味，以教师讲授为主，学生参与度不高
跨学科	体现不同学科之间的内在联系	学生可能对其他学科知识不了解

三、结论

1. 职前教师对反证法理解不到位

从问题 1、2、3、5 的调查可知，部分职前教师会在命题否定的改写、命题的否定与否命题的区别、构造矛盾、反证法与逆否命题关系这些有关反证法的核心问题上犯错误。尤其是关于反证法与逆否命题的联系与区别，大多数教师的理解都是错误的。这都普遍反映出职前教师只是知道这一证明方法的操作流程，但对其深层的逻辑原理知之甚少。后从教师访谈中得知：由于考试要求、课程内容等因素，他们缺少从其他角度去思考反证法这一内容的经验，所以对其缺乏更深入的理解。

2. 职前教师的反证法知识缺乏整体观

从问题 4、6、7 的调查可知，部分职前教师没有从整体上认识反证法。一是与反证法有关的数学史知识储备不充足；二是对反证法适用条件的规律性缺乏认识和思考；第三点，也是最重要的一点，即普遍没有建立反证法和其他知识内容的联系，孤立地看待反证法，有教师认为部分定理命题推导虽用到了反证法，但囿于高考试题的特点，如线面平行这一判定，教师和学生更关注定理的使用，而不是其推导过程，使反证法这一重要证明思想逐渐被成堆的试题所掩盖。

3. 职前教师能关注到学生的学习难点

从问题8、9的调查可知，职前教师能从自身使用反证法的经历出发，换位思考感知学生在学习反证法时会遇到的难点，并设计出合理的引入方式。大部分教师能关注到这一证明技术操作过程中的使用困难及其背后的产生原因。职前教师从非认知角度切入分析，提出引入环节要创设生动有趣的情境来帮助学生克服从反面思考带来的不安感。国外有学者为这种不安感提供了一种可能的解释，指出大多数学生是在欧氏几何的逻辑观中成长的，其特点是公理就是真理，通过演绎创造出更多的定理，而反证法则需要学生采用假设加演绎的逻辑观，其特点是定理可能是真的也可能是假的，通过逻辑演绎得到新的陈述，即使它们的前提是假的，它们也是有效的推理[4]。

四、建议

1. 职前教师应重视数学本体知识的系统性

数学本体知识的学习是数学教师专业发展的重要前提，在数学教师的职前培养中占有重要的地位。肖迎春指出，学生的反证法错误中的过程不完善，看似是学生解题步骤不规范，实质上可能是学生并没有真正理解反证法的原理，只是单纯地模仿老师的解题步骤[5]。教师自身要对反证法原理有正确的理解，才能让学生在使用反证法时跳过思维陷阱。教师要在不断完善自身数学认知结构的过程中，深入把握数学的本质、方法、思想、原理，有一定的高度，理解数学，理解学生，然后在与实践的相互激荡中理解教学，成就自身。

2. 职前教师要提升自身数学教学素养

一方面，教师要熟悉课本中定理与命题的推导，善于总结归纳，建立完整的知识体系框架,以反证法为主线,串联起初高中教材中分散的反证法内容;数学史是一座大宝藏,教师也要善于与古人对话,吸收古人的智慧结晶。另一方面,高等教育院校要给职前教师提供课例研讨的机会,组织教育观摩活动,学习有经验教师的教学设计;开展主题设计工作坊,让职前教师在实践中积累教育经验,深化知识理解。

3. 课程编写上要适当加强反证法在教材中的地位

安东尼尼提出,不论是在中学还是大学,间接证明在学校教育中没有得到足够的重视[6]。王滟林提出,在进入 21 世纪后,随着课程改革的推进,对反证法的教学要求有降低趋势,最近 10 多年来涉及反证法的高考题越来越少,有时甚至干脆不考,并且在新修订的课程标准(2017 年版)中,"反证法"这三个字甚至没有直接出现在"必修课程""选择性必修课程"之中,这是不太正常的事[7]。纵观现在内地各版本的初高中教材,鲜有将反证法单独成节的。沪教版高中数学新教材(2024 年)已将反证法列入必修内容并单独成节,这是恰当的,也是必要的,一方面可以弥补课程标准中缺少"逆否命题"所带来的一些证明技巧上的缺失,另一方面也承载了课程标准中"能正确使用存在量词对全程量词命题进行否定""能正确使用全称量词对存在量词命题进行否定"这两个要求。

参考文献

[1] BALL D L, THAMES M H, PHELPS G. Content knowledge for teaching: what makes it special [J]. Journal of Teacher Education, 2008, 59 (5): 389–407.

[2] STYLIANIDES A J, STYLIANIDES G J, PHILIPPOU G N. Undergraduate students' understanding of the contraposition equivalence rule in symbolic and verbal contexts [J]. Educational Studies in Mathematics, 2004, 55 (1–3): 133–162.

[3] THOMPSON D R. Learning and teaching indirect proof [J]. Mathematics Teacher. 1996, 89 (6): 474–482.

［4］BROWN S A. Are indirect proofs less convincing? A study of students' comparative assessments［J］. Journal of Mathematical Behavior, 2018（49）: 1–23.

［5］肖迎春. 中学生数学逆向思维能力的调查与教学策略研究［D］. 山东师范大学, 2017.

［6］ANTONINI S, MARIOTTI M A. Indirect proof: an interpreting model［C］// Proceedings of the Fifth Congress of the European Society for Research in Mathematics Education, February 22–26, 2007, University of Cyprus: 541–550.

［7］王艳林, 熊露, 赵思林. 反证法的教育价值与教学建议［J］. 中学数学, 2019（23）: 86–88.

5 激发科创之光
——浅谈《神奇的荧光碳点》课程的设计与开发

张 文

科技创新是社会发展的动力源泉，科技创新人才的培养是新时代教育的一项重要任务。2024 年 6 月 24 日，习近平总书记在全国科技大会、国家科学技术奖励大会、两院院士大会上发表讲话，指出"要坚持以科技创新需求为牵引，优化高等学校学科设置，创新人才培养模式，切实提高人才自主培养水平和质量"。将科技创新相关内容作为一门课程引进中学课堂，让中学生了解前沿科学、前沿技术，体验科技创新，尝试自主创新。科技创新课程的开设能点亮学生心中的科创之光，为培养可持续创新人才做好储备。

我们学校有幸与上海理工大学光电信息与计算机工程学院合作开发了《神奇的荧光碳点》的科创课程，历时已有三年多，课程被推荐为杨浦区区级共享课程，2024 年 6 月课程又被评为上海市科技创新教育（中学）优质课程。课程以荧光碳点相关内容为载体，以运用科学思维开展科学探究过程为主线，在探究实践中培养科学素养、科学态度和责任感。课程从目标、内容、活动和评价四个方面开展设计，并在实施过程中不断改进。丰富多样的活动内容与形式，使学生成为科创课程的主体，自主学习、自主研究、自主评价、自主创新。

一、课程目标的设计

《普通高中物理课程标准（2017 年版 2020 年修订）》指出：落实立德

树人根本任务，进一步提升学生的物理学科核心素养，为学生的终身发展奠定基础。科技创新课程的设计立足于提升学生的科学素养，培养学生的创新意识、自主学习能力、科学探究能力、沟通合作能力、语言表达能力等，促进学生全面而有个性的发展。

《神奇的荧光碳点》课程，从科学知识、科学思维和科学态度与责任感三个维度确定课程目标。

在科学知识层面，以前沿的荧光碳点知识为主题，学生学习荧光碳点相关知识，运用先进的实验设备制备荧光碳点、检测自制荧光碳点的质量，并应用自制的荧光碳点制作 LED 光学器件。从荧光碳点的发现到照明工具的发展，课程体现了科学源于生活，科学推进社会进步与发展等理念。

在科学思维层面，课程旨在让学生学习像科学家一样思考问题。课程的展开遵循了科学家思考问题、开展科学研究的过程，即从发现问题，设计方案，到开展研究，对研究结果进行检测与评价，并将研究成果应用到更为广泛的领域。课程开展过程中，学生是主体，教师是引导者，引领学生遵循这一思维学习、制备和应用荧光碳点。

在科学态度与责任感层面，学生在课程中体验科技创新的全过程，感悟科学本质，用科学态度参与实践活动，尊重实验事实，理性分析实验结果。学生在小组合作学习、小组活动中锻炼沟通、协作能力，学会尊重他人，学会交流与分享，勇于面对困难，有克服困难的勇气与策略，能客观地评价自己与他人。荧光碳点的广泛应用也培养学生保护环境、推动可持续发展的责任感。

二、课程内容的设计

课程内容的设计，首先是主题知识结构的构建，其次是科学思维的融入。

选择荧光碳点作为课程的主体知识，主要有以下几个原因：

第一，内容前沿、跨学科。荧光碳点的研究目前正是诸多科研院校研究的内容之一，荧光碳点的研究涉及物理、化学、材料学和信息技术等相关学科。高中学生已储备了一定量的基础知识、科学探究能力和实验能力，能够通过查阅资料完成相关基本知识的学习。

第二，取材广泛、安全性强。荧光碳点的制备取材可以是柠檬酸和尿素等化学药品，也可以是家庭日常的蔬菜水果，甚至可以是家庭的厨余垃圾。实验材料的广泛性、安全性，充分体现了绿色环保的理念。

第三，操作方便，成功率高。实验室制备荧光碳点的操作步骤比较简单，将配置的药品倒入反应釜，放入鼓风干燥箱即可完成荧光碳点的制备。学生在家也能利用烤箱、微波炉、空气炸锅等完成实验。实验成功率较高，学生能在实验中获得成功的喜悦，激发兴趣，激励进一步深入研究。

第四，研究范围广。实验中，如果实验取材、条件发生变化，会得到不同颜色的荧光碳点，这也是目前荧光碳点存在的主要问题——不稳定性，因此对实验材料、条件、方法等方面是可以深入研究的。荧光碳点的应用是可深入研究的另一方面，除了课程中设计的制作 LED 光学器件，也可制作荧光陶瓷等，有着广泛的研究空间。当然，从更广的角度来看，还有很多值得研究的问题，适合学生自主选择新的研究方向开展创新研究。

《神奇的荧光碳点》课程内容的设计，将荧光碳点知识与科学的探究活动相互融合。学习荧光碳点的知识即是发现问题的过程。荧光碳点的制备，荧光碳点质量的检测，是制订研究方案、开展研究的过程。自制 LED 光学器件是荧光碳点的应用，是一段科学研究的总结，也为开展下一段科学研究做好准备。自评、互评与师评，是通过师生间、学生间交流，弘扬优点，发现不足，激励学生更好地开展新的科创活动。《神奇的荧光碳点》课程的具体内容如图 5-1 所示。

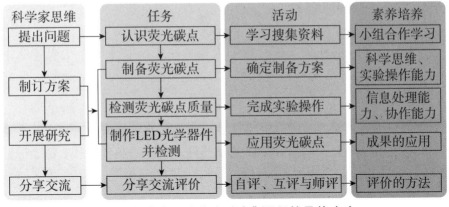

图 5-1 《神奇的荧光碳点》课程的具体内容

　　《神奇的荧光碳点》课程是以任务作驱动、以问题为引领、以活动为主体、以评价作激励开展的。对荧光碳点这一主题的研究，分为认识荧光碳点、制备荧光碳点、检测荧光碳点和应用荧光碳点四个大任务，每个大任务下又分为若干子任务，用问题引导学生设计方案、实施活动、开展研究。比如，制备荧光碳点这一大任务分成五个子任务：了解荧光碳点的制备方法，了解实验设备的使用方法，实验室制备荧光碳点的方法，实验室提纯荧光碳点，实验结果的分享、交流与评价。每个子任务又设计了几个问题，引领学生设计方案、开展活动。了解荧光碳点的制备方法子任务，要求学生完成一张实验准备清单，设计了如下问题：制备荧光碳点的方法有哪些？选择哪种方法制备荧光碳点？制备荧光碳点需要哪些原料和设备？学生通过查阅资料了解目前制备荧光碳点的常用方法和使用的原料设备，比较分析每一种方法的优缺点，选择一种合适的方式做深入研究。学生以小组为单位开展合作学习，分享、交流学习成果。根据习得的相关知识，学生熟悉实验设备的操作和注意事项，罗列实验准备清单，为实验做准备。每个子任务完成后都设有交流、分享与评价环节，通过学生自评、互评和教师评价，学生及时发现优势，弥补不足。

三、学生活动的设计

学生活动的设计是课程开展的灵魂。学生活动主要有小组合作学习、规划探究方案、实施科学探究,分享总结评价等,在活动中提升能力,激发科创。

《神奇的荧光碳点》课程中包含的实验有制备荧光碳点、检测荧光碳点和应用荧光碳点——制作 LED 光学器件。但作为科创课程,要让学生体验科创的全过程,知道如何开展科创活动,因此活动设计的环节中加入了资料搜集、资料整理、研究方法比较等活动(见表 5-1),使学生在活动中学习到科创活动需要做什么、怎么做和如何做得更好。

表 5-1 《神奇的荧光碳点》学生活动设计

任务	活动
认识荧光碳点	1. 学习荧光碳点相关知识(学习搜集、整理资料的方法) 2. 交流、制作 PPT(学习规范制作 PPT) 3. 向其他同学介绍荧光碳点(分享、交流) 4. 开展自评与互评(学习评价的方法)
制备荧光碳点	1. 了解荧光碳点的各种制备方法,选择一种方法制备荧光碳点(讨论、分析、比较制备荧光碳点各种方法的优劣) 2. 了解相关仪器设备的使用和注意事项(查阅仪器使用说明书) 3. 罗列实验清单(实验准备) 4. 完成实验制备荧光碳点(实验操作) 5. 交流荧光碳点的提纯方法,并完成实验操作(实验操作)
检测自制荧光碳点的质量	1. 查阅资料,了解描述荧光碳点质量的常用量(小组合作学习) 2. 了解检测荧光碳点质量的常用仪器及使用方法(实验准备) 3. 检测自制荧光碳点的质量(实验操作) 4. 完成实验报告,并进行交流分享(总结与分享) 5. 开展自评与互评(评价活动)

任务	活动
制作 LED 光学器件	1. 查阅资料，了解荧光碳点的各种应用（小组合作学习） 2. 查阅资料，了解 LED 光学器件（小组合作学习） 3. 了解制备 LED 光学器件的方法，并选择一种方法制作 LED 光学器件（讨论分析研究，制订实验方案） 4. 用照度计检测 LED 光学器件的性能，并进行交流与展示（总结与分享） 5. 开展自评与互评（评价活动）
设计创新 研究课题	1. 分享自己的创新设想（头脑风暴） 2. 交流评价，提出创新课题（评价活动） 3. 设计创新研究方案并准备实施（准备开启新的科创活动）

四、活动评价的设计

对学生活动进行评价是课程实施过程中必不可少的环节，评价的目的是促进学生相互学习，发现他人的闪光点，寻找自己和他人活动中的不足之处，有利于后续活动更好地开展。

《神奇的荧光碳点》课程的评价分为过程性评价与终结性评价。

过程性评价从多个角度客观反映学生在活动中的表现，包括活动中的参与度、贡献程度、解决问题能力，与同伴的交流、沟通等能力表现的评价。在"搜集荧光碳点资料"的活动中，设计了小组评价表（见表 5-2）。通过活动小组内的自评与互评，学生能正确地认识自己和同伴，看到自己的不足并思考改进方法，激励学生更积极地投入课程的其他活动。

表 5-2 "搜集荧光碳点资料"小组评价表

评价内容		完全符合（5）	较符合（4）	符合（3）	基本符合（2）	不符合（1）
小组评价	积极参与活动					
	承担足够的任务					
	能解决遇到的问题					
	善于交流沟通					
	实际操作能力强					
	有自己独到见解					
	有组织协调能力					
自我评价	积极参与活动					
	承担足够的任务					
	能解决遇到的问题					
	善于交流沟通					
	实际操作能力强					
教师评语						

终结性评价，是完成阶段性任务后的评价。为更好地激励学生进步，这一阶段评价分为口头评价与书面评价。为了让学生学会评价，我们提出了评价要求的四个"一"，即"提出一个问题，发现一处亮点，寻找一点不足，提出一条建议"。提出一个问题，是培养学生的质疑能力，学会发现问题，也为进一步开展科创活动寻找新起点。发现一处亮点，是通过同伴的评价，促进相互学习，激励他人进步。寻找一点不足，是在比较自己与他人作品中发现自己的亮点和同伴的可改进之处，相互学习、共同进步。提出一条建议，是促进学生的深入思考，发现问题是开始，如何解决问题是关键，同伴的集思广益能拓展思维的广度，促进深度思维，激发创新思维。终结性评价的评价量表更注重对结果的评价。评价的重点是成果，对成果本身的评价，对交流展示过程的评价，还有对创新性的评价。终结性评价是对现有活动取得成果的肯定，还可以激励学生更深入地开展科创活动。"介绍荧光碳点"交流活动评价表见表 5-3。

表 5-3 "介绍荧光碳点"交流活动评价表

评价内容		完全符合（5）	较符合（4）	符合（3）	基本符合（2）	不符合（1）
小组评价	内容准确无误					
	内容完整丰富					
	条理清晰					
	重点突出					
	表述准确					
	分析问题深入					
	介绍有创意					
自我评价	准备充分					
	表述清晰					
	交流通畅					
教师评语						

《神奇的荧光碳点》课程就像是一束入射光，激活学生头脑中科学思维的"荧光碳点"，激发出科创之光。调整好"入射光"的频率，能提升科创之光的"发光率"，让更多的学生在我们的课程中学习创新，激活思维，是我们进一步探索和研究的方向。

参考文献

廖伯琴.跨学科主题学习实践指导:初中物理［M］.北京:北京师范大学出版社,2023.

6 新班级快速融合的集体活动设计与应用

姜俊杰

　　每隔几年，班主任都会从起始年级开始接手一个新的班级，如何在短时间内把这个名义上的班级快速融合成为一个真正的集体是一件有挑战的事情。

　　归属感和自我价值感是所有人的首要目标，对学生来说尤其如此。[1]近些年来，一方面，网络游戏、视频和社交平台逐渐成为学生归属感和自我价值实现的重要平台；另一方面，学校和班级似乎慢慢成为只是学习的地方，学生在班级里找不到归属感，自我价值也没办法实现。事实上家庭和班级才是学生的归属，在班级中学生更容易实现自我价值，班集体在这方面发挥着重要的作用。

　　好的开始是成功的一半，当学生们快速融入班级后，他们的关系会越来越紧密，成为彼此同伴教育中最好的伙伴。但是如果一开始对于班集体建设就放任自流，再想要让学生们彼此给予力量、共同前行就变得比较困难。当然，关于融入集体的方法，我们都知道去教条地说教集体的重要性，强行让学生们表现得融洽、团结。但是，班主任怎么通过合理有效的活动设计，让学生沉浸其中，而后感悟升华，这个过程是值得思考和尝试的。

　　新班级建立之初，学生们参与到目标一致的集体活动中，通过"活动—体验—感悟—升华"心路历程[2]，展示自我，了解彼此，建立共同话题，初步形成同学友谊；同时在活动中通过沟通与合作，负责与付出，判断与执行完成自己在班集体中角色的初步定位。学生从中感受彼此，取长补短，感悟集体的意义和力量，在活动完成的时候，新的集体也从每个学生心中升华出来。自此，一个真正的班集体诞生了，他们将有力量一同面对未来的学习生活。

一、报到时的破冰游戏——认识彼此

军训前，新生会参加入校培训，当时同学之间都很陌生，除了和以前的同学还有交流外，和其他新同学彼此不讲话，很安静。让大家在军训前熟悉起来，才能更好地以集体为单位去体验军训，从中成长。

此时，主要由教师去准备和设计活动。我作为班主任，把学生们带到学校的表演教室，那里有很大的空间，大家可以围成一个圈。如果让学生们坐在原教室各自的座位上，不但会活动不开，而且学生们可能会不停地在课桌里翻找物品，[1]或做其他的事情。而围成一圈能让大家看到彼此的眼睛，可以更好地记住和认识彼此。

第一个环节是"甩手踢脚舞"，我站在大家组成的圆圈中间说："先甩左手，1下，2下，3下，4下，再甩右手……"左手、右手、左脚、右脚各4次，然后逐渐减少到3次，2次，1次，同时加快速度。这让大家从好奇地跟着做，到来不及思考地跟着节奏跳动，一下子就达到了热身的目的，大家彼此对视，感到有趣，也慢慢放松和期待起来。

第二个环节是"自我介绍"，请一个学生站到圆圈中央，进行自我介绍"大家好，我是喜欢×××的×××"，同时做出对应的动作，其他所有学生回应"你好，喜欢×××的×××"，同时也做出对应的动作。比如，嘴里说"我是喜欢打篮球的王凡"，同时做出跳投的动作。每个人先要了解自己最大的爱好，可能也要考虑一下说哪种爱好更得体，或更能让大家记住和喜欢，于是从中开始思考新同学间最初相处的尺度，同时内向害羞的同学更要突破自己。更重要的是，通过这样的自我介绍，大家很快认识了彼此。我还发现，当十几个学生自我介绍之后，学生们从一开始的害羞或兴奋，慢慢开始耐心倾听，保持对彼此的兴趣，所有学生完成自我介绍后，大家还意犹未尽。

第三个环节是"小测验"，请同学们分成 6 组，每组选出一位同学，让其他 5 组来回忆他的自我介绍内容，采用抢答的方式，最后答对最多的一组获胜。有些表现得体、自信大方、幽默风趣的同学比较容易被记住，大家较难回忆起那些较为内向、不善表达的同学喜欢什么以及叫什么名字。虽然大家都很喜欢游戏的方式，但其中的对比也引发了很多思考。那些较难被认识的学生，开始思考如何更主动地把自己介绍给大家，在集体里应该成为一个什么样的角色。学生们关注每个人的同时，认识了彼此，初步了解了彼此的喜好和性格，慢慢体会不同个体丰富的个性，最后反观自己可能在集体中成为什么样的角色。

二、军训时的集体节目——信任彼此

在军训结束时有文艺汇演，每个班级都要表演一个节目，一般都是有才艺或比较外向的学生个人或组队参与。而我们班全体一起表演了歌舞《加油 AMIGO》，我到现在都觉得那是一个奇迹。

在上报节目的前 3 天，学生们在班级群里发起投票讨论军训表演什么。我当时灵光乍现：能不能所有人一起表演？大家把这个加入选项，最终居然是得票最高的。但仔细一想，这其实并非易事！

就拿选哪首歌来说，不断有同学提出选项，再推翻，在群里发起的投票就有 6 轮，最后才以极微弱的票数优势确定下来。但在这个过程中我看到了一些积极的东西在生长。每天群里都叽叽喳喳，大部分同学都参与了讨论，能够表达也能够倾听，大家依然会怀疑，但不再有人否定或怀疑"所有人一起表演"这个方案，更多的是怀疑和担心最后的效果。这促使大家都开始参与到解决问题中。一个班集体因为同一个项目、同一个目标慢慢在成长，最终什么问题都会变得简单起来。

到了军训驻地，我看到餐厅里男生在哼唱，宿舍走廊里女生在练舞。有女生提议男生也应该跳舞，男生闻言纷纷以"不会跳""四肢不协调""怕丢面子"等借口拒绝，"绝不可能"的声音再次响起。此时，有男生提出：跳舞可以，少写两篇军训日记行不行？男生们频频附和，没想到女生们也出奇地一致同意，并都看向我，寻求支持。

这考验着班主任的管理能力。面对男生少写军训日记和参与跳舞这两种"不可能事件"，我选择允许它们发生，同时公平起见也允许女生少写两篇军训日记。这看似降低了教育要求，实则凸显了学生的主体性，鼓励学生跳出舒适圈，促成了学生的成长，有助于班集体的凝聚。值得一提的是，这番集体活动最终还为学生们的军训日记提供了宝贵的素材和真情实感。

当别的班级在午休的时候，我们一遍遍地加练。虽然最后的表演距离完美相差很多，但是在这5天里，我看到了全班的参与，大家一起从唱不准到和谐合唱，从不协调到一起跳齐舞蹈，更重要的是从怀疑到相信，这是班集体成长的过程。就像我们设计的表演情节，一开始只有几个人愿意上台演唱，慢慢地台上的同学鼓励着台下在观望的同学，邀请、拉拽、拥抱，最终把所有人请上台，大家一起唱出"加油 AMIGO"，喊出"加油 8 班"。那一刻，这个班集体的心聚齐了，大家突破自我，彼此相信，每个人从内心连接起来，一个班集体慢慢长成了。

就像学生旁白中说的那样："请记得，曾经有一群年轻人，在这里唱过跳过，至少他们会记得，彼此会记得，记得彼此。"

三、第一次班会的集体绘画——期待彼此

经过军训，大家已经很熟悉了，下课的时候班级里总是很热闹，班集体已经形成了，但是有凝聚力的集体更需要一个正确的目标，这样才能事半功倍。

我跟几个有绘画特长的学生一起讨论，策划一次集体绘画的活动。先请他们在一幅 B3 大小的纸上绘制出我们班的目标，然后把画剪开均分成 36 张小图，在班会课上，每个人拿到其中一张小图，并附一张 A4 纸，告诉他们只要把小图上的图案画到 A4 纸上。等所有人画完了，再请大家通过拼图的方式，把所有 A4 纸组合成一张大图，这时每个人可以清楚地看到我们班的目标。

然后我邀请大家分享在这个活动中的体会。

学生一：每个人都要努力在 A4 纸上画好自己的图，最终组成了一张大图，很震撼。

学生二：好比每个人只要尽力做好自己，然后班级就会变得优秀。

学生三：我不太会画画，也没有很认真地画，但是当我的那一小部分跟大家的放在一起时，依然能够看出整幅画的内容，现在我多希望自己能画得用心一点，画得更好一点。

那一刻，我也有些动容，表达了自己的感想：班集体需要每个人的支持，班集体也包容每一个人。我们每一个人都是与众不同的，我们都希望自己变得更优秀，这样我们这个班集体自然会越来越好。但集体的意义可能更在于等待、鼓励和支持个人的成长，也许你画得不够好，但是当大家的画拼到一起的时候，不影响这幅画能看、能传达意蕴，而且看起来是很完整的。如果这个班集体能给你一些力量和动力，使你有了变好的愿望，我想这就是这个集体的意义。

班会结束后，我似乎看到了他们对彼此的期待，因为我们这个集体有了一个共同的目标，那就是一起成长。

教育是有艺术和设计的，比如第一个和第三个活动，是在教师的设计和引导下，逐步达成目的。但是这其中也存在很多偶然性和突发性，比如第二个活动，我没有想到会成功，这对我们的经验和能力都是考验。我想学生要的不是被动活动，而是沉浸到活动中，再从活动中升华自己的感受。教师也需要沉浸到活动中，与学生一起从怀疑到相信，我们的活动就会变得有效。通过这些有效的活动，一个班集体很快就融合在了一起，他们将彼此支持，有力量一同面对未来的学习生活。

参考文献

[1] 尼尔森. 正面管教 [M]. 北京：京华出版社，2009.

[2] 韦玉红. 刍议高中"游戏化"德育教育的可行性 [J]. 科教文汇（上旬刊），2015（25）：112-113.

7 以关注学情为基础的校本选修课数据平台建设
——浅谈校本选修课程平台的建设与运用

顾春源

校本课程的设计理念在于满足学生的个性化需求，它鼓励学生根据自己的兴趣、爱好以及现有的知识水平，选择最适合自己的选修课程进行深入学习。这种课程模式是学校课程体系中非常重要的一环，它旨在解决如何为学生提供更加个性化、多样化的学习选择的问题，以促进学生的全面发展。在信息化时代，技术的高速发展为学校提供了新的解决方案，通过数字平台的建设与运用，学校能够优化选课过程，使得学生自主选课变得更加便捷和高效。

在这种模式下，学生可以采用线上线下相结合的学习方式，这不仅能够充分利用现代信息技术的优势，还能够让学生在自己喜欢的课程中获得更深层次的知识和技能。线上学习提供了灵活的学习时间和空间，使得学生可以根据自己的节奏和进度进行学习；而线下学习则能够提供面对面的交流和实践机会，增强学生的实际操作能力和团队协作能力。

学校信息管理部门和课程管理部门在这一过程中扮演着至关重要的角色。他们通过收集和分析选课平台上的数据，可以更准确地了解学生的选课偏好和需求，从而优化课程设置，提高课程的吸引力和教学质量。信息中心负责丰富选课平台的数字资源建设，包括电子资料、在线讲座、模拟实验等，这些资源的丰富性直接关系到学生的学习体验和学习效果。

通过这样的课程体系和管理模式，学校不仅能够为学生提供更加个性化的学习路径，还能够激发学生的学习兴趣和创造力，培养他们成为终身学习者。同时，这也有助于学校构建一个更加开放、灵活和高效的教育环境，为学生的未来发展打下坚实的基础。总之，校本课程的实施是学校教育创新的重要体现，它通过技术的辅助，为学生提供了一个更加丰富、多元和自主的学习平台。

一、依据学生学情，架构校本选修平台

依据学生学情架构校本选修平台是以关注学情为基础的校本选修课数据平台建设的重要前提。在这一过程中，学校需要围绕核心素养的培养和"乐学善思、修德明理"的育人目标，精心设计和设置选修课程体系。这样的课程体系旨在培养学生的综合素质，包括知识技能、思维能力、道德品质和创新精神，以适应未来社会的需求。

学校在设置选修课程前，首先应充分考虑学生的自愿选择和学校培养人才的目标。这意味着课程内容和形式应当多样化，能够满足不同学生的兴趣和特长，同时也要符合学校对于学生全面发展的期望。例如，学校可以开设艺术、科学、技术、体育等不同类型的选修课程，让学生根据自己的兴趣和未来职业规划进行选择。

其次，学校需要利用数据的真实性、精准性、针对性和时效性，以学生学情为出发点，提供新的选修课课程学习方式。这包括收集和分析学生的学习数据，如成绩、兴趣、学习习惯等，以便更准确地了解学生的学习需求和潜在能力。通过这些数据，学校可以为学生推荐适合的课程，甚至可以为学生定制个性化的学习计划。

此外，学校还可以利用现代信息技术，如人工智能、大数据分析等，来优化选修课程的管理和教学。例如：通过智能推荐系统，学校可以为学生提供更加精准的课程推荐；通过在线学习平台，学校可以为学生提供更加灵活的学习时间和空间；通过数据分析工具，学校可以实时监控学生的学习进度和效果，及时调整教学策略。

二、以课程素材为基础，形成选课平台

（一）准备课程素材，丰富平台板块

以课程素材为基础，形成选课平台，是选课平台建设的重要准备。准备课程素材，丰富平台板块，这样的平台不仅能够让学生通过平台了解选修课程的内容，更能让后期建设选课平台时事半功倍。通过建设素材丰富的平台，学生可以在选课前对课程有一个全面的认识，包括课程的目标、内容、教学方式以及预期的学习成果，从而作出更为明智的选择。

选修课授课教师在准备课程素材时，需要从教师专长、课程简介、授课计划、微课、作业和任务等方面进行准备。这要求教师不仅要有深厚的学科知识，还要能够运用现代信息技术手段，如多媒体、网络资源等，来丰富教学内容和提升教学效果。教师可以利用各种在线教育资源平台，如国家中小学智慧教育平台，来获取和制作微课、作业和任务等教学素材，这些资源可以帮助教师提高备课效率，同时也为学生提供了丰富的学习材料。

平台提供微课、作业和任务等方面的板块，为师生服务。这样的设计使得学生可以在平台上找到与课程相关的所有资源，包括课程视频、阅读材料、讨论题和作业等。这种一站式的服务不仅方便了学生，也使得教师能够更好地管理教学过程和评估学生的学习效果。通过平台的数据收集和分析功能，教师可以实时了解学生的学习进度和存在的问题，及时调整教学策略，以满足学生的学习需求。

平台还有教师发展和选修课班级管理的功能，为教师提供专业的研修资源和班级管理工具，帮助教师提升教学能力和管理效率。同时，家校互动的功能也非常重要，它可以帮助家长了解孩子的学习情况，参与到孩子的教育过程中，形成家校共育的良好氛围。

总之，以课程素材为基础形成的选课平台，不仅能够提供丰富的教学资源，还能够促进教师的专业发展，提高教学管理的效率，加强家校之间的沟通与合作，为学生创造一个更加个性化和富有成效的学习环境。

（二）突出课程特点，精准课程服务

突出选修课程特点，精准课程服务是平台建设的重要组成部分。选课平台通过提供适合课程特点的板块形式，为不同特点的选修课服务，这不仅能够提升学生的学习体验，还能有效提高教学资源的利用效率。

首先，选课平台的设计应充分考虑课程的多样性和学生的需求。例如，对于实践性较强的课程，平台可以提供实验室预约、实践材料下载等服务；对于理论性较强的课程，则可以提供丰富的文献资源和在线讨论区。这样的设计能够让每个学生都找到符合自己需求的学习资源，从而提高学习的主动性和效率。

其次，选修课的授课教师在平台建设中扮演着至关重要的角色。教师需要从自己的专长出发，准备包括课程简介、授课计划、微课、作业和任务等在内的各种教学素材。这些素材不仅要全面覆盖课程的核心知识点，还要能够激发学生的学习兴趣，引导学生进行深入思考和探索。

此外，平台还应有微课、作业和任务等内容板块，为师生提供全方位的服务。微课作为一种新型的教学方式，以其时间短、内容精、易于消化的特点，深受学生喜爱。通过平台，学生可以随时随地观看微课视频，巩固和拓展课堂所学知识。同时，教师也可以通过平台发布作业和任务，及时了解学生的学习进度和掌握情况，给予个性化的指导和反馈。

在课程内容的呈现上，选课平台还可以提供相关视频的浏览，让学生通过视听手段更好地理解和吸收知识。完成课程任务和研学方案的过程，也是学生实践能力和创新能力培养的重要途径。平台可以提供丰富的研学资源和案例，鼓励学生参与到实际的研究和探索中，从而提升学生的综合素质。

最后，推荐阅读书目是选修课程服务中不可或缺的一部分。通过平台，教师可以为学生推荐与课程内容相关的经典著作和最新研究成果，引导学生进行广泛的阅读和深入的研究。这不仅能够拓宽学生的知识视野，还能够培养学生的自主学习能力和批判性思维。

总之，通过选课平台的精准服务，学生可以更加便捷地获取丰富多样的学习资源，教师也能够更有效地进行教学管理和学生指导。这种以学生为中心的教学模式，无疑将为学生的个性化发展和全面成长提供更加坚实的支持。

三、以数据分析为依据，促进教学相长

（一）通过平台资源建设，促进以学生为主体的学习

1. 生成全面数据，提高课程与学生的适配度

选课平台的建立和优化是提高教育质量和学生满意度的关键。为了让学生更好地使用选课平台，学校在正式选课前提供选课指导和平台试用浏览的机会。这样的预备步骤有助于学生熟悉平台操作，了解如何搜索和选择课程，同时也使他们能够对平台的功能性和用户友好性有一个初步的了解。

通过平台收集的学生浏览数据，学校可以形成反映学生兴趣和需求的精准数据。这些数据对于课程的设置和优化至关重要。例如，如果某一门课程的浏览量和选择率都很高，说明这门课程受到学生的普遍欢迎，学校可以考虑增加这类课程的开设数量或者提供更多相关的课程资源。反之，如果某些课程的关注度较低，学校则需要分析原因，可能是课程内容不够吸引人，或者对课程的宣传和介绍不够充分。

利用这些数据，学校可以更科学地进行课程设置和调整，使得选课过程更加符合学生的实际需求和兴趣。这种数据驱动的选课系统不仅提高了教育资源的利用效率，也让学生感受到了平台的便利性。学生能够更容易地找到适合自己的校本选修课程，从而提高学习的积极性和满意度。

综上所述，选课平台的建设和优化是一个系统工程，涉及学生指导、数据收集与分析、课程设置与调整等多个方面。通过这些措施，学校能够为学生提供更加个性化和精准的课程服务，从而提高教育质量和学生满意度。

2. 提供选修课平台课后服务，帮助学生自主学习

提供选修课平台课后服务，帮助学生自主学习，是选课平台能提供的和学校线下教育不同的功能。选课平台除了能让学生进行选课指导和

平台试用浏览，熟悉操作流程和平台功能，确保选课的顺利进行，平台的各种资源和工具也为学生的自主学习提供了有力支持。

微课视频是选修课平台课后服务的重要组成部分。这些视频通常围绕单一知识点进行讲解，时间短、内容精，便于学生在课后复习和巩固知识；课后讨论是促进学生深入理解和应用知识的有效方式。学生可以通过平台参与小组讨论，分享观点，进行思维碰撞。这种互动不仅增强了学生的沟通能力，也有助于培养他们的团队合作精神和批判性思维；平台提供的丰富学习资料，如电子书籍、学术文章、研究报告等，为学生的自主学习提供了宝贵的资源。学生可以根据课程内容和个人兴趣，选择阅读相关材料，拓宽知识面，深化理解；线上互动是教育中的重要环节。学生可以通过平台与教师进行实时或非实时的交流，提问、讨论、反馈，这种即时的沟通方式有助于学生解决学习中遇到的问题，同时也让教师能够及时了解学生的学习状况，调整教学方法。

选修课平台的课后服务通过提供微课视频、小组讨论、学习资料和师生互动等多种方式，为学生的自主学习提供了全面的支持。这种服务不仅提高了学生的学习效率，也促进了他们的全面发展。随着教育技术的不断进步，未来的课后服务将更加个性化和智能化，更好地满足学生的学习需求。

（二）以数据分析为依据，促进教学与管理的质量提升

1. 运用校本选修课程平台，促进教学方式的变革

运用校本选修课程平台，促进教学方式的变革，是教育信息化背景下提升教育质量和效率的重要途径。通过这一平台，可以实现以下几个方面的转变和提升。

教师通过平台大数据精准定位学生需求：教师可以利用平台收集的大量学生学习数据，分析学生的学习行为、偏好和成绩，从而找到真正对特定课程感兴趣的学生群体。这种数据驱动的教学决策有助于教师更有针对性地设计课程内容和教学方法，实现个性化教学。

教师角色和教学理念的转变：教育部发布的《教师数字素养》行业标

准,强调了教师利用数字技术优化教学活动的重要性。在准备平台教学素材,如微课、视频、作业任务的过程中,教师需要掌握信息技术,提高自己的数字素养。这不仅转变了教师的教学理念,也大幅提高了他们的信息技术水平。

增强师生互动和学生自主探究空间:平台提供的在线互动工具,如论坛、实时讨论和反馈系统,极大地促进了教师间、师生间的交流。这种交流不仅限于传统的课堂教学,还包括课后的在线讨论和合作学习,营造出更好的学生自主探究空间。学生可以通过平台参与小组讨论,分享观点,进行思维碰撞,从而培养他们的批判性思维和创新能力。

促进学生自主学习:学生在课后可以通过平台观看微课视频,这些视频通常围绕单一知识点进行讲解,时间短、内容精,便于学生在课后复习和巩固知识。同时,学生可以根据自己的学习进度和兴趣,选择阅读相关的学习资料,进行深入研究和学习。

实现教学资源的优化配置:平台可以为教师提供丰富的教学资源,包括电子书籍、学术文章、研究报告等。教师可以根据学生的学习情况和需求,推荐适合的学习资源,从而优化教育资源的配置。

2. 分析平台大数据,指导校本选修课程管理

校本选修课程平台的建设和应用,是教育信息化发展的重要体现,它为教学方式的变革提供了有力支持。通过大数据分析,管理部门能够精准获得校本选修课程的选课数据,与往年数据进行比对,从而开展科学管理。这种管理方式不仅提高了课程管理的效率,还有助于学校根据学生的兴趣和需求,优化课程设置,提升教学质量。

通过平台收集的选课数据,学校能够了解哪些课程更受欢迎,哪些课程可能需要改进或更新。这些数据可以帮助学校在课程开发和调整时作出更加明智的决策。例如,《教育部关于加强中小学地方课程和校本课程建设与管理的意见》中提到,普通高中课程实施要保证基础性、落实选择性、增加开放性,指导并统筹实施必修、选择性必修和选修三类课程。

平台的数据分析能力可以为个性化教学提供精准支持。将记录的学生的互动和学习行为,转化为能力模型和学情报告,让教育更智能、更透

明。这种数据驱动的教学方式有助于教师更好地理解学生的学习需求，从而提供更加个性化的教学支持。

校本选修课程平台的建设和应用，通过大数据分析和信息化手段，为教学方式的变革提供了有力支持。它不仅优化了课程管理，还促进了教师专业发展和学生自主学习，是实现教育现代化的重要途径。

选课平台的开发和应用，显著提升了学生在自主选课和线上学习方面的便捷性，赋予了他们课程学习的主导权。学校应持续运用数据的即时分析技术，为课程的执行提供坚实的依据，以此推动学生的个性化和科学化学习进程。此外，在校本选修平台的建设中，学校还需要注意课程质量、教师培训、学生指导、家校合作等方面，从而构建一个更科学的以学生为中心的校本选修平台，为师生服务。

参考文献

[1] 孙清亚，肖敦红.基于学生的发展构建数字化学习港[J].中小学信息技术教育，2018（Z2）：125–127.

[2] 张丽荣.服务师生发展 建设智慧校园[J].中小学信息技术教育，2018（10）：36–38.

[3] 张学虎，陈超.以教育云应用为抓手 促进数字校园向智慧校园转化[J].中小学信息技术教育，2018（11）：23–24.

8　于漪教育思想引领智慧校园建设初探

李　楹

人民教育家于漪的教育思想如同一颗璀璨的明星，在教育领域有着持久而深远的影响力。于漪老师提出"胸中有书，目中有人""既教文，又教人"等理念，强调教育要育人，要将德育与智育相融合。她的教育思想不仅铭刻在上海市杨浦高级中学的校园里，也在全国范围内的教育实践中得到广泛传承和发扬。

智慧校园建设在当今时代具有重要意义。根据统计数据，教育信息化投入的增加与智慧校园的建设紧密相关。智慧校园能够提高教育质量，利用先进信息技术实现个性化教学；优化管理效率，减少人力成本；促进信息共享，加强家校互动；保障校园安全，强化安全防线；提升教育公平，培养创新人才，提供现代化学习环境；响应政策导向，符合教育现代化战略方向。探索于漪教育思想与智慧校园建设的结合，有利于为学校的教育发展开辟新方向，提到新高度。

一、研究目的

尝试用于漪教育思想引领智慧校园建设，通过与信息化技术的结合提升学校的教育质量，更好地运用智慧校园的技术优势，实现教育立德树人、培根铸魂的根本任务，培养具有创新精神和社会责任感的新时代人才。

二、于漪教育思想与智慧校园的联系

（一）以学生为本

于漪强调教育要关注学生的成长与发展。在智慧校园建设中，这意味着智慧校园的各项设施和功能应围绕学生的学习需求而设计。比如，利用智慧学习平台为每个学生提供个性化的学习路径，根据学生的学习进度、知识掌握情况推送适合的学习资源，无论是课程视频、练习题还是拓展阅读材料等。

学生的身心健康发展也是重点。智慧校园可通过智能环境监测系统，确保教室的温度、湿度、光照等条件适宜学生学习，同时利用心理健康监测软件，借助大数据分析及时发现学生的心理问题并提供相应的辅导资源或预警。

（二）教师的引领作用

于漪认为教师在教育过程中起着关键的引领作用。在智慧校园建设中，要重视教师的专业发展。提供丰富的教师培训资源，如线上的教育技术培训视频课程、教育理念更新讲座等，利用短视频工具制作分享小妙招、小技巧等碎片知识。使教师能够利用碎片时间进一步熟练掌握智慧教学工具，如智能教学一体机、在线教学平台等的使用方法。

构建教师交流与协作的智慧空间，例如教师可以通过智慧校园的教研平台分享教学经验、共同备课，讨论如何更好地利用智慧教育资源提升教学效果。教师能够利用智慧校园的数据分析功能，深入了解学生的学习数据，从而更好地调整教学策略，发挥主导作用。

（三）人文精神的融入

于漪重视在教育中融入人文精神。在智慧校园建设方面，校园文化的数字化呈现是一个重要内容。通过智慧校园的多媒体展示系统、线上网站和公众号，展示学校的历史文化、校训、办学理念等，让学生随时随地感受浓厚的人文氛围，同时可以利用数字媒体技术记录和传播这些活动，扩大校园文化的影响力。

智慧校园的文化建设要以于漪的人文精神为引领。通过智慧校园的宣传平台，弘扬积极向上的校园文化价值观。在文化活动管理方面，利用智慧校园的活动组织平台，鼓励师生积极参与校园文化活动，如文化节、科技节等。智慧校园的文化管理还应注重网络文化的建设，营造健康、积极的网络学习和交流氛围，引导师生正确使用智慧教育资源和网络社交工具。

三、智慧校园建设的具体应用方面

（一）教学资源整合与优化

以于漪教育思想为指导，智慧校园应整合各种优质的教育资源。不仅要整合校内的教学课件、教案、试题库等资源，还要通过互联网连接外部的教育资源库，如知名高校的公开课、教育机构的特色课程等。这些资源应根据学科分类、教学目标、学生年级等进行优化组合，方便教师和学生获取。

利用人工智能技术对资源进行推荐。例如，当教师准备某一章节的教学内容时，智慧校园系统能够根据备课组的教学计划和学生的学情，推荐相关的教学案例、教学视频等资源；学生在自主学习时，也能得到适合自己的学习资源推荐。

（二）智慧教学模式的构建

于漪强调启发式教学等优秀教学方法。在智慧校园中，可以构建基于问题的学习（PBL）、项目式学习（PL）等智慧教学模式。利用智慧教室的互动设备，教师可以设置问题情境，引导学生分组讨论、探究，学生可以通过智能终端查阅资料、展示成果。

开展线上线下混合式教学。智慧校园提供线上教学平台，教师可以将部分教学内容前置到线上，让学生预习，然后在课堂上进行深入的讨论、答疑和知识拓展；课后，学生又可以通过线上平台进行复习巩固、完成作业并与教师和同学交流互动。

（三）教育评价体系的完善

于漪重视全面、科学的教育评价。在智慧校园中，利用大数据技术建立多元化的教育评价体系。除了传统的考试成绩，还应收集学生在日常学习过程中的数据，如课堂参与度（通过智能教室的互动设备记录发言次数、提问情况等）、作业完成情况（包括作业的正确率、完成速度、创新性等）、课外学习活动的参与度（如参加学科竞赛、社团活动等）。

对于教师的评价，不仅要看教学成绩，还要考量教师在智慧教学中的创新能力、利用智慧教育资源的有效性、对学生个性化学习的支持程度等。通过智慧校园的评价系统，及时反馈评价结果，促进教师和学生不断改进和提高。

利用 AI 教学过程分析提升自我。建设一键录播教室，方便教师随时录课，并自动上传 AI 分析系统。现在已经有了类似系统投入市场，可以从教师综合能力分析、课堂教学行为分析、课堂思维培养分析、学生学习行为分析、教学设计执行度分析等多个维度进行 AI 分析。特别适合实习教师通过自评或者带教教师的指导来快速提升教学水平。

四、智慧校园管理层面的体现

借鉴于漪教育思想中的人本理念，智慧校园管理要关注师生的需求。例如，在校园设施管理方面，利用物联网技术实现智能化管理，同时可以通过智慧校园的意见反馈平台，让师生能够方便地提出对校园设施管理的意见和建议，及时解决设施使用中出现的问题。

在人员管理上，智慧校园的人力资源管理系统应注重教师和学生的个体差异，为教师提供个性化的职业发展规划指导，为学生提供个性化的成长档案管理，跟踪他们在智慧校园中的学习和生活轨迹。

五、小结

　　于漪教育思想可以为智慧校园建设提供明确的方向。在营造育人环境方面，通过建设在于漪教育思想指导下的现代化智慧校园，使学生在潜移默化中接受美德的熏陶，提升品德修养，激发学生的责任感。在提升教师队伍素养方面，促进"德智融合"教学，让教师在传授知识的同时注重学生品德培养和价值观塑造。教师群体知识联动，实现了"德智融合"教育思想的广泛传播和实践，为智慧校园建设提供了坚实的师资保障。在推动课程创新方面，科技创新课程实践成果显著，体现了对学生创新能力培养的重视。AI 辅助教学和 AI 教学教程分析通过吸收和量化于漪教学理论，形成特色指标体系，可以为师生的全面发展提供理论支持和技术辅助。

　　总之，通过于漪教育思想引领智慧校园建设，能提高教育质量，优化管理效率，促进信息共享，保障校园安全，提升教育公平，培养创新人才，为教育现代化战略的实现作出积极贡献。

9 浅析"双新"背景下高中心理健康与生涯规划教育的融合发展

徐一君

高中教育是连接基础教育和高等教育的纽带,在培养新时代人才中起到了承上启下的关键作用。而生涯规划教育,一直是高中心理健康课的重要组成部分。2012年,《中小学心理健康教育指导纲要(2012年修订)》明确指出高中生要"在充分了解自己的兴趣、能力、性格、特长和社会需要的基础上,确立自己的职业志向,培养职业道德意识,进行升学就业的选择和准备,培养担当意识和社会责任感"。2010年,《国家中长期教育改革和发展规划纲要(2010—2020年)》明确指出"推动普通高中多样化发展。促进办学体制多样化,扩大优质资源。推进培养模式多样化"等,这可以看作是"双新"政策的前身。此外,文件还鼓励采取多种方式,为在校生和未毕业学生提供职业教育。自此,多样化创新式的教育与高中生生涯规划教育成为我国促进高中阶段教育高质量发展的重要战略。2019年,《国务院办公厅关于新时代推进普通高中育人方式改革的指导意见》进一步明确指出,到2022年,"双新"政策完全实施,总体要求在于切实提高学校的育人水平,为学生适应社会生活、接受高等教育和未来职业发展打好基础。

由此可见,针对高中生的生涯规划教育也是"双新"政策的基石之一,而生涯规划教育又与心理健康教育密切相关,因此,本文就如何在"双新"背景下,将心理健康教育与生涯规划教育紧密贴合展开探讨。

一、核心概念界定

（一）"双新"

"双新"指的是新课程、新教材，其中新课程是在 2017 年底教育部印发的《普通高中课程方案（2017 年版）》和语文等学科课程标准指导下实施的课程；新教材则是指教育部随新课程变化而组织、编写、修订、实施的普通高中各学科教材。

（二）心理健康教育

《中小学心理健康教育指导纲要（2012 年修订）》指出，"中小学心理健康教育，是提高中小学生心理素质、促进其身心健康和谐发展的教育"。教育部等十七部门印发的《全面加强和改进新时代学生心理健康工作专项行动计划（2023—2025 年）》中将心理健康工作总结为"培育学生热爱生活、珍视生命、自尊自信、理性平和、乐观向上的心理品质和不懈奋斗、荣辱不惊、百折不挠的意志品质，促进学生思想道德素质、科学文化素质和身心健康素质协调发展，培养担当民族复兴大任的时代新人"。本文采用肖汉仕[1]的定义，即教育者运用心理科学的方法，对教育对象心理的各层面施加积极的影响，以促进其心理发展与适应、维护其心理健康的教育实践活动。

（三）生涯规划教育

对于生涯规划，不同学者定义各不相同。国内学者洪凤仪[2]认为，生涯规划是一个人尽自己最大努力规划未来生涯发展的过程。黄天中[3]则认为生涯规划等同于职业生涯规划，是指个体剖析职业生涯中的各项条件的过程。

1951 年，著名的职业生涯指导专家金斯伯格将青少年职业选择分为幻想、尝试、现实这三个阶段，被称为三阶段理论[4]。后来美国学者舒伯（Donald Edwin Super）将个人的生涯发展分为生长、探知、建立、维持与衰退等五个阶段[5]。1971 年，美国教育总署（American Education

Agency）署长马兰（S.P. Marland）结合终身教育与心理学相关理论形成了"职业发展教育"（Career Education）的概念，并提出了相应的"职业教育理论"，该理论认为所有的教育都是或者应该成为职业发展教育。这被认为是生涯规划教育的雏形。随着理论的不断完善与更新，生涯规划教育的目的不仅仅局限于帮助人们找到适合自己的工作，还包括帮助个体更加深刻地了解自己，通过建构生涯来促进自身的成长，设计出属于自己的理想人生。因此，如今的生涯规划，应可以理解为个体根据自身的主观与客观条件，构建自己的未来发展并付诸实施。

高中生的年龄通常介于 16～18 岁之间，根据埃里克森的人格八阶段理论，高中生正处于自我同一性形成的关键时期，他们必须仔细思考全部积累起来的有关他们自己及社会的知识，最后致力于某一生活策略，从而对自我有清晰的认识与定位。高中生需要通过将兴趣与学业结合，经过客观分析，找到在未来职业中的兴趣点。

前文已经阐述，个人的生涯发展有五个阶段，高中生正处于探索与建立阶段。许敏指出，该阶段的首要任务就是计划、准备和实践。[6]朱钟敏认为，高中阶段的学生正处于对生涯的探索期，因此，高中生涯教育应是引导学生在自我认知、探索职业环境的基础上进行主动的人生规划、选择的教育活动。[7]

综上所述，本文对于生涯规划教育的定义如下：通过生涯规划课程，引导学生在充分了解自我、了解生活和学习环境的基础上，能主观进行自我学业规划、职业规划与生活规划等全面的人生规划的过程。

二、"双新"背景下生涯教育发展的必要性

（一）明确目标，激发学生自主学习能动性

通过生涯规划教育，引导学生构建出适合自身的职业目标与定位，从而能让学生"倒推"大学阶段的专业选择方向与高中时期的科目选择组合，将兴趣、职业与学业联结起来，学生确定所学与所爱的联系后，学习兴趣就会显著提升，学习效率也会提高。此外，学生的学习动机也会

由外在的教师、父母表扬或物质奖励等转变为自发的内在动机。

（二）自我管理，与"双新"遥相呼应

2019 年《国务院办公厅关于新时代推进普通高中育人方式改革的指导意见》中明确指出："加强对学生理想、心理、学习、生活、生涯规划等方面指导，帮助学生树立正确理想信念、正确认识自我，更好适应高中学习生活，处理好个人兴趣特长与国家和社会需要的关系，提高选修课程、选考科目、报考专业和未来发展方向的自主选择能力。"在高中阶段做好生涯规划，不仅对高中的学习生活有着重要作用，对未来学生个体的发展也具有重要的意义。

三、心理健康教育与生涯教育的现状

（一）家校分离

苏联著名教育家苏霍姆林斯基[8]曾说："教育的效果取决于学校与家庭教育的一致性。"换言之，如果家庭教育与学校教育存在较大差异，则学校教育的效果会大打折扣，像"纸做的房子"一样。高中生在学校中，接受的教育相似度较高，但家庭与学校之间，家庭与家庭之间的教育理论或方式可能存在巨大的差距，若学校与家庭无法达成共识，教育效果必然不会理想。

（二）重学业，轻职业

尽管"双新""双减"政策接连落地，但高中生的成绩依然是学校、家长关注的焦点。相较于学生个体热爱的职业或与其对应的专业，学校可能更加在乎"双一流"大学的录取率；相较于专业的区分，家长可能也更加注重名牌大学的录取通知书。马治国[9]等人的研究发现，七成以上的高中毕业生对自己的大学专业不了解。刘美秀[10]的研究中也阐述了近八成的大学生对自己的专业不喜欢。目前家校的生涯教育更注重学业，对于学生未来的职业发展缺乏相应的思考与准备，容易造成不良的后果。

（三）心理健康教育与生涯教育的脱节

无论是《中小学心理健康教育指导纲要（2012年修订）》还是新颁布的《全面加强和改进新时代学生心理健康工作专项行动计划（2023—2025年）》，都强调了对于高中生生涯规划能力的培养，但心理健康课程受限于课时量较少，课程涉及内容较多等情况，生涯规划课程多以职业简介，或利用如霍华德职业兴趣测试等量表来开展。这些形式浮于表面，难以将课程内容或结论运用于实践。且心理健康教师对于学科分类与专业或职业选择的了解程度有限，难以开展专业的生涯规划辅导。

（四）生涯教育的实效性低

目前学校层面的生涯教育大致以两种形式开展：一是心理健康教师等在校教师利用课堂或课后时间，针对群体或个体开展；二是以学校为单位，邀请社会或其他院校的职业生涯领域的专家学者进行生涯教育。二者之间缺少强有力的连接，无法形成有效呼应，甚至有时还会自相矛盾，对学生造成更多的困扰。在不同形式的生涯教育之间，存在一定的空白地带。

四、"双新"背景下高中心理健康与生涯教育的融合发展

（一）建立生涯规划教育体系

对于高中生的生涯规划教育之所以难以取得成效，是因为教师未能形成生涯规划教育体系，开展的教育活动缺乏连续性，显得盲目、随意，这也就造成了单一课时都具有意义，但将数课时串联起来后，其教育价值难以得到真正的发挥。以心理健康课为例，单一的生涯规划课多以认识职业或选择职业的形式开展，内容与学生客观认识脱节。但如果在其他专题的心理健康课上，将生涯规划的内容渗透进去，则能更好地贴近学生，从而推动学生个体的成长。

例如，在"学会选择"一课中，可以尝试不仅限于帮助学生掌握选择的方法，还能根据生涯规划的教学目标，提醒学生在人生的道路上，不同的选择会造成完全不同的结果，因而要谨慎选择。将这两个目标结合在

一起，明确生涯规划教育的方向，促进学生生涯规划能力的发展。

（二）完善"校家社"生涯规划教育机制

前文已经说到，如今"校家社"对于生涯规划教育的方向、目标都存在一定程度的不同，因而难以形成合力，往往事倍功半，因此，在校、家、社之间建立联系是急切且必要的。2022 年，全国妇联、教育部等 11 个部门印发的《关于指导推进家庭教育的五年规划（2021—2025 年）》明确指出要"构建全链条的家校社协同育人机制"。无论是学校、家庭，还是社会对于生涯规划教育都是相对片面的。学校或家庭对于不同职业的认知客观上一定存在或多或少的偏差，因此可以构建一个生涯规划教育平台，面向社会收集相应的资料，供学生查阅，再加之以教师、家长的引导与帮助，引领学生进行适当的生涯规划。

（三）丰富生涯规划教育的方式

单一、传统的教育方式是阻碍生涯规划教育顺利渗透的重要因素[11]，还会对学生的生涯规划能力发展产生负面影响。因此，在"双新"背景下，以心理教师为代表的教师们需要注意生涯规划教育的教学形式的丰富性与创新性。除了问卷或口头讲解，教师还可以采用观看视频的教学形式，通过动画或真人形象，让学生在与故事角色互动的过程中找到属于自己的人生目标和方向；或以拍卖会的形式，展示某份职业的各项优缺点，让学生在活动中思考与选择。另一方面，可以与其他学科联动，开展跨学科式的生涯规划教育教学活动。如和语文学科一起开展《名人传》读书活动，阅读历史上的名人逸事，引导学生学习名人展现出的精神与意志，再与生涯规划教育相结合，引导学生借助名人的成长经历与突出成就，总结出属于自己的生涯规划。

（四）完善生涯教育的评价机制

教育评价是生涯规划教育中的重要组成部分。因此，"双新"背景下的教师应及时制订与完善生涯规划教育的评价体系与标准。教师应注重观察学生的规划意识是否形成，学生是否明确了他们的发展目标，等等。

评价机制或标准的建立，既可以帮助教师直观了解学生的具体情况，也可以让学生更加认真地投入生涯规划，主动开展他们的个性化生涯规划。比如，教师应注重过程性评价，关注学生们的学习过程，从多个途径推动学生开展生涯规划。

五、结语

综上所述，生涯规划教育与学生的发展密切相关，具有极高的教育意义。因此，"双新"背景下，校、家、社三方要紧密配合，将生涯规划教育渗透到心理健康课、主学科课程、家庭教育与社区教育中，使学生在学习与生活中自然而然地树立积极向上的人生发展目标，为以后考入大学、进入社会做好充足的准备。

参考文献

［1］肖汉仕.我国学校心理健康教育需要注意的问题研究［J］.当代教育论坛，2005（2）：59-61.

［2］洪凤仪.生涯规划自己来［M］.台北：台湾扬智文化事业股份有限公司，1996.

［3］黄天中.生涯规划［M］.北京：高等教育出版社，2007.

［4］孔春梅，杜建伟.国外职业生涯发展理论综述［J］.内蒙古财经学院学报（综合版），2011，9（3）：5-9.

［5］Marland S P.Career education：a new priority［J］.Science，1972，176（4035）：585.

［6］许敏.舒伯的发展理论在职业生涯辅导中的应用［J］.职业技术，2009（4）：17-18.

［7］朱仲敏.教育转型背景下普通高中生涯教育内容设计与实施路径研究［J］.教育发展研究，2017，37（6）：77-82.

［8］苏霍姆林斯基.帕夫雷什中学［M］.赵玮，王义高，蔡兴文，等译.北京：教育科学出版社，1983.

［9］马治国，周常稳，孙长梅.中小学实施职业启蒙教育的迫切性与可行性探析［J］.教育探索，2016（1）：22-26.

［10］刘美秀.交叠影响域理论下"三位一体"生涯教育模型的构建与实施［J］.中小学心理健康教育，2024（21）：63-68.

［11］张炎平.谈"双新"背景下高中语文教学中渗透生涯规划教育的路径［J］.中华活页文选（教师版），2024（14）：94-96.

第二章

迭代更新的教育理念

10 探究核心素养的高中语文教学策略研究

张唯婷

在素质教育的大背景之下，高中语文课程在教学方法上经历了刷新，这在很大程度上刺激了学生的学习兴趣和自主能力的增强。然而，高中语文教学的核心目标不只限于传达知识，更注重对学生基础能力与素质的全面培养。基于核心素养进行的语文教学，不仅要注重列出课程的各个环节，更应重视学生对知识的吸收程度及各种思维技巧的培养和发展。因此，高中语文教师应当持续深入思考教学的各个环节，始终注意课堂教育中学科核心技能的融入，并坚守教学准则，全力为学生提供吸引人的、高质量的语言教育，以此推动他们整体素质的提升。

一、高中语文核心素养四大要素

（1）所谓语言的建构与应用，是指使学生能够准确地解读和应用汉语文字，形成一个完整的语言体系，并借助语言实践来掌握其内部的语言规则。学生们需要掌握汉字、词汇、语法、修辞等相关的语言学知识，并通过读书、写字、口头表达等多种手段开展实际的语言学习。

（2）文化的延续和解读意味着学生要主动地传承和推广中华优秀传统文化，深入了解并尊重不同的文化，从而培养对文化的自觉和自信。有必要使学生深化对中华优秀传统文化的理解，探索中华文化的深厚寓意及其价值，并借助文化的互动、领悟和表达等途径来提升他们的文化认识。

（3）审美鉴赏与创造是一种教学方式，目的是让学生对文学作品进行深度欣赏与评价，并通过这些文学作品来阐明自己对审美和情感的认知。在学习的过程当中，学生需深入探究文学的核心内容，例如熟悉文艺作品的关键组成及其创作技巧，借助读书、深入解析和实际创作等途径，增进自身的审美水平与创新思维。

（4）思维发展与提升，意味着学生可以通过语文课程，提升思维能力和品质，包括逻辑思维、创新思维、批判思维等。学生需要通过掌握语言的基础知识来理解基本的语文学习技巧，并借助解答问题、探索性学习和多维度学习等方法来加强思考能力。

二、高中语文课堂教学现状

1. 教学内容不够丰富

当前，高中语文教学面临着内容单一而缺乏多元化的情况。许多教师将教学的重点仍然集中在传统的阅读和写作上，其他的语文技能和知识的教育却比较缺乏。例如，不少学生在文学知识、传统文化和语言逻辑等领域上的理解不甚牢固，这无疑对他们的语文能力的进一步提高产生了一定的影响。

2. 忽视核心素养目标

新的教学大纲明确了语文核心素养的定义，涉及语言的建构与应用、对文化的传承与领悟、对美的欣赏和创造，以及思考方式的发展与人格品质。虽然教学已经取得了一些成果，但在实际的课堂环境中，一些教师仍旧沿用之前的方法，仅关注知识的灌输和考试技巧的训练，却忽视了对学生核心能力的培训与提升。这种情况在某种程度上妨碍了学生的综合能力培养。

3. 教学模式较为单一

目前，高中语文的教学方式相对单调，一些教师还是主要采用知识传授的传统方式，学生因此不得不被动地吸收课程内容。这套教学方法显得很死板，缺少与学生的交互，而且学生在其中也不能得到足够的重视。为了充分激发学生的兴趣及创新精神，我们应当考虑和实践各种教学策略，旨在强化学生的学习成果和提升他们的多方面能力。

三、基于核心素养的高中语文教学原则

1. 激趣性原则

所谓的激趣就是唤起学生的学习兴趣和热忱，使他们可以主动地、积极地融入语文的学习。为了达到教学目的，教师应当考虑引入各种趣味盎然的教学技术与方式，例如利用多媒体工具、游戏化的授课策略，让语文课堂变得更为生动有趣，进一步增强学生对于语文学科的兴趣。

2. 学科性原则

所谓的学科性原则，意在强调语文教育应当紧紧遵循语文学科的基础规则和独特性质，不仅重视知识与技能的教授，也同时关注语文学科本身所包含的人文精神和美感。因此，教师不仅需要对语文的基础知识和实践技能有深刻的了解和掌握，而且需要强调对学生语文能力及综合素养的培养，包括但不限于语言沟通、阅读理解和写作方面的技能。

3. 灵活性原则

随着社会的进步，语言的使用条件以及标准也持续发生变化。强调灵活性原则能够将创新的教育思想和途径融入教育流程，这样可以让学生更高效地应用和掌握语文专业知识，更好地适应社会变迁，应对各种挑战。

四、核心素养背景下提升高中语文教学有效性的实施策略

1. 转变观念，主动适应新变化

在教师的教学方法和行动中，其所持有的教育观念具有显著的决定性影响，这是因为这些观念构成了教育行为的灵魂。高中课程改革的最

新趋势已经使这一变革不可避免。语文教师应主动适应这些新的变革，而不是从内心就抵触，因为这是提高语文教学成效的关键所在。

更具体地说，高中语文教师应加强对政策的学习，积极了解和掌握新教材、高考改革以及课标执行的相关政策和文献，从而从根本上掌握高中语文教学改革的整体方向。最为关键的是，语文教师必须不断强化对核心能力和课程标准的学习和深入分析，同时也要积极地审视核心能力的真正含义和具体的实施方法。此外，高中语文教师在新课程改革的背景下，应该积极投入高中语文教学的"双新"培训，这不仅有助于扩大教师的知识范围、丰富其实践经验，同时也是一条助力他们转变观念的核心途径。高中语文教师必须增强学习的意识，并通过广泛阅读、在线训练及与其他资深教师的沟通等多种手段，确立正确的学习观念、教学方式及学生观点，以确保高中语文教学工作在培养核心能力的背景下拥有准确的指导方针。

2. 研读教材，恰当处理教学内容

高中的统编教材不仅是新课标的明确体现，更是实施新课标的主要方式，也成为学生在高中语文学习中的核心工具。鉴于统编版高中语文教材的明显变化，高中语文教师需秉持正统与创新思维去面对这批新教材，不能一成不变，也不能过于冒进，而应在思维方式和专业技能上进行目标明确的变革，来满足当前培养学生核心素养的需求。

高中语文教师的首要任务是根据新版教材的编排风格和结构来适应新的教学需求，同时也要根据语文科目作为高考必考科目的状况，精心安排必修与选修课程的教学时段和深度，以保证内容准确和有效。其次，高中语文教师需要对新的学习任务群适当准备应对策略。这些学习任务从本质上仍然是基于单一单元进行的教学，其中融入了听、说、读、写等方面的教学内容，特别强调学生的独立学习。因此，在处理教学材料时，语文教师应更深入地关注学生的实际学习需求，用任务驱动他们的主动学习，并保证学生在教学过程中起到主导作用。高中语文教师需认真对待整本书的阅读教学任务，这对他们来说无疑是一个新的任务。核心的要求在于，教师应教会学生如何更有效地阅读某类书籍。目标设定不需要过高，只需能够滋养学生的心智、增强学生的毅力、拓宽学生的视野，以及增加他们的见识就足够了。对于综合活动单元的教学方法，高中语文教师应确保教育方法的优化与应用。他们应积极鼓励学生结合书面学习和实地考察。同时，要鼓励教师运用多媒体进行跨媒体的学习，而不仅仅是提供答案。

3. 调整教学方法，发挥学生主体作用

常言道：教育有方法可循，但教学并非固定模式，关键在于如何找到合适的教学方法。观察新的高考趋势，"素养立意"逐渐成为出题的新趋势。采用条目化、机械化的授课方式不仅束缚学生的思考，更可能让学生觉得学习枯燥，进而妨碍学生的主观参与和思考。所以，高中语文教师应该关注更新教学手法，进而持续地提高学生的核心能力。

首先，利用情境教学法可以提高学生参与的程度。为了高效地培育学生语文学科的核心素养，教师应该给予学生更多的实践和参与经验。运用情境教学法，高中语文教师可以巧妙地将课堂内容与学生所关心的新情境相结合。例如，教师可以将教材里的文字与图像或视频等材料结合，或者与高中学生的生活场景相连接，这样可以增加学习内容的吸引力和实用性，激发学生的学习热情，从而大大提高教学的效果。

再者，采用合作教育策略可以有效增强学生的独立学习技能。教是"为了不教"，特别是当高中学生已经掌握了相关的知识和技术后，教师在教学活动中可以给予适当的空间。利用任务鼓励学生团队合作，促使他们对任务进行交流和讨论，教师仅提供辅助。这通常可以激发他们的思维活力和创意，对提升学生的核心素质大有裨益。

最后，再次强调在实践中恰当运用信息教学方法的重要性。随着社会信息化程度的提高，"互联网＋教育"被视为未来的发展方向，这一趋势为高中语文的教学带来了新的方法。新的教学标准告诫语文教育者，应当积极运用信息技术来丰富课堂教学。此外，高中语文教师不仅需扩充学生的学习领域、丰富他们的学习资源，还要努力将线下教学和线上学习融合在一起，以满足学生的多样化发展需要。

4. 教学目标与实践紧密结合，提升教学实效

教学目标既是语文教学的起始点，也是其终点。对于高中语文的教

学，它们为教学活动提供了方向性的引导，是高中语文教学的核心精神。因此，为了确保高中语文教学的高效进行，教师应当确保教学目标与实际教学活动之间的一致性。教师不仅需要精心设定教学目标，还要确保将这些目标作为教学的指引，避免出现教学中"两面手"的情况。

在制订教学目标时，高中语文教师必须避免简单模仿和重复教师参考材料的规定，而应根据学生的不同情况进行适应性的调整。特别是需要考虑到在原有的三维教学目标基础上，适当地纳入学科核心素养培养的方向，而非仅仅追求全面性，还要坚守科学和有效的教学原则。在教育过程中，高中语文教师应该始终保持"回首"的态度，确保教学行为与其既定教学目标的一致性，并基于学生的真实反应及时调整教学方针，以更有效地支持学生的语文进步。

5. 重视学生习惯养成，提高其学习效率

叶圣陶先生曾说："教育最根本的任务便是习惯的养成。"只有当学生们养成良好的习惯时，他们的美好未来才会得以实现。因此，在高中的语文课堂教育过程中，教师有责任帮助学生培养出色的语文学习态度和习惯。

首要任务是，教师应该积极地鼓励学生建立健康的阅读态度，这是加强学生语文修养的关键手段。除了强调阅读的核心价值，高中语文教师还应当有意识地实施关于阅读的教育活动，确保阅读成为学生自发的行为习惯。进一步而言，教育系统应当注重培养学生的预习和复习习惯。课前预习可以为有效听课做好充分准备，而课后复习有助于学生快速加固自己的知识，从而有助于他们巩固基本知识，并为进一步深入学习做好铺垫。我们必须鼓励学生培养"提问"的好习惯，在学习过程中"避免吃不懂的食物"，确保他们能真正深入理解、消化并吸收知识，这样才能提高学习的效率。

6. 完善教学评价体系

高中语文教师必须认识到教学评价在语文教学过程中扮演的关键角色，包括对学生情况的诊断、修正和激励，从评估一致性的视角重新审视

教师的教学行为。高中语文教师应当尽快进行总结和反思,只有这样才能进一步完善其教学活动;学生们需要在学习的道路上及时认识自己的长处和短板,并根据这些认识做出适时调整。在这个评价流程中,高中语文教师需要改变之前基于考试成绩的评判方法,更加重视学生学习中的表现,尤其应当以学生的核心能力需求为评价的依据。这种方式有助于学生的全面发展。

在培养核心素养的背景下,高中语文的教学任务正面临全新的挑战和期望。高中语文教师需要重新审视他们的教学方式,并对当前教学过程中出现的疑难问题采取有针对性的策略,以确保语文教学更为有效,并助力学生持续地成长和发展。

参考文献

[1] 林秀娥. 关于新课程改革背景下高中语文教学有效性的思考 [J]. 中学语文, 2009 (27): 4-5.

[2] 满继成. 关于高中语文阅读教学有效性的思考 [J]. 甘肃教育研究, 2021 (3): 55-57; 61.

[3] 陈飞. 新课程背景下高中语文教学有效性思考与探究 [J]. 课程教育研究, 2013 (33): 12-13.

[4] 丁丽兰. 对新课程改革背景下高中语文教学有效性的思考 [J]. 内蒙古教育, 2017 (2): 93-94.

11 "翻转课堂"教学模式还能为课堂教学注入活力吗？

——以高中英语教学为例，浅谈"翻转课堂"个性化设计、实施的实践与反思

俞雪飞

一、引言

"翻转课堂"曾经作为全新的教学模式而名噪一时。经过十几年的时间沉淀，如今热度已褪去不少。经历了长时间线上教学，又重新回归线下教学主阵地后，线上线下相结合悄然成为众多师生的思想和行动自觉。在此情况下，师生对"翻转课堂"的认识评价会更加理性客观，也不免会想："'翻转课堂'教学模式还能为课堂教学注入活力吗？"就笔者从事英语教学的体会而言，答案是肯定的。

教师实施教学的过程中，教学行为会受到三个方面的重要影响：一是国家的教育方针政策；二是当前流行的教学理论；三是学生的特质和需求。《普通高中英语课程标准（2017年版）》明确提出"拓宽英语学习渠道""利用网络资源等扩充学习内容和信息渠道"等要求。起源于美国"林地公园"高中的"翻转课堂"（Flipped Class Model）教学模式和萨尔曼·可汗的网络辅导视频等与传统课堂教学变化巨大，差异明显。高中学生普遍具有好奇心强、渴望获得新知识和乐于接受新事物的特点，以及体现自主意识、实现自我管理的需求。正是基于上述影响，"翻转课堂"的个性化设计和实施才可能是有意义的探索尝试。

上海市杨浦高级中学教师论文集

二、"翻转课堂"教学模式的实施条件

1. 正确理念的引领

"翻转课堂"教学模式改变了传统意义上的师生角色定位。学生不再单纯依赖授课教师的课堂讲授获取知识，而是自主地、个性化地主动感知和接受知识。教师的责任也相应转变为理解学生的问题和引导学生运用知识。这种改变的发生自觉接受了许多正确教育理念的引领，诸如，以人为本的理念、主体性理念、个性化理念、创造性理念、开放性理念等。其中以人为本的理念尤为突出。

2. 硬件条件的保障

"翻转课堂"需要教师录制教学视频，并让学生能够便捷地观看。现代信息技术的普及使这一切变得可行。目前，多款简便易行的定制软件具备"录课"功能，并提供课例、学案、师生互动等功能栏目，辅助教学呈现。教师只需配备简单实用的录课设备，如 USB 摄像头、简易支架和书写垫板等，就能实现音、视频采集，完成录课。学生运用笔记本电脑、手机等工具，可以登录互联网方便地观摩课例和其他辅助资源。

3. 师生对"翻转课堂"教学模式的认同

"翻转课堂"教学模式是对传统教学模式的颠覆和改革。一经采用，教学就不再是教师在课堂讲授知识、布置作业，学生回家完成练习、记忆知识。而是教师事先录制视频，学生课前完成认知和部分体验，在课堂上师生交流互动，学生完成进一步的体验，以及理解、运用、领悟。"翻转课堂"教学模式诞生至今，已较为成熟，有较强的可操作性。杨浦高级中学作为上海市"实验性、示范性"高中，有积极从事课程教材改革的优良传统和深厚积淀，在深入推进"双新"实施的背景下，师生对"翻转课堂"教学模式能够有较高的认同度。

三、"翻转课堂"个性化设计、实施的实践

"翻转课堂"顾名思义是对传统课堂教学流程的翻转和重新建构。原先需要教师在课堂教学中讲授的知识内容调整为课前完成视频录制，并和其他相关的辅助教学资料一起送达学生。学生经过课前的学习，将遇到的问题带入课堂，通过有效的课堂活动——师生、生生间的互动，完成作业，解决问题，实现知识与技能的掌握、运用。由此可见，微课程、微辅导教学由课前和课中两个部分组成，英语学科也不例外。

（一）课前部分

1. 设计《自主学习任务单》

自主学习任务单是引导学生开展自我学习的索引和指南，教师通过设计任务单，让学生清楚了解课前环节自主学习的课题项目、学习目标，向学生提供必要的学习建议，预告大致的课堂学习形式；让学生知道通过观看教学视频自学及应当完成的学习任务；要求学生记录自学过程中的困惑和教师组织课中部分课堂指导活动的建议。《自主学习任务单》把教学的重点、难点转化为问题，编制成任务，学生在解答问题完成任务的过程中培养了自主探究、深入思考的能力。

2. 教师录制教学视频

录制视频的时长建议在 15 分钟以内。教师可以根据设定的课题项目讲解语法项目、句型结构、词汇知识，分析阅读语篇，翻译句子和作文，等等。同时，教师也可以将学案等资料一并上传，供学生查阅。目前，英语学科的"录课"方式主要还是纸笔手写、PPT 录屏和教师出镜讲授等，因此英语教师选择的教学内容以语法、词汇和试卷、习题的分析讲解居多。

3. 学生观课、完成练习和查阅相关教学资源

学生以最为舒适、最能接受的方式和节奏自主观课，获取信息，实现知识输入。在观课过程中，学生尝试完成设定的学习任务，解答口头或书面问题，对所学知识进行记忆、巩固，并大胆质疑，提出自己的问题，

为课堂教学的师生、生生互动做好准备。观课后，学生可以查看教师提供的学案。英语学习必须有相应的语言环境，学生可以从教师提供的资料库中选择与本课教学主题内容对应的文字、图片、音频和视频资料进行补充学习。

4. 课前交流

作为课前部分的最后一个环节，学生可以将自己观课的收获和困惑反馈给教师，帮助教师更好掌握第一手情况，改进课堂教学设计。学生之间也可以同侪互助，彼此答疑解惑，在交流中解决一些个性问题，提炼出具有代表性的共性问题。结合英语学科的特点，笔者要求学生在交流互动中尽量使用英语，加强语言运用实践。

（二）课中部分

1. 创建课堂教学的内容

有了课前部分的学习，知识传递初步实现。学生在自主观课学习的过程中提出了对概念认知、理解的困惑和练习过程中一些无法解答的问题，这些当然都可以成为课堂教学的内容。这些内容是学生经过自主学习、独立思考和同侪互助的过程还没有得到解决的，已经不是教师要求学生学习和解决的内容，而是学生自己生成和要求解决的内容，针对这些内容开展的教学过程也正是对知识的吸收内化过程。

2. 为学生创设深入思考、交流互动的教学环境，解决学习问题

既然是"翻转课堂"模式的教学，课堂教学应该实现知识的吸收内化，这必须依托师生间、生生间的交流互动。课堂活动的形式可以是小组交流，也可以是师生问答（既有师问生答，也有生问师答）。在交流的过程中，教师不再像传统课堂教学那样简单地充当教学内容的传递者，而是成为交流活动的一个参与者、观察者和指导者。通过参与活动，给予学生有效的共性指导；通过观察，发现学生的个体差异，给予学生个性化的指导。这样的交流最大限度地尊重和培养了学生独立思考、自主学习的能力，帮助他们构建专属于他们自己的个性化知识体系，也促进了他们的沟通和交际能力提升。

3. 交流学习成果，开展评价反馈

学生通过独立思考和交流互动，解决学习的全部困惑和疑问，取得相应的学习成果。此时教师应该引导学生适时开展成果的交流和评价反馈。

4. 运用已学知识，实现语言交际

英语教学应该注重语言应用，在学生解决了学习问题之后，教师应该创设情境，进一步组织各式各样的活动，例如 discussion、survey、report 和 debate 等。活动过程中，学生应该倾听，并延续自己的独立思考，进一步固化知识体系；同时更应该表达，通过有效的语言交际实现对所学的语法概念、词汇、句型、语篇的理解内化，提高英语听、说、读、写、译的整体能力。

四、"翻转课堂"个性化设计、实施的反思

"翻转课堂"教学模式的应用给师生的英语课程教与学带来相当大的改变。学生在课前自主观课，自主质疑设问，通过交流互动解决问题，学习主体地位得到体现和加强。"观课"可以暂停，可以重复，直到弄懂为止，完全贴合学生的学习节奏进行。于是，学生不会再遭遇因为听力、词汇基础薄弱，跟不上教师的讲授，记不下教师的课件内容而影响学习的问题。这样的学习模式对学生来说具有安全感、舒适度和有效性。

在课堂教学中，教师的角色从知识传输者变成了活动的指导者、参与者和学生的合作者。教师能更贴近学生，细致观察学生学习，针对学生个体差异实现课堂的"一对一指导"。这种在活动中指导，以指导促活动的教学方式为学生创设了更好的应用英语沟通、交际的环境，对学生英语听、说、读、写综合能力的提升很有帮助，学生真正是"在游泳中学会游泳"。

在实践过程中，笔者对一些现象和问题也进行了反思。

1. 是否所有课堂教学内容都适合翻转

"翻转课堂"对学生自主学习的意识和能力提出了很高要求。一般来

说，有规律可循、较为成体系的知识内容更适合学生观看视频自主学习。英语学科对文化意识的培养等项目偏重情感、态度、价值观，以传统课堂教学模式来演绎，效果可能更好。因此，是否采用"翻转课堂"教学模式不可一概而论。

笔者通过实践获得的体会是：语法和词汇这两类课型实现课堂的"翻转"比较容易。在视频呈现时，如果教师选取了生动的图片、视频和其他语言材料，并能辅以幽默的语言组织教学，学生学习兴趣就尤其浓厚，记忆单词和掌握、运用语法规则的效果也特别好。当然，有一些涉及综合能力运用的课型，如阅读、写作等，选择基于"翻转课堂"模式的英语微课程、微辅导教学，虽然做起来不那么容易，但在我们的实践中也有比较成功的案例，这也是以后进一步探索的方向。

2. 课前部分是否比课中部分更重要

在"翻转课堂"教学模式实施过程中，课前部分的确很吃重。因为课前部分含有两个重头戏：《自主学习任务单》和学习视频制作。这两部分是看得见和抓得着的内容，师生的关注度和投入程度较高。但笔者认为，这样的认识恰恰违背了"翻转课堂"的初衷。传统模式注重知识传递，于是把这一环节置于师生直面的课堂进行，而知识的吸收内化过程则安排在"孤军奋战"的课后环节。"翻转课堂"要翻转的也正是这样的过程设置。

教育信息技术的普及让知识传播变得便捷容易，教师应当主动改变原有的教学习惯，对课中部分的重要性有足够的重视，把教学重心和时间放到第二步。换言之，就是把"吸收内化"这一重要的过程放在课堂时间。课前和课中是"翻转课堂"教学的两个并重的有机组成部分，绝对不能厚此薄彼。

3. "翻转课堂"教学模式的应用是否能为教师减负

尝试一种改变所付出的艰辛是超常的。以笔者为例，在制作第一个微课程项目"非谓语动词——分词作定语"时，仅制作学习视频就反反复复尝试了 20 遍才觉得勉强可以通过，加上其他课前、课中部分的准备，时间和精力的投入远远超过传统课堂教学一个单元的量。但是着眼长远的话，随着教师信息技术应用水平的不断提高，教学资源的积累量和共享度不断增长，教师制作视频的效率会逐渐提高，工作量会逐渐减少。因此，采用"翻转课堂"教学模式完全可能实现为教师减负。

五、结语

毋庸置疑，"翻转课堂"教学模式能为教师带来全新的资源观、教学观和发展观，也能为学生的高质量学习带来便利和帮助。参加"双新"培训时，曾有一位专家这样说："Just tell me and I will forget; show me and I may remember; involve me and I will understand.（仅仅告知，我会忘记；提供演示，我会记得；带我参与，我才能理解。）"这句话更使笔者坚定相信，"翻转课堂"教学模式一定能为课堂教学注入活力。

参考文献

［1］梅德明.普通高中课程标准（2017年版）教师指导：英语［M］.上海：上海教育出版社，2019.

［2］李宝荣.发展中学生英语学习能力：维度与策略［J］.英语学习，2017（8）：9-12.

［3］刘义杰.翻转课堂教学模式在高中英语教学中的应用探究［J］.课程教育研究，2015（5）：132.

12 基于新教材引航的高中英语写作教学实践探索

潘颖洁

  《普通高中英语课程标准(2017年版2020年修订)》(下称《课标》)指出:"普通高中英语课程具有重要的育人功能,旨在发展学生的语言能力、文化意识、思维品质和学习能力等英语学科核心素养,落实立德树人根本任务。"新版上外版普通高中英语教科书展示了人与自我、人与社会和人与自然三大主题语境,提供了题材丰富、风格多样的文体形式,能培养学生综合语言运用能力,提升英语学科核心素养。如何利用新教材发挥锚点标记和定位引航的作用,是当下高中英语教学研究的一个热点话题。本文旨在通过对教材、考情、学情的分析,探索新教材在高中英语写作教学实践中的引航作用,力图寻找教材知识与高考考查点的联系,实现教、学、考三体联动,促进学生对英语学科的深度认识和自主学习。

一、教材多维引航

  新版的上外版上海高中英语教材分为必修三册和选择性必修四册,方便分层教学,因材施教。新版教材不仅发生了量变,比如课本册数增加、词汇量增多;更重要的是产生了质变,打破了老教材泾渭分明的界限,凸显了新课标的英语学科核心素养理念,同时紧贴高考的评价体系。

  本套教材的写作部分设计主打循序渐进。从必修第一册开始,先写 topic sentence 主题句,然后是 supporting sentence 支撑句,最后是 concluding sentence 结论句。三者合一就是一个完整的段落。必修二是关于写作顺序的基本知识：空间顺序、主题顺序、时间顺序；同时强调了衔接手段的运用可以增强文章的连贯性和逻辑性，具体提到了限定词、代词、连词等。必修三讲到写作的四种模式，分别是因果关系，概括—具体模式，问题—解决模式，以及比较和对照模式。因果关系旨在描述结果和解释原因。概括—具体模式包含概述、细节列举和结论三部分。问题—解决模式包括问题、原因和解决方案三部分。比较和对照模式重在列举异同之处。选择性必修一则进阶到 4 种支撑细节：个人经历、引用引述、数据和举例。选择性必修二罗列了四大文体写作：描述性、议论文、记叙文和说明文。其中，描述性写作胜在细节、运用对话和五感。对议论文写作提出了主张和反主张模式。记叙文要素包含背景、情节、情感或体验，其中情节包含开端、上升情节、高潮、回落情节和结局五个部分。而说明文的目的是传递信息，要求具有知识性，清楚且客观。选择性必修三则介绍了几种常见的应用文格式：建议类回信、感谢信、调查报告、建议书等。其中信函格式包含信头、开端、正文主体、信尾和署名；要求语气友好、简洁，切题中肯。而建议书格式则要包含目的、问题及其后果、解决方案及其效果、结论。选择性必修四主要关注 summary 梗概写作，常见的为概括—具体模式。抓住要点，释意改写，运用近义词和句型改写。写完需要校对，最好有 checklist 检查清单。最后一课则重点练习续写记叙文，重视故事五要素。

这套教材以单元主题为纲，语篇选材丰富，体裁多变，语言鲜活。在高中英语写作教学中，教材本身就是探索不同主题语境，收纳多重话题文本和挖掘地道语言表达的宝藏。它不单是"起跳板"，更像北斗卫星导航系统，指引着学习者驶向高水平语言输出的彼岸——高考写作。

二、高考考情实录

根据上海市高考考试大纲，高考英语作文的测试目标为：测试考生用英语书面语言表达思想、感情和信息的能力。成文要具备完整的结构，统一和连贯的内容及语言。高考英语写作满分为 25 分，从内容、语言和组织结构三个部分进行评分，分值分别为 10 分、10 分和 5 分。高考写作理想时间是 25—35 分钟。作文字数少于 70 词，总分不高于 10 分。实操建议写 200—250 词。

回顾历年高考英语试卷，写作话题力求贴近学生生活，考查学生在具体情境中运用英语理解和表达意义的能力，以及文化意识和跨文化交际能力。就文体而言，主要偏重综合文体，常见为应用文形式承载其他文体的文章，如回信、邮件、建议信、回帖、征文、展品介绍等。

近年上海英语高考作文真题

时间	2022 年 1 月
题目	假设你是明启中学高三学生李明，入冬以来，你校组织全体师生每周一至周五早晨 7：30～7：50 晨跑，休息 5 分钟后上第一节课，但是有同学反映，晨跑后身体不适，因此学校委托学生会征询大家对晨跑的意见。请你给学生会写封邮件，内容必须包括：（1）你认为该晨跑安排中存在的问题；（2）你的改进建议及理由。
类型	问题解决型建议信
主题	人与自我
相关教材	必修三 Unit3 Healthy Lifestyle

时间	2022 年 6 月
题目	学校要举办一个"走近历史"的活动，有三种活动方式"制作短视频""拜访老战士""历史舞台剧"，选择你推荐的方式，写信给学校。信的内容包括：（1）你的选择；（2）你的理由。
类型	比较和对照型议论文
主题	人与社会
相关教材	必修三 Unit4 Life and Technology

时间	2023 年 1 月
题目	你们班的口语课外教 Tom 发现同学们课上互动不积极,委托你了解同学们的想法。经过你对全班同学看法的了解,有些同学表示对课堂上讨论的话题不感兴趣,有些同学害怕犯错,不敢开口。给 Tom 写一封邮件,在邮件中你必须:(1)向 Tom 反映同学的想法;(2)向 Tom 提出建议并说明理由。
类型	问题解决型建议信
主题	人与社会
相关教材	选择性必修四 Unit1 Achieving Effective Communication

时间	2023 年 6 月
题目	假如你是明启中学高三学生吴磊,学校要举办"快乐童年"展览,邀请每个同学提供一件生活中的物品参展,并撰写展品介绍供参观者阅读,你会提供什么物品?要求描述展品以及选择原因。内容必须包括:(1)对该物品的简要描述;(2)你选择该物品参展的原因。
类型	描述性议论文
主题	人与自我
相关教材	必修一 Unit4 Customs and Traditions

时间	2024 年 1 月
题目	假如你是明启中学的高三学生李华。你们学校将邀请文学教授 Tom Johnson 为学生做讲座。你负责与他联系。他给你发了电子邮件（内容如下），请根据他在电子邮件中提出的要求写一封回信。 Dear Li Hua, Thank you for inviting me. For my lecture, I would like to know about what literature interests Chinese students most. Please give me two questions you'd like me to answer and tell me why you choose these two questions. Looking forward to your reply and hoping to see you soon. Yours sincerely, Tom Johnson
类型	建议理由型议论文
主题	人与社会
相关教材	选择性必修四 Unit4 Approaching Classics
时间	2024 年 6 月
题目	假如你是明启中学的高三学生李明，你们学校英语报开设了一个"排忧解难"专栏，你的校友 Lynn 发出求助，请根据她的来信写封回信。写作要求：（1）提出你的建议；（2）说明你的理由。 Lynn 的来信大意内容如下： I'm a high school student. I want to do some cooking, but my parents don't allow me to do so. How can I change their mind?
类型	问题解决型建议信
主题	人与自我
相关教材	选择性必修三 Unit1 Fighting Stress

由上可见，问题解决型建议信无疑是高考作文的"一号常驻嘉宾"，包括但不限于 2017 年 6 月的考题（徒步活动方案改进建议），2020 年 1 月的考题（超市临保食品处理建议），2020 年 7 月的考题（露天音乐会交通问题解决方案），2022 年 1 月的考题（晨跑问题改进方案），2023 年 1 月的考题（口语课互动改进建议），2024 年 6 月的考题（排忧解难专栏回信）。虽然题目语境设置变化多端，但写作核心都是提出问题并解决问题。而问题—解决这一经典的写作模式可见于上外版教材必修三 Unit 3 的 Writing，写作基本结构为：简述问题，分析原因，提出解决方案并阐述理由。关于建议信的格式，选择性必修第三册 Unit 1 的 Writing 也给出了具体提示：信函格式要有信头、开端、正文主体、信尾和署名；要求语气友好、简洁，切题中肯。结尾要有自信或者鼓励的表示。也就是作文指导日常所说的回归主题，表达祝愿。

"二号常驻嘉宾"是比较—对照型议论文，可以参照必修三 Unit 4 的 Writing 比较—对照模式和 Unit 2 的 Writing 概括—具体模式。概括—具体模式包含概述、细节列举和结论三部分，而比较—对照模式重在列举异同之处。二者结合成就了选择／比较说理议论文；先交代待选事由，明确做出选择，逐条陈述理由，必要时进行比较，做到有条有理，逻辑清晰。结尾重申选择，希望建议被采纳，表达感谢或祝愿。典型的高考真题如下：2017 年 1 月，英国夏令营的住宿二选一；2018 年 1 月，机器人担任岗位二选一；2021 年 1 月，课程板块四选二；2021 年 6 月，汉语课程二选一。

除了最常见的问题解决型和比较—对照型议论文，高考写作也会涉及其他的类型，比如 2019 年 6 月的考题（景区门票差别性收费的现象分析类议论文），对应选择性必修二 Unit 2 Writing 的主张和反主张模式的议论文，先简述话题或现象，然后表明观点立场，选取不同角度分析现象，论证自己的观点，最后用总结、提醒、倡议的方式回归话题、重申观点。而 2018 年 6 月的考题（老师的分类特征）和 2023 年 6 月的考题（快乐童年展览物品），则涉及选择性必修二 Writing 的几大文体的组合，既要提供具体细节，又要描述背景情感；既要清楚客观地传递信息，又要有理有据地论证观点。

　　由此可见，高考写作命题紧扣课标对主题语境的要求，文本类型灵活多样。对学生的语言积累和应用能力提出了一定的要求。作文题目的相关话题，在教材中也都有不同程度的涉猎，比如 2018 年 1 月的考题可参考必修三 Unit 4 Life and Technology 的理念；2019 年 6 月的考题也可以在必修一 Unit 3 Travel 中找到相应的表述。所以高中作文教学完全可以尝试紧贴教材，积累优秀表达和精粹想法。在教材的锚点标记和引航功能充分开发的前提下，学生可以学会自主学习和深度学习。

三、学情定位分析

　　写作是学生综合语言能力运用的体现，代表着最高水平的语言输出，考验的是知识、语言和思想的积累。因此任何短板在写作过程中都会被无限放大。批改作文的老师们就此罗列了"11 宗罪"：审题不清、结构不当、思维局限、论证无力、缺少衔接、逻辑混乱、指代混乱、词不达意、生搬硬套、低级错误、字迹潦草。所有教学实践都应以学情为前提，才有可能实现教、学、考三体联动，从而最大化地提高教学效率、激发学生学习热情。为了更好地呈现高中生的英语写作现状，下面选取学生 A 的一篇习作进行案例分析。

　　假设你是明启中学高三学生李明，入冬以来，你校组织全体师生每周一至周五早晨 7：30～7：50 晨跑，休息 5 分钟后上第一节课，但是有同学反映，晨跑后身体不适，因此学校委托学生会征询大家对晨跑的意见。请你给学生会写封邮件，内容必须包括：（1）你认为该晨跑安排中存在的问题；（2）你的改进建议及理由。

Dear student committee,

　　After hearing the reactions that some students feel uncomfortable, I concern that our school should change the pattern of the morning jogging.

　　First of all, not everybody have the perseverance and the strength to keep jogging in such cold mornings.

Additionally, most of the youths nowadays are lack of exercises, which cause them have increasingly health problems. If they have to jog in the morning, sickness ranging from physical to mental may happen on students.

Furthermore, the 5 minutes' break is too short for student to calm down after exercising. Students may feel hard to concentrate on their following study, which result in the decrease of their academic score.

To overcome these disadvantages, I make a new plan; Putting the jogging after the second class because the break after it can be longer, which both keep the benefit of exercise and give students enough break. In the same time, we can give sick students a way to tell teacher their illness and get allowance not to join jogging.

I hope my suggestion will be taken into consideration.

Sincerely yours,

Li Ming

可以看出，学生 A 的习作审题得当，既提到了晨跑安排中存在的问题，如引起身体不适，导致学习分心，也提出了改进建议及理由，即把晨跑推迟到大休息课间，留给学生足够的休息时间，并且允许生病学生请假。

但内容流于俗套，缺乏深度。中间三段其实只讲了两个问题。导致学习分心的前因后果都没说清楚。第二条建议没给理由，且无操作路径，纯属一笔带过，低效表达。改进建议的提出和结尾段都过于生硬，不够得体。

语言准确性方面存在较多问题：词组搭配如 happen on，主被动如 lack 和 concern 的用法，句型错误如 Students may feel hard to concentrate on their study，中式英语如 we can give sick students a way to tell teacher their illness，缺乏高端表达，等等。

结构经不起细看：首段 topic sentence 就有问题，第一点和第二点讲的是同一个问题，应该合并。结尾明显是因为写作时间不够，草草收尾，没有总结，也没有表达祝愿或鼓励。

由此可见，该生在语言准确性和逻辑连贯性方面的问题比较突出。

实际教学中，大多数学生存在类似问题。写作作为语言学习中最具挑战性的一个环节，要求学生具有充足的词汇量和扎实的语法基础，同时拥有完善的语篇知识体系，知道如何谋篇布局，遣词造句，合并运用各种文体和修辞方面的知识。高考英语作文分值占总分的 1/6。一旦拿到高分，就取得了极大的优势。因此如何在半小时内，写出一篇内容充实、条理清晰、语言规范、用词精准、句式多变的作文，始终是高中英语写作教学实践探索的焦点。

四、教学实践探索

《课标》指出，接触和学习不同类型的语篇，熟悉生活中常见的语篇形式，把握不同语篇的特定结构、文体特征和表达方式，不仅有助于学生加深对语篇意义的理解，还有助于他们使用不同类型的语篇进行有效的表达与交流。新版上外版高中英语教材中的三大语境涵盖了人文、社科、自然科学等各领域的内容，为写作提供了丰富的话题语境和文体素材，助力学生掌握不同语篇的写作意图、文体特征、组织结构、逻辑关系、写作手法、遣词造句等知识。教师可以根据知识与技能、过程与方法、情感态度价值观的三维目标，设计具有综合性、关联性和实践性特点的学习活动，引领学生形成英语学习活动观和培养自主学习的方式，发展语言技能，形成学习策略。

就写作而言，学生如能使用元认知和情感等学习策略培养自我评价与分析的独立思考能力，对于学习进展能及时发现问题进行反思，并能基于评价结果调整学习方案，就会拥有更明确的学习目标和更科学的学习方法，激发学习动力，提升学科核心素养。

评价是教、学、考三体联动中必不可少的一个环节。多元评价方式为自评与互评，形成性评价与终结性评价相结合，以此促进学生英语学科核心素养的形成及发展。以前文的写作题"晨跑意见"为例，写作课堂教学可依次设计三类活动：

一，学习理解类活动。所有学生完成初次写作之后，教师带领大家再次审题,明确写作要点,梳理段落走向,感知写作意图。每个人按照内容、语言、结构三方面进行自评并给自己的作文打分。

二,应用实践类活动。结合各自习作,展开小组互评。在设置互评标准时,教师要精准落实新教材写作板块的引航功能。示例如下:① 作文是否开门见山、直奔主题? ② 段落是否完整包含主题句、支撑句、结论句? ③ 是否运用了衔接手段? 有几处? 衔接是否自然? ④ 内容是否丰富? 结构是否完整? ⑤ 问题—解决模式是否完整包括了问题、原因和解决方案三部分? ⑥ 是否引用个人经历、名人名言、数据或举例? ⑦ 议论文是否包含主张反主张的观点? ⑧ 建议类信件格式是否完整包含信头、开端、正文主体、信尾和署名? ⑨ 语气是否友好? 语言是否得体? 是否过于谦卑或傲慢? ⑩ 表达是否客观简洁,切题中肯? 有无可删减的赘述? ⑪ 是否存在如拼写、词性、时态、搭配、主谓一致等语言问题? ⑫ 有无标点使用不当的情况? ⑬ 全文词数是否达到 200 以上? ⑭ 以 25 分满分来评价,你认为该作文可以得几分? 以上互评标准涵盖了语言能力、文化意识、思维品质、学习能力等核心素养维度,有助于提高高中生英语写作综合能力和自主学习的意识。

三,迁移创新类活动。学生按照互评标准,自查初稿作文,从语篇结构、内容拼写、语法用词等方面进行修改润色。教师鼓励学生勇于尝试更新、更好的表达,引导学生回到教材文本收集写作素材,如推荐必修三 Unit 3 Reading A "Take Charge of Your Health" 和 Reading B "Classic Health Debates" 关于如何保护健康的话题语篇以及选择性必修三 Unit 4 Writing 写建议信给绿色社团。经过自评、互评和再读教材,学生 A 总结了自己的初稿存在的问题,列出了新的写作提纲,如图 12-1 所示:

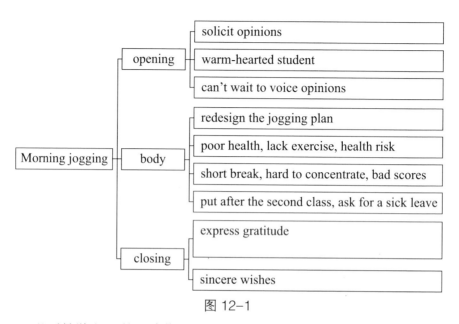

图 12-1

以下是学生 A 的二稿作文：

Dear students' Union,

Learning that our school is soliciting opinions for the morning jogging, I, as a warm-hearted student, can't wait to voice my opinions.

It concerns me that some students feel uncomfortable after the running in the early morning. There is no doubt that the plan of the current morning jogging of our school should be redesigned.

First of all, most of the youths nowadays lack exercises, which leads to increasingly severe health problems, let alone the senior teachers. Therefore, not everybody have the perseverance and the strength to keep jogging at dawn. If they have to jog in the morning, unexpected health problems ranging from physical to mental may occur.

Additionally, there is only 5 minutes' break after the jogging, which is far from enough for students to calm down after exercising. Students may feel it hard to concentrate on the following lessons, which is most likely to cause inferior academic performance.

Considering all the above disadvantages, I've come up with a renewed plan to give full play to our school morning jogging. The jogging might as well be put after the second class because the break after it is much longer, which will both keep the benefit of exercise and give students enough break. In the mean time, the sick students should be allowed to ask for a leave and be spared from the ordeal of the jogging.

Thank you for considering my proposal. I sincerely wish the renewed morning jogging will contribute to our health and physique in the long run.

Sincerely yours,

Li Ming

在二稿作文中，学生运用了教材中的语料，借鉴了教材文本思路，遵循了教材写作指导，在语言精准度和文章逻辑性上有了显著提高。由此可见，充分开发教材的引航功能，指导学生有意识地关注和借鉴教材，通过自评互评打磨文章，提高综合语言能力，培养学生自主学习意识，不失为一种有效可行的写作教学实践探索。

五、结语

为了优化高中英语写作教学的效果，教师需要对教材进行多维整合和合理利用，充分发挥教材引航功能，促进学生利用教材自主学习。按照《课标》，教师应设计具有综合性、关联性和实践性特点的英语学习活动，使学生通过学习理解、应用实践、迁移创新等活动，发展多元思维和批判性思维，提高英语学习能力和运用能力。写作能力的提高是一个厚积薄发的过程，也是培养英语学科核心素养的重要路径。深耕教材，探索课本与学情、考情的契合点，是高中英语写作教学的必由之路。

参考文献

［1］上海市教师教育学院（上海市教育委员会教学研究室）.上海市高中英语学科教学要点与单元实施：选择性必修［M］.上海：上海教育出版社，2023.

［2］上海市教育委员会教学研究室.上海市高中英语学科教学基本要求：试验本［M］.上海：上海教育出版社，2021.

13 文化负载词在高中英语情景教学中的融入

——以《三国演义》罗慕士译本为例

甘 甜

一、引言

随着"双新"教育改革的深化，高中英语教学重点逐步转向强化学生综合语言运用能力，特别是跨文化交际能力。作为语言核心要素之一，文化负载词的教学在情景教学模式中占据关键地位。本文以中国古典名著《三国演义》的罗慕士英文译本为切入点，深入探索如何在高中英语情景教学中高效融入文化负载词的教学实践，旨在增强学生的跨文化认知与语言能力。"双新"教育改革要求高中英语教学更加注重学生的主体性、实践性和创新性，情景教学成为实现这一目标的重要手段。文化负载词作为连接语言与文化的桥梁，其教学在情景教学中具有举足轻重的地位。《三国演义》作为中华文化的瑰宝，蕴含丰富的文化负载词，其英文译本为高中英语情景教学提供了宝贵的资源。

二、文化空缺与文化负载词

1. 文化空缺的定义

"空缺"指的是文化鸿沟，但由于语言与文化密不可分，因此"空缺"既是指文化空缺也是指语言空缺。文化空缺就是指不同民族由于历史背景、地理环境、风俗习惯、宗教信仰等方面差异使得双方在各自文化中找不到对应的文化符号。

2. 文化空缺产生的原因

文化是特定社会环境下的产物，物质、生态、地理等方面影响会导致社会文化的差异，人们的认知水平也各不相同。文化是一个极为复杂的概念，中西方各自文化发展历史不同，孕育了属于自己民族独特的人文背景，这也就是文化空缺产生的原因。

3. 文化负载词及其分类

"文化负载词是指标志某种文化中特有事物的词、词组和习语。这些词汇反映了特定民族在漫长的历史进程中逐渐积累的、有别于其他民族的、独特的活动方式。"[1] 目前为止，国内外已有众多学者对文化负载词的翻译进行了深入研究。根据奈达关于语言文化特征的理论，笔者认为对于文学翻译，文化负载词应分为四个类型：生态文化负载词、社会文化负载词、物质文化负载词和宗教文化负载词。

三、《三国演义》文化负载词在高中英语情景教学中的应用

在中国典籍英译研究中，罗慕士是一位值得关注的翻译家，他翻译的许多中国经典文学在英语世界产生了广泛的影响，以《三国演义》最为突出。[2] 罗慕士对《三国演义》一直抱有浓厚的兴趣，他认为该书融合了丰富的中国传统文化，呈现了典型的中国韵致，是西方读者深入了解中华文化精髓、中国人精神世界和价值观的重要途径，可读性非常高。但罗慕士不满既存文本中的错误之处和语言表达的局限性，认为这些译本有文化理解和修辞表述错误以及误译错译现象，因此一直寻找机会重译《三国演义》，并认为有必要加强文化传递意识，对该书中的文化负载词以及丰富的文化因素进行最大限度的还原，使西方读者最大限度地享受到原书的内容与情节，从而弘扬中国优秀的传统文化。

1. 生态文化负载词的翻译

特定的环境对文化具有独特的塑造作用，所谓"一方水土养一方人"，这说明生态文化与人们所处的地理环境以及气候变化等有着密切的关系。不同地域环境中的民族会形成其独有的生活方式和语言习惯，所以不同的民族在语言表达上也不乏地域色彩。

生态环境即影响人们生存和发展的自然、生物、气候等资源，生态文化负载词涉及一个民族的自然地理环境、气候、山河、地名等特征以及一个民族所熟知的表象背后蕴含的隐喻意义。[3]

例1：后人有诗赞玄德曰：运筹决算有神功，二虎还须逊一龙。

In later times a poet praised Xuande；Seasoned plans and master moves, all's divinely done. To one mighty dragon two tigers can't compare.

"老虎"和"龙"在中国文化中蕴含着丰富的象征意义。"龙"在中国文化中是一种神兽，代表权力和吉祥，也是智慧的象征，例如诸葛亮号"卧龙"，来形容他的足智多谋。而在西方，"龙"通常是邪恶的象征，在许多文学作品中都用它来形容恶魔。"老虎"在中国文化中是"百兽之王"，权力的象征，西方却没有这一层含义。尽管双方文化存在明显差异，但罗慕士仍保留这一内容进行直译，由于前文对此已经进行过铺垫，过多的注解反而会破坏原文的文化意味。在处理生态文化负载词时，罗慕士保留词汇的原本意象，对人物性格进行解释，突出文化词的象征意义，这样既保留了源语言文化特点，还帮助目的语读者对译文有更好的理解。因此，在情景教学中，可以设计以这些词汇为主题的情景对话或角色扮演，如"曹操与刘备的龙虎斗"，让学生在模拟的情景中理解这些词汇的象征意义，并学习如何在英语中表达类似的概念。

2. 社会文化负载词的翻译

社会文化负载词指不同社会背景下，人们在生活中形成的独特的风俗习惯、政治军事特点以及社会称谓等。

例2：操即命夏侯惇为都督，于禁、李典、夏侯兰、韩浩为副将，领兵十万。

Cao Cao directed Xiahou Dun to take command of a hundred-thousand-man force, and Yu Jin, Li Dian, Xiahou Lan and Han Hao to serve as his deputy generals.

中国古代官职称谓系统复杂，要想目的语读者完全厘清人物官职之间的关系难度较大。罗慕士在此采用的是省略法，尽管在翻译过程中省略法通常不作为主要参考方法，但在上述例子中采用省略法流畅地表达出原文的信息可谓明智之选。英语注重简洁和逻辑性，通常通过句子结构来凸显句子含义。在这句话中夏侯惇的头衔虽被省略，但保留了其他人物的官职名，这样句子得到简化，同时目的语读者在阅读过程中同样能够根据句子结构来判断人物关系。[4]在情景教学法的实践中，教师可巧妙地构建诸如古代宴会、军事策略会议等历史场景，鼓励学生分别扮演各类角色，以此沉浸式地领悟相关词汇的深刻内涵及其在历史社会脉络中的具体运用。此外，组织小组间的讨论或辩论活动，不仅能引发学生的思考，还能促使他们深入探究并比较中西方社会文化间的独特性与共同点，从而拓宽视野，增进跨文化理解。

例3：操问二人何来。云长曰："听知丞相和兄饮酒，特来舞剑，以助一笑。"操笑曰："此非'鸿门会'，安用项庄、项伯乎？"

Cao asked the reason for the visit, and Lord Guan replied, "We heard Your Excellency was carousing with our brother and have come to present a sword dance for your amusement." "Not another Hongmen, I hope," Cao said, smiling, "We hardly need a repeat of that performance."

"鸿门会"是一个历史典故，讲述的是秦朝灭亡后两支抗秦军队的领袖项羽和刘邦在秦朝都城咸阳郊外的鸿门举行的一次宴会，宴会上项羽谋士范增命项庄舞剑，伺机刺杀刘邦，最后项伯拔剑起舞掩护刘邦。后以此比喻不怀好意的宴请。"鸿门"在此是一个地名，罗慕士采用音译和注释的方式进行处理，根据他深厚的中国文化知识，他认为"鸿门会"作为一个历史典故，是一个不可分割的整体，同时背后还蕴含着特定的文化背景。[5]所以"鸿门会"并非在鸿门的一次简单会面。基于以上考虑，他将"鸿门"音译为"Hongmen"，并用注释对其文化背景进行解释，这样的处理方式不仅体现了文化负载词的语言特点，还传达出该词的文化信息，真实还原其文字意象。[6]这种方法在高中英语教学中同样适用。教师可以先教授学生"Hongmen"的音译，然后通过故事讲解和多媒体展示，帮助学生理解"鸿门会"的历史背景和象征意义。

3. 物质文化负载词的翻译

物质文化负载词是指一个民族生产生活过程中与经济、政治、文化、饮食、交通、货币等方面相关的物质性词语。

例4：何不将金石之论为我主言之，乃与众人辩论也？

Save your invaluable opinions rather than continuing debate.

在"金石之论"这个成语中，"金"和"石"分别代表"黄金"和"宝石"，"金石之论"则比喻真诚珍贵的言论。由于黄金和宝石价值不菲，在中国传统文化中它们都被赋予了稀有珍贵的寓意，例如"金玉良言"比喻可贵而有价值的劝告，"金城石室"比喻坚固的防守设施，由此可见，如此具有中国文化内涵的词语若采用直译，即"words like gold and jade"会让西方读者不明就里，因为在西方文化中，"gold"和"jade"并未被赋予中国文化中与之对应的意义。而罗慕士在此采用意译的方法，将其翻译为"invaluable opinions"，看似简单，却简洁清楚地将成语的内在含义表达出来，扫除了目的语读者的理解障碍，成功地传达了原文的本意[6]。在情景教学的框架下，我们可以创造性地策划寻宝与鉴宝等互动环节，让学生在充满乐趣的探险过程中，不仅发现"宝物"，更在寻找与鉴别中深刻理解相关词汇的意蕴及其所承载的丰富文化故事。同时，引导学生对比阅读原文与译文，直观感受两种文化在物质表达层面上的独特差异，从而增进对两种文化深层次的理解与尊重。

例5：（检点宫中，）不见了传国玉玺。

But the jade seal, whose possession confirms imperial authority, was not found.

物质名词"玉玺"在小说中频频出现。中国古代封建时期"玉玺"也被称为"皇帝之玺"，是古代至高权力和皇位的象征，因此也被视作"君权神授"的象征，拥有"传国玉玺"也就代表上天赋予了君权，失去了它就代表失去统治权。[7]这是中国古代封建专制统治下独有的一种物质文化。在西方，从罗马帝国形成起，罗马统治者的权力均由罗马大众和参议院赋予，统治者只有经过"加冕仪式"才算真正开始统治生涯，可见西方文化中"王冠"才是权力的象征，这与中国传统大相径庭。由于西方文化中缺失"玉玺"这一概念，因此仅仅将其直译，显然不能达到翻译的效果。而罗慕士采用异化的原则将其翻译为"jade seal"，再通过后置修饰语进行解释，既保留了原文的文化意象，又准确传达了这一物质名词的含义，顺利地帮助读者了解了中国古代君主制的文化。

4. 宗教文化负载词的翻译

宗教文化负载词，诸如"金波玉液"与"呼风唤雨"，犹如璀璨星辰，镶嵌在中国古代宗教信仰与神话传说的浩瀚天穹之中。在情景教学的生动舞台上，我们巧妙地编织神话故事，让学生仿佛穿越时空，亲历那些古老而神秘的场景；更可进一步编排神话剧，让学生以角色扮演的方式，亲身体验这些词汇背后的文化韵味，于欢声笑语间汲取知识的甘露。此外，我们还应鼓励学生跨越文化的界限，通过对比分析中西方宗教文化的异同，探究它们各自如何在历史长河中塑造着社会风貌、价值观念与人文精神。[8]这一过程不仅是对词汇的单纯学习，更是一次深刻的文化之旅，让学生在比较与反思中拓宽国际视野，增进对不同文明的尊重与理解。通过这样的教学方式，我们不仅传授了语言与知识，更点燃了学生心中探索未知、拥抱多元文化的热情之火。

例6：（玄德请徐庶饮酒）庶曰："今闻老母被囚，虽金波玉液不能下咽矣。"

"With my aged mother a prisoner I cannot swallow anything, not even if it were brewed from gold or distilled from jade，" said Xu Shu.

"金波玉液"是中国独有的文化专有项词语，是指道教文化中一种用金和玉溶于朱草而制成的仙药，通常也指琼浆美酒。[9]中国古代佛教、道教盛行，而西方文化的起源以基督教为核心，在他们的文化中缺少与中国道教文化"用金和玉溶于朱草而制成的仙药"对应的生态文化隐喻意，两种文化之间产生的文化空缺必定导致目的语读者对源语言文化信息的不解与困惑。有译者考虑到西方读者对于该文化专有项的理解难度较大，便采用归化的手法将其翻译处理为 the most precious potion，the most exquisite liquor（最珍贵的药品，最美味的酒酿），但这没有把这一带有明显宗教色彩的文化词汇准确地还原给目标读者，让译文失去了原文的文化韵味。罗译本将"金波玉液"译为 brewed from gold or distilled from jade（从金和玉中提取酿造），该译法采用异化手段强调了中国宗教文化中金和玉的文化特色，与原文风格最大程度地吻合。

例 7：孔明曰："亮虽不才，曾遇异人，传授奇门遁甲天书，可以呼风唤雨。"

To this appeal Kongming answered，"Though I myself have no talent，I once came upon an extraordinary man who handed on to me occult texts for reading the numerology of heavens. Their method can be used to call forth the winds and rains."

"呼风唤雨"是古代汉族神话中道术的一种，能使唤风雨来去，比喻能够支配自然的巨大力量，带有褒义。[10]它蕴含了浓厚的中国古代道家思想。这种词汇在目的语文化中存在空缺，因此罗慕士在直译的基础之上还使用了加注的方法进行解释，对"呼风唤雨"这个词的文化含义添加了简单的注释"…and to put ghosts and spirits under one's command; it can be used to deploy a line and array troops, to secure…"。这种方法有利于保留原文的文化信息，同时还能避免译文啰唆冗长的缺点，通过注释，读者能够理解源语言文化的特点并且自然学习到所传达的文化知识。由此可见，那些由于文化空缺造成的翻译障碍，可以通过加注的方法进行处理。

四、高中英语情景教学中的文化负载词教学策略

由于中西文化存在显著差异，文化负载词的翻译和教学面临诸多挑战。如何准确、生动地传递文化负载词所承载的文化信息，让学生在理

解其字面意思的同时，感受到其背后的深层文化内涵，是高中英语教师需要深入思考和探索的问题。

1. 场景设计

（1）历史背景再现：通过多媒体手段展示三国时期的地图、服饰、建筑等，营造浓厚的历史氛围。

（2）故事情节模拟：选取《三国演义》中的经典片段，如"草船借箭""赤壁之战"等，设计教学场景，让学生仿佛置身于三国时代。

2. 角色分配

（1）分配学生扮演不同角色，如刘备、曹操、诸葛亮等，通过角色扮演深入理解人物性格和时代背景。

（2）鼓励学生根据角色特点使用相应的文化负载词，如"龙""凤"等象征性词汇，增强台词的文化内涵。

3. 场景互动

（1）设计对话和互动环节，让学生在模拟的场景中自由交流，运用所学文化负载词进行表达。

（2）模拟情景，使学生在真实的文化语境中感受语言的魅力，提高语言运用能力。

五、结语

在"双新"教育背景下，高中英语情景教学应注重文化负载词的教学。通过以《三国演义》英文译本为例的探讨，本文提出了在高中英语情景教学中有效融入文化负载词的教学策略和建议。希望这些策略和建议能为广大英语教师提供有益的参考和借鉴，共同推动高中英语情景教学的创新与发展。

参考文献

［1］唐珍.关联理论视角下京剧《长生殿》中文化负载词的英译［J］.郑州航空工业管理学院学报(社会科学版),2016,35(2):125-127.

［2］许多.试论罗慕士的文化立场与跨语际言说特质［J］.上海翻译,2020(6):65-70.

［3］黄琳.文化"走出去"视角下《西厢记》文化负载词英译研究［J］.文化学刊,2020(9):177-180.

［4］丁鹏.从翻译适应选择论分析罗慕士译《三国演义》中官职名的英译［D］.新疆大学,2019.

［5］张俊佩.韦努蒂抵抗式翻译理论视域下《三国演义》罗慕士译本中的文化负载词英译研究［D］.西华大学,2017.

［6］王斯甜.《三国演义》中四字格的英译研究［J］.海外英语,2020(17):30-31.

［7］侯学昌,卢卫中.从文化空缺看《论语》中的文化负载词的翻译——以辜鸿铭的译本为例［J］.牡丹江大学学报,2019,28(2):100-103.

［8］贺显斌.古典小说英译中的人物形象建构——《三国演义》两个英译本中的貂蝉形象比较［J］.外国语文研究,2017,3(5):50-57.

［9］傅琴.创造性叛逆和《三国演义》英译本——以罗慕士和虞苏美两个全译本为例［J］.海外英语,2020(20):54-56.

［10］董秀静.论中国典籍英译的基本原则——以《三国演义》第46回两个英译本的比较研究为例［J］.吕梁学院学报,2018,8(3):45-48.

14 核心素养下的高中物理情境题应对策略

孙裕斌

　　教育部下发的《普通高中物理课程标准（2017年版2020年修订）》（下称新课标）中提出：学科核心素养是学科育人价值的集中体现，是学生通过学科学习而逐步形成的正确价值观、必备品格和关键能力。与以往不同，新课标下的高中物理教学，注重让学生运用基础知识和基本技能去解决生活中的实际问题。而这实际问题，便是一种"情境"[1]。情境的来源非常广泛，可涉及自然、生活、科技等各个领域。在这个"情境"的华丽外衣下，学生需要一定的思维能力来抽丝剥茧，结合相关知识点，建立相应的物理模型，来最终解决问题[2]。

　　现在学生的普遍困扰：对于简单、直观、可套用物理公式的习题尚有能力解答，但面对那些实际生活中形形色色的情境就束手无策。文献大多分析了通过日常课堂创设情境来提高学生核心素养的方法。所立举措无外乎以下几点[3,4]：

　　（1）基于生活实际增加情境教学实践性。

　　（2）基于先进技术强化情境教学生动性。

　　（3）基于合作探究提升情境教学互动性。

　　本文结合笔者日常教学经验，从学生、教师的角度思考探究，从"情境题"题型入手，引导学生从"畏惧"情境题，到"熟悉"处理情境题。

一、抽丝剥茧，建立物理模型

当下高考改革的总趋势是由知识立意转向能力立意[5]。换言之，简单、能直接得出答案的试题会逐渐减少，而联系生活实际的情境题将越来越普遍。这类试题需要学生能根据题目文字信息，知道考查的知识点，建立对应、合适的物理模型，再利用物理模型（物理规律）解题。

高中物理必修一的第一节就讲述了物理学在研究自然规律时舍弃次要因素，抓住主要因素，从而突出客观事物的本质特征，即构建物理模型。可见建模的重要性。构建物理模型是一种研究物理问题的科学思维方法，也是需要培养的关键能力之一。

高中阶段常见的物理模型示例：

（1）物质模型：质点、点电荷、电流元、理想气体、光滑斜面、轻杆……

（2）状态模型：受力平衡状态、气体平衡态……

（3）过程模型：匀速直线运动、自由落体运动、简谐运动、完全弹性碰撞、气体的等温变化……

建立物理模型需要想象力和抽象思维能力，这个对高中学生来讲还是很难的，新课标要求学生能从物理学视角认识客观事物的本质属性、内在规律及相互关系；能基于经验事实抽象概括构建物理模型。物理模型既源于实践，又高于实践，教师在日常教学中应引导学生树立物理模型意识，准确建模，培养物理思维。纵观现实，无论是宇宙天体、宏观物体的运动，还是微观粒子的运动，都是相当复杂的，而要处理这些复杂的物理问题，只能由浅入深，先建立简单的模型，在此基础上，才能将更多的扰动因素添加进去，逐渐求解复杂问题。

从伽利略开创近代物理先河开始，实验观察加科学推理的研究方法一直是物理学发展中的指导思想。而理想化模型即物理建模正是为适应这样的研究方法而提出来的[6]。建模可以培养学生的想象能力、直觉思维能力、构造等能力，因此具有物理建模意识，具备物理建模能力，是每个学生学习物理学的目的之一[7]。

例1.人们使用天文望远镜在宇宙中发现了许多双星系统。某一双星系统的两个星体的线度远小于两星体间的距离,该双星系统距离其他星体很远,可视为一孤立系统。根据光度学测量得知,该双星系统中两个星体的质量均为 M,两星体间的距离为 L,它们围绕两者连线的中点做圆周运动。已知引力常量为 G。

(1)计算该双星系统的运动周期 T。

(2)若实际观测到的双星系统的运动周期为 T_0,且 $\dfrac{T}{T_0}=\sqrt{N}$($N>1$),为了解释 T 与 T_0 的不同,目前有一种流行的理论认为,在宇宙中可能存在一种望远镜观测不到的暗物质。不考虑其他暗物质的影响,试建立相应模型并根据上述观测结果确定该暗物质的密度。

本题第一小问较为基础,考查基本双星模型,只需根据万有引力提供向心力列出动力学方程

$$G\frac{MM}{L^2}=M\frac{4\pi^2}{T^2}\left(\frac{L}{2}\right)$$

解得

$$T=\pi L\sqrt{\frac{2L}{GM}}$$

本题的第二小问难度较高,题目中讲述了暗物质对双星运行具有直接的影响,那如何建立暗物质模型呢?可以假定以两个星体连线为直径的球体内均匀分布着暗物质,由此构建暗物质的球体模型,只有这个球体形状的暗物质对双星产生影响。而均匀分布的暗物质又如何影响双星运行?可以肯定是引力作用。方程如何列?可类比均匀带电球体对外界的影响等效于全部电荷集中在球心的点电荷对外界的影响,本题中均匀分布在球体内的暗物质对双星的作用可等效成球内暗物质总质量 m',位于球心处。考虑暗物质的引力作用后,动力学方程可列为

$$G\frac{MM}{L^2}+G\frac{Mm'}{\left(\dfrac{L}{2}\right)^2}=M\frac{4\pi^2}{T^2}\left(\frac{L}{2}\right)$$

代入 $\dfrac{T}{T_0}=\sqrt{N}$ 和 $T=\pi L\sqrt{\dfrac{2L}{GM}}$,化简可得

$$m' = \frac{N-1}{4} M$$

再由球体体积公式

$$V = \frac{4}{3} \pi \left(\frac{L}{2} \right)^3$$

可得暗物质的密度为

$$\rho = \frac{m'}{V} = \frac{3(N-1)M}{2\pi L^3}$$

从例 1 不难看出，本题动力学方程及求解过程并不难，而解题的关键就在于能否抽丝剥茧，建立起暗物质这一球体模型。

二、吃透基本概念和物理过程——从"悟"到"通"

笔者认为，学习物理，要懂得万变不离其宗。纵使情境题型千变万化，但考查的知识点却是固定的。"悟"是物理学习的开端，亦是基础，对于课本上的基本概念及过程等物理观念，唯有理解、吃透，方能进一步拓展、提升，最终形成物理通感。核心素养强调物理观念，而物理观念的掌握，是在面对新的问题时，快速找到应对方法。"通"贯彻在求解具体问题中，是从初始到终了的物理思维畅通。物理通感的培养不是一朝一夕的事情，是个循序渐进的过程[8]。面对复杂、无从下手的情境题，不妨尝试以下几个步骤：

（1）去除情境层面的无关信息，提炼关键信息，从另一个角度重新思考此问题。

（2）寻找一个与此问题类似的但稍容易、简单的问题。

（3）将此问题情况推到极限，看极限状态下的特例。

（4）尝试先解答此问题的一部分。

（5）平时课堂例题、课后作业等，不要进行题海战术。在做完一道有意义的题后，尝试举一反三，进一步理解本题的出题意图及物理意义，尝试进一步推广。

例 2.（原始）某理想粘性物体质量为 m，从距离地面处自由释放（不计空气阻力），落地后不反弹，与地面撞击过程用时为 t，重力加速度为

g，求物体与地面碰撞期间对地面的压力。

本例为没有太多情境的"裸题"，而这类题目也是学生最喜欢、最得心应手的。读完题目后，绝大多数的学生都能瞬间想到考查的知识点以及应对的方法，即考查碰撞过程，运用动量定理来求解上述问题。现在，如果给上述问题套上了情境呢？

（情境）研究表明侏罗纪时代的一种恐龙——暴龙的前肢特别短小，后肢长而强壮，善于奔跑，但快速奔跑时可能有栽倒的危险，它的前肢太短无法帮助它缓冲重心的下落。假设一只暴龙质量为 m，在水平奔跑时突然栽倒，身体撞击地面前重心下落 h，身体和地面撞击过程用时为 t，在它和地面撞击期间身体同时在地面上滑行，地面和暴龙身体间的动摩擦因数为 μ，重力加速度 g。求暴龙和地面撞击期间，暴龙在地面上滑行的水平加速度大小。

本题作为一道考试题，得分率较低，原因可归结为学生被本题"华丽"的情境所迷惑，无法拨云见日，辨析出本题考查的知识点。此情境中，暴龙水平方向合外力为滑动摩擦力，求水平加速度无外乎要知道碰撞过程中暴龙与地面间的弹力。因此本题旨在考查竖直方向通过动量定理求解弹力。而弹力的求法与原始题别无二致。可以发现，上述两题考查点和解题方法完全一样，但学生的答题结果却天差地别，学生需要在短时间内"通感"出本题的物理原理及应对方法。

三、学习迁移，巧用类比，自行探索物理世界的利器

情境题的素材可来源于生活中的方方面面，因此学生遇到陌生的情境常常无从下手，这时，类比法也许是一个不错的选择。类比法是将不熟悉的事物与熟悉的事物进行比较，从而根据两个或两类事物之间在某些方面的相似或相同而推出它们在其他方面也可能相似或相同的一种科学思维方法[9]。在高中物理学习中，学习迁移，巧用类比法，能很好地理解抽象复杂的概念，建立模型，提高应用物理知识的能力。

高中物理知识，有零碎的也有系统性的，有直观的也有抽象的，但

上海市杨浦高级中学教师论文集

很多内容有着相似之处。类比的方法，往往能让学生由浅入深，从直观过渡到抽象。表 14-1 列举了高中物理中几个典型的可用类比的知识点。

表 14-1　高中物理常用的类比知识点

知识点 1	知识点 2
行星绕日公转圆周运动（恒星引力场）	核外电子绕核圆周运动（库仑力有心力场）
单摆	电磁振荡
重力功与重力势能	电场力功与电势能
平抛运动	带电粒子在匀强电场中的偏转（类平抛）
单摆	类单摆
重力场	等效重力场
电场	磁场

例 3.（1）情境 1：物体从静止开始下落，除受到重力作用外，还受到一个与运动方向相反的空气阻力 $f=kv$（k 为常量）的作用。其速率 v 随时间 t 的变化规律可用方程 $mg-kv=m\dfrac{\Delta v}{\Delta t}$（①式）描述，其中 m 为物体质量。求物体下落的最大速率 v_m。

（2）情境 2：如图 14-1 所示，有一固定足够长的光滑导轨，宽为 L，倾角为 θ，上端用阻值为 R 的电阻连接，导轨所处空间有垂直向上的匀强磁场，大小为 B，现有一质量为 m，电阻为 r 的金属杆从某处静止释放，类比①式，试写出物体速度 v 随时间 t 变化的方程。写出对应的值（导轨电阻不计）。

（3）情境 3：如图 14-2 所示，电源电动势为 E，线圈自感系数为 L，电路中的总电阻为 R。闭合开关 S，发现电路中电流 I 随时间 t 的变化规律与情境 1 中物体速率 v 随时间 t 的变化规律类似。类比①式，写出电流 I 随时间 t 变化的方程；求电路中的最大电流 I_m。

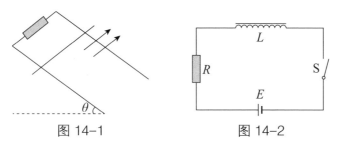

图 14-1   图 14-2

情境 1 描述的是高中物理里面非常有名的雨滴下落模型，其中阻力与速度有关，因此根据动力学方程 $mg-kv=m\dfrac{\Delta v}{\Delta t}$，可知物体下落过程做加速度减小的加速运动，当加速度减为零时，物体速度达到最大，此时

$$mg = kv_m$$

解得

$$v_m = \frac{mg}{k}$$

情境 2 中，导体棒切割磁感线过程中安培力做负功，此情况中安培力也与速度有关，因此本情境下的动力学方程与情境 1 类似，由此可以模仿情境 1 写出动力学方程

$$mg\sin\theta - kv = m\frac{\Delta v}{\Delta t}$$

金属杆在切割过程中感应电动势为

$$E=BLv$$

结合闭合电路欧姆定律，感应电流为

$$I = \frac{E}{R+r}$$

安培力为

$$F = BIL = \frac{B^2L^2}{R+r}v$$

可得

$$k = \frac{B^2L^2}{R+r}$$

情境 1、2 皆是相似的动力学问题，但这种规律在电路中也存在。情境 3 是一道自感的电路题，可类比情境 1、情境 2 写出电流 I 随时间 t 的表

上海市杨浦高级中学教师论文集

达式为

$$E-IR = L\frac{\Delta I}{\Delta t}$$

由自感规律可知，线圈产生的自感电动势阻碍电流，使它逐渐变大，电路稳定后自感现象消失，电流达到最大值，即

$$E = I_m R$$

解得

$$I_m = \frac{E}{R}$$

上述三个情境虽然涉及的领域完全不同，分别是经典力学、电磁感应与电路，但是它们在变化过程中，相关物理量都满足相似的函数关系：$A-Bx = C\frac{\Delta x}{\Delta t}$（$A$、$B$、$C$ 为常数），因此可以引导学生从最简单直观的雨滴下落入手，再到较为抽象的电磁感应及电路问题，使学生更好地接受相应的物理知识。

应当指出的是，类比是一种较为便捷的推理方法，它是立足已知认识未知的一种有效的试探性方法，但也有其一定的局限性[10]。进行类比的两事物必须具有可比性，即在某些属性上具有相似性，类比的结果并非一定正确，但不管怎样，类比依旧是解高中物理题的一种不错的策略方法。

近年来，物理情境化试题的占比越来越大，而情境化试题也考查学生提取、转化信息及建模能力，引导学生"从生活中发现物理，在物理中走向社会"。本文在情境化教学及命题背景下，从个人教学经验出发，提出了应对情境化试题的三点策略，希望引导学生进行实践探究，培养建模能力，提升学生的创造能力和逻辑思维能力，实现解决物理问题的目的，最终达成培养物理核心素养的目标。

参考文献

[1] 洪英兰,温升燨.新高考背景下高中物理情境教学法的实践与思考[J].中学理科园地,2021,17（1）:12-14.

[2] 甘利虾."情境化试题":对高中物理教学探讨[J/OL].中文科技期刊数

据库（引文版）教育科学，2021（1）：47［2025-01-08］.https：//qikan.
cqvip.com/Qikan/Article/Detail? id=1000002753370.

［3］卫烨锋.高中物理"情境化"教学的实践与思考［J］.数理化解题研究，
2023（24）：59-61.

［4］刘进.浅谈高中物理情境化试题及情境化教学［C/OL］// 中国管理科学
研究院教育科学研究所.教学质量管理研究网络论坛——创新思维研究
分论坛论文集（二）.2023：162-165［2025-01-08］. https：//cpfd.cnki.
com.cn/Article/CPFDTOTAL-DYSJ202304005046.htm.

［5］王国鹏，郭金玲.高中学生物理建模能力的培养［J］.中学课程辅导（教
学研究），2013（24）：62；69.

［6］周国峰.对高中物理教学中学生建模能力的培养［J］.学苑教育，2020
（31）：55-56.

［7］林良滔.核心素养下培养高中学生物理建模能力的教学研究［J］.新教
育时代电子杂志（学生版），2020（48）：86.

［8］范洪义，吴泽，潘宜滨，等.物理感觉从悟到通［M］.合肥：中国科学技
术大学出版社，2022.

［9］肖顺银.巧用类比法学习高中物理［J］.教育教学论坛，2010（31）：
146.

［10］李亚东.类比推理法与高中物理教学［J］.教育教学论坛，2012（4）：
177-178.

15 AI 技术在高中化学情境化教学设计中的应用策略与实践研究

——以"二氧化硫"课时为例

吕天恩

　　高中化学教学的复杂性不仅体现在化学知识本身的难度和专业性上，也在于学生在面对抽象的化学概念时常常缺乏足够的情境感知素材。情境化教学作为一种热门的教学理念，能通过构建真实的学习情境，促进学生对知识点的理解和应用。

　　近年来，情境化教学设计已经成为广大教师研究的热门，对现存问题的解决策略及方法改革的方案丰富。但大多侧重形式上的改变和具体单元或课时的情境案例的研究。情境化教学设计大多沿用传统的备课方式，即依赖于教师的个人经验积累与教材分析，耗时费力。所选择的情境不能充分体现化学学科的正面价值，且难以全面覆盖知识点间的内在联系与最新的科学进展，情境多停留在引课阶段，未贯穿整节课。针对如何有效发掘情境、筛选情境、理解情境、优化设计、改编应用的具体策略研究鲜见。部分案例设计错误地以情境内容决定课堂内容，导致学习目标的达成与课标预期不合，对学生学科素养的提升效果不佳。

　　随着人工智能（AI）技术的飞速发展，其在教育领域的应用前景日益广阔，为解决高中化学情境化设计备课中的困难提供了新的视角和可能性[1]。

　　本研究围绕高中化学情境化教学设计展开，提出利用 AI 技术（主要指 AI 对话）进行教学设计中情境素材的发掘和深入理解，进而通过教师的筛选、优化呈现形式和内容改编及排序的一般方法，通过课时案例的设计和使用，验证设计方法在教学中使用的可行性，促进学科素养的有效提升。

一、情境化教学设计的现状

为了了解情境化教学设计的现状，笔者开展了高中情境化内容课堂学习现状学生问卷调查和高中化学情境化教学设计现状教师访谈调查。

根据学生问卷调查可知，目前化学课堂缺乏有效情境，情境的使用往往停留在引课阶段，不利于学科思维的发展；课堂上的部分情境与知识内容脱节；情境的滥用和对简单知识点赋予复杂情境的过度拔高不符合教、学、评一体化的要求，容易造成学业水平不升反降。

通过教师访谈可知，大多数教师对于教学设计中使用情境都持肯定态度，但提出在实践过程中缺乏可以直接使用的情境化教学设计流程；缺乏发掘有效、新鲜、正面、丰富、适恰的真实情境；在情境的具体设计中也存在困难：一是单个简单情境难以贯穿课堂，二是多个简单情境之间难以关联，三是复杂情境涉及知识点多，超出课时内容的学业要求，如按照课时内容的要求设计，则情境难以覆盖完整。

二、高中化学情境化教学设计研究

（一）高中化学情境化作业设计依据

情境化作业以新课标为依据，聚焦核心素养，突出知识认知的功能和价值，重点提高学生的学科理解能力，建立"知识、能力、素养"三位一体的化学教学设计体系。

教学设计中采用情境内容、学科知识和学科认知角度三线并行、相互融合的视角，将情境化教学中的学习任务与化学核心知识的实践运用结合，引导学生从不同的学科认知角度展开实践探究和迁移创造，在掌握化学知识的同时，培养学科能力、养成科学严谨的态度和社会责任感，促进学科核心素养的多维发展。[2]

（二）高中化学教学情境的分类

化学教学情境的内容属性包括：能源、健康、材料、环境等与个人生活和社会发展相关联的情境以及化学实验情境等[3]。笔者根据现有研究，将教学设计中常见的情境整理归纳为四类：生活情境，即与学生生活相关的情境；社会情境，即现实生活中的热点问题、科研成果等；化学实验情境，即以化学实验为内容的情境；历史情境，主要是与化学史相关的情境。

（三）高中化学情境化作业优化设计的基本流程

高中化学情境化教学设计以新课标为依据，分为前设计阶段、具体设计阶段和评价再设计阶段，共有六个基本步骤（见图15-1）。

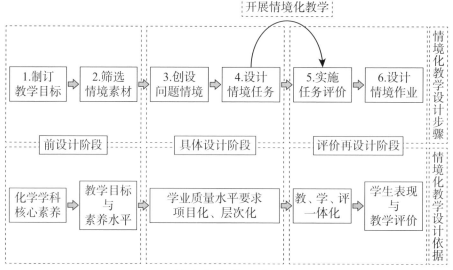

图 15-1　情境化教学设计六步流程图

1. 制订教学目标

教学目标决定了情境的选取、设计和编排，应符合对应的学业质量要求，具体步骤如下：

（1）熟悉课时内容对应课程标准中的各项目标。

（2）对教学目标和对应的主要素养水平进行描述。

（3）确定教学目标对应的学科能力水平。

（4）将教学目标编号，整理得到教学目标及水平统计表，如表 15-1 所示。

表 15-1　教学目标及水平统计表

序号	目标描述	学科能力水平	主要素养水平及描述
1	列举 SO_2 的性质与用途，认识化学对人类生活和生产的贡献。	学习理解	素养 5 水平 1 能主动关心与环境保护等有关的社会热点问题，形成与环境和谐共处的观念。 素养 5 水平 3 能依据实际条件运用所学的化学知识和方法解决生产生活中简单的化学问题。
2	能从元素价态和物质类别的视角预测 SO_2 性质，设计实验方案验证猜想，说明转化路径，掌握研究物质性质的实验方法，进一步巩固探究物质化学性质的方法和思路，体会证据推理、宏观辨识与微观探析在化学学科中的重要性。	学习理解应用实践迁移创新	素养 2 水平 4 能对物质的性质和化学变化作出解释或预测，能运用化学变化的规律分析说明生产生活实际中的化学变化。 素养 3 水平 1 能从物质及其变化的事实中提取证据，对有关化学问题提出假设并证明。 素养 4 水平 2 能定性定量结合收集证据，分析计算，推出合理结论。

序号	目标描述	学科能力水平	主要素养水平及描述
3	通过实验探究 SO_2 的性质及其变化，能对相关实验现象从氧化还原和电解质的电离的角度作出合理的解释。	学习理解 应用实践 迁移创新	素养2水平1 能根据实验现象概括反应的特征与规律。 素养3水平2 能收集实验证据，从不同视角分析，推出合理结论。 素养3水平3 能定性定量结合收集证据，分析计算，推出合理结论。 素养4水平1 能对简单化学问题提出假设，设计方案，收集证据，得出结论。 素养4水平3 能提出探究性问题，设计方案，收集证据，得出结论。 素养4水平4 能根据实际需要提出课题，设计方案，评价优化。处理信息，反思优化并实施。
4	运用化学方程式表述 SO_2 的化学变化。	学习理解	素养1水平1 能运用化学符号描述常见物质及其变化。

2. 筛选情境素材

利用 AI 对话可以快速发掘大量与课时主题相关的情境，这是 AI 技术帮助情境化教学备课摆脱经验束缚的关键所在。依据情境分类展开提问，对 AI 的回答进行整理、判断和筛选，并进行追问，获得主题相关情境内容表，如表 15-2 所示。

表 15-2　主题内容相关情境内容表

序号	问题	AI 对话回答的关键词	情境内容评价与筛选意见
1	SO_2 在能源、健康、材料、环境领域有哪些应用？	能源：化石燃料燃烧、烟气脱硫、污染防治。 健康：消毒剂、脱色剂和杀菌剂。 材料：生产硫酸、硫酸盐、羧酸、氨等化学原料；应用于染料、农药等。 环境：烟气脱硫、处理工业三废、漂白剂。	① "SO_2 是一种污染物，会造成酸雨。"在过去常作为 SO_2 课时的引课内容和问题情境线索。但是这种观点过于陈旧，不能体现化学学科正面价值，也忽略了化学品对人类生产生活和社会进步的贡献。 ② SO_2 可以用于生产制备其他化学品，作为工业原料；又能用于尾气处理，可以与环境保护和海水提溴中的富集结合。 ③ SO_2 作为消毒剂、脱色剂和杀菌剂在哪些领域使用？

序号	问题	AI 对话回答的关键词	情境内容评价与筛选意见
2	SO_2 作为消毒剂、脱色剂和杀菌剂在哪些领域使用？	食品和饮料工业：在葡萄酒和果酒的生产中作为防腐剂和抗氧化剂。抑制细菌和霉菌的生长，保护葡萄汁中的果香和色素，防止氧化。创造酸性环境，促进植物细胞溶解，增强风味与色泽。 材料加工：作为木材、纸张、毛、丝、藤编等的漂白剂。 杀菌消毒原理：损伤和破坏微生物细胞膜和蛋白质结构，从而杀灭细菌。 AI 提示：SO_2 对人体有一定的危害，在使用时需要严格控制浓度和使用量。	① 家酿葡萄酒容易发霉长白毛，而市售葡萄酒鲜有此情况，原来是添加了 SO_2 的缘故。此外，SO_2 还能保护色素和风味，抗氧化。这一情境相较于工业漂白更容易展开；相较于空气污染，更具有学科正面价值，可以作为课时主题情境，还可对应还原性（抗氧化剂）、漂白性（护色剂）和抑菌作用（杀菌剂）。 ② AI 提出使用 SO_2 需要严格控制浓度和使用量。那么在葡萄酒中使用有何标准？定量测定方法是什么？
3	SO_2 在食品中使用的标准和定量测定方法是什么？	使用标准：SO_2 在葡萄酒、果酒等的最大使用不应超过 0.25 g/kg。 定量测定方法：酸碱滴定法、分光光度法、离子色谱法。	① SO_2 因其特殊性质，在食品中可以作为添加剂使用，但因其具有毒性，需要控制用量。这是由定性转向定量的水平提升情境素材。 ② AI 提出的三种方法对高一第一学期的学生来说有难度，可以结合氧化还原、物质转化、重量法来进行模拟测定方案的设计。

德智融合：素养导向的课程文化建设

情境素材往往具有内容复杂性和知识面综合性较强的特点，AI 对话能够快速通过大数据检索，给教师提供备选情境，在追问的过程中，教师可以较为全面地理解情境并获得情境展开的思路与情境探究的思维线索。同时，AI 对话也会主动提出一些注意点，这是教师在情境教学中拓展延伸的参考依据。在 AI 提供情境内容后，教师应考虑对应目标的学习水平和学科能力水平与情境化的功能是否匹配。对于不需要情境化就能实现知识巩固和能力提升的题目要避免过度情境化，对于超出学生认知的情境素材要舍弃，对于不符合学生最近发展区的情境内容要调整优化，保证情境的合理使用。此外，AI 生成的内容不一定百分百正确，教师应对生成的内容进行检查判断和考证研究，并筛选可靠的参考文献。

3. 创设问题情境和设计情境任务

情境问题与任务的设计要考虑知识的逻辑和任务的难度。本课时的问题情境、情境任务和对应教学目标及能力水平如表 15–3 所示。

表 15–3　问题情境、情境任务和对应教学目标及能力水平表

序号	对应教学目标	问题情境	情境任务	学科能力水平	素养水平
1	1	SO_2 在生活中的应用	根据家酿葡萄酒和市售葡萄酒性状上的差异，猜测葡萄酒中添加 SO_2 的作用。	学习理解	素养 5 水平 1
2	3	SO_2 的物理性质及水溶液的性质	观察 SO_2 与水反应的实验，归纳 SO_2 的物理性质和 SO_2 水溶液的酸碱性及其原因。	学习理解	素养 3 水平 2

序号	对应教学目标	问题情境	情境任务	学科能力水平	素养水平
3	2，4	SO_2 具有酸性氧化物的通性	从酸性氧化物的角度入手，类比 CO_2，预测 SO_2 具有的化学性质 [书写 SO_2 与 NaOH 溶液和 Ca（OH）$_2$ 溶液反应的化学方程式与离子方程式，描述现象，找出 SO_2 与 CO_2 化学性质的相似点]。	学习理解 应用实践	素养 1 水平 1 素养 3 水平 1 素养 2 水平 4
4	3	SO_2 的特性	观察 SO_2 与品红试液的反应，根据现象总结 SO_2 具有的特性。分析 SO_2 漂白性的原理及可逆性。比较氯水和 SO_2 漂白性的差异（从漂白原理、反应类型、漂白效果和适用范围等角度出发）。	应用实践	素养 3 水平 2 素养 3 水平 3

序号	对应教学目标	问题情境	情境任务	学科能力水平	素养水平
5	2,3,4	SO_2的还原性与氧化性	根据SO_2中硫元素处于中间价态，推测SO_2既有还原性又有氧化性。SO_2可以使得氯水、酸性$KMnO_4$溶液和溴水褪色，体现还原性，这一特性可用于检验SO_2的存在和尾气处理。SO_2可以氧化H_2S，体现氧化性（书写化学方程式、标出电子转移方向和数目、分析还原产物与氧化产物的比例）。	学习理解 应用实践	素养3水平1 素养2水平4
6	3	红酒中SO_2含量的测定	根据SO_2具有酸性氧化物的通性和还原性，设计实验利用沉淀法测定红酒中SO_2的含量。根据实验现象，结合氧化还原和离子反应的知识分析。	应用实践 迁移创新	素养3水平3 素养4水平4

序号	对应教学目标	问题情境	情境任务	学科能力水平	素养水平
7	1, 2	SO_2 的应用	思考 SO_2 水溶液和氯水混合后漂白性的变化情况。再次思考市售葡萄酒中添加 SO_2 的原因，并给出饮用葡萄酒前的操作提示。	应用实践迁移创新	素养 3 水平 3 素养 5 水平 3 素养 2 水平 4

将教学目标、问题情境、情境任务、学科能力水平和素养水平的分布进行统计，确保目标的覆盖和不同能力要求、素养水平情境内容的合理分布。

4. 实施任务评价

有效的课堂任务评价可以反馈教学目标的达成度，帮助教师适时调整教学重难点，确定考试的侧重点，使得课堂、作业、考试一体化。由于许多情境问题没有标准答案，所以评价方式应动态化、留有空间，且具有指导性。形式上可以在给定答案样例的基础上，配上评价要点和学生作答的能力水平层次划分[4]，如表 15-4 所示。

表 15-4　情境任务评价要点案例

情境任务	设计实验利用沉淀法测定红酒中 SO_2 的含量。
分层评价要点	① 能写出将 SO_2 转化为沉淀的化学方程式，指出实验所需试剂及仪器。 ② 能根据 SO_2 的相关性质以及已有的物质转化和分离提取的相关知识，设计实验方案。 ③ 能合理选择反应条件，规范进行实验操作，记录数据，得出实验结论。 ④ 能基于数据分析得出结论，分享并评价，进行误差分析，质疑方案中的不足，提出新的实验猜想和方案。

德智融合：素养导向的课程文化建设

5. 设计情境作业

作业是教师根据教学目标，结合课堂教学实际进行的配套设计，应符合学生的认知水平和理解能力，一般应满足题目难度适中、趣味性强、内容清晰可理解等要求。作业在巩固学生知识的同时，要提供能延续课堂的探究的真实情境。本节课的作业练习如表 15-5 所示。

表 15-5　情境化作业练习表

序号	情境内容评价与筛选意见
1	SO_2 能使酸性溴水溶液褪色，说明 SO_2 具有（　　） A. 还原性　　B. 氧化性　　C. 酸性　　D. 漂白性
2	不能鉴别 SO_2 和 CO_2 的试剂是（　　） A. 品红溶液　B. 澄清石灰水　C. 氯水　D. 硝酸和硝酸钡溶液
3	下列关于 SO_2 的说法中，正确的是（　　） A. 葡萄酒中添加 SO_2 主要利用了其酸性 B. 温泉可以治疗皮肤病，是利用了 SO_2 的杀菌作用 C. 用 SO_2 处理纸张和衣服，利用了其漂白性 D. SO_2 可以使紫色石蕊试纸先变红后褪色
4	SO_2 是重要的化工原料，如何利用 SO_2 制备硫酸？
5	SO_2 直接排放会对环境有何影响？应该如何处理？
6	红酒加工中有时会添加 $K_2S_2O_5$（焦亚硫酸钾）替代 SO_2，该方法有何优缺点？
7	根据 SO_2 的物理性质和化学性质，画出 SO_2 的收集和尾气吸收装置并注明试剂。

三、结语

使用 AI 助力情境化教学设计一段时间后发现：发掘情境、理解情境、拓展情境变得更加方便，节省了大量的思考时间，尤其对于生活经验和社会阅历较少的职初教师，是非常高效的备课方法。

AI 技术的融入为高中化学情境化教学设计注入了新的活力，展现出多样化的应用策略与实践潜力，对学生的学习和教师的教学模式都产生了深远的影响。因此，未来的研究将聚焦于如何更高效地整合 AI 技术与传统教学方法，以探索更优的教学途径，从而推动高中化学情境化教学的进一步发展。

参考文献

［1］陈萍.高中化学课堂情境化教学策略研究［J］.高考，2023（20）：141-143.

［2］吕天恩，占小红，林美凤.高中化学情境化作业设计研究——以"烃的衍生物"单元作业为例［J］.化学教育（中英文），2022，43（5）：62-67.

［3］王磊.基于学生核心素养的化学学科能力研究［M］.北京：北京师范大学出版社，2017：5-19.

［4］同［2］.

16 高中化学情境化作业设计
——以"海水中的氯"单元作业为例

俞家欢

　　化学作业是课堂学习的延伸,是实现教学目标、评价学生学习成效及培养学科核心素养的重要环节[1]。《普通高中化学课程标准(2017年版2020年修订)》中指出,教师应充分利用课后作业帮助学生复习、巩固以及评价诊断化学学科的核心知识,同时通过这一过程来促进学生的全面发展[2]。

　　随着课程改革的不断深入,传统的作业方式已不再能满足现代教学的需求,情境化和主题化的作业设计成了研究和实践的新趋势。情境认知理论强调有意义的学习一定发生在复杂且具有实际意义的情境之中[3],它能激发学生的学习兴趣、加深对知识的理解、培养学生在不同情境下对于知识的运用能力,是一种具有创造性的学习方式。因而,教师需要通过整合单一、分散的生活、科技和产业等不同情境设计出情境化作业,以提高作业的实际效用,减轻学生的学习负担,帮助学生建立知识间的联系,增强解决复杂问题的能力[4]。

　　高中化学的教学方式正在逐步转变,从传统的知识传授为主到现在更加注重学生实际操作能力和学科素养的培养。这种转变不仅体现在教学方法上,更体现在作业设计上。本研究正是基于这样的教学理念,以"海水中的氯"单元为例,探讨情境化化学作业设计的可行性和最佳方法。

一、情境化作业设计的必要性及现状

1. 情境化作业设计的必要性

情境化作业设计的必要性在于提供了一个真实的学习背景，它能让学生运用理论知识来解决实际问题，从而提升学习的实用性和应用性。学生通过有关日常生活、科技发展、工业生产等方面的情境，在激发学习兴趣的基础上，还增强了学习的主动性和创造性，更好地去理解化学知识的实际意义和应用价值。将实用性与探究性相融合，有效培养学生的科学探究能力和创新思维。教师运用文字、图像、视频等多样化的情境材料进行情境构建，将学习内容进一步整合，构建知识网络，既增加了作业的趣味性和感染力，又增强了学生的综合问题解决能力，促进学生对于知识的进一步理解。

情境化作业设计既可以增强学生应对情境化试题的解题能力，又可以发挥化学学科作业的诊断功能和育人价值，对提高化学学科核心素养起到促进作用，实现"教、学、评"一体化，促进学生全面发展。这种设计方式将是今后化学作业设计的重要趋势，也是使学生掌握知识行之有效的方法，通过实际运用，学生还能加深对世界的认识。

2. 情境化作业的现状

情境化作业在化学教学中的应用日益增多，这主要得益于其有效提升了学生的学习兴趣和学科核心素养。然而，情境化作业的设计和实施仍面临着如下挑战：

（1）教师认知与应用的差异：教育标准虽然强调情境学习的重要性，但在如何有效设计情境化作业的认知和技巧上存在差异。有些教师已经能在作业设计中巧妙地融入情境元素，例如让学生解答特定的实际问题，或是利用现代科技工具（例如仿真软件、AI 软件等）来创造学习情境。但也有个别教师由于缺乏必要的资源，对情境化作业的设计和执行还存在困难。

（2）资源和支持的不足：情境化作业往往需要丰富的教学资源和技

术支持，例如实验材料、多媒体工具等，但这些在资源有限的学校，特别是经济条件较差的地区，难以得到满足。资源的不均也影响了情境化作业的普及和效果。

（3）学生能力的差异：学生认知能力和背景知识不同造成对于情境化作业接受程度和完成程度有所不同。对于基础较弱的同学来说，过于繁杂的情境可能会对其学习造成负担，从而使得学习劲头减退。所以，学生的差异化是教师在设计情境化作业时需要考虑的。

（4）评价体系的不完善：情境化作业的考核往往需要更全面和多元的考核方式。而新型情境化作业可能很难完全适用于传统的考核体系。当前实践中迫切需要解决的问题是如何公平有效地评价学生在情境化作业中的表现。

情境化作业对学生核心素养的培养起到了促进作用，但在实际操作过程中，还面临着不小的挑战。需要从提高教师专业发展、增加资源投入、满足学生差异化需求、健全评价机制等方面入手，优化情境化作业实施效果[5]，以促进学生全面发展，否则会造成情境化作业的反效果。

二、高中化学情境化作业设计思路

高中化学情境化作业设计的重点在于明确试题立意，围绕"宏观辨识与微观探析""变化观念与平衡思想""证据推理与模型认知""科学探究与创新意识""科学态度与社会责任"5个方面的核心素养展开，确保作业与教学目标相一致[6]。所选背景材料需紧扣学生的日常生活，紧扣科技发展或社会热点，在学科知识和现实生活之间架起一座沟通的桥梁。同时，情境化作业设计要富有挑战性，要能对学生的核心素养进行检测和开发，鼓励学生把学过的知识用于解决实际问题。这样的设计既促进了学生学科知识的提高，又推动了学生核心素养的发展和创新能力的提高。通过精心设计的情境化作业，将所学运用到现实或模拟的情境中，增强学生的动手能力和学习乐趣。高中化学情境化作业设计思路主要包括核心概念定位、情境脉络精选、问题框架构建、挑战性任务设计等几个环节。

1. 核心概念定位

情境化作业设计要紧扣课程标准，对核心概念进行准确的定位，对学习目的进行明确的界定。作业设计与课程目标相一致，明确学习方向和学习目的，确保将理论运用到实际问题的解决上，对增强学生的学科核心素养、激发学生对化学学科的兴趣很有帮助。作业设计案例如表16-1所示。

表16-1 核心概念定位案例（片段）

溴元素在自然界中的存在形式具有多样性，但在海水中，它主要以溴离子（Br^-）的形式存在。这一特性使得溴在海水中能够稳定地溶解，海水的弱碱性环境也为溴离子的持久稳定存在提供了理想条件。

【认识 Br_2】以下关于溴的用途的说法中，错误的是（　　　）

A. 液溴可以作冷冻剂

B. 溴制成的溴化银可以作照相感光材料

C. 溴制成的二溴乙烷可以提高汽油的质量

D. 溴可以制成医药和农药

【制备 Br_2】工业上制备的 Br_2 的操作步骤为：① 一定条件下，将 Cl_2 通入浓缩的海水中，生成 Br_2；② 利用热空气将 Br_2 吹出，并用浓 Na_2CO_3 溶液吸收，生成 $NaBr$、$NaBrO_3$ 等；③ 用硫酸酸化步骤 ② 得到的混合物

（1）Cl_2 氧化 Br^- 应在酸性条件下进行，目的是避免_____。

（2）写出步骤 ③ 所发生的化学反应方程式_____。

（3）步骤 ② 的产品有时运输到目的地后再酸化，主要原因是什么？

"溴和碘的提取"课时作业中，通过循序渐进的过程提示溴元素在自然中存在的形式，为学生提供了一个全面深入学习的平台。认识—理解—探究—准备—使用，加深学生对知识的理解，体现了情境化高中化学作业设计中的核心概念定位。

2. 情境脉络精选

精选情境脉络的重要性在于其能够将抽象的化学概念与学生的现实世界紧密连接。通过精心设计的情境，在实际生活中看到化学知识的应用。这种教学方法能够增强学生对化学的兴趣和好奇心，同时也能发展批判性思维和问题解决能力，作业案例设计见表16-2。

表 16-2　情境脉络精选案例（片段）

【化学与健康生活】海带是一种常见的食材，不仅味道鲜美，而且富含多种微量元素，其中最为人们所熟知的是碘。碘是人体必需的微量元素之一，对于维持甲状腺功能、促进生长发育具有重要作用。随着健康生活理念的普及，人们越来越关注食物中的营养成分，而海带提碘也成了一个受到广泛关注的话题。

（1）海带中含有的碘以_____形式存在，可以通过_____方法进行提取。

（2）提取碘的过程中，通常需要使用_____将碘离子氧化为碘分子，其反应的化学方程式为_____。

（3）为了验证提取的碘的纯度，可以使用_____试纸进行检测，该试纸在碘的存在下会变_____色。

（4）探索海带中的宝藏：提取与纯化生命之碘

① 描述从海带中提取碘的完整实验步骤，并解释每个步骤的作用。

② 在提取碘的过程中，如果没有使用适当方法去除多余的氧化剂，可能会对最终得到的碘的纯度有何影响？简述原因。

③ 假设你在实验中得到的碘含有少量杂质，设计一个简单的实验方案来纯化碘，并说明纯化原理。

④ 碘对人体健康具有重要意义。但是有人说甲状腺结节不能吃海带，搜索文献并给出你的答案。

"海带提碘"课时作业，以生活饮食健康作为情境脉络，深入探讨碘元素与健康之间的联系。将课后习题通过情境脉络相互关联，构建一个连贯的学习体验。这样的布局不仅促进了学生对知识点的全面理解及实际应用，还有助于激发学生的学习热情，优化学习效果。

3. 问题框架构建

在设置的情境中要求学生运用所学化学知识解答一系列实际问题。这些题目要使学生有效地将理论知识与实际联系起来，保证考查的目标、难度、题型都体现出结构化的特点，使其以框架呈现。利用填空题、实验题等多样化的题型，把作业分成多个与"海水中的氯"有关的板块，既能保持学生的注意力，又能提高作业的整体性，全面理解和运用所学知识，如表 16-3 所示。

表 16-3　问题框架构建案例（片段）

【生活之源】氯水的用途有很多，可用于衣物的漂白等，请在空格中写出对应性质的物质。

氯水为浅黄绿色，说明氯水中存在微粒_____。

盛有氯水的试管中的有色布条褪色，说明氯水中含有的粒子是_____。

氯水经光照后，颜色逐渐消失，放出的气体是_____。

将紫色石蕊溶液滴入新制氯水中，溶液显红色，起作用的微粒是_____，过一会儿，溶液的颜色褪去，起作用的微粒是_____。

【结构之谜】氯化钠具有面心立方晶体结构（右图），在海水中易于溶解。在海水中，氯化钠易于_____，增加了水的电导率。

电解饱和食盐水可以制备_____和_____。

【化学侦探】电解饱和食盐水可以生产一系列含氯、含钠的化工产品。

配制饱和食盐水的食盐必须精制，精制过程中需要除去 Ca^{2+}、Mg^{2+}、SO_4^{2-} 等杂质离子，往往先后加入 $NaOH$、$BaCl_2$、Na_2CO_3 溶液作为除杂试剂，向其中加入 Na_2CO_3 后产生的沉淀是＿＿＿＿＿＿，沉淀过滤后往往还要往滤液中加入＿＿＿＿＿＿，随后再将溶液蒸发结晶。

电解饱和食盐水实验时，电解的总反应方程式为＿＿＿＿＿＿＿＿＿＿。阳极产物检验所用的试剂是＿＿＿＿＿＿＿＿＿＿；向两极各加入石蕊溶液，阴极溶液呈现＿＿＿＿＿色。

实验测得产生的氢气体积（已折算成标准状况）为 5.60mL，电解后溶液的体积恰好为 50.0mL，则溶液中 $NaOH$ 的浓度为＿＿＿＿＿＿。

【实践挑战】

设计实验方案，检测水中氯离子浓度的方法是：加入＿＿＿＿＿＿溶液，观察是否有＿＿＿＿＿＿生成。

高浓度的氯离子可能＿＿＿＿＿＿金属的腐蚀过程。通过＿＿＿＿＿＿可以减缓金属的腐蚀过程。

【实验揭秘】

在实验中，氯气与水反应生成＿＿＿＿＿＿和＿＿＿＿＿＿。该反应在水处理中的作用是＿＿＿＿＿＿。

解释次氯酸的杀菌机制：＿＿＿＿＿＿＿＿＿＿＿＿＿＿。

"海水中的氯"作业可以设计成 5 个不同的板块。① 生活之源：探索氯在生活中的应用，如氯水的漂白，感悟化学与日常生活的紧密联系。② 结构之谜：剖析氯的化学结构，理解其与物理性质之间的微妙关系，如氯化钠的晶体结构如何影响其溶解性和导电性。③ 化学侦探：以氯为线索，推理含氯化合物的性质，如氯化钠如何制备重要化工产品，展现化学推理的魅力。④ 实践挑战：在真实情境中应用氯的知识，如研究沿海地区氯离子对金属腐蚀的影响，体现化学知识的社会价值。⑤ 实验揭秘：通过实验揭示氯的反应机理，如氯气与水反应生成次氯酸的过程，感受科学探究的乐趣和挑战。这 5 个板块能够激发学生的学习兴趣和探究欲望，使他们更深入地理解知识。其次,这种设计方式能够培养学生的思维能力和实践能力,让他们能够将所学知识应用于实际情境中。此外,这种作业设计还能够提高学生的综合素养,帮助他们形成科学的认知方式和思维模式。

4. 挑战性任务设计

作业设计要涵盖不同难度层次的任务,以适配化学教学中能力不同的学生。基础任务是针对所有学生的,要求他们能够掌握基础知识,夯实基础概念,增强对课程内容的理解。对于已经熟练掌握基础知识的学生,可以安排如验证具体化学假定的设计实验等更高层次的任务。这既是对其运用分析能力的挑战,也是对其创新思维、科学探究精神的激发。通过分层任务设计,推动其个性化学习路径的发展,能更有效地满足不同学生的学习需求(见表16-4)。

表16-4 挑战性任务设计案例(片段)

【情境实践】

背景:在实验室中,我们通过电解饱和食盐水可以制备氯气、氢气以及氢氧化钠。这一过程不仅在化学教学中有重要地位,还在工业生产中扮演关键角色。

任务概述:本任务旨在通过实验与理论计算,让学生深入理解电解饱和食盐水的化学过程及其效率。通过实际操作和理论计算来验证化学反应的原理,并探索其工业应用。

实验步骤:

(1)准备500mL的饱和食盐水,并测量其精确浓度。

(2)使用氢氧化钠溶液清洗电极,以去除表面的油污。

(3)将两个电极(一个碳电极和一个镍电极)浸入食盐水中,电极间保持一定距离。

(4)连接电源,设置适当的电压(通常为3—5伏特),开始电解。

(5)观察并记录两个电极处产生的气体的

德智融合:素养导向的课程文化建设

量和时间。

（6）使用集气瓶收集两种气体，并通过化学测试确定各气体的成分。

理论计算：

（1）根据法拉第电解定律，计算在 1 小时内理论上可以产生的氯气的体积（假设电流效率为 100%）。

（2）计算实际实验中氯气和氢气的产生速率，并与理论值进行比较，分析偏差的可能原因。

讨论与应用：

（1）讨论电解饱和食盐水的工业应用，如氯碱工业中的氯气和烧碱的生产。

（2）探讨提高电解效率的可能方法，例如改变电解条件或电极材料。

提交物：

• 实验报告，包括实验步骤、观测数据、理论计算与实验数据的对比、讨论及应用。

• 实验视频，展示实验过程和结果。

三、高中化学情境化作业优化设计

1. 整合多元教学资源

在设计高中化学情境化作业时可以提供丰富的学习体验，融合多媒体展示、影像资料与案例研究等。让学生对氯在自然界和人类社会中的作用和重要性有更好的理解。如利用虚拟实验模拟饱和食盐水的电解过程，既加深了学生对化学反应原理的认识，又激发了学生探究科学的兴趣。此外，学生还可以通过合作学习和完成问题解决型任务，为解决现实世界中存在的问题做好准备，从而培养团队合作能力和创新思维。

表 16-5　整合多元教学资源表

资源类型	描述	实施方式	目的
多媒体展示	互动图表和动画	制作关于海洋盐度和氯含量的动态可视化内容	增强学生对海水中氯分布和浓度的直观理解
视频材料	显示海洋生态和氯循环	观看和讨论有关海洋氯循环及其生态影响的纪录片	提升学生对氯在自然界中作用的认识
案例研究	如死海盐度对生态影响的分析	小组讨论和报告,分析特定环境下氯离子的作用和调控方法	培养学生的分析和批判性思维
虚拟实验	模拟电解饱和食盐水过程	在线模拟实验室,进行虚拟操作和观察	加深学生对化学反应原理的理解
数据库资源	访问科研文献和资料	提供 CA 等科学数据库的访问路径,指导学生使用	培养学生独立学习和科研能力
VR/AR 技术	演示海水淡化和元素周期表	使用 VR/AR 工具,展示海水淡化技术和元素的周期性特征	提供沉浸式学习体验,提高理解和记忆效率
合作学习平台	讨论海水提氯,设计理想工厂	创建在线论坛,组织小组讨论和项目设计	促进学生之间的交流与合作,提高解决实际问题的能力

2. 促进协作与交流

教师通过组织小组项目和设计学术辩论促进学生协作与交流,使学生在团队中共同解决实际问题，如模拟海水淡化过程，共同讨论氯离子的去除技术等。锻炼学生的团队精神和批判性思考能力，有利于学生在实践中加深对化学知识的认识。通过辩论的形式对氯的生态影响进行探讨，使学生从多角度认识科学问题，并提高表达能力，为今后的学术或职业生涯打下坚实的基础。

表 16-6　促进协作与交流表

资源类型	描述	实施方式	目的
小组项目	模拟海水淡化过程	学生分组讨论和设计，实施海水淡化模型实验	培养学生的团队协作能力，加深对科学概念的理解
学术辩论	探讨氯的生态影响	组织辩论会，让学生从不同立场讨论氯的环境和生态效应	锻炼学生的表达和批判性思维能力
同伴评审	作业或项目的互评	在小组内部交换作业或项目，进行评价和建议	提升学生的批判性思维能力，增加彼此学习和改进的机会
即时反馈	教师对学生作业的实时响应	通过电子学习平台或面对面的方式提供反馈	帮助学生及时了解学习进度和不足，促进学习策略的调整

3. 实施形成性评估

实施形成性评价是提高教学效果和学生学习成效的关键策略，教师通过在学习过程中及时提供反馈，使学生对自己的学习进度和需要改进的方面有清晰的认识。同伴评审是实现形成性评价的有效方式之一，它能促进学生之间的互动与交流，鼓励学生对彼此的工作进行批判性的思考并给予建设性的建议，而教师的即时反馈则能针对学生的学习情况和作业表现，有针对性地给予指导与建议，使学生及时调整自己的学习策略。这种持续的评估与反馈机制，既增强了学生的学习动力，又能为他们提供个性化的学习支持，使学习效率和学习质量都得到很大的提高。

表16-7 实施形成性评估表

评估手段	描述	实施方式	教育目的
同伴评审	学生间互评作业或项目	学生之间交换作业或项目，进行评价和建议	提升学生的批判性思维能力，增加彼此学习和改进的机会
教师即时反馈	教师对学生作业的实时评价	通过电子学习平台或面对面交流提供反馈	帮助学生及时了解学习进度和不足，促进学习策略的调整

4. 探索跨学科链接

为了使学生对化学的应用及其重要性有更全面的认识，教师可以结合化学、物理、生物和环境科学的内容，从不同角度进行跨学科作业的布置。比如要研究海水中的氯时，要求学生在化学和物理知识的基础上，对氯化钠溶液的电解效率进行测算；而氯对海洋生物的影响，又涉及生物学的知识；另外，研究工业排放含氯废物对环境的影响也涉及相应的环境科学方面的内容。这样设计的跨学科作业，既能使学生加深对化学的认识，又能培养学生解决复杂问题的能力，从而在提高学生综合素养的同时，也使之对各学科之间的相互联系有进一步的认识，为其今后的学术及职业生涯打下坚实的基础。

5. 鼓励反思与迭代

完成作业后，引导学生进行深入的反思必不可少，使学生对从作业中学到的知识进行进一步的巩固，并将其应用到解决其他问题中，以拓展对新知识的认识和运用范围。同时，教师要对作业设计进行反思，根据学生的反馈对设计进行必要的调整，从而对学生的学习需求和难点有更准确的认识，进而对作业设计进行优化，以促进学生对知识的认识和运用能力的提高，如在"海水中的氯"项目中，学生可反思如何将氯化钠电解的知识应用于其他电解质溶液的研究中，而教师也应考虑是否要提供更多的实验资源或指导，以促进学生对知识的深度学习和全面发展。通过这种双向的反思，教师对学生的学习状况会有更好的认识和把握。

四、结语

经过一段时间的实践，笔者得出以下结论：情境化作业的设计应紧密结合单元内容特征，激发学生学习兴趣和实践应用能力。考查学生从性质、应用和结构等角度进行辨识记忆和综合分析的能力；从探究活动要素、实验活动实施以及多变量陌生实验情境展开设计，让学生通过设计实验方案探究情境问题、根据实验现象理解化学知识、利用所学展开方案设计，以及对开放性问题展开实验拓展探究等。

学生对作业的寓教于乐性和实践性给予高度评价，表明情境化作业既富有趣味性又便于实际操作。情境化作业和常规作业均能显著提升学习理解与实践应用能力的水平，两者的整体效果相差无几。然而，情境化作业在培养学生的创新思维和问题解决能力方面展现出明显的优势，也是常规作业无法达到的。因此，我们将持续深入研究和改进针对特定学习环境的作业设计，以进一步促进学生的全面成长。在高中化学教育中，这种基于情境的作业设计将扮演日益关键的角色。它不仅能够增长学生的专业知识，还能增加他们对学习的热情，帮助他们更好地适应未来社会的需求。因此，教育工作者面临的一个关键任务是不断优化和寻找更有效的基于情境的作业设计方法。

参考文献

[1] 张跃飞.国内中学化学作业研究综述[J].化学教育（中英文），2018，39（5）：58-60.

[2] 房喻，徐端钧.普通高中化学课程标准解读[M].北京：高等教育出版社，2020.

[3] 王文静.情境认知与学习理论研究述评[J].全球教育展望，2002（1）：51-55.

［4］徐舒宁.基于融合学科核心素养的情境化试题设计思考——"以化学能转化为电能——电池"书面作业设计为例［J］.高中数理化，2021（22）：71-73.

［5］吕天恩，占小红，林美凤.高中化学情境化作业设计研究——以"烃的衍生物"单元作业为例［J］.化学教育（中英文），2022，43（5）：62-67.

［6］巫阳朔.情境化试题的设计、开发与编制规范［J］.教学与管理，2017（7）：78-81.

17 "双新"背景下不同版本高中化学教材中生物大分子主题的比较研究

张文君

一、研究背景

（一）新课标、新教材的综合政策导向

人类社会不断进步，全球经济文化不断发展，教育是培养国家所需人才的重要领域。我国对于教育改革一直十分重视，希望通过宏观调控提升高质量人才的培养，从而提高我国的综合国力。2019 年被认为是我国新一轮教育改革号角正式吹响的时刻。同年 6 月，《国务院办公厅关于新时代推进普通高中育人方式改革的指导意见》印发，倡导教育研究者和一线工作者共同着力发展现代学校课程的优化实施，并于 2022 年前全面实施新课程、使用新教材，这两项改革目标被简称为"双新"。[1]

教材是教育改革的关键一环，学校教育在各个学科的实施离不开教材的指导，它是课程标准的形象化、具体化的展示，也是教学开展的重要载体之一，更是教师开展教学工作的最重要的参考信息。其中，《普通高中化学课程标准（2017 年版 2020 年修订）》和鲁科版（山东科学技术出版社）、人教版（人民教育出版社）、苏教版（江苏凤凰教育出版社）、上科版（上海科学技术出版社）四套新教材的出版对普通高中化学开展化学学科教学，形成了全国统一的要求和具有变化的四种不同教材风格。

有机化学基础作为选择性必修内容中的一个重要模块，是选择化学学科作为升学考试的学生的必修课程，是引导学生建立对有机物的组成、结构、性质的认识，了解研究有机物的一般思路的重要角色，是将

有机化学与基础知识、生活实践和前沿科学相连接的重要组成部分。其中，生物大分子及合成高分子部分是双新改革中提出的变化较大的部分，不论是在有机物的特征上，还是跨学科的学习意义上都扮演着重要的角色，因此本文希望通过比较研究，从多角度、多层次对四个版本教材进行分析，助力一线教学工作者深入把握教材并能在化学教学实践中灵活使用。

（二）研究现状综述

张璐在 2022 年的研究中从单元结构（包括教材引言、目录、单元引入、小节设置）、知识结构（包括知识架构、编排比较）、栏目设置（包括实验探究、实践活动、资料、思考讨论、提示、知识归纳与练习类）、插图（包括实验仪器、微观变化、物质用途、图表关系、概念间的相互关系、化学人物）和插图数目、习题（包括数量、类型）、核心素养的表现等进行教材比较研究。[2]王会在 2022 年的研究中从宏观（编排、呈现方式）、微观（内容选取和概念、实验和习题）和难度方面对有机化学基础教材进行比较研究。[3]刘东宇在 2022 年的研究中对课标进行整体框架、课程结构、有机化学基础模块课程内容的整理，并从内容编排、内容选择、内容呈现，包括栏目（分为实验类、实践类、信息搜索类、资料类、思考类、练习类和归纳整理类）、插图（分为物质结构与微观原理图、生活现实图、化学实验图、数据表格图、化学史图、科技前沿图、知识归纳图与化工流程图）、习题（分为选择题、填空题、简答题、推断题、计算题、实验设计题、调查实践题与综合题）进行教材比较研究。[4]华迎旭在 2021 年的研究中通过统计法对有机化学基础新旧教材进行比较研究，主要从编排结构、栏目设计进行比较研究。[5]孔祥一在 2023 年对教材必修部分有机物的内容的研究中，以课程内容、学业要求和学业质量水平要求为依据，对三个版本教材的内容进行评价，并运用 ISM 法展开比较研究。[6]游嘉雯在 2023 年的研究中对有机化学基础教材中的实验内容进行比较研究，从实验属性与数量（包括学生必做实验、课标非必做实验、非课标实验）、实验的呈现方式、实验中体现的技能和核心素养的体现进行比较研究。[7]

二、研究过程

（一）四个版本教材在生物大分子及合成高分子主题下内容编排的比较

1. 四个版本教材单元结构的比较

从目录部分来看，四个版本教材均将生物大分子及合成高分子主题编排于选择性必修 3《有机化学基础》中，但其对应部分和编排有所差异。

由表 17-1 可知，鲁科版共编排了 2 章 3 小节内容，人教版共编排了 2 章 5 小节内容，并设置了 1 个实验活动、2 个整理与提升栏目，苏教版共编排了 1 章 2 小节内容，上科版共编排了 1 章 2 小节内容和 1 个本章复习栏目。总体来说，苏教版和上科版将生物大分子及合成高分子编辑在同一个章节中，人教版将其编成两个连续的章节，实际是一个整体；相比之下鲁科版则是将这一主题的内容分别编辑在了两个章节中，即按照官能团的特点将糖类和核酸与醛和酮相联系，将氨基酸和蛋白质与羧酸相联系，按照有机合成的分类将合成高分子化合物设置在有机合成章下。

从单元引入部分来看，鲁科版每章均展示本章分节标题、学习目标和配图，并在第 2 章通过介绍有机化合物的官能团和衍生物引出本章内容，在第 3 章通过有机合成得到的各种不同的材料在生活生产中的不同用途来展示，既能清晰地整理学习内容和目标，也能引发学生的学习兴趣。人教版则用一张大背景图梳理了本章学习的分节标题和本章内容的大致联系、学习目标、社会用途等。苏教版同样梳理了本章学习的分节标题，但其在简介中先展示学习内容，然后明确提出学习目标。上科版是唯一设置了两页单元引入的教材，第一页设置了与本章内容有关的话题——中国蚕丝，并配图，学生能借此感受化学材料在生活中的应用和中国古代劳动人民的智慧，对本章内容的学习产生兴趣，第二页则与其他版本教材类似，展示了分节标题、知识与社会、学习目标。

表 17-1　四个版本教材在生物大分子及合成高分子主题下的目录

鲁科版	
第2章　官能团与有机化学反应 烃的衍生物	第3节　醛和酮 糖类和核酸 第4节　羧酸 氨基酸和蛋白质
第3章　有机合成及其应用 合成高分子化合物	第3节　合成高分子化合物
人教版	
第四章　生物大分子	第一节　糖类 第二节　蛋白质 第三节　核酸 整理与提升 实验活动3　糖类的性质
第五章　合成高分子	第一节　合成高分子的基本方法 第二节　高分子材料 整理与提升
苏教版	
专题6　生命活动的物质基础——糖类、油脂、蛋白质	第一单元　糖类和油脂 第二单元　蛋白质
上科版	
第4章　生物大分子与合成高分子	4.1　生物大分子 4.2　合成高分子 本章复习

　　从小节设置来看，鲁科版通过栏目"联想·质疑"实现情境化导入，通过正文和栏目的综合行文编辑该小节内容，并利用色块和小标题形成区分，节末均以栏目"练习与活动"作为总结。人教版通过文字描述直接导入，在正文和栏目综合行文的基础上，还设置了侧栏展示关键词、图片，并利用色块和线条形成段与段的区分，节末均以栏目"练习与应用"作为总结。苏教版以文字描述和栏目"目标预览"作为导入，正文和栏目

的综合行文均着背景色以区分，节末均以栏目"理解应用"作为总结。上科版通过文字描述直接导入，在正文和栏目综合行文，在用色块和线条形成段与段的区分的基础上设置了侧栏，在每节节首设置栏目"学习聚焦""知识回放"，其余部分大量空白，便于教学过程中补充其他信息，节末均以栏目"学习指南"（包含例题导引和练习巩固两部分）作为总结。

2. 四个版本教材知识结构的比较

课程标准中将生物大分子与合成高分子主题分类于选择性必修课程中的模块3有机化学基础，该主题下涉及内容要求、教学提示、学业要求，学业质量板块中涉及了相关要求。但通过表17-1可以直观看出四个版本教材对于课标中同一主题的内容形成了四套各不相同的知识架构。

从编排顺序来看，四个版本教材均在编排上有所差异，形成了各自特色的思维导向。鲁科版的编排思路为：（醛和酮—）糖类和核酸（—羧酸—羧酸衍生物—）—氨基酸和蛋白质—…—高分子化合物—合成高分子材料。人教版的编排思路为：糖类—蛋白质—核酸—合成高分子的基本方法—高分子材料。苏教版的编排思路为：糖类—油脂—蛋白质—核酸。上科版的编排思路为：糖类—氨基酸与蛋白质—核酸—聚合物的结构与性质—合成聚合物的方法—合成高分子材料—塑料的回收与利用。

由此可见，鲁科版在编排中，依据有机物的官能团特征，将糖类和核酸编入醛和酮小节下，将氨基酸和蛋白质编入羧酸小节下，并依据合成大专题，将高分子化合物与合成高分子材料编入有机合成章节中。打破了课标中对于整个生物大分子和合成高分子主题的既有结构，将其以新的思维导向，即有机化学整体对官能团和合成的思考方式进行编排。

人教版、苏教版和上科版在编排中，则顺应课标中生物大分子和合成高分子主题的思维，将其编成完整的章节，以高分子化学的视角进行编排。其中，人教版在苏教版的基础上增加了合成高分子的基本方法和高分子材料两个小节，而苏教版则未设置独立的小节介绍这两部分内容。上科版则在人教版的基础上增加了聚合物的定义，对高分子化学有一个更完整的前置介绍。

（二）四个版本教材在生物大分子及合成高分子主题下内容呈现的比较

1. 四个版本教材栏目的比较

教材通过正文和栏目协同作用以呈现教材内容，而栏目通过更丰富的形式表现出不同的功能。巧妙的栏目设置可以在增强教材趣味性的同时，增加可读性和可学性，将同样的教材内容有节奏地、有深浅差异地展示在文本之间，由此，运用栏目激发不同教学行为，提升学生化学学科核心素养。因此，本文结合四个版本教材栏目的设置，将栏目分为六个大类，并通过四个版本教材具体栏目和运用频次的统计对四个版本教材进行比较。

由表17-2可知，人教版栏目设置相对完善，涵盖六个大类，而鲁科版、苏教版则均在栏目设置上缺少实践类栏目，上科版缺少实践类和信息搜索类栏目。总体来看，苏教版在各类的栏目下都分别设置了功能和内容方向略有差异的多种不同栏目；而人教版栏目的类型设置略少，在总数上略多。上科版的栏目设置和总数均相对少一些，鲁科版最少。

表17-2　四个版本教材具体栏目的统计和运用频次的统计

	鲁科版	人教版	苏教版	上科版
实验探究类	活动探究 *1	实验 *6 探究 *2 实验活动 *1	基础实验 *2 实验探究 *5 学以致用 *1	实验探究 *3
实践类	/	研究与实践 *2	/	/
信息搜索类	活动探究 *1	信息搜索 *3	调查研究 *2	/
资料类	拓展视野 *2 资料在线 *3 知识支持 *1	资料卡片 *8 科学技术社会 *7 科学史话 *2	拓展视野 *5 生活向导 *2 跨学科链接 *4 方法导引 *3 科学史话 *1	拓展视野 *4 化学史话 *1 链接学科 *1 资料库 *1

	鲁科版	人教版	苏教版	上科版
思考讨论类	联想质疑 *3 交流研讨 *1	思考与讨论 *7	温故知新 *2 交流讨论 *1 学以致用 *4 学科提炼 *1	知识回放 *2 想一想 *2
练习和归纳类	练习与活动 *3	练习与应用 *4 整理与提升 *2 复习与提高 *2	目标预览 *2 理解应用 *2 建构整合 *1 回顾与总结 *1 综合评价 *1	学习聚焦 *2 学习指南 *2 书写表达 *2 本章复习 *1
总计	15	46	40	21

这个数据在一定程度上和四个版本教材本身设置的知识结构有联系，人教版的章节数目和页数最多，而鲁科版最少，因此从比例来说，四个版本教材均设置了丰富的栏目，并从多个功能上引导师生教学。

2. 四个版本教材插图的比较

教材中除了文本之外，图片和图表也是重要的组成元素，通过插图将抽象的文本具体化、形象化，既能够简化文字表述，也能够增强学生的代入感。因此本文结合四个版本教材插图的设置，将栏目分为物质结构与微观原理图、化学实验图、数据表格图、生活现实图、化学史图、科技前沿图和知识归纳图七个大类，并通过具体插图出现频次的统计对四个版本教材进行比较。

由表17-3可知，人教版栏目设置最为完善，涵盖了七个大类，而鲁科版、上科版则无化学史图，苏教版无化学史图和科技前沿图。总体来看，四个版本教材均在该主题下设置了较大比例的物质结构与微观原理图和生活现实图。其中人教版和上科版图片总数最多，均为48张；苏教版为34张；鲁科版为19张。

这个数据一定程度上也和四个版本教材本身设置的知识结构有联

系，人教版章节数目和页数最多，而鲁科版最少，因此从比例来说，四个版本教材均设置了丰富的图片，并从多个功能上引导师生教学。

表 17-3　四个版本教材具体插图出现频次的统计

	鲁科版	人教版	苏教版	上科版
物质结构与微观原理图	5	15	22	20
化学实验图	2	6	1	5
数据表格图	4	4	4	3
生活现实图	5	17	6	16
化学史图	0	1	0	0
科技前沿图	1	1	0	2
知识归纳图	2	4	1	2
总数	19	48	34	48

3. 四个版本教材习题的比较

教材通过设置习题使学生理解、应用、整理和巩固知识，发展学生核心素养。因此，可以通过对习题数量的统计表现教材内容的水平要求。本文根据习题的形式将习题分为选择题、填空题、简答题、推断题、计算题、实验设计题、调查实践题和综合题八个类别。

笔者先通过课程标准中对生物大分子和合成高分子主题的学业要求，树立了表 17-4 中的 13 条要求，可通过与各版本教材的对照，进一步了解各版本教材对相应学业要求的评价是否全面。在此基础上与习题类型相联系，形成二维统计表，便于整理四个版本教材中习题更为注重的知识内容和难度，教师在展开教学的过程中可以集合各版本教材的习题使用。

表 17-4　课程标准中对生物大分子和合成高分子主题的学业要求

1	1-1 能对单体和高分子进行相互推断
	1-2 能分析高分子的合成路线
	1-3 能写出典型的加聚反应和缩聚反应的反应式
2	2-1 能列举典型糖类物质
	2-2 能说明单糖、二糖和多糖的区别与联系
	2-3 能探究葡萄糖的化学性质
	2-4 能描述淀粉、纤维素的典型性质
3	3-1 能辨识蛋白质结构中的肽键
	3-2 能说明蛋白质的基本结构特点
	3-3 能判断氨基酸的缩合产物、多肽的水解产物
	3-4 能分析说明氨基酸、蛋白质与人体健康的关系
4	4-1 能辨识核糖核酸、脱氧核糖核酸中的磷酯键
	4-2 能基于氢键分析碱基的配对原理
	4-3 能说明核糖核酸、脱氧核糖核酸对于生命遗传的意义
5	5-1 能举例说明塑料、合成橡胶、合成纤维的组成和结构特点
	5-2 能列举重要的合成高分子化合物,说明它们在材料领域中的应用
6	6-1 能参与营养健康、材料选择与使用、垃圾处理等社会性议题的讨论,并作出有科学依据的判断、评价和决策

　　由表 17-5 可知,四个版本教材在总体上涵盖了八个类别,其中鲁科版设置了选择题、填空题、简答题、推断题;人教版设置了选择题、填空题、简答题、推断题、计算题、调查实践题;苏教版设置了选择题、填空题、简答题、计算题、实验设计题、综合题;上科版设置了选择题、填空题、简答题、调查实践题。

　　此外,四个版本教材在总体上涵盖了除 3-1、4-3 和 5-1 三条学业要求之外的所有学业要求,其中,鲁科版涉及了 1-1、1-3、2-2、2-3、2-4、4-2 六条学业要求;人教版涉及了 1-1、1-2、1-3、2-2、2-3、2-4、3-2、

上海市杨浦高级中学教师论文集

151

3-3、4-1、4-2、5-2、6-1 十二条学业要求；苏教版涉及了 1-1、2-1、2-2、2-3、2-4、3-2、3-3、3-4、6-1 九条学业要求；上科版涉及了 1-1、1-2、2-3、2-4、3-2、3-3、3-4、4-2、6-1 九条学业要求。

总体来说，各版本教材均注重评价学生对单体和高分子进行相互推断、探究葡萄糖的化学性质、描述淀粉纤维素的典型性质的能力。其中人教版习题设置的数目和种类均较为丰富，苏教版和上科版则更为突出调查实践类习题，鲁科版习题总体数目和种类偏少。

表 17-5　鲁科版—人教版—苏教版—上科版具体习题
在不同题型和水平下出现频次的统计

学业要求序号	选择题	填空题	简答题	推断题	计算题	实验设计	调查实践	综合题
1-1	1-3-0-3	6-19-2-4	1-0-0-2	1-0-0-0	0-0-0-0	0-0-0-0	0-0-0-0	0-0-0-0
1-2	0-0-0-1	0-1-0-2	0-2-0-0	0-3-0-0	0-0-0-0	0-0-0-0	0-0-0-0	0-0-0-0
1-3	0-0-0-0	0-7-0-0	0-1-0-0	4-1-0-0	0-0-0-0	0-0-0-0	0-0-0-0	0-0-0-0
2-1	0-0-0-0	0-0-0-0	0-0-1-0	0-0-0-0	0-0-0-0	0-0-0-0	0-0-0-0	0-0-0-0
2-2	0-2-0-0	0-2-1-0	1-1-1-0	0-0-0-0	0-1-0-0	0-0-0-0	0-0-0-0	0-0-0-0
2-3	0-3-1-2	1-2-1-0	0-0-1-0	0-0-0-0	0-0-0-0	0-0-0-0	0-0-0-0	0-0-0-0
2-4	1-2-1-2	0-2-2-0	0-0-1-1	0-0-0-0	0-2-2-0	0-0-1-0	0-0-0-0	0-0-0-0
3-1	0-0-0-0	0-0-0-0	0-0-0-0	0-0-0-0	0-0-0-0	0-0-0-0	0-0-0-0	0-0-0-0

学业要求序号	选择题	填空题	简答题	推断题	计算题	实验设计	调查实践	综合题
3-2	0-2-1-1	0-0-0-1	0-0-0-0	0-0-0-0	0-0-0-0	0-0-0-0	0-0-0-0	0-0-0-0
3-3	0-4-2-2	0-2-5-0	0-0-0-1	0-1-0-0	0-0-0-0	0-0-0-0	0-0-0-0	0-0-0-0
3-4	0-0-0-0	0-0-0-0	0-0-3-3	0-0-0-0	0-0-0-0	0-0-0-0	0-1-0-0	0-0-0-0
4-1	0-1-0-0	0-1-0-0	1-1-0-0	0-0-0-0	0-0-0-0	0-0-0-0	0-0-0-0	0-0-0-0
4-2	0-0-0-1	0-0-0-0	1-2-0-0	0-0-0-0	0-1-0-0	0-0-0-0	0-0-0-0	0-0-0-0
4-3	0-0-0-0	0-0-0-0	0-0-0-0	0-0-0-0	0-0-0-0	0-0-0-0	0-0-0-0	0-0-0-0
5-1	0-0-0-0	0-0-0-0	0-0-0-0	0-0-0-0	0-0-0-0	0-0-0-0	0-0-0-0	0-0-0-0
5-2	0-1-0-0	0-0-0-0	0-1-0-0	0-0-0-0	0-0-0-0	0-0-0-0	0-0-0-0	0-0-0-0
6-1	0-1-0-1	0-0-0-0	0-1-0-1	0-0-0-0	0-0-0-0	0-0-0-0	0-3-0-5	0-0-1-0

三、研究结论

在教学实践中，教师可以通过了解四个版本教材的编排思路的编排特点，优化自己的教学设计：综合借鉴人教版、苏教版和上科版的连贯性和系统性，帮助学生构建完整的知识框架；参考鲁科版以有机化学为整体的思考方式，引导学生从更宏观的角度理解相关知识。教师也可以灵活运用"情境""关键词""目标预览"等教材的导入策略，并结合各个版本的栏目展开教学活动，如鲁科版中的从理论学习到实践操作的活动、人教版中的逻辑梳理、苏教版中的问题性探究、上科版中的案例分析。

在教学评价中，教师可以借鉴各版本教材的层次性和多样性特点，设计符合真实学情的习题。学生通过教学评价能够进一步巩固基础知识，提升解题能力，激发创新思维和探究精神。这也便于教师根据学生的认知水平，实施差异化教学策略、鼓励自主学习和探究，满足不同学生的学习需求，提高教学效果。

最后，教师还可以通过比较研究来持续反思和改进教学实践，通过定期的教学反思、关注学科前沿动态，不断提高自身教学能力，为学生提供更加优质的教学实践。

参考文献

[1] 侯雨佳."双新"背景下高中化学中的跨学科教学设计研究[D].上海师范大学,2023.

[2] 张璐.核心素养下高中《有机化学基础》选修教材的比较研究[D].西南大学,2022.

[3] 王会.普通高中化学新教科书人教版与鲁科版《有机化学基础》比较研究[D].宁夏师范学院,2022.

[4] 刘东宇.高中化学人教版新旧教科书"有机化学基础"模块的比较研究[D].内蒙古师范大学,2022.

[5] 华迎旭.新课标背景下高中化学选择性必修教材新旧版本对比分析[D].云南师范大学,2021.

[6] 孔祥一.素养视域的高中化学必修教材对比研究[D].湖南科技大学,2023.

[7] 游嘉雯.基于课程标准的高中化学教材实验比较研究[D].天津师范大学,2023.

18 "双新"背景下高中历史教学中 "叙史见人"的应用
——以《明至清中叶的经济与文化》为例

杜一帆

随着教育改革的不断深入，我国基础教育课程改革进入了一个新的时代——"双新"教育改革时代。为顺应时代发展的要求，教育部颁布了《普通高中历史课程标准（2017年版）》（下称新课标），阐释了"以培养和提高学生的历史学科核心素养为目标"的新课程理念。基于新课标，教育部编订了统编版《普通高中教科书·历史》，对教材进行改革，以促进核心素养的达成。

新课标所要求的历史学科核心素养包括唯物史观、时空观念、史料实证、历史解释和家国情怀。这五大核心素养是一个相互联系、相互依赖的有机整体。在这样的背景下，高中历史教学催生了"以单元大主题的'面'，统摄历史发展纵向与横向的'线'，并有机囊括重大史实的'点'的纲要教学模式。"[1]大单元教学是历史学科核心素养的现实呼唤，如果忽视大单元教学，就会落入以前碎片化教学的窠臼，"学生在课堂上应获得不仅能贯通该课，而且能贯通此前和以后学习的核心概念"[2]。但同时，这种倾向于"宏大叙事"的高中历史教学也容易忽略"微观视角和历史细节的深入探索，忽视历史长河中活生生的人"[3]。人是一切历史的来源，以人为本的思想不仅符合历史核心素养，也符合社会主义核心价值观。一味追求大概念容易使得学生对历史只留下空泛的结论性了解，却缺少对结论得出过程的方法实践和对历史情怀的渗透。所以，"双新"

教育改革背景下如何平衡"宏观叙事"和"微观视角"，落实五大核心素养，激发学生对历史课堂的兴趣的同时提高历史思维层次，是一个重要而有研究意义的课题，而"叙史见人"就是其中一个相当有效且应用愈来愈广泛的教学策略。

"叙史见人"不是一般地讲故事，而是有针对性地根据课标、教材和教学目标，以活泼生动的历史人物为支点展开历史叙事和历史细节，进而带动大单元、大概念的建构。并非每一课都适合运用"叙史见人"的教学策略，所以笔者在此以所执教的百花杯比赛公开课《明至清中叶的经济与文化》为例，对高中历史教学中如何平衡"宏观叙事"和"微观视角"的同时落实核心素养的问题，提出一二浅见。

一、以微观人物透视宏观历史

《明至清中叶的经济与文化》是《中外历史纲要（上）》第四单元"明清中国版图的奠定与面临的挑战"的第三课。

从单元主题的角度来看，本单元所述内容不仅是中国封建社会末期的明清两朝的发展、鼎盛与危机，还与《中外历史纲要（下）》世界史内容联系密切。所以，在大单元教学的视角下，笔者首先提炼出单元主旨：明清时期，中国专制集权空前强化，对辽阔疆域的经略基本奠定现代中国版图，经济、文化、对外交往等领域出现新变化，呈现鼎盛之势。在统一的多民族封建国家进一步稳固的同时，世界形势却在发生巨变。故步自封的明清王朝，制度框架和运转规则始终没能突破桎梏，社会危机逐渐暴露，与世界潮流拉开距离，预示了近代衰落的态势。

从课时内容的角度来看，第四单元的前两课以时间顺序分别呈现明清两朝政治方面的变化及危机，而本课则总结了明清时期社会经济、文化的变化以及局限，同时子目间的逻辑关系体现了"经济基础决定上层建筑"唯物史观。本课涉及的历史现象细、多、杂，且均为经济、文化方面的内容。学生学习时需要透过诸多复杂的现象细节，理解现象所反映的历史宏观本质，即明清社会的发展呈现出"突而不破"的特点。所以本课内容对高中学生来说，要掌握具体细节史实是不难的，但要真正从宏观视角理解明清社会发展的"突而不破"的特点是有一定难度的。高中生学习历史的一个特点是，能从"瞬间历史"中悟出历史动向。[4]所以，笔者选择学生熟悉的白蛇故事和白娘子为线索贯穿本课，用"叙事见人"的教学策略引导学生从宏观和微观两方面理解明清社会的发展与危机。基于此，笔者将本课的内容主旨提炼为：明清时期，中国社会在经济、思想、科技等领域出现了一系列新发展，对原有的格局和秩序形成挑战。明清文化领域的变化，如民间故事《白蛇传》的最终定型，即是当时社会诸多方面发展的反映。明清时期的一些变化与这一时期世界变化同步，但中国传统势力根深蒂固，明清新变化始终没能真正突破封建的桎梏，中国社会"突而不破"，为近代落后挨打埋下伏笔。

综上，本课运用"叙史见人"的教学策略，选择《白蛇传》作为明清社会发展的切入点，以白娘子的形象变迁和人物经历串联经济、文化的细节知识，并以此透视明清时期"突而不破"的发展大趋势，从微观走向宏观，在宏观大历史中又有生动的历史小人物。

二、微观人物的变化与宏观历史的变迁相同步

白娘子是学生熟悉的小说人物，而白蛇故事从唐宋时期诞生原型，到明清时期最终定型，其人物形象和经历的变化，本身即明清社会发展变化的缩影。所以基于立意主旨，本课的教学设计从框架结构上以白蛇故事为切口，从小人物白娘子和许宣的人物形象、故事情节、人物结局的变化，同步展现明清时期社会发展的宏观变迁。

在导入环节，笔者首先呈现"白蛇故事"从唐代、宋代到明代最终定型的演变过程，引导学生分析白娘子形象在明清时期发生的变化，提问："白蛇故事为什么在明清时期发生了这样的变化？"通过呈现学生不熟悉的早期故事版本，冲击已有思维，为后续探讨"白蛇故事"在明清的变化及原因作铺垫，同时将学生拉入明清时期的时空环境中。

第二个环节中，笔者围绕白娘子的形象展开，出示明代冯版《白蛇

传》中的故事文本，引导学生分析明代冯梦龙塑造的白娘子形象，指出白娘子形象到明代发生的变化；结合明末清初著名思想家及其思想主张，提问："白娘子形象的变化与明清思想领域的变化有什么样的关系？白娘子形象的不变又体现了当时思想领域的什么情况？"进而帮助学生理解明代白娘子形象的变化与不变是明清思想领域发展的产物。这一环节意在架构小人物的文学形象与大时代的思想背景之间的联系，以"白娘子形象的变化与不变"透视明清思想领域的变与不变。

环节三围绕人物经历展开，出示明代冯版《白蛇传》中白娘子和许宣开药店的故事文本，同时呈现大量明清社会经济领域各种变化的相关文献史料，提问："明清经济领域出现了哪些新现象？小说故事情节又是如何体现的？"学生开展小组讨论，理解明清社会在农业、手工业和商业上的新发展及其局限。上一环节笔者主要以白娘子创造历史情境，以小说人物形象变化同步展现历史变迁，那么这一环节则主要结合文献史料和小说情节，将明清经济领域的变和不变与人物经历作对照，一方面以人物带出历史，另一方面在历史宏观变迁中呈现微观人物经历。

环节四中，笔者围绕白娘子的结局，出示清代改编戏剧《雷峰塔》的结局文本，与英国莎士比亚的《罗密欧与朱丽叶》截然不同的结局进行比较，以问题"如何看待白娘子和罗密欧、朱丽叶的结局"来引导学生从白娘子结局的妥协性中理解明清社会发展的"突而不破"。通过同时代、同主题中西两个文学作品的比较，不仅透视明清社会发展的局限，辩证地看待明清社会隐藏的危机，还从人出发，以更宏观的世界历史发展趋势的视角感悟明清时期中西方历史走向了不同的发展方向，树立开拓进取的意识，涵养家国情怀。

在本课的尾声，笔者展示学生自主学习的学习成果，从"早期西学东渐"角度看明清社会"突而不破"的特点，属于史学方法的模仿和迁移。

纵观本课大量的经济史和文化史内容，仅依靠碎片化的史料和历史细节，则如管中窥豹，学生难以借此搭建对明清时期整个时代特征的宏观认识，也无法将所学经济、文化内容与之前政治史内容和之后世界史内容相联系。所以，选择一个适当的人物为切入点，串联教学环节，将其各方面的经历与明清经济、文化各领域的发展作对照，不仅能涵盖大量微观的细节知识，还能更深入地引导学生从宏观视野分析时代特征，这正是"双新"背景下高中生历史学习所应具备的素养。

三、多维度渗透五大核心素养

"双新"背景下，新课标所要求的历史学科核心素养分别是唯物史观、时空观念、史料实证、历史解释和家国情怀。这五大素养是一个相互联系、相互依赖的有机整体，在实际教学过程中是难以割裂开单独进行教学的。但根据具体情况，可以有所侧重。所以结合本课的立意主旨和框架结构，笔者以时空观念和史料实证为主要目标，同时渗透唯物史观和家国情怀。

时空观念是历史学科本质的体现，"只有在特定的时空框架当中，才可能对史事有准确的理解"[5]。在高中历史教学中，以丰富的史料为学生创设历史情境便是一种有效的教学手段，而"叙史见人"正是一种以人物为核心的历史情境教学策略。本课以学生熟悉的民间故事《白蛇传》为线索，配套了大量小说文本以及文献史料来勾勒白娘子的人物形象，以白娘子一人的经历牵动明清时期经济、文化发展的宏大时空铺陈，让学生不自觉地"神入"那一历史时期。将白娘子其人作为明清社会的一个缩影，进而引导学生从微观上升到宏观，理解明清社会发展的特点。

"史料实证是诸素养得以达成的必要途径"[6]，是运用可信的史料努力重现历史真实的态度与方法。《白蛇传》是一部小说，并非传统的文献史料。小说有史料价值，能从侧面反映时代风貌，但其虚构性也意味着在运用小说证史时，需要与大量其他更可信的史料互证。所以，在"叙史见人"的同时，通过《白蛇传》来进行"文学作品证史"的史学研究方法教学是本课的另一条暗线。笔者通过"示范—模仿—迁移"的教学过程，培养和提升学生的史料实证能力。在环节二，教师示范，通过对小说和其他类型文献史料的分析、互证，深入"白娘子"形象背后体现的作者意图和反映的社会意识，引导学生理解文学艺术作品的证史价值及其具体运用。之后在环节三，教师基于环节二中对白娘子形象的分析，引导学生通过小组讨论的方式，对小说证史的具体运用进行模仿，进一步落实学生对史学研究方法的学习和总结。通过对不同来源的多个史料的分析，培养学生分析不同类型史料、多角度解读史料的史料实证能力。最后在课堂尾声，引导学生从知识和方法的角度评价自己的课前预习成果，对课堂所学"小说证史"的史学方法进行迁移，初步掌握"地图证史"的方法，同时达到"教、学、评一致"的目标。

除了以上两大核心素养外，唯物史观和家国情怀也几乎是每节历史课都会涉及的史学素养，前者是科学的历史观和方法论，后者是学习历史应具有的人文追求[7]。因为本课子目间的逻辑关系体现了"经济基础决定上层建筑"，所以笔者在以小说故事情节创造历史情境后，引导学生构建作者、作品与社会经济之间的联系，进而渗透唯物史观。此外，笔者还通过同时代、同主题中西两个文学作品的比较，以白蛇故事的结局透视明清社会新变化下的局限，辩证地看待明清社会的发展与隐藏的危机，直观感悟明清时期中西方历史走向了不同的发展方向。时空比较之下，一方面体现了历史的"宏观叙事"，另一方面也引导学生树立开拓进取的意识，涵养家国情怀。

在"双新"教育改革的背景下，教师需要顺应时代发展潮流，以学生为本、以培养学生的核心素养为出发点，探索多样、创新且适合学生的教学策略。当然，核心素养的落实并非一蹴而就，而是一个长期积累的过程。新时代的教师需要宏观把握教材的各个单元，也要具体落实每一课的教学，探索创新，将提升素养真正渗透进历史教学之中。

参考文献

[1] 徐蓝. 统编普通高中历史教科书的新气象[J]. 基础教育课程, 2019 (17): 57-63.

[2] 聂幼犁, 於以传. 中学历史课堂教学育人价值的理解与评价：立意、目标、逻辑、方法和策略[J]. 历史教学（中学版）, 2011 (13): 10-13.

[3] 范国刚, 韩倚哲. 叙史何以见人？——以《辽宋夏金元的经济、社会与文

化》为例［J］.历史教学问题, 2024（3）: 129-131; 97.

［4］夏辉辉.历史教学的深耕——基于历史细节教学的新理解［J］.历史教学（上半月刊）, 2014（5）: 3-6.

［5］中华人民共和国教育部.普通高中历史课程标准（2017 年版 2020 年修订）［M］.北京: 人民教育出版社, 2020: 5.

［6］同上书, 第 4 页.

［7］同［5］.

19 "真"以学生为主体的高中地理校本课程开发与实施
——以地理实践活动课程为例

姜俊杰

《普通高中地理课程标准（2017 年版 2020 年修订）》提出鼓励学校结合当地实际情况，开设与地理相关的校本课程。校本课程是地理课程体系的重要组成部分，是对基础性国家地理课程的有效补充，满足学生个性全面发展，为祖国培养德、智、体、美、劳全面发展的社会主义建设者和接班人。

地理实践力指人们在考察、实验和调查等地理实践活动中所具备的意志品质和行动能力。[1]地理实践力是学生地理学习行动意识与能力的体现，有助于学生形成区域认知、调用综合思维，进而生成人地协调观，最终形成四位一体的地理学科核心素养。

地理实践活动是指学生走进真实的自然和社会大课堂，动手触摸、用眼观察真实的世界，思考、处理、认识和理解真实世界中的地理现象，全身心地在与自然、社会的互动中增长智力、情怀和责任。[2]地理实践活动是地理学重要的研究方法，在自然、社会等真实情境中开展丰富多样的地理实践活动更是创新培育地理学科核心素养的学习方式。

本轮双新改革切实通过促进人才培养模式的转变，着力发展学生的核心素养，科学研制学科质量标准，努力实现教、学、评有机衔接，形成育人合力。在已经进行的全国性地理高考和等级性考试中出现了大量以地理实践活动为情境的试题，以评价倒逼教学的改革。

但由于诸多条件的限制，必修与选择性必修课程中较少有机会开展地理实践活动，培育地理实践力成为纸上谈兵。针对这样的现实，《普通高中地理课程标准（2017 年版 2020 年修订）》在教学与评价建议中强调加强地理实践，将实践的内涵提升到行动落实的层面，并从提升素养的高度强调实践行动的重要性。

一方面，开展地理实践活动需要有充足的时空资源保证，为学生创设真实的学习情境。以地理校本课程为载体的地理选修课程是开展地理实践活动、培育学生地理实践力的重要阵地。

另一方面，地理校本课程应使学习主体真正回归学生，"真"以学生为主体是激发地理校本课程生命力的重要保证。有别于有固定教学目标的必修和选择性必修课程，地理校本课程具有更强的个性化、在地性、多样化特征。地理实践活动应充分满足学生不同的学习风格和智能，充分调动学生的学习兴趣和主动性，为学生不同的发展方向和成长提供支持，有效培育学生的地理实践力和综合能力。

一、"真"以学生为主体的高中地理校本课程开发与实施原则

学生是学习的主体，是天生的学习者，学生是学习的发起者、经历者和评价者。"真"以学生为主体的地理实践活动课堂是以地理实践活动为对象，在教师引导、指导和支持下，学生经历"理、例、做、立"的学习过程，即从原理学习、案例分析到行动实践，最终具有独立自主发展的能力。学生在有选择的实践中逐渐成长为学习的主人，增强自主学习的意识与能力，能有效通过学习解决问题，满足兴趣或实现自我发展的需要。这个过程是学生地理实践力素养生成的过程，更是培育学生文化基础、自主发展和社会参与的过程。

1. 实践性

学生真的手脑并用参与地理实践活动，才能真的实现学生主体性，生成地理核心素养。根据《普通高中地理课程标准（2017 年版 2020 年修

订)》制定的学业质量之地理实践力水平 4，学生能够在地理实践活动中表现出较强的行动能力，包括独立搜集信息，利用地理信息技术分析和处理信息，设计地理实践活动，发现地理相关问题并提出建议等的能力。

学习发生在真实的情境中，素养生成于动手动脑的实践中。地理校本课程可通过项目化、主题化、活动化的课程形式触发学生学习的真实发生，为学生主体性落地提供保证。

2. 选择性

长久以来，如何处理好基础性、全体性与选择性、个性的关系一直是个难题，虽然国家、地方和学校各级都在努力尝试，如地理选择性课程尝试提供多样化的课程，地理校本课程着力结合校情、在地资源和学生特征，但在实践中基础性和全体性往往处于中心位置，而选择性和个性常被放置在了边缘位置。

地理实践活动课程应努力保证学生选择性和个性的发展。一方面设置多样性的地理实践活动课程，为学生提供选择；另一方面充分鼓励、支持和满足学生个性化学习需求，像大学一样，学生有机会研究自己感兴趣的课题。在实践中可能受教师指导能力和学校资源环境的限制，笔者建议教师转变思维、角色和工作方式，从引导者变为参与者，从教授者变为学习者，从主导者变为辅助者。[3]教师可根据学生需求，充分利用学校、社会资源，支持学生实践与发展。比如，笔者所在学校有固定的大学教授团队指导学生进行研究性课题学习。

3. 成长性

除了让学生有选择性地实践之外，更应关注学生在地理实践活动过程中的成长。教学的真正目的不是教师要"教什么"和学生要"学什么"，而是要关注"学生经过教学之后，将能做哪些他们以前不会做的事"，"经过教学之后，学生将会如何变化"。[4]教师设计"理、例、做、立"进阶性的学习活动，学生从了解到行动再到能力的生成，逐渐从被动转向主动，在地理实践活动中体会自我能力的成长，为将来独立面对真实社会的挑战做好准备。

二、地理校本课程实施基本流程

"真"以学生为主体即充分发挥学生学习主体性、主动性和自主性。当课堂由以传统的教师讲授为主转向以学生活动、探究、实践为主时，便要求教师构建完整的地理校本课程实施流程。该实施流程能有效避免学生活动的无序与低效，为学生提供基本的行动路径支持与指导，进而保证学生主体性有效落地。

笔者开发实施的地理实践活动校本课程以项目式、主题式、研究式学生活动为主体，学生有更多参与、设计、实践的机会。地理实践活动校本课程的基本实施流程是课程顺利实施的重要保障，主要包括活动分类、驱动因素、活动目标、实施方案、成果评价等环节。

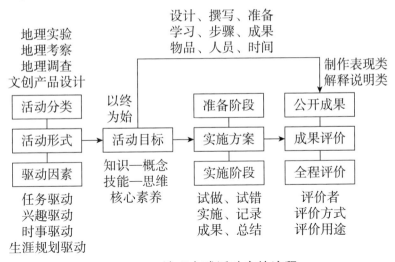

图 19-1　地理实践活动实施流程

教师在第一次地理实践活动前向学生介绍活动的一般流程，以及其中各环节的含义、操作方法及其意义，而后带领学生经历、操作活动流程，最终实现学生能运用活动流程，自主设计、实施和评价地理实践活动。

1. 活动分类

在地理活动开始之初，学生先要明确自己进行的实践活动所属的类型，以便遵循一定的步骤、方案和样例进行活动设计与实施。地理实践活动的形式多样，本课程推荐地理实验、考察、调查和地理文创产品设计

上海市杨浦高级中学教师论文集

这四类,学生可以根据自己的驱动因素进行选择,这些基本类型也为学生思考和实践提供了支架。

2. 活动驱动因素

学生地理实践活动的诞生具有一定驱动因素的支撑,便于学生进行地理实践活动的选题,也为学生持续行动提供原动力。驱动因素包括但不仅限于以下四类。

(1)任务驱动:地理类竞赛,地理课程教学和建设,学校任务需要,学生论文撰写等。

(2)兴趣驱动:从学生兴趣、经验和特长出发,选择主题。

(3)时事驱动:结合当前发生的时事、热点进行梳理、解读和分析等。

(4)生涯规划驱动:结合学生将来择校和择业目标,进行提前体验、认知和准备。

以上驱动因素是相互融合的。例如,学生从兴趣出发,将自己平常喜欢研究的上海百年公交变迁与分布开发作为地理调查活动,通过撰写活动方案,将该活动变成一个项目,兴趣通过任务得以落地,并能够持续获得驱动力。在活动过程中,学生体验了真实世界的工作方式,为其将来生涯规划与发展提供了实践的参考,并可能成为其生涯发展的驱动力。

3. 活动目标

首先,活动目标应该清晰地指向地理知识、概念、思维,地理实践中必备的技能与方法对标核心素养的落地。然后,在思考活动目标的同时,学生应该以终为始,预设最终的成果,并根据成果设计合理的目标。最后,学生尝试用一句话将所要达到的活动目标进行说明,如有多个目标,可用多句话进行说明。

学生在实践中需思考以上内容,填入表19-1,并通过与教师的沟通进行完善。

表 19-1　地理实践活动目标分解表

活动环节	知识点	概念	技能	思维	核心素养

4. 实施方案

方案的实施主要包括两个阶段，如图 19-2 所示。第一阶段是准备阶段，主要包含地理实践活动的设计、方案撰写和准备，具体包括活动步骤设计、预期成果、所需物品准备、相关场地协调、人员安排、时间计划等。第二阶段是实施阶段，小范围地试做、实验，通过试错对方案进行迭代，形成具有可行性的方案并实施，过程中注意对信息、影像资料和过程的记录，以便进行可视化成果展示。最终形成实践成果并公开展示，形成可复制、可借鉴的经验。

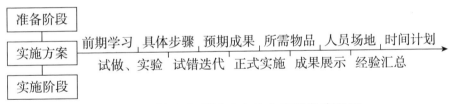

图 19-2　地理实践活动实施方案阶段流程图

教师应引导学生重视实施方案的设计与准备，这是高效实施活动的必要准备。学生在设计方案时应从自身认知水平、学习能力和资源出发，既关注学习和验证相关地理知识，也应重视对地理原理的解读与思考；既关注观察、体验地理事物，也重视真动手、真操作，努力像科学家、专家那样去作研究；既要从书本、资料中学习，也要重视在真实的自然和社会中进行地理实践。

相对完整的前期资料学习和研究，有助于学生储备必要的地理和跨学科知识。相对周全的地理活动实践方案的设计和准备，有助于学生在实践过程中有章可循，也便于后续反思与改进。在地理活动实践过程中，学生应该先进行小范围的试做和实验，通过试错对方案进行迭代，最终形成具有可行性的方案并实施。很多地理实践活动本来就是一个探索的过程，在现有的知识、能力和资源情况下，失败是正常的，但如何通过失败走向成功，才是重要的，也是事物发展的普遍规律，更是为学生真的能设计、实施地理实践活动提供了成长阶梯。教师应引导学生戒骄戒躁，沉下心来。当师生从困难中走出来，有多困难，就能带来多强的自我认同、成就感和师生情谊。

教师应引导学生关注整个活动过程中文字、图片和资料的收集和整理，并积极使用可视化的方式对活动过程进行记录，便于成果展示。学生可在活动后进一步完善活动方案，形成案例教学资源，以便后续同学借鉴与实践。

5. 成果评价

（1）公开成果。

公开成果可以有多种方式，一般分为制作表现类和解释说明类。制作表现类如地理学具制作、野外考察方案、科普小视频拍摄、地理文创产品、生态系统构建等。解释说明类如实验方案设计与分析、地理调查结果、地域性粮食作物种植条件分析等，可用演讲、论文、小报等形式呈现。

学生可选择自己能够实现并符合活动设计的成果，在课堂、校园或网络等更广的范围内发布，以便学生获得更多建议和反馈，对下一次实践活动进行改进和完善，也从中获得成就感。

（2）全程评价。

学生根据活动目标设计评价方案，评价针对方案设计、成果展示等各个环节。评价者可以是自己、同学和教师等。评价方法可以使用表现性评价量表、过程性评价量表、纸笔测试、同学投票等各种方式。

三、"理、例、做、立"促学生主体性成长

师生在日常地理教学中习惯了以知识为中心的讲授等传统教学方式，如何转变为"真"以学生为主体的、有选择的实践性课堂，需要教师设计进阶的地理实践活动教学过程，推动学生学习方式的转变，培育学生主体性的成长。笔者设计了"理、例、做、立"的学生成长规划，如图

19-3 所示，其中"做"分为三小步，以实现学生最终能独立设计、实施地理实践活动的目标。

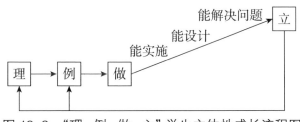

图 19-3 "理、例、做、立"学生主体性成长流程图

"理"即道理、原理。在实践最初就让学生接触和明确地理实践活动的过程、每个环节的实施要点、相关地理原理等。在随后的实践中，根据不同类型的地理实践活动重复对"理"进行说明、运用和完善。

"例"即案例、例子。通过学习成熟的地理实践活动案例，学生体悟、观察完整的地理实践活动过程，在案例学习中初步感知各种地理实践活动的实施要点。教师可以对教材中曾经实践过的地理实践活动或原有课程中生成的成熟案例进行复盘，将地理实践活动的一般过程贯穿其中。

"做"即实践、行动。"做"分为三个地理实践力水平，从低到高依次为学生真的能实施地理实践活动、真的能设计地理实践活动、真的能运用地理实践活动解决问题。[5]学生通过三个层次的进阶，从他人帮助走向合作，最终实现独立；从能操作到能设计，最终形成地理实践力素养。

"立"即独立、自主。指向地理实践活动最终要实现的目标，即地理实践力。学生经历"理、例、做"之后逐渐生成地理实践力，学生根据自己的兴趣、任务或发展目标，能够独立设计、操作和评价地理实践活动，通过地理实践活动解决问题，实现自我设定的目标。

"理、例、做、立"是递进的关系，但又彼此渗透和联系。地理实践活动追求知行合一，是学以致用与用以致学的有机结合，学生在"做"与"立"中进一步生成的地理实践活动案例将成为新的课程资源。表 19-2 为地理实践活动校本课程一学年的课程安排，说明学生在一学年中经历的"理、例、做、立"的学习过程。

表 19-2　地理实践活动课程安排

路径		活动	教师行为	学生实践
理		理论学习	讲解地理实践活动过程、环节要点等	初步了解地理实践活动的主要过程及各环节操作要点
例		案例分析	以教材中经典的地理实践活动为例，对学生实践活动进行复盘，将地理实践活动的一般过程贯穿其中	通过学习成熟的地理实践活动案例，体悟、观察完整的地理实践活动过程，在案例学习中初步感知各种地理实践活动的实施要点
做	实施	天文望远镜观测太阳黑子	讲解观测方法、原理，明确观测目标和评价方法	选择晴朗的日间，于开阔处架设望远镜，安装巴德膜，手动对准太阳，观测、记录、绘制太阳黑子特征
	设计	观测太阳高度	明确任务，观测、记录一周内正午太阳高度的变化，并分析原因	查找、确定观测方法，准备、制作观测工具，设计观测记录表，在观测中改进相关方法，作好记录，并根据现象说明原因，形成观测报告
	解决问题	午后太阳光照射黑板影响正常学习的原因及对策	为学生提供充足的时间、场地，给予一定建议，观察学生在活动中的表现，在活动成果发布时给予评价，鼓励学生进一步发展与成长	自主发现问题、表征问题，查阅太阳运动资料，绘制教学楼地图，分析太阳照射黑板发生的时间与位置，提出经济可行的对策

路径	活动	教师行为	学生实践
立	生成、补充以太阳为主题的地理实践活动课程	基于地理实践活动一般过程、工具及工作要点，一同梳理、补充，生成以太阳为主题的地理实践活动，生成课程树，形成课程资源，为后续学生学习提供案例、活动和启发	

四、思考

1. 重视开设校本课程

在实际教学中，地理校本课程处于尴尬的地位，往往流于形式。地理校本课程是地方和学校课程体系中重要的一环，但由于高考不考，导致学校不重视，管理、配套资源不完善，地理教师也无暇顾及，学生就走走过场。

地理教师应重视开设地理校本课程，它是开展地理实践活动、培育学生地理实践力的重要阵地，是对必修和选择性必修课程重要的补充，并且紧密联系地理选修课程，也有助于教师个人成长，教师有机会从研究教材走向研究课程。

2. 实践"真"以学生为主体的地理实践活动课程

必修和选择性必修课程依然面向高考，师生们从知识转向素养需要一定的时间和过程，而校本课程给予了学校、教师和学生一定的自由与选择。教师们可以选择往前跨一步，真的将课堂交给学生，真的去触发学生学习方式的转变，真的关注学生生成了哪些素养，真的为学生找到自己将来的人生目标和发展方向提供支持和路径，并且为必修课程学习方式的转变提供可借鉴、可操作的样例。

3. 教师转变身份

学生本来就是学习的主体，而学生如何能真的主动、自主、富有成就感地学习,是需要教师和学生一同去触发和营造的。这个过程要求教师做更多精细的、专业的准备,用一种全新的方式去主导教学活动。教师不再只是教教材、教知识,更要创设情境、营造氛围、提供物理和心理支持、给予发展性评价,真的去关注人的发展与成长。

参考文献

[1] 中华人民共和国教育部.普通高中地理课程标准(2017年版2020年修订)[M].北京:人民教育出版社,2020:4.

[2] 韦志榕,朱翔.普通高中地理课程标准(2017年版)解读[M].北京:高等教育出版社,2018.

[3] 姜俊杰."真"以学生为主体的高中地理实验教师行为策略和设计原则[J].地理教学,2021(15):24-28.

[4] 陈澄.地理课堂教学设计[M].上海:华东师范大学出版社,2001.

[5] 同[3].

20 基于互联网背景下的地理实践力培养策略研究

——以市级精品课《主题 12 常见的地质灾害——地震》为例

张 峦

一、问题的提出

地理实践力是指人们在考察、实验和调查等地理实践活动中所具备的意志品质和行动能力。[1]在提升学生地理实践力素养的过程中，相关单位普遍遇到多方面的挑战，包括学生安全、时间经费、学校设施与政策、教师的实践经验以及学生的学习习惯等。为了更有效地培养学生的地理实践能力，我们需要采取有效措施来降低这些限制因素的影响。幸运的是，互联网时代的来临，为教育领域带来了诸多便利，为我们解决这些问题提供了新的思路。

二、以市级精品课《主题 12 常见的地质灾害——地震》（以下简称《地震》）为例，基于互联网培养学生地理实践力的教学过程

对照《普通高中地理课程标准（2017 年版 2020 年修订）》进行课标解读，翻阅中国地图出版社出版的高中地理必修第一册地震部分的教材内容进行研究，结合学生学情和学科核心素养设定教学目标，充分利用

互联网资源，制作了如表 20-1 所示的简略版教学过程。

表 20-1　教学过程表

教学环节	教师活动	设计意图与核心素养
课程导入	【视频】播放"6·15"青浦地震报道视频。	引导学生近距离观察地震发生时的信息及现场情况，了解地震事件，提升其区域认知。
一、地震概念及其成因	【讲授】讲解地震概念。 【实验】进行地震模拟实验，归纳地震形成机制。 【填空】复习巩固地震波知识。	带领学生科学模拟地震发生过程，学习科学实验过程并分析其形成机制，提升其地理实践力。
二、地震要素和地震的两个衡量指标	【讲授】讲解地震要素和地震的两个衡量指标——震级和烈度，重点比较两个衡量指标的区别。 【案例思考】基于"6·15"青浦地震和"2·6"土耳其地震的相关图文资料，对比思考土耳其地震烈度大的原因。	学生阅读图文表格资料，归纳信息，结合所学知识进行迁移应用，提升其地理实践力、综合思维能力。
三、地震的危害	【图片】展示地震灾害发生地区的受灾照片。	学生直观感受地震带来的直接或间接危害。
四、地震的分布	【活动】从网络中搜索地震数据并加以处理，生成全球地震灾害分布图。	引导学生对地理信息进行处理和生成，提升地理实践力。
五、防震减震措施	【视频】播放"地震发生时如何第一时间科学避震"视频。	学生学习防灾减灾技能，提升其地理实践力、人地协调观。

教学环节	教师活动	设计意图与核心素养
课堂小结	【课堂小结】本节课主要认识了地质灾害中的地震,重点学习了地震的概念及其成因,地震要素和两个衡量指标,地震的危害、分布及防范。只有科学地认识地震,才能做到有效防灾减灾。	带领学生巩固本节知识。
课后调查	【调查】请同学们课后利用"随申办"App 的部分功能,找到自己身边的应急避难场所。	学生课后进行信息调查,提升其地理实践力、区域认知。

三、在互联网中培养地理实践力的思路

1. 利用互联网了解地理事象

地理是一门包罗万象的学科,研究地球表层空间地理要素或者地理综合体空间分布规律、时间演变过程和区域特征,是自然科学与社会科学的交叉学科[2],与我们的生存环境息息相关。学好地理需要学生具备对事物的观察能力,了解各种地理事象的特点然后分析其原因及与人类之间的发展关系。地理实践力的培养要鼓励学生走出教室,实地去观察和了解地理事象,但学校受师资力量、项目资金、学生精力、人身安全等多方面限制,很难大规模深入落实。如何将万千世界尽收眼底进行探讨呢?互联网时代的到来提供了新的思路,它可以打破时间和空间的限制,让学生在课余时间也能进行自主学习,提高了学习的自由度。

在《地震》一课中,教师播放央视网 CCTV 13 中有关"6·15"青浦地震的新闻播报视频作为导入,让学生近距离直观了解地震发生时的信息和现场情况;教师展示新华网的报道中的相关受灾图片,让学生认识地

震的危害；教师在"哔哩哔哩"网站下载由中国地震台网提供的防震减震宣传视频供学生学习，在拍摄的实际演习场景中使学生增强自救和救人的能力。借助互联网信息、宣传视频等，用另一种视角近距离观察地理事象，足不出户也可让学生感受大千世界的变化，丰富学生的认知。

2. 利用互联网搜集地理信息

地理调查是运用课堂上所学的基本知识与技能，通过多种社会实践活动来培养实践能力的一种重要方式。互联网可以为地理调查提供助力，使得调查过程更加快速、便捷、准确和高效。

在《地震》一课中，教师利用"微博"官网用户发布的"6·15"青浦地震的信息，获取地震发生的时间、地点、震级、震源深度、人员伤亡、经济损失等地理信息（见图20-1），用真实数据资料对地震要素进行解读和实际应用。教师引导学生使用"随申办"App或小程序搜集就近的三个应急避难场所信息，让学生关注身边信息，提高安全意识。

图 20-1　"6·15"青浦地震的信息发布（来源："上海发布"微博官方用户）

在教学过程中，尤其是人文地理学科，数据更新速度快，书本上的数据资料随着时间推移会逐渐滞后，教师可引导学生利用互联网工具来搜集实时地理数据。如国家统计局网站提供的中国统计年鉴，包含各年份、各地区的人口、城市、产业等统计信息，是非常珍贵的数据。教师也可关注地理教学参考资料每个主题后第五部分提供的相关网站、平台、参考书目等来设计任务，以提高学生在互联网中搜集地理信息的能力。

3. 利用互联网处理地理数据

在地理教学和实际应用中，数据处理是理解与分析地理现象的根本。地理学科涵盖了丰富的数据类型，如气候、水文、人口、产业产值统计数据等。学生通过掌握数据处理技能，能够将这些原始数据转换为易于理解的信息，从而为实际决策提供支持。利用互联网技术，我们可以对现有数据进行针对性筛选，进行高效分析，并生成相关结果。

比如在《地震》一课中，教师利用"中国地震台网"引导学生在线处理地理数据，获得全球近 10 年震级 6.0 级以上地震分布图。教师引导学生了解网页布局，进入"中国地震台网"首页，点击历史查询，输入时间"2014—2024 年"、震级"≥ 6 级"，点击查询，点击"显示到地图"按钮，获取全球近 10 年震级 6.0 级以上的地震分布图，其他操作可交给学生根据需要进一步摸索。

同样，我们也可以借助 Office 办公软件进行人口数据的统计与计算、气温曲线—降水量柱状图的生成；利用 ArcGIS 软件进行商业区位的选择等，有很多途径可由师生共同探索。

4. 利用互联网共建地理实验库

2019 年，教育部发布《关于加强和改进中小学实验教学的意见》，提出"实验教学是国家课程方案和课程标准规定的重要教学内容，是培养创新人才的重要途径"。但考虑到当下不同地区的资源设备、不同层面教师的精力分配，要完善实验教学体系、创新实验教学方式、规范实验教学实施、提高教师实验教学能力、保障实验教学条件、健全实验教学评价机制、加强实验教学研究等，都需要时间去探索。

在《地震》一课中，教师借鉴 CCTV10 "原来如此"栏目（一档以实验体验为特征的科普栏目）中模拟地震过程的实验操作，更好地解释地震的形成过程和原理。

当然，类似的科学实验栏目、网络地理实验视频、各种实验材料售卖平台数不胜数，一线教师要根据课程用心去筛选和积累，不断完善共建地理实验资源。让不同地区的师生都能享受优质的远程地理实验资源，提高教育的公平度；让不同教师集思广益、相互借鉴，提高地理实验的质量。

四、收获与反思

教师利用互联网，创造出更加有效的实践活动形式，可以为落实学生地理学科核心素养培育打下坚实基础。但诚如各位同仁所担心的，互联网是把双刃剑，在学习的同时要考虑使用中遇到的问题。以下是笔者结合教学实践，针对存在的几点问题，提出的互联网背景下培养地理实践力的行动思考。

首先，正确筛选网络信息。对于信息的获取，应引导学生关注信息源，应以政府官网、正式出版资料或影响因子较高的数据库为主，确保数据的可靠性。其次，自觉维护网络安全。培训学生使用密码、不随意点击未知链接、不在社交媒体上分享敏感资料等，保护自己和他人的信息安全。最后，规范网络使用时间。教师应结合学生认知、精力等，将设计好的任务布置给学生，更多引导学生去发掘学习知识的途径，激发学生的兴趣。

总之，利用互联网培养学生的地理实践力还需广大教师群策群力，在进一步实践中不断丰富和积累经验。

参考文献

［1］中华人民共和国教育部.普通高中地理课程标准（2017年版2020年修订）［M］.北京：高等教育出版社，2020：4.

［2］陈发虎，傅伯杰，夏军，等.近70年来中国自然地理与生存环境基础研究的重要进展与展望［J］.中国科学：地球科学，2019，49（11）：1659-1696.

21 中学室内课间操的创编与实践
——以上海市杨浦高级中学室内操《上春山》为例

邓玉琴

一、引言

随着教育改革的不断深入，学生身心健康发展日益受到重视。课间操作为学校教育的重要组成部分，对于缓解学生学习压力、增强体质、培养团队精神具有重要意义。然而，在天气恶劣或场地受限的情况下，传统的室外课间操难以实施，这在一定程度上影响了学生的日常锻炼效果。为此，上海市杨浦高级中学积极响应教育改革的号召，结合学校实际情况，编排了一套适合室内环境的课间操，旨在确保学生在任何条件下都能得到充分的体育锻炼。本文将以上海市杨浦高级中学室内课间操《上春山》为例，深入探讨中学室内课间操的编排与实践过程，以此为同类学校提供参考和借鉴。

二、室内课间操的创编背景与意义

1. 创编背景

上海市杨浦高级中学作为一所具有深厚文化底蕴和优良教育传统的学校，始终将学生身心健康发展放在首位。然而，在实际教学中，学校发现传统的室外课间操存在诸多局限性。一方面，恶劣的天气条件如雨雪、雾霾等常使得室外课间操难以正常进行；另一方面，原有的室内课间操已经使用多年，动作编排与音乐选择已逐渐显现出与时代不相适应的特征。为此，学校决定编排一套符合当下时代特征、适应学生年龄段特点、适合室内环境的课间操，以确保学生每天都能得到适量的体育锻炼。

2. 创编意义

（1）保障锻炼权益，提升体质水平。

在恶劣天气或场地受限的情况下，室内课间操能够确保学生每天都得到适量的体育锻炼，保障了学生的锻炼权益。通过室内课间操的锻炼，学生可以缓解学习压力、增强体质、提高身体协调性，同时也有助于培养良好的团队精神和集体荣誉感。

（2）丰富校园文化，增进班级凝聚力。

室内课间操的创编和实施丰富了校园文化生活，为学生提供了展示自我、交流互动的平台，增强了校园活力。同时，室内课间操是以班级为单位进行，学生在共同完成动作的过程中，能够增进彼此之间的了解和友谊。

（3）融合艺术美育，塑造精神面貌。

室内课间操编排时可以融入形式多样的背景音乐，让学生在体育锻炼的同时丰富音乐感知力，学会跟着节拍和韵律进行运动，既锻炼了身体，又陶冶了情操，使活动带有艺术培养价值，为体育活动赋予美育意义。通过科学、合理、规范的室内课间操实施，不仅能彰显学校全方位育人的理念，同时还能促进学生形成良好的作风，塑造学生良好的精神面貌。

三、室内课间操的创编原则

1. 科学性和安全性

这是中学室内课间操最为核心且根本的准则，因为衡量一套室内操是否有效，关键在于其动作设计与编排顺序、运动强度与负荷设置以及组织形式等方面是否遵循了科学性与合理性的原则。在确保实现锻炼目标的同时，还必须有效防范运动过程中可能发生的任何安全事故。

室内操《上春山》的动作遵循人体生理活动变化规律，身体关节活动充分，运动量适中，确保学生既能得到充分锻炼又不会过度疲劳。

2. 针对性

本套室内操以高中学生为实施对象，鉴于他们身体各项指标已接近成人水平，对新事物的接纳能力强，且充满活力，因此在设计动作时，特别注重内容的针对性、节奏的把控性、幅度的适宜性以及风格的塑造性，力求精准达成锻炼目的。在前期调研的基础上，最终挑选了节奏明快、具有青春活力的歌曲《上春山》作为配乐，这首歌歌词积极向上，能够彰显当代高中生乐观向上、朝气蓬勃的精神风貌。

3. 趣味性

心理学的研究发现，个人的兴趣与其参与体育活动的效果之间存在正相关关系。鉴于这一点，在编排室内课间操时，我们特别关注如何提升学生的兴趣，在确保动作功能性和整套操运动量的前提下，增加趣味性。例如，在动作设计上紧扣歌曲《上春山》歌词内容，通过动作将歌词形象地展现出来，动作新颖，更能激发学生积极主动地参与室内课间活动。

4. 创新性

有创新才会有发展，创新是一切事物发展的基础。室内课间操作为一种局限于教室空间内的体育活动，在遵循人体运动科学原理的前提下，其编排设计应勇于探索，积极吸纳健美操、啦啦操、排舞等健身项目的精髓，以及现代流行舞蹈的表现手法，旨在打造一套既满足中学生体育锻炼需求，又充满新颖性与美感的室内课间操。室内课间操《上春山》将歌曲中"争上春山"的意境与校园文化相结合，鼓励学生在学习中积极向上、勇于攀登自我的高峰，展现了中华文化的魅力，丰富了校园文化的内涵。

四、室内课间操的创编过程

1. 前期调研与准备

体育组制订创编计划，同时制订详细的创编方案，包括动作设计、配乐选择、时长安排等方面的具体内容。开展调研分析，通过问卷调查、座谈会等方式收集学生对课间操的需求和意见；分析学生年龄特点、学校教室的空间布局、设施条件等因素，为动作设计提供依据。

2. 动作设计与编排

（1）配乐选择。

选取节奏明快、旋律优美的现代流行音乐《上春山》作为伴奏音乐，以提高学生的兴趣和参与度。《上春山》的歌词巧妙地融入了中国传统文化的元素，通过歌曲中的诗词意境与春天自然景象的描绘，营造出一种春意盎然、万物生长的氛围。这种文化的融入，不仅丰富了课间操的内涵，也让学生在运动中感受中华文化的魅力。

（2）动作设计。

根据《上春山》的音乐特点和创编原则设计幅度适中、节奏明快、易于掌握的室内课间操动作。动作设计针对高中学生的身体特点，既考虑了锻炼的全面性，又注重了动作的连贯性和新颖性。通过一系列简便易学的动作组合，学生能够在短时间内达到较多的锻炼效果。

（3）反复修改。

在初步设计方案的基础上反复修改和完善动作。通过全组研讨、集体试做来调整动作，确保动作的流畅性和安全性；同时邀请部分学生进行试做体验并提出反馈意见，以便进一步改进。

3. 试教与反馈阶段

指导教师在健美操专项班进行室内课间操的试教，通过示范讲解、分解练习等方式帮助学生快速掌握动作要领。在试教过程中教师积极收集学生的反馈意见，了解学生对室内课间操的看法和建议，以便进一步改进和完善。比如，坐着做动作时，相邻学生距离较近，不适合做扩胸的动作。根据试教过程中收集到的反馈意见，教师及时对室内课间操进行调整和完善，确保动作更加科学合理、配乐选择更加符合学生喜好。

4. 拍摄室内课间操示范视频

通过专项班级选拔机制与年级组的推荐，指导教师甄选出首批优秀学生参与初期的学习与训练。经过精心筹备后，最终确定了由 15 名男生与 15 名女生组成的示范团队，共同参与室内课间操示范视频的录制工作。在拍摄过程中，我们精心设计了多元化的示范环节，示范画面涵盖了两人示范、三人示范、四人示范、六人示范以及全体成员的集体展示，多维度、全方位地呈现了《上春山》室内课间操动作的细腻与协调。为增强视频内容的丰富性与观赏性，我们将教室、荷花池畔、乐英亭、操场等校园内的多处优美景观融入拍摄之中，不仅多视角、多层次地展示了室内操动作的规范与美感，同时，也巧妙地将校园独特的文化风貌与自然景观相结合，呈现了一幅幅生动的校园文化画卷。

《上春山》室内课间操示范视频不仅是一套高质量的室内操示范视频，更在展现动作魅力的同时，有效地传播了杨浦高级中学独特的校园文化，实现了体育与文化的完美融合。

5. 实施推广阶段

（1）教师培训。组织全体体育教师参加室内课间操的专项培训活动，确保每位教师都能熟练掌握室内课间操的动作要领和教学方法。

（2）学生教学。在各班级进行室内课间操的教学工作。通过示范讲解、分解练习、视频观看等方式帮助学生快速掌握动作要领并形成良好的做操习惯，同时培养学生的自主锻炼能力和团队合作精神。

（3）宣传推广。在各教室播放室内课间操视频，学生每天看视频学练。通过学校微信公众号、视频号等多种渠道宣传推广室内课间操示范视频，宣传室内课间操《上春山》，同时提升学生学练积极性，扩大影响力。

五、室内课间操的实践效果与反思

1. 实践效果

（1）学生参与度提高。由于室内课间操动作设计科学合理，且《上春山》旋律动听，因此受到了广大学生的喜爱。学生参与度显著提高，做操积极性明显增强。许多学生在课间休息时间主动要求进行室内课间操的锻炼，形成了良好的锻炼氛围。

（2）锻炼效果显著。通过室内课间操的锻炼，学生的身体协调性、灵敏度和力量等方面都得到了明显的提升。同时学生的精神状态也得到改善，学习压力得到缓解，学习效率得到提高。

（3）团队精神增强。室内课间操作为一种集体活动，有助于培养学生的团队精神和集体荣誉感。在做操过程中，学生之间的相互配合和协作意识得到了加强。许多学生在做操时能够主动关注他人的动作节奏，积极调整自己的动作以保持整体的一致性。这种团队协作的精神不仅在课间操中得到了体现，还渗透到了学生的日常学习和生活中。

（4）校园文化氛围浓厚。室内课间操的创编和实施丰富了校园文化生活，为学生提供了展示自我、交流互动的平台。许多学生在做操时能够积极展示自己的才华和个性，与其他同学进行友好的交流和互动。这种积极向上的校园文化氛围有助于培养学生的自信心和社交能力。

2. 反思与总结

室内课间操《上春山》在推广与实施过程中确实收获了广泛的正面反响与积极评价，但在实践过程中仍存在一些问题和不足，需要引起我们的关注和反思。

（1）动作设计的局限性。深入分析《上春山》室内课间操后发现，在动作设计层面，该套操在双人或集体配合的动作上略显单薄，未能充分发掘团队协作与集体凝聚力培养的潜力。在未来，还应该增加更多需要学生间紧密配合的动作序列，以丰富室内操的内涵，强化其团队协作的教育意义。

（2）动作创新与个性化表达的缺失。当前，《上春山》的动作主要依赖于既定编排，缺乏对学生创造力的激发。应该鼓励学生参与动作的编创，这不仅能够极大地提升他们的参与感与归属感，还能在实践中锻炼学生的创新思维与实践能力。因此，建立一套有效的机制，鼓励学生提出创意、设计动作，并将其融入日常操练，是值得我们深思并付诸实践的重要方向。

（3）开放创新，持续优化。面对实践中暴露的问题与不足，我们将继续秉持开放创新的态度，不断优化动作设计，激发学生创造力，拓宽课间操的适用范围。通过持续改进与创新，我们期待《上春山》室内课间操能够达到更好的锻炼效果和教育意义，为学生的全面发展贡献力量。

参考文献

［1］李文君.中学室内课间操的创编与应用研究［D］.广州体育学院，2023.

［2］张利.高中有氧搏击室内课间操的创编与实践初探［J］.当代体育科技，2021，11（3）：82-86.

22 "双新"背景下高中排球课堂实施结构化教学的内涵维度、构成要素与实践策略

徐玥颖

随着基础教育课程改革的深化，教育诉求已由"有学上"逐步转化为"上好学"。其中，有效开展结构化教学，促进高中生深度学习成了新课标与新教材背景下深化课堂教学改革的重要方式。2018年1月，教育部印发《普通高中课程方案（2017年版）》，指出："重视以学科大概念为核心，使课程内容结构化。"有目的、有计划地开展结构化教学，在高中排球课堂中有助于促进高中生运动能力、健康行为和体育品德的发展，提升高中生知识与思维的结构化水平，引导高中生用结构化知识与技能，分析和解决排球教学实践问题。[1]为此，本研究基于"双新"背景，解析高中排球课堂实施结构化教学的内涵维度，并在探究其构成要素的基础上提出针对性实践策略，以期为高中排球结构化教学提供有益借鉴，助力高中生体育核心素养发展。

一、"双新"背景下高中排球课堂实施结构化教学的内涵维度

（一）合理组织内容排列逻辑，促使高中生排球知识结构化

作为学生体育思维与认知发展的前提，体育知识结构化主要表现为在体育教学过程中，体育教师引导学生关注运动知识与运动技能间的相

关性，促进学生构建起相关运动项目的知识与技能结构，并在原有知识与技能的基础上形成新的认知结构过程。高中排球课堂实施结构化教学通常需要综合考虑单个排球技术、组合排球技术和实战排球比赛运用，并注重把握排球运动项目的规律，强调排球技战术的实战情境及其比赛运用，具有整体性的特点。"双新"背景下的高中排球课堂中，体育教师应依据新课标与新教材，并结合高中生知识基础与思维特点，对排球的知识技能进行创造性组织和重构，帮助高中生建构对排球运动项目的全面认知，并重视从整体视角助力高中生真正掌握排球这项运动技能，为高中生对排球运动项目认知的发展和体育核心素养的养成奠定基础。

（二）创设真实复杂的学习情境，促使高中生运动思维结构化

作为高中生所应具备的解决问题的思维意识与方法体系，思维结构化通常表现为在知识及思想方法的综合运用中如何解决学科或跨学科的相关问题。高中生运动思维结构化更多地表现为高中生在运动的过程中所持续建构的运动感知及其体验。高中排球课堂中，高中生凭借自身原有认知特点，通过学练排球相关的组合技术，以及正式或非正式地参与相关排球比赛而体验到的实战磨炼等，创设了体育思考的氛围，并培养了其课堂思考的能力，最终激发高中生排球学练的兴趣和参与积极性，使高中生在"学、练、赛"的排球学习情境中体验、感知排球运动的乐趣，并逐步喜欢上排球这项体育运动。

（三）改进排球技能学练方式，促使高中生学练课堂结构化

作为教师能动者所能综合采用的教学相关规则与资源，课堂结构化综合设计和组织相关的教学内容与活动，对构建教与学的互动过程及课堂结构起到了相互促进、相互制约的作用。"教会、勤练、常赛"作为新时代学校体育工作新要求，在高中排球课堂中需创设排球学习、练习、展示和比赛有效结合的教学活动，并根据排球的知识、思维以及课堂侧重于从对抗练习、比赛或展示中学习排球知识与技能的特点，最终形成"以练促学、以赛促练"双向互动的循环，促成排球课堂教学结构的二重性。

二、"双新"背景下高中排球课堂实施结构化教学的构成要素

（一）高中排球课堂中师生的能动者及其能动性

行动者能实施因果关系性质的系列权力[2]。高中体育课堂教学实践中，课堂教学的行动者是体育教师与学生，在研究结构化教学时两者的意识与行为始终被作为重点。尤其是在"双新"背景下，高中排球课堂结构化教学中的体育教师是具有"结构化知识和技能导向"教学思维的教学行动者与专业能动者，且其教学思维意识需要实现由"单一技术导向"向"结构化知识与技能导向"的思维转变。[3]高中排球课堂中体育教师的实践，在意识上需要在教学目标设置、教学内容设计、教学评价选择等维度打破传统的单一状况。因此，体育教师的能动性不但表现在围绕体育核心素养设计排球教学实践活动的问题上，还体现在以跨学科素养在排球实践教学活动中促进高中生有意义的体育学练中。此外，在"双新"背景下高中排球课堂结构化教学中的高中生需要清晰认知自身排球技能水平。这主要归结为，高中生需要能动地掌握基本的排球动作技术、组合的排球动作技术、攻防战术配合等，同时还需要运用排球的技战术进行展示或比赛。当然，这也需要高中生能动地掌握排球技术规则等，使得高中生在排球结构化的学练中既能提升排球技战术水平和比赛能力，又能发展团队精神、顽强拼搏精神、公平竞争意识。最终，在为高中生提供富有自主性、合作性、探究性的排球学习空间的同时，实现运动能力、健康行为和体育品德的全方位培养。

（二）高中排球课堂实施结构化教学的资源

高中排球课堂所需的教学资源既包含排球课程标准，又包含排球教科书，还包含排球教师用书等。其中，排球教材主要静态呈现排球相关的知识与技能，在展现运动技能，以及与运动技能相匹配的健康知识和体育品德等方面存在非外显性，且在内容的选择方面存在滞后性。为此，高中排球结构化教学就需依托排球运动技能的教学而超越"教排球教材"

的传统思维，变"教排球教材"为"用排球教材教"，变"排球教材"为指导高中生的"排球学材"，进而充分发挥排球教学所应蕴含的体育品德教育。高中排球课堂中的权威性资源则是排球教师对自身排球教学活动及对高中生排球学习活动的协调，更多地呈现为师生关系或教学关系。[4]由于高中排球课堂教学的互动过程更多的是同师生能动性关联，因此，在构建以学练为中心的排球教学关系中，需要通过身体力行的排球运动实践资源，匹配排球教学资源，促使高中生在体育教师的引导下磨炼品质、塑造人格。同时，体育教师与学生的行为表现也需要融排球运动技能、排球知识和体育品德教育于一体，为结构化教学实施提供有效的排球资源内容载体。

（三）高中排球课堂实施结构化教学的规则

作为师生共同参与教学实践活动并进行互动的行为规则，结构化的课堂教学规则适用于高中排球课堂，这也决定了实施结构化教学将高中生形成结构化思维与方法视为教学活动的根本，并基于由易到难、由浅入深的排列逻辑，将排球知识体系按横向贯通和纵向衔接进行有机、有序排列。[5]因此，实施高中排球课堂教学不但要关注排球教学的广度与深度，还要关注排球教学的厚度。从高中生作为教学参与主体的角度看，高中体育与健康的新课标与新教材对体育学习方式变革提出了新要求，重视以运动技能实践为主的学习方式。一般来说，课堂教学规则催生了对所学与所练的排球运动项目的完整体验与全面理解，同时还要兼顾排球组合动作技术的学练。所以课堂教学规则并非高中排球课堂教学实践活动的总结，而是体育教师和学生体育实践意识的集中表现，这要求设计排球教学单元和排球教学周期时应往大单元和多学时的方向发展。排球教师有效实施教学规则，只有在多学时的排球大单元中才能长时间持续把控，进而有助于高中生形成对排球运动项目的完整体验和全面理解。

三、"双新"背景下高中排球课堂实施结构化教学的实践策略

（一）构建结构化排球教学大单元，强化完整性排球技能体验

　　"双新"背景下高中排球课堂结构化教学的内容是高中生、体育教师、教学规则间相互影响的配置资源，体育教师需要根据构建的结构化排球教学内容体系，先科学安排排球的不同技术教学周期，再围绕排球运动技能搭配和划分出排球相关的知识和体育品德。2018 年以来，在体育教学内容结构化整合理念下，普通高中体育与健康课程标准逐步开始重视整体设计教学内容，并合理实施体育大单元教学。其中，统整技能、知识、品德于一体，体现单元技能教学的结构性和连贯性的大单元教学则是要求对某运动项目或项目组合进行 18 课时及以上的相对系统和完整的教学。该要求避免了以往高中排球教学单元设计中排球教学内容不系统和排球学习无深度的问题，契合了实施结构化教学对高中生排球项目的完整技能体验与理解要求。高中生在连贯、完整的排球技能体验中更能关注运动能力、健康行为和体育品德间的知识迁移，提升排球相关知识的结构化水平。

（二）厘清大概念，统摄排球核心点，创建结构化排球内容体系

　　以大概念推进结构化教学要求各单元教学均围绕大概念选取主题内容。高中排球课堂既包括排球知识和技能、体能、展示或比赛、规则和裁判等，又包括对排球多种技术、组合技术的学练和运用的思维方法、探究实践和情感态度价值观等内容体系。在现行高中体育新课标与新教材的指引下，以核心素养为导向的高中排球结构化教学需要教师在排球教学中体现排球知识和技能的层次性与关联性，并发挥出大概念在排球课堂结构化教学中的作用与价值。其中，层次性指排球技能与知识间要呈现递进关系，关联性则指排球知识和技能间的相互联系和促进关系。由此，

借助多层多类大概念协力提升技能学练效果、激发体育学习兴趣、促进核心素养达成，最终将其包含运动能力、健康行为和体育品德在内的核心观念结构化，形成结构化排球教学内容体系。

（三）重视挖掘排球运动情境资源，建构排球二重性课堂结构

高中排球课堂结构化教学中，体育教师作为课堂教学的实施者，需要根据排球的教学内容、教学单元等引导高中生在排球对抗练习、排球技能展示或比赛等真实的情境中获得丰富的排球运动体验和认知，提高排球的技战术水平和运用能力。高中生日常学习生活亲身经历的体育学练情境，有利于增强其体育实践意识，强化对排球知识与技能的理解、掌握与应用。为此，应重视联系高中生的现实生活，凸显排球情境创设的复杂性，同时排球情境设置要内含问题，以此建构"以生为本"的排球学练氛围，优化、创新体育教师的示范指导与高中生的自主学练。

（四）转变排球课堂教学评价思维，提升排球反思性教学意识

结构化教学作为高中体育新课标与新教材着重强调的新型教学方式[6]，高中排球课堂实施结构化教学的评价应遵循"素养为本"的体育学习评价观。从排球教学过程看，结构化教学评价应重视体育教师的反思性教学意识，以及对高中生学练行为的示范指导，同时也应重视高中生的反思性学习意识。为此，高中排球课堂实施结构化排球教学内容体系和大教学单元，需要依据不同高中生的生长发育特点和排球运动基础，多样化设计不同排球运动技能的学练方式，形成结构化排球项目学练方式库。而教师既要重视排球项目技能之间的内在关系，也要重视排球知识、技能和体育品德间的横向连接，转变"单一技术导向"的教学评价思维，将学、练、赛始终贯穿于排球教学中，最终为排球反思性教学提供依据。

四、结语

结构化教学是高中体育新课标与新教材背景下深化课堂教学改革的重要方式。高中排球课堂实施结构化教学有利于改变长期以来排球教学内容碎片化、教学情境与方法单一化等情况，对提升技能学练效果、激发体育学习兴趣、促进核心素养达成意义显著。然而，要实现由"单一技术"的知识中心转型为"结构化知识和技能"的素养中心，涉及排球教学资源、排球教学规则、体育师生的能动者及其能动性等要素，需要所有学校体育人通力合作。

参考文献

［1］中华人民共和国教育部．普通高中体育与健康课程标准（2017 年版）［M］．北京：人民教育出版社，2018．

［2］吉登斯．社会的构成：结构化理论大纲［M］．李康，李猛，译，北京：生活·读书·新知三联书店，1998．

［3］胡小清，张加林，陈思同，等．新课标背景下体育结构化教学的价值阐释、实然挑战与应然对策［J］．上海体育大学学报，2024，48（2）：25-33．

［4］王鉴．论人文社会科学视野下的课堂研究方法［J］．华东师范大学学报（教育科学版），2019，37（4）：72-83．

［5］董翠香，吕慧敏．中国健康体育课程模式关键要点确立的理论基础和实践依据［J］．体育科学，2020，40（6）：24-31．

［6］王乐，熊明亮．体育课结构化技能教学的内涵阐释与应用路径［J］．体育学刊，2020，27（1）：104-110．

第三章

扎根课堂的教学研究

23 高中语文"评价优劣／意义"题的命题质量评价标准及其运用

李润玉

一、概念界定

"评价"类型的题目，依托于《普通高中语文课程标准（2017年版）》（下称《课标》）并指向四大核心素养中的"审美""思维"与"文化"，是综合考查"阅读与鉴赏""表达与交流""梳理与探究"等关键能力的一类题型。"评价"，即学生基于阅读感悟，结合以往的知识积累与文化认同，对文本所呈现的思想观念或者写法特征给出自己的价值判断，并能有层次地展开，清晰准确地表达自己的看法。

"评价"的主体是学生，这类题目的主观性更强，考查的不是对知识的客观呈现或机械套用，而是学生充分调动和运用所学所思，形成自己的认识的能力。相较于概括、分析、赏析等题型，"评价"类题目常常考查更高的能力层级，突出了对于学生思维品质和关键能力的考查，彰显出更高的开放度与更强的时代特征，与新高考综合改革的方向一致，也是培养创新型人才的题中应有之义。

"评价"类题目所涉及的范围很广，基于评价对象的不同，可以分为两个方向：如果评价的对象是有效性、某人观点，或者评价的是双方作品的高下，此时需要学生作出认同与否、孰高孰低的明确表态，随后再阐明理由，可归于"评价优劣"一类；而如果评价的对象为文本所呈现的思想观念、作者的情感态度、作品所塑造的人物形象等，需要学生评估其价值所在，此类题目可归于"评价意义"一类。前者更侧重考查学生的鉴赏能力和思维品质，尤其是批判性思维，后者更侧重价值立场、文化判断，而共性在于都需要学生灵活迁移、辩证思考、笔下有"我"、言之有物。

基于"评价"类题目的题型特征与考查指向，在命制此类题目时，应把握几个原则。首先，立足文本特质并以学科核心素养为导向，避免空洞模糊，泛泛出题；其次，重视学生思维建模的能力，题目中要包含思维推进的空间；最后，彰显开放度，允许多角度、言之成理的评价。

二、评价标准

（一）评价维度

为了更好地评估命题质量，可通过量表的形式，从多角度对题目进行较为科学的综合考察，以充分发挥试题的诊断与选拔功能，为优化和完善教学过程提供有力支持。以下试以两张表格，分别呈现"评价优劣"题型和"评价意义"题型出题质量的评价维度与具体标准，每项满分均为5分，其中前五项为共性评价维度，仅在具体标准上略有差异，后两项为个性评价维度。

表 23-1 "评价优劣"型题目评价量表

评价维度	5分	4分	3分	2分	1分
核心素养	明确指向核心素养的提升，综合考查核心素养的积累与构建。	明确指向核心素养的提升。	一定程度上关涉核心素养。	笼统体现核心素养。	不能体现核心素养。

评价维度	5分	4分	3分	2分	1分
语料选择	语料具有典型性，出题点基于语料，且与课本知识有机相连。	语料具有典型性，出题点明确。	语料与出题点能够匹配。	语料与出题点的联结较弱。	语料与出题点脱节。
思维层级	思维可视化、过程化、规范化。	思维可视化、规范化，一定程度上考查学生思维分解的能力。	体现出一定程度的思维层级。	体现出对思维的考查。	没有体现出对思维的考查。
学情匹配	充分依托于学情，符合学生的认知能力与身心发展特点，能一定程度上激发学生思考探究的欲望。	高度匹配学情，符合学生的认知能力与身心发展特点。	与学情相适应。	对学情有关注。	忽视学情，题目难度过高或过于基础。

评价维度	5分	4分	3分	2分	1分
劣构程度	答题角度多样、思考空间广阔，有助于呈现学生语文素养的多样化。	具备多种思考角度，开放度高。	评价角度较为有限，评价所能做出的价值判断较为单一。	评价角度固定，答题方式较为套路化、机械化。	题目封闭，问题陈旧。
批判性思维	充分考查学生批判性思维的思维质量，有助于提升学生的批判性思维水平。	能够考查学生评估事实证据，进行理性的、怀疑的和无偏见的分析的能力。	一定程度上考查学生质疑和反思的能力。	略涉及对批判性思维的考查。	不涉及对批判性思维的考查。
综合程度	以综合考查作为命题导向，考查形式体现出整体性。	综合考查学生从多个角度进行评价的能力。	体现出一定程度的综合性。	仅考查单一的知识点与能力。	仅考查套用模板、机械记忆的能力。

表 23-2 "评价意义"型题目评价量表

评价维度	5分	4分	3分	2分	1分
核心素养	明确指向核心素养，综合考查核心素养。	明确指向核心素养。	一定程度上关涉核心素养。	笼统体现核心素养。	不能体现核心素养。
语料选择	语料选择具有时代性、典型性、思想性、文化内涵。	语料具有典型性，有一定深度和思辨空间。	语料有一定深度，有评价的空间。	语料的评价空间较小。	语料不具备评价空间。
思维层级	思维可视化、过程化、规范化。	思维可视化、规范化，一定程度上考查学生思维分解的能力。	体现出一定程度的思维层级，考查学生从不同层面评价的能力。	体现出对思维的考查。	没有体现出对思维的考查。

评价 维度	5分	4分	3分	2分	1分
学情匹配	充分依托于学情，能够考查当下学生的价值观念与判断力，能一定程度上激发学生思考探究的欲望。	高度匹配学情，能够考查当下学生的价值观念与判断力。	与学情相适应。	对学情有关注。	忽视学情，题目与学生生活脱节。
劣构程度	答题角度多样、思考空间广阔，有助于呈现学生语文素养的多样化。	具备多种思考角度，开放度高。	评价角度较为有限，评价所能做出的价值判断较为单一。	评价角度固定，答题方式较为套路化、机械化。	题目封闭，问题陈旧。
人文性	出题角度聚焦于人与文化，充分彰显学生的品格修养与文化视野。	题目蕴含人文精神，能彰显学生的人文素养。	题目具有一定人文性。	题目泛泛涉及人文性，比较空洞。	题目不具备人文性。

评价维度	5分	4分	3分	2分	1分
时代性	题目充分彰显时代性，针对性和开放性强，允许跨越时空以及文化进行多维度评价。	彰显时代性，现实针对性强。	符合当下文化环境，有一定现实针对性。	考虑到时代性。	不注重时代性。

（二）学理阐释

1. 五个共性评价维度

（1）核心素养：《课标》指出，"学科核心素养是学科育人价值的集中体现，是学生通过学科学习而逐步形成的正确价值观、必备品格和关键能力。""语文课程评价的根本目的在于全面提高学生的语文学科核心素养"，测评与考试"应真实反映学生语文学科核心素养的发展过程与现有水平，准确判断学生核心素养发展过程中的问题及其原因，对高中语文教学改革发挥积极的引领和导向作用"。"评价"类题目命制的首要原则，便是依托于核心素养，判断命题质量的首要标准，也应是核心素养。语文学科的核心素养主要包括"语言建构与运用""思维发展与提升""审美鉴赏与创造""文化传承与理解"四个方面，它们并非各自独立，而是相辅相成的一个整体。高质量的"评价"类题目应综合考评学生核心素养的发展水平。具体来说，"评价优劣"类题目在突出思维水平或审美鉴赏能力的过程中，语言作为思维工具或审美对象发挥着重要作用，"评价意义"类题目要求对思想或观点的价值给出论断，集中考查学生的必备品格、价值立场、文化观念，同样以语言文字为基底、为载体。指向核心素养的"评价题"，才是真正与新课标理念相吻合的高阶思维题。

（2）语料选择：《课标》在"命题和阅卷原则"部分指出，"选用的语言材料要具有时代性、典型性和多样性，贴近学生生活，充分体现语文学科特点，避免出现偏题、怪题。要重视中华优秀传统文化材料的选用，引导学生从中获得对当代文化问题的思考"。两类"评价"题的语料选择各有不同的要求，对于"评价优劣"类题目，社科类文本的语料应具有逻辑性或存在明确的论证缺陷，文学类文本的语料应具有典型性和明确的可比性，对于"评价意义"类题目，语料选择应具有时代性、典型性、思想性、文化内涵。总之，语料要让学生能够明确把握"评价"的角度，不至于迷失方向。

（3）思维层级：依据《中国高考报告（2024）》，"思维品质是人才培养质量提升和拔尖创新人才培养的关键指标和核心要素"。对于"评价"类题目来说，思维的可视化是指题干能给出指引，使学生能够将思考的过程清晰准确地呈现出来，让思维"看得见"。思维的过程化是指题目能够检测出学生将思维过程进行分解的能力，能够考查出学生是否掌握此类题目作答的关键方法与构成要素。思维的规范化是思维品质的核心构成，要求思维必须与语文学科的课程目标与课程内容相吻合，准确且合乎规范，而非漫无边际。

（4）学情匹配：坚持育人导向，始终是语文教育所秉持的根本宗旨。命题必须立足于学情分析，研究学生的实际需要，符合学生的认知发展水平以及学习能力水平，体现教、学、评的一致性，而不能出现教与考"两张皮"的情况，背离学生认知水平的考查方式不能达成考查目的。考题如能在此基础上激发学生的学习兴趣和热情，有助于学生总结学习方法，形成思考路径，探究深层内涵，联系当下实际，则更好地发挥了测评的作用。

（5）劣构程度：《课标》中对于命题思路和框架，指出"考试材料的选择与组合要角度多样，视野开阔，为学生的思考与拓展留有足够的机会和空间。减少针对单一知识点或能力点的简单、碎片化的试题数量，应体现语文素养的综合性、整体性"。"评价"题的考查恰恰基于此命题思路,强调充分的主观性、多元性与灵活性,这就对题目的劣构程度提出了很高要求。劣构问题产生于特定情境之中,具有多种评价和解决的方法。答题过程中,学习者需要作出判断,或是阐述观点,从而进入深层次的探究。题目的劣构程度体现出题目的开放程度与综合程度,有利于学生充分展示个性化的学习成果。

2."评价优劣"题的个性评价维度

(1)批判性思维:批判性思维是高中语文教学着力培养的关键能力之一,近年来在阅读与写作模块中的重要性日益凸显。批判性思维要求学生思想开放、崇尚理性,充分获取信息,谨慎作出判断,它的核心在于培养独立思考、理性分析、严谨求真的思维方式,以应对当下复杂多变的问题和挑战。"评价优劣"类题目要求学生评价文本所运用的材料、方法、语言的逻辑性,或评价艺术特点、艺术形象,致力于改善学生思维、提升学生反思能力,让学生发展一种基于标准的有辨识能力的判断。

(2)综合程度:《课标》指出,命题和阅卷"以综合考查作为命题导向,通过综合性语言实践活动,考查学生语文学习的能力和水平"。"评价优劣"类题目考查学生从多个角度给出评价依据,并结合语料进行分析的能力,题目的综合性和整体性越高,所体现的能力层级就越高。

3."评价意义"题的个性评价维度

(1)人文性:《课标》指出,"工具性与人文性的统一,是语文课程的基本特点"。"评价意义"题的出题角度应聚焦于人与文化,让学生能在作品的语境之中领会所涉及的社会生活的本质,领会中华文化的核心思想,形成良好的思想道德修养和科学人文修养,从而逐步培养高尚的审美情趣,积累丰厚的文化底蕴,理解文化多样性。

(2)时代性:注重时代性,是语文课程的基本理念之一,语言文字的运用应体现时代的发展状况和人的文化修养。"评价意义"题不应局限于文本,而应入乎其内又出乎其外,着眼于该思想的进步性(教育意义与警示意义)与可能存在的时代局限性,将该思想放在更广阔的时空坐标系中,进行多维度评价,并结合相关现实具体展开阐释。

三、范例评析

下面试以两道模考题为例，运用评价量表进行打分，对命题质量进行评价。

2024届杨浦一模诗歌鉴赏第13题，是"评价优劣"题型，词作、题干、参考答案和评分说明如下。

（一）南乡子·舟中记梦

（南宋）辛弃疾

敧枕橹声边，贪听咿哑聒醉眠。梦里笙歌花底去，依然，翠袖盈盈在眼前。

别后两眉尖，欲说还休梦已阑。只记埋冤前夜月，相看，不管人愁独自圆。

（二）南歌子

（南宋）辛弃疾

万万千千恨，前前后后山。傍人道我轿儿宽。不道被他遮得、望伊难。

今夜江头树，船儿系那边？知他热后甚时眠？万万不成眠后、有谁扇？

---

13. 两首词皆为离别相思之作，你认为哪一首的构思更为巧妙？请以两词的画线部分为例，加以分析。（6分）

参考答案

可以鉴赏的角度：

《南乡子》描写女子埋怨月亮"不管人愁独自圆"有多重之妙：一是以乐景衬哀情，用月亮的圆满反衬人的离别，更显伤感；二是采用对面写来，以男子想象女子之怨，实际传达出男子难以遏制的思念；三是化用苏轼《水调歌头》中的"何事长向别时圆"；四是埋怨月圆，实在无

上海市杨浦高级中学教师论文集

理,但却符合中国古诗词"无理而妙"之境,看似无理,实则是相思之意浓厚得无处倾泻。

《南歌子》画线部分三问的妙处在于:一是三问有时间和内容上的推进,层层深入;二是以女子视角来写相思,构思新颖而巧妙,也更易于传达细腻的相思之情。

两首词作比较:

《南歌子》三问手法单一,情感也缺少明显递进,《南乡子》传递情感的手法曲折含蓄,因此构思更巧妙。

《南乡子》借月亮传递相思之情的手法较为常见,《南歌子》口语化、生活化的三问显得更新颖,因此构思更巧妙。

评分标准:

写出两首词的画线句写了什么,各1分;写出其中一首词构思更巧妙之处,1处2分,2处3分;指出另一首词的不足之处,1分。

笔者对该题给出的评分如表23-3所示。

表23-3 2024届杨浦一模诗歌鉴赏第13题评分

评价维度	分值	分析
核心素养	5	体现了"语言建构与运用""审美鉴赏与创造"的核心素养。
语料选择	5	语料具有典型性,出题点包含勾连已知篇目(《九月九日忆山东兄弟》《水调歌头》等)、调动学生的已有认知(意象、写法、细节、形容词副词等)、发挥合理的想象力、关注试卷上的所有信息(题目、作者、注释、题干等)等,明确、丰富,且具有典型性。
思维层级	5	需要先基于"构思"作出判断,接着寻找角度分层评析,并与另一首进行比较,指出其不足,思维可视化、过程化、规范化,着重考查了学生对思维过程进行分解的能力。

评价维度	分值	分析
学情匹配	4	题目依托于学情,与之匹配,参考答案有比较明确的难度层级。
劣构程度	5	开放度高,答题角度多样,思考空间广阔。
批判性思维	4	能够考查学生全面分析、理性判断、合理反思的能力。
综合程度	5	考查的知识点丰富,以综合考查作为命题导向,体现出很强的整体性。

这道题目紧扣"评价优劣"这一命题指向,设置了"构思"作为切入点,使学生思考角度明确,思维聚焦。题目难度中上、开放度高、综合性强,切实考查了学生的核心素养与关键能力,有较强的区分度,总体而言是一道质量很高的题目。当然,如果能在考法的创新性或情境性上有所加强,则命题质量更高。

2022届杨浦二模文言文《留耕堂记》的第24题,是"评价意义"题型,题干、参考答案(含分值)如下。

---

24. 评价"但存方寸地,留与子孙耕"的思想意义。(5分)

参考答案

"但存方寸地,留与子孙耕"原指人们在满足自身物质愿望之外,只留一点产业给后代(1分);作者在此基础上进一步提出留给子孙的产业不在于多少,而关键在于取得产业的心术要正,要将雅正、无争的思想流传下去。即使财产没有留下来,心可以留下(1分)。葛君留与后代的物质产业极少,但寄寓其中的明达礼义、安贫乐道的家风、美德恰恰是子子孙孙可以不断继承的精神财富(1分)。这些丰富的含义在物质至上、重视留下物质遗产忽视精神财富的当下,依然有现实意义。只有重视道德修养,才能抵制物欲对心灵的侵蚀,不断完善个人的人格素养,促进全社会精神文明建设,提升整个民族的软实力(2分)。

上海市杨浦高级中学教师论文集

笔者对该题给出的评分如表23-4所示。

表 23-4 2022 届杨浦二模文言文《留耕堂记》第 24 题评分

评价维度	分值	具体分析
核心素养	5	通过学生对《增广贤文》的经典格言以及作者的解读的理解和评价，体现学生"语言建构与运用""文化传承与理解"的核心素养。
语料选择	5	语料选择立足乡土社会与农耕文明，充分体现中国文化传统，也包含了传统儒家观念及老庄哲学，兼具典型性和思想性。
思维层级	4	考查学生解读思想内涵以及评价意义两个层面的能力，思想内涵中还包括基本含义及语境理解，需要学生对分值进行拆分，对思维层面的要求较高。
学情匹配	4	能够考查当下学生的价值观念与判断力，有利于学生形成良好的思想道德修养，传承和发展中华文化。
劣构程度	4	开放度高，可从多个角度进行评价。
人文性	5	引发学生对物质与精神关系的进一步思考，体现精神传承、家风传承、文化传承，凸显人文性。
时代性	4	贴合时代，具有较强的现实针对性和启发意义。

这道题目是典型且成熟的"评价意义"题。"留耕"作为文化概念，切口小，容易把握，又具有深刻而悠远的传统文化思想意义，在当下物质生活中给人以启迪和警示。考题兼顾了文本理解以及价值立场、文化判断的考查，有层次有梯度，题目质量较高。在具体评分时，还要注意判断学生的思维层级，避免学生在评价时通过套路化的表述得分。

24 高中语文"探究原因"题的命题质量评价标准及其运用

李润玉

一、概念界定

"探究"能力，是新课标背景下的重要学习能力之一；"探究性学习"，是学习任务群的主要学习方式。探究，以提取信息的能力为基础，更强调梳理、整合与表达。对探究能力的考查，实则是对学生在真实、富有意义的语文实践活动情境中，通过综合多文本、综合读写，解决实际问题的能力的考查。在义务教育阶段就对学生的探究能力提出了要求，《义务教育课程方案（2022年版）》指出，要"强化学科实践"，"引导学生参与学科探究活动，经历发现问题、解决问题、建构知识、运用知识的过程，体会学科思想方法"。《中国高考报告（2024）》指出，高考命题要"进一步优化情境创设，加大试题的开放性、探究性和创新性，注重学用结合，强化思维品质考查"。对于培养核心素养、提升关键能力而言，试题的"探究性"至关重要。

"探究原因"，是探究题最基础、最常见的考法，同时也可以非常深入和涉及本质。所探究的可以是某个事件、某种做法的原因，也可以是思想观念、群体态度、历史评价的原因，题干的表述往往是很具体的问题，甚至是细节化的，而考查的则常常是对整体情势、人物精神、文化观念乃至文体特征的理解。此过程中，学生综合运用文本所提供的概念、观点、材料、方法，展开深入研究，形成自己的见解、完善自己的理解、深化自己的认识，从而实现能力提升。

有别于"概括/分析/阐释原因"题,"探究"二字指向一种更凸显主动性和研究性的学习方式,更看重学生积极地去完成任务的实践,更注重过程性、生成性,而非达成什么具体的目的,得到什么完备的成果。这一点也对此类题目的命制提出了更高的要求,应考查的不只是基于文本的读解与复述能力,还有设立思考角度、进行思维建模的能力,要选取恰当的材料,设置明晰而巧妙的题干,将考查点隐含其中。

对于一道"探究原因"题而言,探究角度的多元至关重要,开放度是题目综合性的保证,也是信度与效度的保证。时间、空间、对象、阶段(过程),乃至民族、文化、观念、哲学等,都可以被纳入考虑范围。此外,情境化也是重要标准,所探究的应是真实情境下的真问题,由此才能获得切实且可迁移的学习能力。对于高阶探究题,甚至可涉及跨文本阅读和课内外迁移,在多个材料的联动比较与整合之中,将认识引向深入。

二、评价标准

1. 评价维度

表 24-1 为"探究原因"题型的评价维度与具体标准,共设六项维度,每项满分为 5 分。

表 24-1 "探究原因"题型的评价维度与具体标准

分值		5分	4分	3分	2分	1分
	核心素养	明确指向核心素养的提升,考查语言的梳理与整合能力,发展逻辑思维、提升思维品质。	明确指向核心素养中的"语言"与"思维"。	一定程度上关涉核心素养。	笼统体现核心素养。	不能体现核心素养。

分值	5分	4分	3分	2分	1分
关键能力	综合考查学生的信息获取与加工、科学探究与思维建模、语言组织与表达等方面的关键能力。	有效考查学生信息整合、答题框架搭建、语言表达的能力。	能够考查学生信息整合与语言表达的能力。	体现学生一定的梳理整合能力。	不能体现语文学科的关键能力。
思维层级	精准考查学生思维的严密性、深刻性、灵活性。	明确考查学生多角度探究并分层归因的能力。	能够考查学生思路是否清晰，认识是否准确。	考查一定程度的逻辑思维水平，具备一定难易梯度。	没有体现出对思维的考查。
劣构程度	答题角度多样、思考空间广阔，存在推理出隐性原因的空间。	具备多种思考角度，开放度高。	原因多维，具备一定探究空间。	原因多维且明确，开放度较低。	原因在文本中直接呈现，不具备探究空间。
综合程度	考查综合运用材料或所学知识进行多角度探究、实现深度学习的能力。	题目具有较强的综合性，考查多个知识点。	体现出一定程度的综合性。	仅考查单一层面的概括与分析能力。	仅考查单一层面提取信息的能力。

分值	5分	4分	3分	2分	1分
情境设置	所创设的探究情境具体、真实且富有意义。	搭建了具体且相对复杂的探究情境。	搭建了具体的探究情境。	一定程度上具备情境意识。	未体现情境意识。

2. 学理阐释

（1）核心素养：核心素养之于语文学习的重要性不言而喻，"探究原因"类题目由于综合性强、实践性强，对于核心素养的发展具有重要的考评和推动作用，此类题目的命制也应以提高学科核心素养为导向。具体说来，一是"语言"层面的梳理与整合，二是"思维"的归纳与统整，这两方面是命题时应明确的考查方向。

（2）关键能力：新课改下的命题着重考查关键能力，以关键能力为旨归，"探究"题也旨在超越知识获取的维度而更新学生的学习方式、培养能力，二者具有高度的一致性。"探究"题常常集中考查多方面的关键能力，包括信息获取与加工、科学探究与思维建模、语言组织与表达等，关键能力的考查情况是评价此类题型命题质量非常基本且重要的维度。

（3）思维层级：《中国高考报告（2024）》指出，"无思维，不命题"，从思维层级的角度评价一道"探究原因"题的命题质量，具有科学性，充分彰显了"探究"的本质特性，要求学生主动思考、逐层发现、提炼角度、准确表述，在此过程中体现思维的严密性、深刻性、灵活性，体现思维的高品质。

（4）劣构程度：从"原因分析"的角度出发，一道题目往往会出得比较"实"，体现"良构"的性质，而"探究原因"类型的题目，答案却不能过分固定，这会降低考查的难度，挤压思辨的空间，而应体现出信息复杂、方法不定、结果开放的特点。值得注意的是，劣构程度高，并不意味着文本或答案的空洞驳杂，而是更接近于真实世界的复杂情境，引导学生回到事件发生的现场，得出各种合乎情理和事理的认识。

（5）综合程度："探究原因"题的综合性体现在综合分析各类材料，也体现在综合宏观与微观，历史与现实的各个角度，而后得出相对全面的认识。一道题的综合程度体现着对问题认识的完整度和深度，综合程度高，更有利于考查深度学习的意识和能力。

（6）情境设置：《普通高中语文课程标准（2017年版）》指出，"考试、测评题目应以具体的情境为载体，以典型任务为主要内容"，又指出，"真实、富有意义的语文实践活动情境是学生语文学科核心素养形成、发展和表现的载体"。探究的对象为"原因"时，探究自然发生于具体情境之中，通过优化情境创设，可以进一步考查学生灵活运用所学知识方法研究和解决实际问题的能力。

三、范例评析

2022届杨浦一模文言文《袁先生传》的第19题，是"探究原因"型题目，现以此为例，运用评价量表进行打分，题干、文本和参考答案如下：

19. 第3段中，袁溉的破敌之计为何能成功？请结合文本推究其原因。（4分）

③靖康后，天下兵荒甫起，先生家为汝阴盛族，尝有客过其舍，先生察其状貌有异，白诸父曰："客奸人也。"徙家人避之。是夜客以寇来，遂与乡社义兵斗死。后众欲据前山为保，先生争之，不听。独将妻子聚保山后。已而，前山果没。金人大至，欲以万众攻山后营。先生坞中兵不满千，召其众计曰："虏则势盛，吾知数术，保以一箭破之。"其夕，虏寨山阿，先生使数十人各执鼓燧，如四山伏，约虏军噪扰，燔山击鼓为应。有谈经客愚甚，先生激使为虏装，窃虏号入宿虏酋帐下，以二矢授曰："夜中发矢而审。"客如先生计，怔怔仅能发箭。虏营惊乱，顾见火光并起，鼓声四合，因溃自相攻杀数百人，遂不敢复至。

参考答案

    先生最先的退敌之策与乡社义兵相左，最后证明先生有先见之明，致使义兵愿意听从先生之计。（或者：先生在当地有一定的影响力与号召力。）

    先生知人善任，谈经客虽愚，但能深入虏营完成任务。（正因为他不敢逃，留在敌军更能引起内乱。）

    先生破敌善于从击破敌人的心理防线入手（有重点、从虏酋入手、扰乱敌人军心）。

    先生选择在晚上施行计划，光线昏暗，不便于敌人辨别敌我。

    敌方本身守卫有漏洞（自乱阵脚、应对无措、内部有矛盾）。

笔者对该题给出的评分如表24-2所示。

表24-2　2022届杨浦一模文言文《袁先生传》第19题评分

评价维度	分值	具体分析
核心素养	4	学生的理解阐释、推断探究、梳理整合，指向核心素养中的"语言"与"思维"。
关键能力	4	考查了学生的信息整合能力与一定程度上的思维建模能力。
思维层级	5	从"基于对象"（袁先生、敌方）和"基于过程"（破敌前、破敌中）两方面着手考查，每个方面都可以继续拆分层次，思维层次丰富，重点考查了学生思维的严密性、深刻性、灵活性。
劣构程度	4	思考空间广阔，可从多角度展开探究。
综合程度	5	考查既涉及人物形象的多维度分析，又涉及对事件背景和过程的理解，还涉及对破敌过程中时机、策略等角度的提炼，考查的知识点丰富，综合程度高。

评价维度	分值	具体分析
情境设置	4	事件前因后果完备，且相对复杂，呈现了具体且真实的个人体验情境，有代入感，便于学生个体独自开展语文实践活动。

这道"探究原因"题的考法非常扎实，且具有梯度。通过对一连串事件的多层次分析，学生得以深入理解传主形象，此过程中彰显了探究意味，也强化了对于思维品质的考查。总体而言，这是一道非常具有典型性的"探究原因"题。

25 核心素养背景下的考试命题分析
——比较分析类

周丽倩

一、概念界定

比较是一种科学的认识方法,通过确定对象之间的差异点和共同点,人们可找出它们的内在联系、共同规律和特殊本质。比较分析是人们根据一定的需要和标准,对有某种联系的事物加以分析、对比的过程。比较的客观基础在于客观事物的相互联系和相互区别,在语文阅读教学中,比较分析法就是围绕一个或多个议题,把内容或形式上有一定联系的两个或两个以上的文本加以比较分析,找出文本在内容或形式上的异同点,从而加深学生对文本理解的一种阅读方法。

二、评价标准

(一)阐释维度

1. 学理依据

依据《普通高中语文课程标准(2017 年版)》,学业质量是学生在完成本学科课程学习后的学业成就表现。依据不同水平学业成就表现的关键特征,学业质量标准明确将学业质量划分为不同水平,并描述了不同水平学习结果的具体表现。因此,题型评价量表将学业质量水平要求的能力作为参考维度。

比较分析题型分别对应学业质量水平的 3-2、3-4、4-2、4-3、4-4、5-2、5-3、5-4。横向来看，是对学生的思维发展与提升、审美鉴赏与创造和文化传承与理解的素养提出要求；纵向来看，对学生的学业质量水平要求不断提高。在现有的测试中，比较分析题型属于难度高、综合性强的题型，尽管在学业质量水平 3 中有相关能力要求，但在实际测试中，这类题型对学生的要求在学业水平 4 和水平 5 两个级别。

学业质量水平	2 思维发展与提升	3 审美鉴赏与创造	4 文化传承与理解
3	能比较两个文本或材料，能在各部分信息之间建立联系，把握主要信息，分析、说明复杂信息中可能存在的多种关系。		有比较、分析古今中外各类作品所反映的文化现象、文化观念的意识，能根据语文课程学到的内容，对阅读和表达交流中涉及的有关文化现象展开讨论，有依据、有逻辑地阐明自己的观点。
4	能比较、概括多个文本的信息，发现其内容、观点、情感、材料组织与使用等方面的异同，尝试提出需要深入探究的问题。	能比较两个以上的文学作品在主题、表现形式、作品风格上的异同，能对同一个文学作品的不同阐释提出自己的看法或质疑。	能结合具体作品，分析、论述相关的文化现象和观念，比较、分析古今中外各类作品在文化观念上的异同。

学业质量水平	2 思维发展与提升	3 审美鉴赏与创造	4 文化传承与理解
5	在理解语言时，能从多角度、多方面获得信息，有效地筛选信息，比较和分析其异同；能清晰地解释文本中事实、材料与观点、推断之间的关系，分析其推论的合理性，或揭示其可能存在的矛盾、模糊或故意混淆之处等；能依据多个信息来源，对文本信息、观点的真实性、可靠性作出自己的判断，并逻辑清晰地阐明自己的依据。	在鉴赏活动中，能从不同角度、不同层面鉴赏文学作品，能具体清晰地阐释自己对作品的情感、形象、主题和思想内涵、表现形式及作品风格的理解。能比较多个不同作品的异同，能对同一作品的不同阐释发表自己的观点，且内容具体，依据充分。	有通过语言学习深入理解、探究文化问题的浓厚兴趣和意愿，能在阅读和表达交流中探析有关文化现象；具有文化批判和反思的意识，能结合具体作品，从多角度、多层面分析、论述相关的文化现象和观念。尝试用历史眼光和现代观念，辩证地审视和评论古今中外语言文学作品的内容和思想倾向，对当代文化建设发表自己的见解。

21 世纪是知识社会的时代，在知识社会里，对于知识的习得与再现，电子计算机也能做到，因此，在简单的学科知识技能之上，更需要培养学生诸如"批判性思维""决策能力""问题解决""自我调整"之类的高阶认知能力。核心素养就是指学生在接受相应学段的教育过程中逐步形成的适应个人终身发展与社会发展的人格品质与关键能力。由此，对学生关键能力的要求也应运而生，设置的题型多维评价量表也将学生的关键能力作为重要的参考维度。

2. 维度内涵

首先，依据比较分析的定义可以对此题型的载体进行更进一步的分类。单篇文章中对象围绕单个角度进行比较；单篇文章中对象围绕多个角度进行比较；不同文章/材料中对象围绕单个角度进行比较；不同文章/材料中对象围绕多个角度进行比较。文章/材料越多，比较的角度越丰富，往往题目也越复杂，难度也越高，对学生的能力要求也越高。依据文章/材料以及比较角度的多少，分别赋1~3分。

其次，涉及的知识点难度和复杂程度也是命题评价时的重要维度。当作品本身理解难度较大，测试涉及的语文知识点难度越大、越复杂，其赋分也应越高：仅涉及比较内容、观点、情感、材料组织与使用等方面的异同，赋1分；涉及比较文学作品在主题（鲜明）、表现形式（单一）、作品风格（鲜明）上的异同，赋2分；涉及比较古今中外文学作品的内容和思想倾向的异同，赋3分；涉及比较文学作品在主题（复杂、深刻）、表现形式（丰富）、作品风格（多样）上的异同，赋4分。

再次，学生关键能力维度参考学业质量水平以及比较分析法的定义。其中概括、比较、分（赏）析对象的异同，比较分析的是文本的表层信息，属于基础性的学科知识技能，赋1分；依据比较分析的目的——在于帮助人们找出对象间的内在联系、共同规律和特殊本质，需要学生有一定的逻辑思考能力，赋2分；结合《普通高中语文课程标准（2017年版）》的教学建议——强调"创设综合性学习情境，开展自主、合作、探究学习"，"通过主题阅读、比较阅读、专题学习、项目学习等方式"，"激发学生的学习兴趣和动力"——在比较分析的基础上，能进一步探究造成这种异同的原因，深入理解比较对象的对比意义，是在考查思考力的基础上进一步考查学生的实践力，赋3分；学生能在挖掘比较分析的目的之上辩证地审视和评论，作出自己的判断，则需要学生将思考力、判断力、表达力综合，属于综合性能力的表现，赋4分。

最后，相比于关键能力，学科素养倾向于更加宏观、更加间接的考查内容。这里指向考查学生的阅读素养，接受性、理解性的阅读素养偏基础性，赋1分；多角度、多层面的阅读素养偏综合性，赋2分；积极、主动的阅读素养偏应用性，赋 3 分；创造性的、批判性的阅读素养偏创新性，赋 4 分。

（二）比较分析题型的多维评价表

赋分	载体综合性程度	知识点难度 / 复杂程度	学生关键能力	学生学科素养
1	单篇单个角度 群文单个角度	涉及内容、观点、情感、材料组织与使用等方面的异同	概括、比较、分（赏）析对象的异同	接受性、理解性的阅读素养
2	单篇多个角度	涉及文学作品在主题（鲜明）、表现形式（单一）、作品风格（鲜明）上的异同	把握对象间内在联系、共同规律、特殊本质	多角度、多层面的阅读素养
3	群文多个角度	涉及古今中外文学作品的内容和思想倾向的异同	探究造成这种异同的原因，深入理解对象的对比意义	积极、主动的阅读素养
4		文学作品在主题（复杂、深刻）、表现形式（丰富）、作品风格（多样）上的异同	辩证地审视和评论，作出自己的判断，阐述理由清晰、充分	创造性的、批判性的阅读素养

三、范例评析

（一）2022届闵行一模第19题

19. 试比较【甲】【乙】两处画线句，分析其在语言表达上的不同之处。（4分）

【对应原文材料】

④ 乾封二年卒，年七十六。帝悼之，责谓侍臣曰：【甲】"定方于国有功，当褒赠，若等不言，何邪？"乃赠左骁卫大将军、幽州都督，谥曰庄。（选自《新唐书》，有删改）

高宗闻而伤惜，谓侍臣曰：【乙】"苏定方于国有功，例合褒赠，卿等不言，遂使哀荣未及。兴言及此，不觉嗟悼。"（选自《旧唐书》）

【评分标准】

结合具体语气和对应情感（责备或哀悼）各给2分；

仅写责备、哀悼之情，未有语气分析，两种情感全对给1分；

仅写语气（如反问、陈述等术语），未结合具体内容分析情感，不赋分。

【答案示例】

【甲】处用人称代词"若"，以及"何邪"的反问语气，语气强烈地表达了对群臣的责备之意。

【乙】处用关系较近的称呼"卿"，和一般陈述句式，语气较舒缓，责备群臣之意较轻。但用"不觉嗟悼"，语气强烈地表达了自己对苏定方的惋惜哀悼之情。

1. 运用多维评价量表赋分

分值	载体综合性程度	知识点难度/复杂程度	学生关键能力	学生学科素养	得分
1	√		√	√	5
2		√			

上海市杨浦高级中学教师论文集

分值	载体综合性程度	知识点难度/复杂程度	学生关键能力	学生学科素养	得分
3					5
4					

2. 具体分析

本题属于文言文阅读。从试题载体综合性程度上看，考查群文中围绕单个角度比较分析；从考查的知识点看，学生需要比较赏析古诗文的语言运用、古诗文中富有表现力的词语和句子，属于考查单一的表现形式；从关键能力看，学生仅需比较遣词造句的不同，从中分析出皇帝对苏定方不同的感情；至于皇帝为何会有不同感情，不同写法又代表何种目的都没有涉及，因此能力层级较低，考查的学科素养是接受性、理解性的阅读素养。因此本题属于较基础的考查，赋5分。

同样是在文言文阅读中命制同一考点的比较分析试题，以下两题更具有考查性。

（二）2024届浦东二模第20题

20. 第②段画线句内容和《明史·薛瑄传》中的记载相似，请比较它们表达上的差异。（4分）

【对应原文材料】

时中官王振用事，问三杨："吾乡谁可大用者？"皆以先生对。召为大理寺少卿。三杨欲先生诣振，谢不可。又令李文达传语。——《明儒学案》

三杨以用瑄出振意，欲瑄一往见，李贤语之。——《明史·薛瑄传》

【评分标准】

表达方式的不同及分析，各1分；情感色彩的不同及分析，各1分。

（1）《明儒学案》的表达手法（1分）：叙事完整，塑造人物形象生动传神，借助王振的语言描写（侧面描写、烘托）反衬薛瑄即使受提携依旧坚守节操、不同流合污的品质。（品质可以不写出来，但表达手法必须要写出来，至少1点）

（2）《明儒学案》的情感色彩（1分）：以"先生"相称，带有强烈的主观色彩，表达了黄宗羲对薛瑄卓然独立、不附权贵的赞赏。（品质可以不写出来，但情感色彩要有）

（3）《明史》的表达手法（1分）：记载简洁，叙事纯粹。（写出其中一个点即可）

（4）《明史》的情感色彩（1分）：冷静客观，不带褒贬，直称"瑄"名，不带叙述者主观情感，符合正史特征。（写出其中一个点即可）

【答案示例】

根据《明儒学案》的结构，下列语段体现了传记的特征，叙事完整，人物形象的塑造生动传神，借王振的语言描写反衬薛瑄即使受提携依旧坚守节操、不同流合污的品质（1分）。同时作者以"先生"相称，带有强烈的主观情感，表达黄宗羲对薛瑄卓然独立、不附权贵的赞赏（1分）。

对于同样的史实，《明史》的记载简洁，叙事纯粹，冷静客观（1分），又直称"瑄"名，不带叙述者主观情感，符合正史的特征（1分）。

1. 运用多维评价量表赋分

分值	载体综合性程度	知识点难度/复杂程度	学生关键能力	学生学科素养	得分
1	√				
2		√			
3			√	√	9
4					

2. 具体分析

同样是比较分析语言表达上的差异，本题在评分标准和答案设置上体现了对学生更综合的要求：学生在比较赏析古诗文的语言运用、古诗文中富有表现力的词语和句子的基础上需要进一步探究造成这种异同的原因,深入理解对象的对比意义,由此发现不同责任者编订的史书对同一事件的记载会有不同侧重的表达与写作目的,因此在量表上的赋分也更高,为9分。但需要注意的是,两道题在题干表述上几乎一致,得分的差异取决于命题人设置的答案和评分标准。那么,学生在答题时需要达到哪一个能力层级;老师在阅卷时应该如何判断学生水平的差距;日常教学时又该如何确定此类题型的教学内容,这些可能会造成一些困惑,需要我们在命题时有更多的思考。

下面的案例三可能会带给我们一些启示。

(三)2024届黄浦二模第19题

19. 在学习史传文的笔法时,有同学觉得,材料二叙事详备,故应纳入材料一。是否同意这一观点,结合材料二的内容,谈谈你的看法。(5分)

【对应原文材料】

材料一:

② 未几,升户部主事,榷税浒墅关,一介不取。寻以母老乞养。(选自孙奇逢《中州人物考·理学》)

材料二:

① 尤时熙榷浒墅税,一意便民。长洲令某与抗,先生廉其贤,不较。他日,代榷者至,问吴中令孰贤?先生首称长洲。代者曰:"此非抗君者耶?"先生曰:"吾侪论人惟其贤耳。"(选自姚之骃《元明事类钞》)

【评分标准】

(1)表明"不同意"(如果后面不分析,则不给分)(1分)。

(2)概括材料二所述事迹(1分)。

(3)概括材料二所体现出的人物性格特点(1分)。

(4)指出材料一的写作目的(1分)。

(5)给出结论:史传文叙事要与写作目的一致/根据写作目的安排叙事的详略等(1分)。

如答"同意",则要写出以上(2)(3),再表明"使人物形象更丰富""印证了材料一观点"等，最多 3 分。

【答案示例】

不同意。材料二叙述了尤时熙在浒墅关征税的过程中与当地官员发生冲突却并不记仇一事，刻画了尤时熙看中他人贤德的性格特点；这一形象和材料一刻画理学家的写作目的并不一致；我们在学习史传文写法时，不仅要学习某段文字叙事详备与否，而且要考虑其与写作目的的一致性问题。

1. 运用多维评价量表赋分

分值	载体综合性程度	知识点难度 / 复杂程度	学生关键能力	学生学科素养	得分
1	√				
2		√			10
3				√	
4			√		

2. 具体分析

本题在量表中综合赋分为 10 分。在题干设置时创设了学习史传文学笔法的情境，既提醒学生要在比较赏析古诗文的语言运用、古诗文中富有表现力的词语和句子的基础上，进一步探究造成这种异同的原因，深入理解对象的对比意义，又对学生辩证地审视材料，作出自己的判断，并清晰、充分地阐述理由提出新的要求。这也让学生在答题时更加明确自己的任务，并能拉开学生的分数差距，值得学习。

以上都是围绕单个角度的"比较分析"题型，对于围绕多角度比较分析的题型可以看下面的案例。

（四）2024 届黄浦一模第 11 题

11.《猫城记》与《阿 Q 正传》主题接近，而各具艺术独创性，请结合文本内容辨析。（4 分）

【评分标准】

（1）《猫城记》和《阿Q正传》主题接近：都揭示国民劣根性和民族衰败根源。（1分）

（2）《阿Q正传》与《猫城记》各具独创性，对照来看：《阿》典型人物——《猫》群像；《阿》漫画式、夸张——《猫》寓言或荒诞或科幻；《阿》现实主义——《猫》现代派、非现实主义。如学生不从对比角度作答，只要所写特色符合该文的艺术独创性即可。（各1分）

（3）结合两篇文章的艺术独创性进行文本分析。（各1分）

【答案示例】

《猫城记》与《阿Q正传》主题接近，都揭示了国民劣根性和民族衰败根源，但创作手法却不同。（1分）

《阿Q正传》以辛亥革命前后的中国农村为背景，用近乎漫画的夸张手法，塑造了阿Q这一典型人物，特别是他的"精神胜利法"，暴露了旧中国国民的"劣根性"，揭示了民族衰败的根源，也揭示了普遍的人性弱点，体现了鲁迅深刻的启蒙思想。（2分）

《猫城记》则借助科幻外壳、寓言形式，用荒诞手法，描绘了"猫人"这一群像，创造了"猫国"这一典型社会，预言了如果不改造国民性，将面临的灭国后果。虽然没有聚焦于某一角色深入刻画，但猫国上上下下可谓人人都是阿Q。（2分）

1. 运用多维评价量表赋分

分值	载体综合性程度	知识点难度/复杂程度	学生关键能力	学生学科素养	得分
1					
2				√	
3	√		√		12
4		√			

2. 具体分析

本题要求学生比较分析两篇主题接近的文章的艺术独创性。文学作品艺术独创性指作家运用自己的想象力和创造力，创作出的独特风格和表现手法，以及综合性、原创性和创新性的特点。从知识点的难度或复杂程度来看，学生需要调动课内学习到的鲁迅和老舍的写作特点，还需要综合运用多种欣赏方法，多角度、多层面探究文本材料的艺术成就；同时，学生需要拥有关于中国现当代文学的成就和意义的知识储备才能回答出文本材料的原创性和创新性。从学生关键能力来看，不仅需要比较分析对象的异同，还需要把握对象的特殊本质，并进一步探究造成这种异同的原因，深入理解对象的对比意义。但在评分标准和答案设置上对探究和深入理解这方面的能力涉及不够，略有遗憾。

（五）2022届杨浦一模第14题

14. 有人认为，苏轼的这首诗深受王维《观猎》的影响，缺少创意。你是否赞同？请阐述理由。（5分）

【对应原文材料】

祭常山回小猎　［宋］苏轼

青盖前头点皂旗，黄茅冈下出长围。
弄风骄马跑空立，趁兔苍鹰掠地飞。
回望白云生翠巘，归来红叶满征衣。
圣明若用西凉簿，白羽犹能效一挥。

观猎　［唐］王维

风劲角弓鸣，将军猎渭城。
草枯鹰眼疾，雪尽马蹄轻。
忽过新丰市，还归细柳营。
回看射雕处，千里暮云平。

【评分标准】

1点2分，2点3分，3点4分，4点5分。

【答案示例】

赞同示例一

首联同为点题，写出猎场面。（但苏诗仅写出猎军队军容，而王诗则从听觉、视觉写出猎，先声夺人。）

颔联写马和鹰，明显借鉴王诗颔联写法，通过系列动词"弄""跑""掠"写出马神采俊逸，鹰凶狠异常，与王诗意境相似。

颈联最典型的是回望白云的动作，取自王诗尾联"回看""暮云"，并不如王诗"千里"之境界开阔。

尾联苏诗用典，表明自己建功立业的志向，但相对王诗用三个地名，渗透用典塑造飒爽豪迈的将军形象还要略逊一筹。

赞同示例二

王诗影响：苏诗在颔联选取马、鹰等意象，通过一系列动词写激越的狩猎场面，以及颈联用回看白云营造意境的阔大，明显借鉴了王诗。（1分）

有创意：

写涉猎场面，王诗"草枯鹰眼疾，雪尽马蹄轻"给人以想象空间，苏诗"弄""立""趁""掠"等词使打猎场面更具有动感（画面感），使读者身临其境。

苏诗"青""皂""黄""苍""白""翠""红"等词描写打猎过程，色彩鲜明，更具诗情画意。

苏诗借助典型动作、借代、七言等（言之有理都可）。

同样写打猎，王诗是观者身份，描绘将军风度，而苏诗有创意，塑造"老夫聊发少年狂"的自我形象。

王诗用典含蓄，浑化无迹，苏诗用典比较直接，借谢艾自况，表达渴望驰骋疆场、建功立业的豪迈抱负。（写出两点加上分析给4分）

从内容、手法、主旨三个方面分析深受影响，但缺少创意示例。

内容：苏诗和王诗都写了从去到回完整的打猎过程；都写了猎人的马和鹰；都写了回望的动作。

手法：苏诗和王诗都用典故来表达建功立业的抱负；都选取狩猎场面进行精心描绘。

主旨：苏诗和王诗都表达了渴望效命疆场，期盼建功立业的豪迈抱负。

不赞同示例

苏诗在颔联选取马、鹰等意象，通过一系列动词写激越的狩猎场面，以及颈联用回看白云营造意境的阔大，明显借鉴了王诗。

但苏诗有明显的创新之处，颈联写罢猎归来的风度神采。经过紧张的围猎，诗人现在一身轻快，不由得回过头去眺望方才鏖战之处，但见常山白云缭绕，远远望去，恰似在不断吐出云气。俯视自己，一路归来，火红的枫叶已落满了征衣。两句表现了诗人顾盼自如的神态，而白云、绿岭、红叶，色彩对比鲜明，更增强了诗情中的画意。至此，诗人还意犹未尽，在尾联中直接倾吐怀抱和豪情。

1. 运用多维评价量表赋分

分值	载体综合性程度	知识点难度/复杂程度	学生关键能力	学生学科素养	得分
1					
2					15
3	√				
4		√	√	√	

2. 具体分析

从题干和答案的设置来看，这道题目的综合性极强。创设的情境是"有人"的观点：苏轼的诗歌深受王维诗歌的影响。这已经需要学生综合运用多种欣赏方法，多角度、多层面探究两首诗歌的艺术成就和思想意蕴。题干之后又写"有人"的第二个观点：（苏诗）缺少创意，这就需要学生在把握王维诗歌和苏轼诗歌不同本质的基础上辩证地审视和评论，作出自己的判断，并充分、清晰地表达自己的理由，开放性和难度都较高。

26 核心素养背景下的考试命题分析
——分类概括类

周丽倩

一、概念界定

阅读中的分类概括是一种将具有相似特征的文本内容归为一类，并从中抽取出共同的本质特征进行综合与推广的阅读认知过程。从概念来看，这一活动相较于单一的概括，更加尊重阅读过程中的复杂性，因为它涉及"整体感知、信息提取、理解阐释、推断探究、赏析评价"等阅读文本过程中所有可能的阅读认知过程和环节。依此命制试题来考查学生的核心素养、关键能力、必备知识具有较高的效度，并且已经普遍出现在高中语文测评与考试中。因此，准确、清晰、具体地呈现该题型的质量标准具有一定的研究意义。

二、评价标准

（一）阐释维度

1. 学理依据

《普通高中语文课程标准（2017 年版）》和《中国高考评价体系》是语文学科教学的纲领性文件。其中，课程标准是制定中国高考评价体系的一个重要"依据"；高考评价体系内容"充分考虑了课程标准内容"，因而在制定题型的多维度评价量表时主要参考这两个文件。

依据《普通高中语文课程标准（2017 年版）》，学业质量是学生在完成本学科课程学习后的学业成就表现。依据不同水平学业成就表现的关键特征，学业质量标准明确将学业质量划分为不同水平，并描述了不同水平学习结果的具体表现。因此，题型评价量表将学业质量水平要求的能力作为参考维度。

分类概括题型分别对应学业质量水平的 1-2、2-2、3-2、4-2、5-2。横向来看，是对学生的认知、应用和表达维度提出能力要求；纵向来看，对学生的学业质量水平要求不断提高。

学业质量水平	认知维度	应用维度	表达维度
1-2	在理解语言时，能提取和概括主要信息，能区分事实和观点，分析各部分内容之间的关系，发现观点和材料之间的联系。	能利用获得的信息解决具体的实际问题。	在表达时，能做到观点明确、内容完整、结构清楚。
2-2	在理解语言时，能区分主要信息和次要信息，理解并准确概括其内容、观点和情感倾向；能对获得的信息及其表述逻辑作出评价。	能利用获得的信息分析并解决具体问题。	在表达时，能注意自己的语言运用，力求概念准确、判断合理、推理有逻辑。
3-2	在理解语言时，能准确概括观点和情感，能分析并解释观点和材料之间的关系；能比较两个文本或材料，能在各部分信息之间建立联系，把握主要信息，分析、说明复杂信息中可能存在的多种关系；能就文本内容和形式进行质疑，并能主动查找相关资料支持自己的观点。	利用文本中的相关信息解决具体问题。	在表达时，讲究逻辑，做到中心突出、内容具体、语篇连贯、语言简明通顺。

学业质量水平	认知维度	应用维度	表达维度
4–2	在理解语言时，能准确、清楚地分析和阐明观点与材料之间的关系，能就文本的内容或形式提出质疑，展开联想，并能找出相关证据材料支持自己的观点，反驳或补充解释文本的观点。能比较、概括多个文本的信息，发现其内容、观点、情感、材料组织与使用等方面的异同，尝试提出需要深入探究的问题。	能用文本中提供的事实、观点、程序、策略和方法解决学习和生活实际中遇到的具体问题。	在表达时，讲究逻辑，注重情感，能综合运用多种表达方式，从多个角度、多个方面表达自己的理解和感受，力求做到观点明确，内容丰富，思路清晰，感情真实健康，表达准确、生动。
5–2	在理解语言时，能从多角度、多方面获得信息，有效地筛选信息，比较和分析其异同；能清晰地解释文本中事实、材料与观点、推断之间的关系，分析其推论的合理性，或揭示其可能存在的矛盾、模糊或故意混淆之处等；能依据多个信息来源，对文本信息、观点的真实性、可靠性作出自己的判断，并逻辑清晰地阐明自己的依据。	能从多篇文本或一组信息材料中发现新的关联，推断、整合出新的信息或解决问题的策略、程序和方法，并运用于解决自己学习和生活中遇到的相关问题。	在表达时，讲究语言运用，追求独创性，力求用不同的词语准确表达概念，用多种语句形式表达自己的判断和推理；喜欢尝试用多种文体、语体、多种媒介，多样地表达自己的思想和情感，追求表达的准确性、深刻性、灵活性、生动性。

另外，依据《中国高考评价体系》，高考评价体系主要由"一核""四层""四翼"三部分内容组成。其中，"一核"为核心功能，即"立德树人、服务选才、引导教学"，是对素质教育中高考核心功能的概括，回答"为什么考"的问题；"四层"为考查内容，即"核心价值、学科素养、关键能力、必备知识"，是素质教育目标在高考中的提炼，回答"考什么"的问题；"四翼"为考查要求，即"基础性、综合性、应用性、创新性"，是素质教育的评价维度在高考中的体现，回答"怎么考"的问题。同时，高考评价体系还规定了高考的考查载体——情境，以此承载考查内容，实现考查要求。因此，题型评价量表参照体系中的考查内容、考查要求、考查载体制定相关评价维度。

2. 维度内涵

在语文测试中，核心价值更多体现在阅读的文本材料中，因而评价维度中仅选取必备知识、关键能力和学科素养作为考试内容方面的评价维度。

其中必备知识的基础性指向分类概括题型的基本性、通用性知识，包括文本的文体特征；核心概念的内涵、主要对象（人物）的形象、文本的思想感情；句意理解、文章段落层次、概括材料内容的方法；初步的推理及逻辑知识；等等。综合性指向题目所涉及的分类概括的相关知识融会贯通；题目所涉及的其他语文知识的纵向融会贯通。应用性指向分类概括的答案涉及生活常识、生命体验，需要学生能够理论联系实际。创新性指向考查不同学科的相关知识；以发散的、批判性的思维评价相关知识。

关键能力则依据《普通高中语文课程标准（2017年版）》学业质量水平，基础性涉及认知维度的水平1；综合性涉及认知维度和应用维度的水平2、3；应用性涉及应用维度的水平4；创新性涉及认知维度与应用维度的水平5。

相比于关键能力，学科素养倾向于更加宏观、更加间接的考查内容。这里指向考查学生的阅读素养，其中基础性指向接受性、理解性的阅读

上海市杨浦高级中学教师论文集

素养;综合性指向多角度、多层面的阅读素养;应用性指向积极、主动的阅读素养;创新性指向创造性的、批判性的阅读素养。

如果说考试内容决定了题目"考什么",那么考试载体就决定了题目"怎么考"。考试载体指向的是试题情境。典型的试题情境,如果侧重考查学生的关键能力而忽略了与文本材料之间的关系,成为"为考而考",则只能达到基础性的考查要求。复杂的问题情境,特别是考查能力水平与文本本身特征相匹配,则能更加综合地考查学生的能力、素养,属于综合性的考查要求。贴近生活、贴近社会、贴近时代的生活实践问题情境或者学习探索情境则属于应用性的考查要求。合理的、新颖的或陌生的情境,新颖的试题呈现方式和设问方式属于创新性的考查要求。值得注意的是,创新性的考查要求必须以情境合理、符合常识为前提。

关于赋分:所有符合基础性要求的考试内容和载体赋 1 分;所有符合综合性要求的考试内容和载体赋 2 分;所有符合应用性的考试内容和载体赋 3 分;所有符合创新性的考试内容和载体赋 4 分。高阶思维应当是高于学科基础性的考查要求,因此,作为体现高阶思维的试题,总赋分应该大于 4 分。

(二)分类概括题型的多维评价表

命题考查要求	载体	必备知识	关键能力	学科素养
基础性 1 分	典型的问题情境:以考查能力水平为主体,文本仅作为语言材料命制试题	分类概括的基本性、通用性知识	能整体感知文本,把握文本的主要概念、观点、方法等关键信息,分析评价观点和材料的关系、主要信息和次要信息的关系	接受性、理解性的阅读素养

命题考查要求	载体	必备知识	关键能力	学科素养
综合性 2分	复杂的问题情境：考查能力水平与文本特征相匹配、相结合	题目所涉及的分类概括的相关知识横向融会贯通；题目所涉及的其他语文知识纵向融会贯通	能比较多个文本或材料，能在各部分信息之间建立联系，把握主要信息，分析、说明复杂信息中可能存在的多种关系；能就文本内容和形式进行质疑，并能主动查找相关资料支持自己的观点	多角度、多层面的阅读素养
应用性 3分	贴近生活、贴近社会、贴近时代的生活实践问题情境或者学习探索情境	题目涉及生活常识、生命体验，能够理论联系实际	能用文本中提供的事实、观点、程序、策略和方法解决学习和生活实际中遇到的具体问题	积极、主动的阅读素养
创新性 4分	合理的、新颖的或陌生的情境，新颖的试题呈现方式和设问方式	考查涉及合理地组织、调动不同学科的相关知识与能力；以发散的、批判性的思维评价相关知识	能从多篇文本或一组信息材料中发现新的关联，推断、整合出新的信息或解决问题的策略、程序和方法，并运用于解决自己学习和生活中遇到的相关问题	创造性的、批判性的阅读素养

三、范例评析

（一）2024届闵行一模《浦阳人物记（节选）》

19. 请找出本文的叙述和末段的议论联系紧密之处。（3分）

	对叙述部分的概括	对末段的摘引
第①段	（1）	"奋自布衣"
第②段	写朝廷有大事常咨询吴直方	"_____（2）_____"
第②段	（3）	"德泽简在人心"

【对应原文材料】

① 吴直方，浦阳县人。年七岁母亡，独与其父居。豪家利其弱，时侵苦之。直方虽在童子中，常发愤自厉，必欲伸己志乃已。稍长，北走京师，无他亲朋童御，在逆旅中凡三十六年，困苦艰难无不备历。

② 后用荐者，以说书事明宗于潜邸。元统二年，以直方尝事先朝，奏为江浙等处儒学提举中书，俄升长史。元末，庙堂用事者专权肆虐。上与近臣谋罢其政柄，直方实协赞之。上念其功，超授集贤直学士。时有大政令，多咨直方然后行。直方每引古义告之，民被其赐者甚众。

⑥ 赞曰：藉祖父之势而成者，终不足谓之丈夫。必也奋自布衣，卓然有立，小或作州牧，大或闻国政，使德泽简在人心，声闻流于后世，吴、赵之为，何其近是耶！虽然均名为人，均生是邦，均食粟衣帛，而有能有不能焉，稍知自厉者，可以惕然而省矣。

【答案及评分标准】

（1）吴直方从小发愤自厉，长大游走京师三十六载（要强调发愤自厉）。

（2）"大或闻国政"（或者"闻国政"）。

（3）吴直方以古义引导朝廷施政，使百姓受益（要强调引古义告诫官员）。

1. 运用多维评价量表赋分

命题考查要求	载体	必备知识	关键能力	学科素养	得分
基础性	1	1	1	1	
综合性					
应用性					4
创新性					

2. 具体分析

本题属于文言文阅读。试题运用表格填空的形式，希望学生通过分类概括人物的主要事件来分析文末观点和人物事件间的关系。相比于现代文阅读，文言文阅读首先在理解原文上有一定难度，因此在命制试题时通常会在载体和考查内容上降低考查的要求。这有一定的合理性。但问题是本题的表格实际上已经完成了分类的工作，使得题目的思维等级从分类概括下降为简单的概括。同时，虽然题干要求找出本文的叙述和末段的议论联系紧密之处，但实际上却并不需要学生深度思考，只需要按照表格提示提取文末议论中的相关信息。另外在考试载体、必备知识、学科素养上都只属于基础性的考查要求。因此，赋分4分。

同样是在文言文阅读中命制分类讨论的试题，2014年秋考的第21题提供了相对优秀的示范：

21. 第③段内容体现了刘晏怎样的管理理念？请加以概括。（3分）

【对应原文材料】

③晏专用榷盐法充军国之用，以为官多则民忧，故但于出盐之乡置盐官，自余州县，不复置官。先是，运关东谷入长安者，以河流湍悍，率一斛得八斗至者，则为成劳，受优赏。晏以为江、汴、河、渭水力不同，各随便宜，造运船，教漕卒，江船达扬州，汴船达河阴，河船达渭口，渭船达太仓，其间缘水置仓，转相受给。自是每岁运谷或至百余万斛，无斗升沉覆者。晏于扬子造船，每艘给钱千缗，或言"所用实不及半，虚费太

多"。晏曰："不然，论大计者固不可惜小费，凡事必为永久之虑。今始置船场，执事者至多，当先使之私用无窘，则官物坚牢矣。若遽与之屑屑校计锱铢，安能久行乎！"

【答案示例】第③段的内容体现了刘晏按需置官、因地制宜、从长计议的管理理念。

本题真实地考查了学生分类归纳的能力，并且试题载体中的"管理理念"首先是具有现代特征的术语，让试题符合现代社会生活情境，需要学生调动个人经验和联系社会生活常识来思考答案。同时考查学生概括管理理念，避免了学生"就事论事"单纯概括事件，在概括之上还需要分析、归纳和推断，形成多维度、综合性的思考。

借鉴高考试题修改 2024 届闵行一模第 19 题，去除表格的形式，命题为"分析吴直方的经历与末段的议论联系紧密之处。(3 分)"将对分类概括的考查作为指向最终答案的必要条件，更考查学生的综合能力。

（二）2024 届普陀二模《万物相伴》

9.分析两封信中对"炕席被烧"这件事的不同解读。(4 分)

【对应原文材料】

⑥ 亲爱的炕席，写这封信时我突然想到，你的篾片这么光滑，你成为炕席之前是什么植物的皮？我见过的花楸树和榆树都没你这么光润的树皮。还有，你现在算不上完整的炕席了，炕头部分烧出洗脸盆大的黑窟窿，露出了炕土。这是你为巴达荣贵家里做出的牺牲。

⑨ 亲爱的银耳环，我第一次看到你，是在你所说的 15 年前。那时候你挂在新娘杨吉德玛的耳朵上，她的耳朵白皙，脸庞像一朵波斯菊那样美丽。每当杨吉德玛转身或仰头大笑，你敏捷地跟着摇晃，闪耀光芒，比天上的月亮还好看。你天生高高在上，女主人能看到什么，你也能看到什么。她去哪里，你也去哪里。而我作为一个炕席，只能老老实实地趴在炕上。像你说的，如果炕烧太热，我们被点燃也无法逃离。

【评分标准】

（1）事件不同解读总述：体现出对炕席存在意义 / 价值观 / 使命的不

同定位（1 分）。

（2）从耳环角度的分述：做出牺牲/贡献（事实原文层面 1 分），肯定/赞美/尊敬/尊重/钦佩/敬佩等（正向情感态度 1 分），家庭用品（功能价值层面 1 分）【3 选 2】。

（3）从炕席角度的分述：无法逃离/被动点燃烧毁（事实原文层面 1 分），无奈/抱怨/悲叹的选择，生存状态的无意义/受限/不自由/不完美（情感态度层面 1 分）【3 选 2】。

【答案示例】

不同的解读体现出对炕席存在意义的不同定位（1 分）。银耳环来信认为炕席被烧是炕席为巴达荣贵做出的牺牲，是从家庭用品的角度肯定炕席的贡献（2 分）；炕席的回信表示自己无意牺牲，只是无法逃离，是从自由生命的角度感受到自身无奈的生存状态（2 分）。

1. 运用多维评价量表赋分

命题考查要求	载体	必备知识	关键能力	学科素养	得分
基础性		1			
综合性	2		2	2	7
应用性					
创新性					

2. 具体分析

本题属于文学类文本阅读。通过对同一事件不同视角的分类概括，分析对炕席存在意义的不同定位。首先这道题目的设置非常贴合书信体的文体特征：书信体的来信和回信，天然地引导学生对事件进行不同视角的分类概括。并且，在不同视角下的事件概括可以更进一步地抓住相似层面的不同答案，引导学生理解、推断出本文关键人物的形象特点。不管是在考试载体还是在考查内容方面都具有一定综合性，符合高阶思维题的赋分要求。

（三）2022届杨浦二模《思维的两种速度》

6. 本文是一篇学术访谈，请对卡内曼教授回答问题的特点进行分析。（4分）

【对应原文材料】

思维的两种速度

——丹尼尔·卡内曼访谈

问题1：根据您所认为的，我们拥有两种获取信息的方式：速度快的模式一和速度慢的模式二，它们的特点分别是什么？

卡内曼教授：这两个思维模式是互补的。当我们被问到英国的首都在哪里，一个词马上自动从脑中冒了出来，不需要花力气思考，也没有什么企图性，这就是模式一。但如果涉及对世界、欲望，以及想法的诠释，最终转化成信念和决策，那么它就是模式二。模式二更复杂，他控制着思维和行动。和模式一不同，它是间接的，不直接连通到记忆里。它是缓慢的，通常紧跟着一系列有目的性的思考。比如，＿＿＿＿＿＿。模式二的运作需要努力，得让自己成为行为的主导人，"是我在行动，是我在思考……"。

问题2：我们能认为模式一简化了现实，从而简化了我们的存在吗？

卡内曼教授：我不知道模式一是不是"从而"简化了我们的存在，但是它确实简化了现实，只是时不时会造成认知偏误，而模式二也可能出问题。如果我认为有些事情是错的，或者我无法理解相对论，那得归咎于模式二的运作失败。我对模式一的理解是：它是一个情感模式、是一种自动产生的情感，它没有任何目的，是完全主观的，不管在模式二的运作下接受不接受它，都没有关系。模式一除了是情感，它还有更多的属性，它与我们对生活的诠释、认知，以及我们大部分行为紧密相关。模式二，不仅仅是一种思维，还确保着人们的控制力，这也很重要。

问题3：在什么情况下，模式二必须凌驾于模式一？

卡内曼教授：当我们在发生问题而没有找到解决方法时，或者在矛盾的两端进退两难时，或者必须违背逻辑和行为规则，甚至处于惊诧的状态下时，我们的精神就会全神贯注，思维过渡到模式二。但模式一和模式二并不会突然互相转化，因为我们大脑中有一块专门掌管矛盾的区域，让这两个模式之间有一个持续往来的通道。

问题4：大脑中的什么区域牵动这两个模式呢？

卡内曼教授：我想模式二并不属于一个特殊的区域管理，尽管它和前额叶有联系。我不想展开这个我知之甚少的话题。

问题5：我们不妨更进一步诠释这个问题，如果我们只有模式一或者模式二，我们的日常生活会是怎么样的呢？

卡内曼教授：如果我们只有模式一，我们会变得冲动很多，把一切脑子里闪过的事物说出来，就像小孩似的。大家可以想象一下醉酒的状态，这就是模式二被弱化之后的效果。因此，社会生活就不会再有互相妥协的和谐了。动物的情感生活很先进，但我觉得它们并没有模式二的约束。相反，如果我们只有模式二，那我们的日常生活就什么都不是了，我们每个人都是一台低等配置的电脑。

问题6：艺术灵感或直觉，又是怎么一回事呢？

卡内曼教授：这是从模式一中冒出来的，但却是由企图所驱动的。因为模式二完全有能力带着意图在记忆里搜索，而即使我们停止搜索，有时也能自主地产生灵感和直觉，就像数学家亨利·庞加莱踏上公共汽车的台阶时，突然想到答案的情况。

问题7：您说模式一一直在解释我们所经历的事情，那我们会不会讨厌偶然事件的发生？

卡内曼教授：确实，人生来讨厌一切不确定的事物。但说实话，我们其实认不清什么是偶然性。因为我们长期处在一个创造历史、解释我们周遭世界的过程之中，这就是模式一的伟大之处。至于模式二，则是让人类更有意识，并采用模式一的成果。

问题8：心理病理学中遇到的挑战是两个模式的不平衡，也就是说当我们运用了过多的模式一或模式二，就会引发一些问题吗？

卡内曼教授：当然，如果我们长期地去自我批判，直到自己失能，那我们就是模式二使用太多，无法控制模式一了。模式一也会有病态的问题产生，比如强迫症。模式一能快速渗透我们生活的方方面面，模式一不仅驱动我们去开车,也决定了我们的口头禅,决定了我们自己看待外界的视野,它是我们高度整合的记忆,也是我们所创造的历史。这一切都不是模式二处于主导地位的结果。

【评分标准】每一个角度2分(指出角度及其效果1分,具体分析1分),共4分。

【答案示例】

(1)卡内曼教授的回答实事求是/坦诚/科学严谨,如对问题4中"大脑中的什么区域牵动这两个模式"没有主观臆断,而是只阐述了自己知道的部分,坦陈自己"知之甚少"。

(2)卡内曼教授常常通过生活中的举例/比喻来阐述/解释学术观点/概念,尽量使学术概念更容易让大众理解/具体/形象。如问题1中用"英国的首都在哪里"来阐述模式一的快速、不需要花费精力的特点。

〔还有问题5(小孩、醉酒、电脑)、问题6(数学家亨利·庞加莱踏上公共汽车的台阶)等。〕

(3)卡内曼教授时常用两相对照的方式来谈论问题,贯穿整个访谈,即便如问题2、问题6提问只涉及一种模式,卡内曼教授仍将模式一和模式二的特点相对照,使得访谈者更清楚地区分两者的不同特点。

(4)卡内曼教授思考问题有思辨性,能辩证地思考问题。没有主张模式一或模式二在人类思维中的绝对地位,而是强调两者之间的关系,都不可过度使用。

1. 运用多维评价量表赋分

命题考查要求	载体	必备知识	关键能力	学科素养	得分
基础性					
综合性		2		2	
应用性	3				11
创新性			4		

2. 具体分析

本题属于实用类文本阅读，分别考查学生从访谈者的语言和思维两个角度分类概括其回答问题的特点。访谈是部编版高中语文教材必修上册第四单元的单元活动，文本材料既勾连了部编版教材的内容，也贴近学生的学习生活和社会生活，在考查载体上具备综合性、应用性的特征。从关键能力和学科素养来看，要分类概括卡曼宁教授回答问题的特点，需要学生整体感知文本，从卡曼宁的多次回答中找出相似点，进而分类归纳出其回答问题的特点，符合综合性的考试要求。此外学生还能通过这一组信息材料发现新的关联，推断、整合出接受访谈时应该具备的能力和素养，未来有可能运用于解决自己学习和生活中遇到的相关问题，符合创新性的特征。

27 史传文思辨性阅读教学切入点探索
——以《烛之武退秦师》教学为例

陈婧怡

　　《普通高中语文课程标准（2017 年版 2020 年修订）》指出，"思辨性阅读与表达"学习任务群"旨在引导学生学习思辨性阅读和表达，发展实证、推理、批判与发现的能力，增强思维的逻辑性和深刻性，认清事物的本质，辨别是非、善恶、美丑，提高理性思维水平"。作为"思辨性阅读与表达"学习任务群的文章之一，在教学《烛之武退秦师》的过程中应鼓励学生多进行思考与质疑，发展他们的辩证思维。课文节选自《左传·僖公三十年》，讲述了秦晋围郑，烛之武受郑文公之命孤身前往秦国敌营，凭借精彩出色的外交辞令，揣摩秦穆公心理，分析局势利弊，化硝烟于无形之中，说服秦国撤军，解郑国围困的故事。它是部编版高中语文教材必修下册第一单元的第二篇课文。单元导语明确指出"阅读史传文，要关注其叙事曲折有序、写人生动传神的特点，尝试理性评价历史叙述中体现的思想、观念，认识历史人物和历史事件"。故本课学习当从不同层面出发，具象化史传文的两重特性——既具备史学特征，也有文学特征；既是记载真实历史的文学作品，也反映作者的历史观。

　　学生在初中学习了《曹刿论战》，对《左传》并不陌生，进入文本时有一定的知识基础，但是《烛之武退秦师》作为一篇史传文，书写年代久远，文字、文化与当下有着巨大差异，并且春秋时期大量的战争、国与国之间纷繁复杂的关系以及外交辞令都是学生较难理解把握的部分，容易使学生产生畏难情绪，对烛之武说退秦师事件的分析流于表面。史传文将严肃复杂的历史事件与人物事迹文学化，又往往包含着作者的价值取向与思想观念，是培养学生思辨性阅读的重要内容，在教学实践中可以从以下几点切入。

一、"敢以烦执事"之"敢"

高中文言文教学这一模块常常受到的批评就是"重言轻文"，因为考虑到学生薄弱的文言基础知识，教师需要花大量时间讲解实词、虚词、特殊句式、词类活用等内容，同时也就弱化了学生对文章内容的深度学习。但文言基础部分知识的讲解事实上是不可避免的，在进入鉴赏与阅读思考前，学生需要能够通读文章，整理出主体内容，在这一问题上可以适当将词汇语法与内容理解进行结合，帮助学生形成文言翻译与内容理解两方面的深刻记忆。在《烛之武退秦师》中，我认为"敢以烦执事"中"敢"的字词翻译是可以作为认识烛之武高超言说艺术的一种角度。

课下注释明确将"敢"解释为"自言冒昧的谦辞"，那么整句话就翻译为"如果灭亡郑国对您有好处，冒昧地用亡郑这件事麻烦您"，但在以前的人教版教材里"敢"被解释为"怎敢、岂敢"，整句话解释为"如果灭亡郑国对您有好处，怎敢用半夜游说／亡郑这件事麻烦您"，"以"之后补充的代词有一定争议，这里不作赘述，但都体现出烛之武谦卑恭谨的态度，作为使者游说的开头似乎也是合理的。《左传》其他文本中对"敢"字的使用，"冒昧地"与"怎敢"两种释义都存在，比如《郑伯克段于鄢》"敢问何谓也"，就是自言冒昧的谦辞；也有"怎敢"释义的运用，"君之惠也，敢惮勤劳？"（《子产坏晋馆垣》），表反问语气，解释为"怎敢"。从标点符号体现的断句与情感色彩上看，一方面，加在"敢以烦执事"句尾的标点在不同教材里都是句号，与"怎敢"释义本身带有的反问语气不符；另一方面，在一般情况下，反问比陈述句语气更加强烈，将"怎敢"放于其后，那么烛之武说出这句话要强调的是自己半夜前来打搅秦伯的不合礼数，还是秦晋亡郑这件事？似乎都不是，这句话的重点其实在于前半句"若亡郑而有益于君"，着眼于"亡郑"与"有益"两个关键词，他接下来讨论的就是秦国在灭亡郑国这一事件上是否能真正获利，用这一句来过渡，转入真正面向秦伯的劝说。

由此来看，"敢"解释为"冒昧地"，与烛之武的游说意图更为契合，前面已经提到"郑既知亡矣"，对两个大国围攻一个小国的局势进行了明确判断，但事实上烛之武难道真的认为郑国必定灭亡吗？如果真的认为郑国将被两个大国灭亡是板上钉钉的事，那为什么郑伯还要放下国君的身段请烛之武前去秦军营帐？为什么烛之武要冒着生命危险来见秦伯呢？换句话说，真的认为郑国这次无处可逃的是秦国和晋国。"冒昧地用亡郑这件事麻烦您"，"秦伯您就去把郑国灭了吧"，是烛之武的故意示弱。这句话要达到的效果是从在秦伯面前谈郑国的角度转换为从秦国的立场出发思考目前的局面，吸引秦伯放下戒备继续听一个郑国使者为秦国利益展开分析，表现出了整个游说过程言语前后的环环相扣。

而翻译为"如果灭亡郑国对您有好处，怎敢用半夜游说／亡郑这件事麻烦您"则只显得恭敬，反而有些过于符合使者觐见的常理，未能展现烛之武的智慧与步步引导，对烛之武形象塑造没有进一步的作用与效果。而且再结合前文，从郑国君臣之间的对话中，当郑伯召见烛之武让他去出使的时候，此前未受重用的烛之武心中还是有些许怨气的，郑伯面对烛之武的推辞并没有生气，先是为自己没有早早重用烛之武而道歉，紧接着又晓之以利害。于是烛之武答应了，他之所以答应不仅仅是因为郑伯放下了国君的架子来恳求自己，这次的出使秦师是冒着生命危险带着整个郑国的安危使命而去的，在这个层面上，烛之武的此次出使绝不是单单为了郑伯、为了一己的得失，而是有着更高的爱国情怀。因此在后面的游说过程中，比起突出烛之武面对秦伯的恭敬谨慎，淡化二人之间使者与他国国君的身份、替秦伯谋划利益得失更符合有胆有识的烛之武形象。

"敢"究竟解释为哪一种释义更贴切，可作为学生品鉴烛之武形象与游说技巧的抓手，关于此的讨论不局限于课下注释的灌输与背诵，帮助学生从"是什么"转向"为什么"的批判性思考，辨别古代汉语中字词释义间微妙的区别，敢于质疑并进行思考与论证。

二、秦晋之间的动态平衡关系

继续看烛之武的这段话，可以发现他采用了一种迂回战术，明明当下的情形已如此紧迫，但偏偏没有从当下的局势说起，转而谈起了秦晋之间的往事。曾经晋惠公出尔反尔，"朝济而夕设版"。本来许诺的焦、瑕这两个地方对于秦国来说也是更深入中原腹地的地方，与烛之武之前提到的郑国可为"东道主"形成了对比——弱小的郑国可以满足秦国东进的野心，而晋国却时刻防备，没有给出实质性的好处。并且晋国还是贪婪的，处在晋国西边的秦国也可能成为其吞并的目标，总的来看，秦国与郑国已是唇亡齿寒的关系。但是在这样危急的关头烛之武拿出的小利似乎是无法与强强联手的秦晋联盟真正抗衡的，除了领略烛之武高超的言说艺术外，还需要继续思考秦穆公选择与郑国结成联盟只是因为烛之武的这番话吗。晋国"城濮之战"一战而霸还历历在目，此时秦国选择退兵，肯定会惹恼晋国，所以秦晋之间的关系我们必须结合时代背景来体会其动态性。

可以让学生在课后梳理秦晋关系在围郑之前发生过几次转变，粗略形成图 27-1 所示的时间轴与秦晋关系的坐标系，秦晋关系当中的秦国国君一直都是穆公，时间轴以晋国国君的更迭为序。通过作业与课堂讨论引导学生结合春秋局势，具象化秦晋之间的复杂关系，进而把握烛之武挑拨秦晋关系的可行性和选取的巧妙角度。

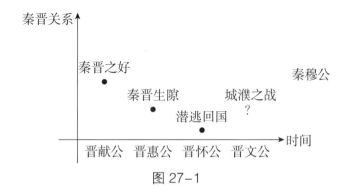

图 27-1

三、"文"与"史"间的断裂

鉴于史传文的双重特性，需补充课外阅读材料，引领学生以解决课内文本问题的形式，逐步阅读，并将其作为论证观点的材料。

比如通过对比《史记·晋世家第九》对秦晋围郑的记叙，了解《左传》对秦晋两位国君显然有不同详略程度的刻画。简略刻画秦伯，只写了听完烛之武话后的"说"，这一反应契合秦穆公见利忘义、虎狼之君的本性；详写晋文公这番话，既解释了晋国撤离的理由，又展现了懂得感恩、遵守仁义、顾全大局的成熟国君形象；两位国君的一详一略表现出作者褒一贬一的倾向态度。

但是根据《左传·僖公三十年》后续语段"初，郑公子兰出奔晋，从于晋侯伐郑，请无与围郑。许之，使待命于东。郑石甲父、侯宣多逆以为大子，以求成于晋，晋人许之"，晋军撤退依然是利益的驱动，"不仁""不知""不武"这三个理由似乎并不是根本性的原因，礼义之道、用兵之法起到了装饰门面的作用。与晋文公关系亲近的郑公子兰被立为郑太子，晋国才撤兵，这段文字中的部分内容事实上的发生时间要早于烛之武的行动，《左传》使用了倒序的方式记述这一事件，因事见人，彰显烛之武游说扭转局势的巨大作用和晋文公守礼之君的形象，运用精练生动的语言完成叙述历史事件的同时，也对历史人物的精神风貌作出客观描写。

四、总结

《烛之武退秦师》作为《左传》的经典文章，融合了史学之"实"与文学之"虚"，学生既需了解春秋时期事件发生的前后局势，也要从细节、人物刻画等角度入手，体会烛之武的知难而上、机智善辩。文章一开篇就把大家引入一个紧张的情势，秦晋呈包围之势，郑国情势危急，烛之武临危受命，夜缒而出奔赴秦营，展示出了过人的胆识和智慧。此外，文章在详略处理、用词等方面十分精妙，突出主人公、主要事件的同时寓褒贬于其中,让学生体会到的不仅是"烛之武一言,贤于十万师",更有"一字未宜忽,语语悟其神"的独特阅读感受。

在史传文思辨性阅读教学的尝试中,教师需扮演好引导者角色,让学生从释义、用字用词、人物褒贬等多重角度建立观点并找寻支撑观点的证据,引发学生思考探索的兴趣,促使史传文教学从基础文言知识的灌输式教师"一言堂",转向以多个小切入口细分的不断深挖,提升学生的语文核心素养。

参考文献

[1] 孙绍振.名作细读[M].上海:上海教育出版社,2006.

[2] 童志国.核心素养视域下的史传文教学探索——以《烛之武退秦师》为例[J].课程教学研究,2021(5):33-38.

[3] 于世金.《烛之武退秦师》中的"礼"文化摭探[J].成才之路,2021(35):49-51.

28 指向"思维发展与提升"的高中戏曲教学探索
——以《窦娥冤》教学设计为例

陈婧怡

《窦娥冤》在中国古典悲剧史上有着重要意义,但相较于本单元的其他戏剧作品——《雷雨》《哈姆莱特》,这部元杂剧结局上"善有善报、恶有恶报"的典型范式似乎对学生而言显得有些"乏味"。清代学者李渔在《闲情偶寄·词曲部》中谈道:"因愚夫愚妇识字知书者少,劝使为善,诚使勿恶,其道无由,故设此种文词,借优人说法,与大众齐听,谓善者如此收场,不善者如此结果,使人知所趋避,是药人寿世之方,救苦弭灾之具也。"李渔认为"善有善报、恶有恶报"这样的结局与处理方式恰恰体现了中国戏曲的创作目的,他提出戏曲是劝普罗大众要为善而不是为恶,因此戏曲创作要坚持"善有善报、恶有恶报"的朴素价值观。

这一套理论也适用于《窦娥冤》这一戏曲作品。在《窦娥冤》中本来错勘贤愚、在窦娥蒙冤时沉默不语的"天"会在窦娥死后,完成她在常理下不可能完成的誓愿,窦娥也以鬼魂的形式真正来到公堂上为自己讨回公道,这符合观众的价值观,也契合他们的期待,使作品在某种程度上具有社会教化的意义。也有人将这样的结尾处理总结为一种"双重结局"的中式悲剧范式——好人要有一个相对能弥补她前面遭受苦难的结局,坏人也要得到相应的惩罚,这样才是一个完整的悲剧。

一、《窦娥冤》教学反思

在授课过程中，一开始我将《窦娥冤》的悲剧性作为授课的重点，结合单元中的《哈姆莱特》与《雷雨》，希望以联读的方式引发学生对于中西不同时代背景悲剧作品的审美鉴赏。但是在实际课堂的落实中出现了一些问题。一方面，课本只节选了第三折，第三折主要讲述窦娥被押赴刑场，她埋怨天地的黑白不分、错勘贤愚，自己不得不蒙受这样的冤屈。她担心婆婆伤心难过，宁愿舍弃临刑前与亲人见最后一面，但仍旧被婆婆遇见，于是窦娥向婆婆讲述了事情的真相，交代了自己的身后事。在正式行刑前，窦娥发下三桩誓愿以证冤情，她死后血溅白练和六月飞雪两个誓愿果然立即实现了。第三折确实是将窦娥悲惨命运推向高潮的一折，但仅抓住这一折的情节去感受悲剧意蕴很难增强课堂的生成性，"悲剧"一词对学生来说含义本就模糊不清，难以形成较为深刻的分析观点，课堂就在无可奈何中变成了教师的"一言堂"。于是为了促进学生鉴赏，课上就需要不断补充扩展到其他三折的情节，桃杌、张驴儿等反面人物的塑造以及悲剧理论、元代社会制度等。部分学生悲剧审美的意识或许有一定提高，但也使更多学生片面地将主人公窦娥这一女性形象归结在故事情节"冤"本身的纠葛里，忽视"感天动地"也就是窦娥的反抗精神。另一方面，激发学生的学习探索精神也在《窦娥冤》的教学过程中变成了难题。针对《雷雨》和《哈姆莱特》的教学，多采用剧本演绎的方式，让学生担当不同角色，在排演过程中亲身感受戏剧的魅力。但在《窦娥冤》这部作品上，它的主体内容是按一定宫调、曲牌写成的韵文唱词，直接按原文演绎，现代汉语的语音语调与音乐的缺失似乎很难展现杂剧的特色，学生改编的台词剧本往往对窦娥性格及古代天人观念有所误解，塑造出的角色形象或过于懦弱愚孝或早已高举反封建旗帜，都与关汉卿的创作意图不相符。

鉴于这些反思，在《窦娥冤》的课堂教学设计中我认为可以与学科核心素养"思维发展与提升"实现进一步的融合与素养培育，缩小学生课堂讨论的话题范围，运用丰富的提问引导方式发展学生的辩证思维，从不同角度理解窦娥的言行，而非单纯从封建观念的想法出发进行简单直白的批判与不假思索的怜悯。

二、矛盾的发现与理解

矛盾是戏曲戏剧推动情节发展的重要动力，从矛盾出发可以让学生更好地进入文本、理解人物命运发展的内在逻辑。《窦娥冤》四折里的矛盾：

第一，窦娥严词拒绝再嫁并牺牲自己的生命保护了引狼入室的蔡婆婆。事实上元朝官府对于普通妇女的再嫁是比较宽容的，虽然不提倡再嫁，表彰守节的女子，但是也不予以禁止。只要妇女守服结束，再嫁符合法定程序，一般不予干涉，《元史·刑法志》中规定"诸弃妻，已归宗改嫁者，从其后夫"；"诸出妻妾，须约以书契，听其改嫁"。因此，在这种寡妇或弃妇再嫁基本被允许的社会背景下，窦娥坚持不二嫁并不是完全为了服从当时的道德标准，而是自己内心的坚守起到了决定性作用，她反复劝婆婆不要屈从于张驴儿父子，是从内心中更加认同不改嫁、为丈夫守节的行为。在这一方面窦娥似乎是善良、忠贞、守旧的传统女性形象，但是从临刑发誓到鬼魂申冤以及与张驴儿当堂对质等情节中又表现出了刚烈不屈的反抗精神。窦娥性格里反抗与守旧的并存是一重矛盾。

第二，窦娥本身为保护蔡婆婆含冤被杀，是善良孝顺的，然而临刑之前发出的三桩誓愿，特别是"亢旱三年"也波及了其他无辜的百姓，天不下雨，农业生产无法进行，更多没有迫害窦娥的百姓以残忍的方式被卷入其中，这样看，她的"善良"本身也是相互矛盾的。

第三，太守桃杌贪财昏庸，听信张驴儿的一面之词，吏治的黑暗与不公让窦娥有冤难鸣，可是她最后能够得到平反又一定程度上主动依靠了窦天章也就是清官的出现，这样的情节处理也形成了一种矛盾。

第四，第三折中窦娥临刑前责怪了自己命运不济，怒斥天地未尽匡扶正义之责，然而发下的三桩誓愿是违背自然常理的，只有天地帮助她才能出现可流传的"灵顺"，一边是斥责，一边又是期待天地的显灵，也是一重矛盾。

课本选取了《窦娥冤》的第三折，因此在教学设计中可以选择第四重矛盾作为重点展开，启发学生辩证地看待其中蕴含的天人关系，设置开放性问题——第三折开头的窦娥指斥天地与结尾发下誓愿希望感天动地之间是否矛盾？给学生一定的补充拓展材料，比如《汉书·于定国传》"东海孝妇"的故事，以及《荀子·天论》中对天人关系的观点——"天有其时，地有其财，人有其治，夫是之谓能参"。

在中国古代人们观念中，"天"是最高层次的意志力量，人们对天地存有敬仰、崇拜的态度。弱小的窦娥面对泼皮的欺辱、官吏的昏庸，毫无反抗的能力，满腔怨恨无以申辩，指斥天地是她最好的宣泄方式，也是她反抗现实的唯一方法。但在这样的处境之下，她还是只能依靠上天为自己洗去冤屈。窦娥的这种矛盾真实地反映了当时百姓的悲惨处境，面对强权和暴力，他们只能听天由命，面对凌驾于万物之上的上天，他们既怨恨其不公，又不得不寄予希望。那么这样看，窦娥的两个行为确实是矛盾的，更深刻展现了底层百姓面对黑暗现实的无奈。

反过来说，如果再结合补充的材料，在"东海孝妇"的故事中也可以发现，虽然大旱似乎是上天的惩罚，但是最后天降大雨不是因为太守祭祀了上天、进行了恳求，而是给孝妇"祭冢表墓"才解决了问题，也就是《荀子》当中谈到的天地有资源与规律，但也需要人的参与，人可以利用好天地运行的规则而不是全然作为被统治者。那么在《窦娥冤》第三折里，为掩盖天地未能尽责导致的价值虚无，天被窦娥逼入被质疑的场景，窦娥的受难迫使天开口言说，并通过降异象而显身。因为面对这种失范的司法判决，任何正义的理念与力量都必须作出回应。窦娥的誓愿实际是一种通过自身回应自身的诉求，天人一体，存乎一心，可息息相通，天地守护人间秩序，同样人的真诚也能感动天地，发挥自身主观能动性，成为主动者而非默默的祈求者，因而她的行为是不矛盾的。

三、三桩誓愿解读

窦娥发出的三桩誓愿在程度上是越来越严重的，从此时此地的血溅白练、六月飞雪到山阳县的三年大旱，有着一定的逻辑性。第一个只是针对自身的神迹出现，第二、第三则要天也为之改变，本来的自然规律、自然秩序因为颠倒了窦娥案件的善恶双方也要发生异常变化，这更能显示出窦娥的冤屈不仅真实而且深重。

三桩誓愿的顺序问题对学生而言并不困难，在教学过程中可以引导学生加深理解誓愿之离奇，感受窦娥反抗精神逐步增长，至此达到顶峰。

第一桩誓愿"血溅白练"，要在砍头时鲜血不洒落在地，全部飞溅在"八尺"两米多高的白旗上，显然不符合客观规律，若没有神迹的发生，确实是不可能出现的。第二桩誓愿"六月飞霜"，在夏日酷暑的时候天降大雪是违背一般认知的，结合实际，"六月飞霜"本身是一种罕见、偶发的恶劣天气，因缺乏更多元史的明确记载，无法判断关汉卿安排的这一桩誓愿是将其与发生过的极端恶劣天气相结合，还是按常理思考炎热的夏天不会出现冬天才有的霜雪。

但是最极端的还是最后一桩"亢旱三年"，对于以农业为生的百姓来说是毁灭性的打击。值得注意的是，在第四折里，窦天章并不是一开始就相信窦娥的，甚至都不相信她就是女儿端云，那三桩誓愿的实现是她非常重要的证据，窦天章基本相信之后还追问了一句"这楚州三年不雨，可真个是为你来"。从中可以看出这些誓愿的实现，特别是第三桩真正帮助了窦娥证明自己的清白。那么其中的内在逻辑就是古代社会"天人感应"思想的作用，也就是当发生了难以解释的重大自然灾害，往往会将其与统治者的德行、施政结合起来，统治者行暴政，自然上天要降下惩罚，三年大旱也就证明了楚州必有冤假错案，是吏治黑暗的象征。

《窦娥冤》是耳熟能详的经典故事，对于高中生而言，在了解元杂剧常识与故事情节的基础上，教师需要以第三折为核心启发他们的思考与讨论，引领学生发现情节安排中已然顺理成章的人物行为可以有很多不同方向的解读可能性，并不简单是关汉卿为底层百姓发声，而是他更能看到底层百姓的挣扎与反抗。窦娥人物底色与三桩誓愿本身就包含着多重的矛盾点，抓住矛盾深入思考，让学生思维的发散更有文本的依据，在潜移默化中培育"思维发展与提升"的核心素养。

参考文献

［1］杨万元.是冤者的愤怒控诉，还是弱者的无奈哀鸣——关于三桩誓愿的新解［J］.语文教学通讯，2005（12）：37.

［2］戴健.《窦娥冤》教学与学科核心素养培育［J］.中学语文教学，2019（1）：20-24.

［3］戚世隽，陈芳.共识·刑罚·祈雨——元杂剧《窦娥冤》再解读［J］.艺术评论，2023（2）：114-129.

29 空中课堂"概率初步（续）单元复习课"在二轮复习概率统计中的应用

陆劼卿

一、引言

上海空中课堂"概率初步（续）单元复习课"是由李琛冰老师执教的选择性必修二第七章概率初步（续）的单元复习课．与二期课改教材相比，新教材中概率统计章节变化很大，2023届学生是数学教材改革后的第一届高考生，概率统计章节的复习资源较为稀缺，难度难以把握．在这一背景下，空中课堂资源对高考复习的指导意义就凸显了出来．参考空中课堂概率初步（续）单元复习课，笔者设计了一节概率统计二轮复习课，于2023年5月在区内进行公开教学，取得了较好的教学效果．

二、参考空中课堂资源的教学内容和重难点设计

本节课依据课程标准并参考了空中课堂设置教学内容和重难点．概率初步（续）单元复习课是空中课堂高三第一学期第七章概率初步（续）的章节复习课．在该节课前，学生已经完成了概率初步（续）的学习．该节课主要回顾与梳理了条件概率与相关公式、随机变量的分布与特征、常用分布，力求体现知识的内在联系，加深学生对本章节内容的理解．因此，基于课程标准对概率章节的教学要求，空中课堂将"梳理本章节知识，回顾相关概念；创设情境，运用相关公式"作为教学重点；将"理解概念的内在联系，形成知识体系；在情境中抽象出数学模型"作为学习难点．

本节概率统计二轮复习课是在学生学完了必修和选修章节的所有概率统计知识,并在一轮复习中对相关知识进行梳理后的课程.多数学生已经基本掌握了概率统计相关概念和公式,本节课更强调概率统计知识的综合运用和解决实际问题的能力.因此,本节课将"概率统计知识在现实情境中的综合应用"作为教学重点,将"在问题解决过程中,抽象的符号和公式与具体的现实事件的相互转化"作为学习难点.

本节复习课在框架设置上,受到了空中课堂的启发.空中课堂以知识结构图为抓手,梳理知识点.由于概率统计章节知识点较多,若是分开设计例题,学生就需要在每个例题中重新熟悉题目的情境,从而导致复习效率的降低.因此,空中课堂以一个实例串起概率统计中常用模型.概率统计二轮复习课设计时,也创设了一个现实情境,让所有问题在这一背景下展开.两节课都在复习重点知识及其应用的同时,发展学生的数学建模、数据分析素养.

本节课的课堂小结学习了空中课堂中的体现单元性和整体性的思想.空中课堂以知识结构图的形式,体现了复习内容在解决章节问题中的应用(见图 29-1).本节课具体地指导了如何在章节问题中使用本节课复习的公式,即当现实情境复杂时,可将它抽象为事件 A、事件 B 的组合,用条件概率公式、全概率公式转化为简单事件概率的求解;当统计中符号含义抽象时,则应将它还原回具体的事件,找到实际意义并求解概率.

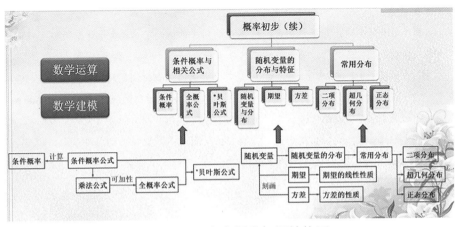

图 29-1 空中课堂知识结构图

上海市杨浦高级中学教师论文集

本节课在资料和素材准备上利用了空中课堂资源．由于所复习的知识点和应用上的相似性，本节课的习题设置为空中课堂概率初步（续）单元复习课中的例1和例2（见图29-2）．由于概率统计一轮复习是在上个学期进行的，课前可让学生利用书本和空中课堂资源对公式和概念进行自主复习．学生反馈，空中课堂在每节课后和章末都有知识结构图，部分章节还有章节复习课，对高三学生整理知识点、宏观地把握章节知识是很有帮助的，也能提高课堂效率．

例1　口袋里装有大小质地相同的4个红球和8个白球，甲、乙两人从袋中摸球，每次摸1个球．

（1）若甲、乙两人无放回地摸球，由甲先摸1个球，乙再摸1个球，求甲摸到白球的条件下，乙摸到红球的概率；

（2）若甲、乙两人无放回地摸球，由甲先摸1个球，乙再摸1个球，求甲摸到白球且乙摸到红球的概率；

（3）由甲每次摸球后都放回地摸球三次，用 X 表示三次摸球中摸到红球的次数，求 X 的分布、期望与方差；

（4）由甲无放回地摸球三次，用 X 表示三次摸球中摸到红球的次数，求 X 的分布与期望；

（5）制定规则如下：若一方摸出1个红球，则此人继续下一次摸球，若一方摸出1个白球，则由对方接替下一次摸球，由甲进行第一次摸球．

① 若甲、乙两人无放回地摸球，求第三次仍由甲摸球的概率；

② 若甲、乙两人每次摸球后都放回，求在前两次摸球中，甲摸得的红球次数 X 的分布及期望．

例2　通勤时间是指单日内某人从居住地到工作地的用时．数学曾老师经过若千个月的统计发现，其通勤时间 X 服从正态分布 $N(\mu,\sigma^2)$ ．

（1）如果 $P(X\geq40)=P(X\leq20)$ ，那么曾老师通勤时间的均值为多少？

（2）设 $\mu=40$ ，如果曾老师在某月的22天工作日中，通勤时间在40分种至60分钟之间的天数有8天，那么这个月中她通勤时间不超过20分钟的天数大约是多少？

（3）设 $\mu=40$ ，$\sigma=4$ ．曾老师某天7点10分出门，如果学校要求在8点前到达，那么曾老师当天迟到的概率约为多少？〔精确到0.1%．参考数据：$\Phi(2)=0.9772$ ，$\Phi(2.5)\approx0.9938$ ，$\Phi(3)\approx0.9987$〕

图29-2　习题设置

三、依据线下课特征的教学设计与实施

由于上课形式不同,空中课堂难以呈现出复杂的、真实的课堂互动情况.本节课的复习内容对我班学生是稍有难度的,在课堂上他们需要更多的时间思考讨论,可能也会产生多种错误需要分析纠正,相似的内容难以在40分钟内完成.所以,笔者选择将知识梳理部分前置到课前完成,所产生的测试数据正可以作为本节课的现实背景.授课前一周,本班级进行了概率统计测试和知识梳理测试,概率统计测试为百分制测试,知识梳理测试仅区分合格或不合格,有35名学生参加,记录测试数据,作为整堂课的现实背景.授课前一天,发给学生学案(即后文问题1至问题5),完成时间为40分钟,上课前下发反馈给学生,本节课对学案中的内容进行讨论、讲评和分析.

笔者分析了空中课堂中的例1和例2,例1的特征是用一个背景将条件概率、古典概型、分布、期望、方差等知识点串在一起,例2使用了学生身边学习生活的情境,都有助于学生集中注意力,把握重点,应用知识.本节课沿用了这一思路,设计如下背景:为研究学生概率统计板块知识的掌握情况并分析原因,某班级进行了概率统计测试和知识梳理测试,有35名学生参加.概率统计测试为百分制测试,测试成绩如表29-1所示;知识梳理测试仅区分合格或不合格,测试结果为25人合格,10人不合格.

表29-1 概率统计测试成绩

41	61	68	76	85
45	61	71	78	85
46	62	72	79	87
52	62	72	82	89
52	63	73	82	91
56	64	73	83	92
57	66	75	84	98

基于这一背景,笔者设计了如下五个问题.

【问题1】我们关注的是班级总体情况,研究数据特征和分布情况时,常用的工具和统计量有哪些?

【问题2】成绩是否合格和知识梳理测试的水平是否有关?为研究这一问题,应使用什么工具?需要获取哪些数据?

【问题3】该班级中男生26人,女生9人,已知男生中A档的有8人,女生中A档的有3人.现从班级中随机挑选一人,再选出同性别的另一人,求在第一次选出的是A档生的情况下,第二次选出的是非A档生的概率.

【问题4】由频率分布直方图绘制概率密度曲线,小明认为形状接近钟形曲线,可以近似为正态分布$N(\mu,\sigma^2)$,则该正态分布是$N(70.9,14^2)$.若该抽象基本合理,并用此正态分布估计本校学生的本次测试得分情况,则随机抽取本校一名学生,求该生得分高于84.9分的概率.

[已知$\Phi(1)\approx0.8413$,$\Phi(2)\approx0.9772$,$\Phi(3)\approx0.9987$.$\Phi(x)$表示标准正态分布的密度函数从$-\infty$到x的累计面积]

【问题5】以所有学生的成绩作为数据库T,为检验将数据近似为正态分布是否合理,小明策划了如下实验:随机抽取1名学生,记录其得分再放回数据库T,重复10次,将10次得分在$(56.9,84.9)$范围内的次数记录下来.

小明认为若出现结果是7次在范围内,则正态分布的假设是合理的,反之则不合理.如何评价小明的想法?为什么?

附:$Z\sim N(\mu,\sigma^2)$,$P(\mu-\sigma<Z<\mu+\sigma)\approx0.6826$,$P(\mu-2\sigma<Z<\mu+2\sigma)\approx0.9545$.

其中,问题1和问题2旨在复习运用统计量和2×2列联表分析数据特征,并分析现实情境中事件的关联性.由于章节复习课更强调知识点,情境若过于开放和综合会冲淡主题,增加学生理解的难度,因此空中课堂首先梳理了概念和公式;二轮复习课要求学生能在复杂的情境中应用概率统计知识解决问题,因此本节课将基本统计量、2×2列联表这些较为机械的知识点和公式直接融入问题中展开复习,利用真实情境,强调对知识的灵活运用，让学生进行简单的数据分析并解释数据结构．

问题 3 是本节课的一个难点，需要对条件概率公式和全概率公式灵活运用．部分学生没有这个意识，不知道这是哪一类问题，感到无从下手．空中课堂的例 1 第 5 小问是相似的问题，讲解中教师引导学生将复杂事件表示为简单事件的和事件或积事件，将复杂的事件变形转化为公式的变形，设计问题链帮助学生厘清思路．在授课中，笔者参考这一思路，引导学生发现基于第一次选择的是男生或女生的条件的不同，所求事件的概率是不同的，需要使用条件概率公式，那第一次选择的是男或女的事件和所求事件就需要被设出．

另外，实际教学中出现了以下两种方法和两种错误．

方法 1：设事件 A 为第一次选出的是 A 档生，事件 B 为第二次选出的是非 A 档生，事件 C_1 为第一次选择的是男生，事件 C_2 为第一次选择的是女生，则所求即为

$$P(B|A)=\frac{P(A|B)}{P(A)}, P(A|B)=P((A|B)|C_1)P(C_1)+P((A|B)|C_2)P(C_2),$$
$$P(A)=P(A|C_1)P(C_1)+P(A|C_2)P(C_2).$$

代入计算得

$$P(A|B)=\frac{8\times18}{26\times25}\times\frac{26}{35}+\frac{3\times6}{9\times8}\times\frac{9}{35}=\frac{801}{3500},$$
$$P(A)=\frac{8}{26}\times\frac{26}{35}+\frac{3}{9}\times\frac{9}{35}=\frac{11}{35},$$
$$P(B|A)=\frac{P(A|B)}{P(A)}=\frac{801}{1100}.$$

方法 2：将第一次选出 A 档生的所有情况视为样本空间 Ω，则事件 D 为第一次选出 A 档男生，事件 E 为第二次选出非 A 档生，事件 F 为第二次选出的是非 A 档生，则

$$P(F)=P(E|D)P(D)+P(E|\overline{D})P(\overline{D})=\frac{8}{11}\times\frac{18}{25}+\frac{3}{11}\times\frac{6}{8}=\frac{801}{1100}.$$

错误 1：$P(A|B)=P((A|B)C_1)P(C_1)+P((A|B)|C_2)P(C_2)$．

错误原因：$A|B$ 不是基于 Ω 样本空间中的事件．

错误 2：以 $P_{26}^9 + P_9^2$ 为样本空间使用古典概型计算，两男事件和两女事件的发生概率和该样本空间中的发生概率不一样，因此该样本空间中的基本事件不等可能．

线下课堂即时呈现的多种方法以及错误的分析和对比的效果是空中课堂难以实现的，也需要给学生留下更多的时间自主思考体会．方法 1 和方法 2 体现了对全概率公式和条件概率公式的灵活应用，错误 1 和错误 2 强调了样本空间中事件的选择和抽象为古典概型的前提条件．渗透了解决概率问题可以将简单事件用 A、B、C 等事件表示出来，复杂事件可视为简单事件的和事件、积事件的思想，那么运用概率公式就能将复杂事件的概率拆分为简单事件概率的运算，给思考问题提供脚手架．

问题 4 旨在复习正态分布，思考具体事件在模型中的意义．类似空中课堂的例 2 的第 3 小问，设计时将空中课堂的背景改到本节课的大背景下，保持本质不变，能达到相似的教学效果．

问题 5 与空中课堂的例 1 第 3 小问有相似的模型，都要求学生从现实问题中抽象出二项分布模型．同样保持本质不变，将背景融入，渗透模型检验的思想．相比空中课堂，问题 5 在设计时增加了问题的开放性．空中课堂受到无法反馈学生差异性想法的限制，问题的提出都更为精准和具体，答案也往往是标准的．而线下可以即时反馈，对于学生过于发散性的想法可以加以引导；错误的想法可以加以互评和纠正；不够严密的想法可以加以补充．

四、对空中课堂资源在高中数学复习课中的应用的反思

空中课堂资源在新教材有大量变化的章节是有指导意义的．本节课设计时受到了空中课堂概率初步（续）单元复习课的启发，在结构方面，用一个背景串起概率统计知识点，避免了学生需要在课堂中多次熟悉不同背景，提高了课堂效率；在知识内容方面，两节复习课的复习重点是相似的，题目设计时可以借鉴问题本质，融入背景，达到相似的教学效果；在形式方面，使用现实情境，贴近学生生活，有助于学生将零碎的知识点

整合为体系,灵活运用知识解决实际问题.当然,空中课堂面向上海市全体学生,教师授课的难度和解决问题的方法需要结合本班实际学情,贴近学生"最近发展区";空中课堂内容成体系,每一节的教学目标都为单元甚至所有教学内容服务,而教师某节课的教学目标,未必与空中课堂完全一致,因此在内容和形式上也应当有所取舍;空中课堂受线上形式所限,无法即时反馈,教师授课应留出互动的时间,也可以根据教学内容增加问题开放性和解法多样性,在交流中发展数学核心素养.

参考文献:

［1］中华人民共和国教育部.普通高中数学课程标准(2017年版2020年修订)［M］.北京:人民教育出版社,2020.

［2］吴琦筠.深化空中课堂资源应用,支持教学方式深度转型——以小学数学学科为例［J］.上海课程教学研究,2024(1):31-38.

［3］鲁和平,孙洪梅.2023年高考"概率统计"复习指导［J］.中学数学杂志,2023(5):37-43.

［4］鞠宏伟,伍春兰.立足问题情境引导深度学习——以概率统计首轮复习课为例［J］.新课程教学(电子版),2023(14):25-28.

空中课堂在高中数学应用型课堂教学实践中的落实方法

——以上教版高中数学"用函数的观点求解方程与不等式"与"利用导数研究函数的单调性"为例

宋　婧

一、教学内容分析

> 课题 1：用函数的观点求解方程与不等式
>
> 　　本节课是必修第五章"函数"第三节"函数的应用"的第一课时，空中课堂由上海市教研室方耀华老师执教．函数是高中数学的核心内容，函数用动态的眼光看世界，通过方程的解和函数的零点之间的联系，将方程的解转化为函数的零点，体现了函数在解决数学问题中的应用，本节课为上教版新教材新增内容，安排在"函数的基本性质"之后，它将函数与方程及不等式系统地联系在了一起，也为后续利用"二分法"求近似解的问题起到了铺垫的作用．
>
> 课题 2：利用导数研究函数的单调性
>
> 　　本节课是选择性必修第五章"导数及其应用"第三节"导数的应用"的第一课时，空中课堂由上海市复旦大学附属中学冯璟老师执教．前几节课学习了导数的概念、几何意义以及导数的运算法则，在此基础上，学生可以用导数来研究函数的性质，通过本节课利用导数研

究函数的单调性，感悟到导数作为研究函数单调性强有力的工具，为继续研究函数的几何性质提供了通法，为后续利用导数解决现实问题作铺垫，从而理解利用导数研究函数的性质不仅是数学本身的需要，更是现实世界的需要．

两个课题皆为应用型课题教学，都是上教版高中数学教材增添的新内容，也都要求学生在学习了相关新知的概念、性质等之后，在原有的认知结构上将新的方法应用于此，从而使学生体会本节课所带来的便利．笔者参考空中课堂，设计教学环节，并在校内进行了公开课展示．

二、教学过程分析

（一）新知引例

课题1：用函数的观点求解方程与不等式
引例：在区间（0，+∞）解不等式 $x^4+x>2$． 思考：下面三组方程与函数之间有什么关系？ 方程（1）$2x=3$；函数（1）$y=2x-3$． 方程（2）$x^2-2x-3=0$；函数（2）$y=x^2-2x-3$． 方程（3）$2^x+\log_2 x=2$；函数（3）$y=2^x+\log_2 x-2$
课题2：利用导数研究函数的单调性
引例：请同学根据定义判断练习1和2中函数的单调性，并写出单调区间． 练习1：$f(x)=x^2-2x$；练习2：$f(x)=x^3-12x$．

课题1中，空中课堂采用教材中的例子"方程式 $x^3+2x=99$ 是否有整数解？"为引例，从而引出函数与方程之间的联系，再引出函数零点的定义．再通过方程的解和函数的零点之间的联系，将方程有解的问题转化

为观察对应函数的零点的问题.最后,空中课堂以例2:"用函数的观点在区间(0,+∞)解不等式 $x^4+x>2$"收尾.在前期准备时,笔者也选择按照这样的顺序进行教学,选择同样的引例观察学生的做法.在磨课时,学生大都利用计算器列表功能,发现随着自变量的增大,函数值也在增大,因此猜想方程没有整数解.而这一猜想过程在讲解例1时学生也会经历,因此笔者选择在实际课堂中直接使用例2为引例.此不等式经过变形后右侧可以通过因式分解得到答案,基本上每个班都有个别学生提供这个解法,而不是利用函数的性质进行分析求解,同时,大部分学生对此不等式束手无策.本节课教学最后再以此引例收尾,比较课堂开头大家的做法,首尾呼应,让学生通过求解不熟悉的不等式,比较多种方法,体会函数性质在求解方程与不等式时的作用.

课题2中,空中课堂以判断一个二次函数和一个三次函数的单调性为引例,实践中笔者也借鉴这个引例,对数值进行了修改,选取了学生在学习函数的单调性时所证明的具体的二次函数"$f(x)=x^2-2x$".通过单调性定义可知,该函数在$(-\infty,1]$上是严格减函数;在$[1,+\infty)$上是严格增函数.练习2中:$f(x)=x^3-12x$,设实数$x_1<x_2,f(x_1)-f(x_2)=(x_1-x_2)$ $(x_1^2+x_1x_2+x_2^2-12)$,可以从上式判断出,函数在$(-\infty,-2]$上是严格增函数,在$[2,+\infty)$上也是严格增函数,但是对于$[-2,2]$上的单调性无法判断,可能还需进一步对该式进行变形,但比较困难,从而引出本节课的内容:可以利用导数判断函数的单调性,在实际授课过程中,此环节也进行得较为顺利(见图30-1).

复习回顾2 利用定义判断下列函数的单调性

例2. $f(x)=x^3-12x$的单调性,并写出单调区间

解:任意 $x_1<x_2$, $f(x_1)-f(x_2)=(x_1^3-12x_1)-(x_2^3-12x_2)$

   $=(x_1-x_2)(x_1^2+x_2^2+x_1x_2-12)$ 可知 $x_1-x_2<0$

可以发现: 当 $2\leq x_1<x_2$ 时,

$x_1^2+x_2^2+x_1x_2-12>4+4+4-12=0$

故 $f(x_1)-f(x_2)<0$, 即 $f(x_1)<f(x_2)$;

因此 $f(x)$ 在 $[2,+\infty)$ 上是严格增函数.

当 $x_1<x_2\leq 2$ 时, ?

图30-1

两个课题皆让学生利用所学的旧知解决问题，感受用以往所学的知识求解不同问题的困难，从而联系本章所学知识得到新方法．

（二）新知生成

课题1：用函数的观点求解方程与不等式

活动：用函数的观点求解方程：方程式 $x^2+2x=99$ 是否有整数解？并说明理由．

【问题1】（分小组讨论）如何解决该方程是否有解以及是否有整数解？

【预设】学生汇报，用计算器得到该方程有解，解为 4.482 002 117，猜测，方程没有整数解．

【问题2】通过计算器计算初步判断该方程没有整数解，那么该如何说明该方程没有整数解呢？能否用学过的知识，比如利用函数的基本性质进行说明呢？

【小组活动】学生利用计算器计算给出了初步猜想，并绘制大致图像，而后证明猜想．

课题2：利用导数研究函数的单调性

【活动】我们来借助计算机作图（图30-2、图30-3），观察刚刚练习1中的部分函数图像与其导函数的图像，导数与函数的单调性有什么关系？

【预设】学生发现规律并总结．

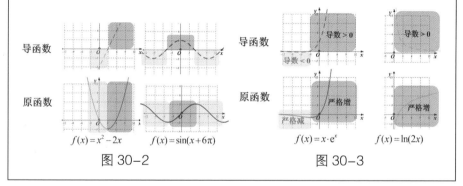

图30-2　　　　　图30-3

课题 1 旨在说明方程与函数之间的关系．在问题的分析求解过程中，让学生体会研究方程在给定数域上是否有解的问题，可以转化为函数在给定区间上是否存在零点的问题，进一步利用函数的基本性质研究．空中课堂在这里借助计算器，通过计算器的列表功能对方程的解进行初步判断，呈现函数在实数域有且只有一个零点的事实．笔者借鉴此设计并用于实际课堂中，刚步入高中生活不久的学生对计算器的操作比较生疏，因此在此环节中，笔者邀请学生向大家展示计算器的操作，将计算窗口放大，使每个人都能看清，取得了良好的互动效果（见图 30-4）．

图 30-4

课题 2 中，空中课堂将函数的单调区间列出，从而观察导数在区间上的特征（见图 30-5）；表格信息详尽，文字、图像均呈现，而由于此定理的证明需要高等数学中的一些定理，超出了高中数学所学的知识．笔者基于空中课堂的设计，进行了处理，组织学生先从几何直观出发，利用信息技术对具体的函数图像进行研究，探究导数与函数单调性之间的关系．此外，笔者观察到，空中课堂表格中的函数图像将不同单调区间用不同颜色区分．笔者也在课件中用不同颜色区分，并扩大颜色区域，同时展示原函数与导函数的图像（见图 30-2、图 30-3）．选择两个熟悉的函数与两个陌生的函数，学生均能在课堂中描述出图像特征．而由于定理是从导函数的正负判断原函数的单调性，反之不一定成立，因此将导函数的图像放在原函数图像上方，对学生总结规律时所表达的语言顺序起到一定的引导作用，从而顺利引出定理．

利用导数研究函数的单调性

[问题2] 填写下表，根据表格内容猜测，导数与函数的单调性之间有怎样的关系？

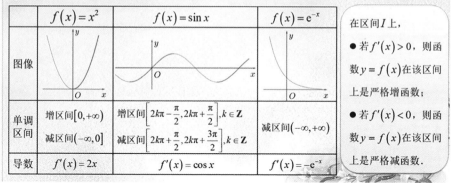

	$f(x)=x^2$	$f(x)=\sin x$	$f(x)=e^{-x}$
图像			
单调区间	增区间$[0,+\infty)$ 减区间$(-\infty,0]$	增区间$\left[2k\pi-\dfrac{\pi}{2},2k\pi+\dfrac{\pi}{2}\right],k\in\mathbf{Z}$ 减区间$\left[2k\pi+\dfrac{\pi}{2},2k\pi+\dfrac{3\pi}{2}\right],k\in\mathbf{Z}$	减区间$(-\infty,+\infty)$
导数	$f'(x)=2x$	$f'(x)=\cos x$	$f'(x)=-e^{-x}$

在区间I上，

● 若$f'(x)>0$，则函数$y=f(x)$在该区间上是严格增函数；

● 若$f'(x)<0$，则函数$y=f(x)$在该区间上是严格减函数.

图 30-5

（三）新知辨析

课题1：用函数的观点求解方程与不等式

思考：下列不等式和函数之间有怎样的关系？

不等式（1）$2x>3$；函数（1）$y=2x-3$.

不等式（2）$x^2-2x-3>0$；函数（2）$y=x^2-2x-3$.

不等式（3）$2^x+\log_2 x>2$；函数（3）$y=2^x+\log_2 x-2$.

【回顾旧知】对于第二章中学习的一元二次不等式$x^2-2x-3>0$，分析对应的二次函数$f(x)=x^2-2x-3$，观察图像（图30-6）.

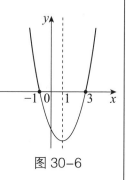

图 30-6

【问题】为什么观察得到的一元二次不等式的解一定是正确的？

课题2：利用导数研究函数的单调性

在导数值均存在的前提下，导数值由正变为负或者由负变为正时，会出现导数值等于0的点，可以通过导数值等于0时自变量的值来划分自变量的区间，即找到函数的驻点.

上海市杨浦高级中学教师论文集

例 1：$f(x)=x^2-2x$；例 2：$f(x)=x^3-12x$；

例 3：$f(x)=x^3$；例 4：$f(x)=x^{-2}$.

【问题】你可以总结一下利用导数研究函数单调性的一般步骤吗？

1. 求导函数；

2. 求驻点；

3. 将驻点或者函数无定义的点作为区间的分界点，在这些定义域的各个子区间上判断导函数的正负，从而判断函数在对应区间上的单调性，特别注意：当驻点两侧导数值的正负并未发生改变时，驻点不能作为单调区间的分界点；

4. 根据表格，写出结论.

在课题 1 中，在空中课堂的基础上，笔者联系函数和方程的知识：函数 $y=f(x)$，$x\in D$ 的零点，就是方程 $f(x)=0$ 在集合 D 中的解，也是该函数图像与 x 轴的交点的横坐标. 三者是同一事物的三种不同说法. 在教学实践中增加了这三个等价关系在不等式中的体现，尝试让学生自主通过之前的归纳得出在不等式中的结论：在求解含有一个未知数的不等式时，经过适当化简，总能化为在一定的范围 D 内求解形如 $f(x)>$（或 $\geqslant$）0 的不等式，这里的 $y=f(x)$，$x\in D$ 是一个与之对应的函数. 因此不等式 $f(x)>0$ 在集合 D 中的解就是函数 $y=f(x)$，$x\in D$ 函数值大于 0 时自变量 x 的范围，也是该函数在 x 轴上方的图像点的横坐标的范围，从而衔接到旧知的再复习. 而后参考空中课堂，回顾旧知，在之前学习第二章不等式时，我们通过因式分解或配方得到的一般一元二次不等式的解，而今天我们用函数的眼光来研究这一问题，通过数形结合就容易得出结论，相信学生对此问题会有更深刻的理解，也能体会到函数在求解不等式的问题中的应用.

教材在此环节探讨了一般的情况，严谨地说明了二次函数通过图像得到对应一元二次不等式的解一定是正确的（见图 30-7）. 空中课堂采用了一个具体的不等式的例子，通过具体的数值让学生感受这一结论，再形成一般结论，由函数图像得出一元二次不等式的解集，请同学在第二章中，我们已经学过解一元二次不等式.现在我们同样可以用函数的观点来审视一元二次不等式的求解.

我们在第二章中已经知道，对于一元二次不等式

$$ax^2+bx+c>0(a>0),$$

可先考察它对应的方程 $ax^2+bx+c=0$，而该方程的解集可能有两个元素，可能只有一个元素，也可能为空集.

记 $\Delta=b^2-4ac$. 当 $\Delta>0$ 时，解集为 $\{x_1,x_2\}$，其中 $x_1<x_2$. 此时函数 $y=ax^2+bx+c$ 的大致图像如图 5-3-7 所示.

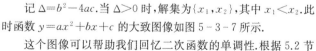

图 5-3-7

这个图像可以帮助我们回忆二次函数的单调性.根据 5.2 节中关于二次函数单调性的结论，函数 $y=ax^2+bx+c$ 在 $\left(-\infty,-\dfrac{b}{2a}\right]$ 上是严格减函数，而在 $\left[-\dfrac{b}{2a},+\infty\right)$ 上是严格增函数.

此外，x_1 及 x_2 是该函数的两个零点；在图像上，x_1 及 x_2 是相应抛物线与 x 轴的交点的横坐标，且成立 $\dfrac{x_1+x_2}{2}=-\dfrac{b}{2a}$.

这样，求解不等式 $ax^2+bx+c>0(a>0)$，就是要求函数 $y=ax^2+bx+c(a>0)$ 的图像上位于 $y>0$ 部分的所有点的横坐标 x.因此，根据单调性及零点的位置，参照函数的图像，可以很容易地得到不等式 $ax^2+bx+c>0(a>0)$ 的解集为 $(-\infty,x_1)\cup(x_2,+\infty)$.由此可见，借助于构造一个与不等式有关的函数，如果这个函数的单调性与零点比较容易得到，就可以较便捷地求解相应的不等式.

这样，可将首项系数为正的一元二次不等式的解集总结如下.

图 30-7

填表（见图 30-8）.这样的处理更适用于课堂，在展示图像时，采用不同颜色区分（见图 30-9），使得结论更加清晰直观.笔者均应用于实际课堂中，展示在课件上（见图 30-10），并制作动画，学生反馈良好.

$f(x)=ax^2+bx+c(a>0)$	$b^2-4ac>0$	$b^2-4ac=0$	$b^2-4ac<0$
零点	x_1、$x_2(x_1<x_2)$	x_0	不存在
大致图像			
$f(x)>0$ 的解集	$(-\infty,x_1)\cup(x_2,+\infty)$	$\{x\mid x\neq x_0\}$	$\mathbf{R}$
$f(x)<0$ 的解集	(x_1,x_2)	$\varnothing$	$\varnothing$

图 30-8

（三）典例分析 巩固新知

为什么观察得到一元二次不等式的解一定是正确的？

函数 $f(x)=x^2-5x+4$ 在区间 $\left(-\infty,\dfrac{5}{2}\right]$ 上是严格减函数，在区间 $\left[\dfrac{5}{2},+\infty\right)$ 上是严格增函数.

当 $x>4$ 时，$f(x)>f(4)=0$；当 $x<1$ 时，$f(x)>f(1)=0$；

当 $1<x<4$ 时，总有 $f(x)<0$ 成立.

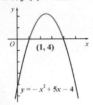

图 30-9

三、用函数观点求解不等式

对于第二章学习的**一元二次不等式** $x^2-2x-3>0$

分析对应的二次函数 $f(x)=x^2-2x-3$

观察图像

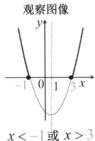

$x<-1$ 或 $x>3$

问题：为什么观察得到的一元二次不等式的解一定是正确的？

函数在 $(-\infty,1]$ 上是严格减函数，在 $[1,+\infty)$ 上是严格增函数，

当 $x>3$ 时，$f(x)>f(3)=0$；

当 $x<-1$ 时，$f(x)>f(-1)=0$；

当 $-1\leqslant x\leqslant 3$ 时，总有 $f(x)\leqslant 0$.

图 30-10

课题 2 是对一个陌生的定理辨析，与空中课堂一样，给出了多个例题. 首先观察定理内容，得到需要找到导数值等于 0 时自变量的值，从而便于我们进一步分析单调性. 联系之前所学的知识，这个值就是函数的驻点. 接下来通过两个例题（例 1、例 2）对定理直接应用，研究一个较为熟悉的二次函数以及刚刚难以处理的三次函数，接受定理并体会定理所带来的便捷性，总结一般步骤.

之后再通过一个定理逆定理不成立的例子（例 3），深化对定理的理解，由于驻点两侧导数值的符号未发生改变，恒大于等于 0，所以并不能将驻点作为单调区间的分界点，这是需要注意的. 空中课堂对于这个例

题进行了详细的文字分析（见图30-11），在实际授课过程中，笔者将图像与表格均呈现在课件上（见图30-12），使学生更能通过课件理解通过导数值正负判断函数的单调性，但反之不一定．而空中课堂的这一段分析由教师通过学生回答后总结表达，与课件结合在一起，从而得到结论：函数在区间上的导数值大于（或小于）0是该函数在相应区间上严格增（或减）的充分非必要条件，即函数的驻点可能成为单调区间的分界点．

例3 已知$f(x)=x^3$，求函数$y=f(x)$的单调区间．

分析 对函数求导，得$f'(x)=3x^2$．令$f'(x)=0$，解得$x=0$．此函数只有一个驻点．该驻点将函数$y=f(x)$的定义域划分为$(-\infty,0)$和$(0,+\infty)$两个区间，而在这两个区间上导数值都大于0．因此函数$y=f(x)$的单调增区间为$(-\infty,0)$和$(0,+\infty)$．

函数$y=x^3$在定义域**R**上是严格增函数． ⟶ 导数值的正负未改变

解 对函数求导，得$f'(x)=3x^2$．令$f'(x)=0$，解得$x=0$．此函数在$x=0$时有唯一驻点．但是，由于永远成立$f'(x)\geq0$，驻点两侧导数值的正负没有发生变化，因此该驻点不是单调区间的分界点，此函数单调增区间为$(-\infty,+\infty)$．

函数某个区间上的导数值大于0，是函数在该区间上严格增的**充分非必要条件**．

图30-11

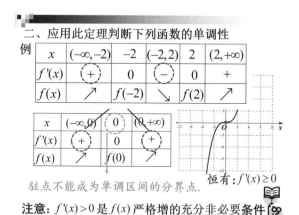

二、应用此定理判断下列函数的单调性

x	$(-\infty,-2)$	-2	$(-2,2)$	2	$(2,+\infty)$
$f'(x)$	$+$	0	$-$	0	$+$
$f(x)$	↗	$f(-2)$	↘	$f(2)$	↗

x	$(-\infty,0)$	0	$(0,+\infty)$
$f'(x)$	$+$	0	$+$
$f(x)$	↗	$f(0)$	↗

恒有：$f'(x)\geq0$

驻点不能成为单调区间的分界点．

注意：$f'(x)>0$是$f(x)$严格增的充分非必要条件．

图30-12

最后一个例题（例4）设置的背景是为了探讨"单调区间的分界点一定是驻点吗？"这一问题，通过此例我们可以发现答案是否定的．函数无定义的点也可能作为区间的分界点，而我们一开始研究驻点是因为：在

实数集上导数均存在的前提下，导函数的值符号改变必存在驻点，因此驻点可能可以作为划分单调区间的分界点．而函数无定义的点也往往蕴含着函数的一些重要特征，如渐近线的位置，因此也可以尝试将其作为单调区间的分界点，然后判断导数值正负．同样，空中课堂中此例以文字说理为主（见图 30-13）．在笔者实际授课的课件中以图像和表格呈现为主（见图 30-14），与严谨的说理过程相辅相成．在磨课过程中，措辞表达也参考了空中课堂．

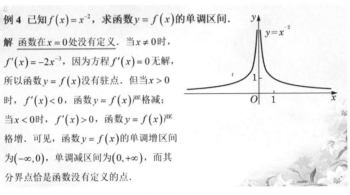

图 30-13

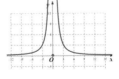

图 30-14

最后总结一般情况下利用导数研究函数单调性的步骤，梳理做题思路．最后的小结中，也参考了空中课堂中的措辞（见图 30-15），做了规范总结（见图 30-16）．

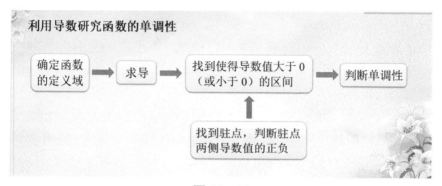

图 30-15

三、总结利用导数判断函数单调性的一般步骤

第一步 求导函数

第二步 令导函数为0，求驻点

第三步 尝试由驻点或者函数无定义的点划分区间
并列表

x		$\cdots\cdots$		—— 在这些区间上
$f'(x)$				—— 由导数值正负
$f(x)$				—— 判断函数单调性

第四步 分析得到结论

注意： 当驻点**两侧导数值的正负**没有改变，
该驻点不能作为单调区间的分界点.

图 30-16

（四）新知应用

课题1：用函数的观点求解方程与不等式

【解决引例】在（0，+∞）上解不等式 $x^4+x > 2$.

【学生活动】构造函数——分析函数

【总结】若一个不熟悉的方程或不等式所对应函数的零点和单调性较易得出时，可尝试利用函数求解，在分析的过程中，灵活使用计算器得到数据，辅助自己的猜想并证明.

课题2：利用导数研究函数的单调性

【学生活动】请同学举出一个不熟悉的函数解析式，进行小组讨

论，研究其性质，并画出大致图像．

【思考】一般情况下，我们就可以根据以上步骤，利用该定理由导数的正负判断函数的单调性，那么导数的值的大小又可以揭示函数怎样的特征呢？

这两节课所授均为应用型课题，在之前的新知辨析中，选用学生所熟悉的例子，联系旧知，希望他们通过比较结果的一致性接受定理，而在此环节中，均希望学生运用定理处理陌生问题．因此在课题1中，与空中课堂保持一致，对新知再应用．同时，由于笔者将此题设置为引例，因此在这个环节里我们回到引例．在课堂初期大部分同学无法解决的问题，现用函数的性质可以进行分析，体现了学习本节课的作用．

在课题2中，由于授课时间是在学生进行了一周的全年级测试后，他们对导数公式都有不同程度的遗忘，因此在课堂一开始笔者先对一些常用导数公式进行复习，因而笔者删去了空中课堂利用导数观察函数图像增减快慢的内容（见图30-17），而将此问题放在了课后思考中．一是因为时间比较紧张，二是希望学生能运用本节课所学定理对陌生函数进行一些综合研究，帮助学生体会本节应用课堂在解决问题时的便捷之处，也感悟函数在解决方程与不等式问题时的作用，以及认识到导数是研究函数性质的强有力的工具．

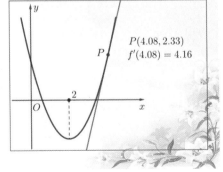

[问题4] 借助函数 $y = x^2 - 4x + 2$ 的图像，观察导数值的大小与函数值的增减情况之间有怎样的关系？

· 当导数值大于 0 时，导数值越大，函数值的增长速度越快；

· 当导数值小于 0 时，导数值越小，函数值的减小速度越快．

$P(4.08, 2.33)$
$f'(4.08) = 4.16$

图 30-17

（五）课后检验

笔者均将空中课堂的习题融入其所出的测验卷里（见图 30-18 至图 30-21）. 空中课堂题目设置有深度，也紧扣知识点，通常可以一题多解，注重思维方法，往往是笔者出卷时最先参考的；在选取题目时，也会参考本校学生情况进行一些改编，如图 30-19 中第 6 题，为必修第五章函数章节测验，此前在备课会中教师普遍反映学生表达不规范，不会用符号语言，欠缺理解数学符号的能力，如不会表示分段函数，或者读不懂集合语言，因此将原题用符号语言表示，希望学生加强对集合符号语言的理解.

（五）课堂小结 布置作业

[基础练习]

教材P134-135 习题5.3 A组 3，B组4,5.

[能力拓展]（选做）

1. 设方程 $x + \log_2 x = 4$ 的解为 x_1，方程 $x + 2^x = 4$ 的解为 x_2，试求出 $x_1 + x_2$ 的结果，并说明理由.

2. 已知 a 是实常数，设关于 x 的不等式 $\dfrac{1}{x} \geq x^2 + a$ 的解集为 A，若 A 与区间 $[1, +\infty)$ 的交集非空，求 a 的取值范围.

图 30-18

1. 函数 $f(x) = x^{-\frac{1}{2}}$ 的定义域为 _____.

2. 函数 $f(x) = x + \dfrac{1}{x}$ 的值域为 _____.

3. 已知 $f(x) = x^3 + 2x - a$ 在区间 $(1, 2)$ 内存在唯一一个零点，则实数 a 的取值范围为 _____.

4. 若函数 $f(x) = \dfrac{px^2 + 1}{x - q}$ 是奇函数，且 $f(2) = \dfrac{5}{2}$，则 $p =$ _____.

5. 函数 $f(x) = x^2 + 2ax + 1$ 在 $[-1, 2]$ 上不存在反函数，则实数 a 的取值范围为 _____.

6. 已知 a 为实常数，$A = \left\{ x \left| \dfrac{1}{x} \geq x^2 + a, x \in \mathbf{R} \right. \right\}$ 且 $A \cap [1, +\infty) \neq \varnothing$，则 a 的取值范围 _____.

图 30-19

上海市杨浦高级中学教师论文集

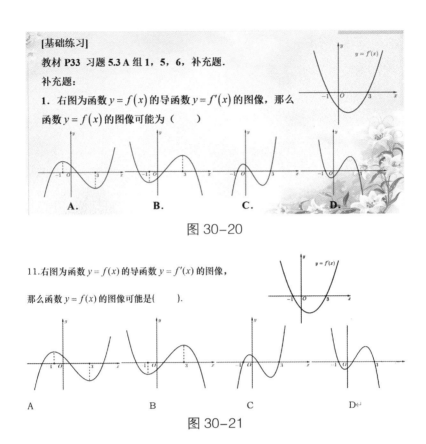

[基础练习]

教材 P33 习题 **5.3 A** 组 **1，5，6，**补充题.

补充题：

1. 右图为函数 $y = f(x)$ 的导函数 $y = f'(x)$ 的图像，那么函数 $y = f(x)$ 的图像可能为（　　）

A.　　　**B.**　　　**C.**　　　**D.**

图 30-20

11. 右图为函数 $y = f(x)$ 的导函数 $y = f'(x)$ 的图像，那么函数 $y = f(x)$ 的图像可能是（　　）.

A　　　B　　　C　　　D

图 30-21

三、总结

　　两个课题的教学皆联系了旧知，借助之前所教内容进行验证，对新知所得到的结论进行观察确认，使得学生以螺旋式上升的方式理解所学知识，层层递进，逻辑清晰，与空中课堂基本保持一致．

　　空中课堂是教师备课备题时的良好工具，在教学环节设计、信息技术应用、作业测试选题以及表达用词规范上都发挥了重要作用．除了传统的切片播放，教师也需要发挥主观能动性，基于本班学生的情况设计整个数学学习活动，形成效益最大化的教学模式．

31 对影视资源应用于高中英语视听说教学的研究

刘 平

现代社会的飞速发展对人才的外语水平提出了更高的要求,作为基础课程之一的高中英语必须为人才的进一步深造打下良好的基础,以满足不同层次的需求.因此,高中英语教学必须优化教学内容,丰富教学手段,积极开展各种资源应用于高中英语教学的实践和尝试。语言的主要特征是有声的交际和文化的载体,学校"英享时空"精良的设备给大量学生接触原汁原味的影视视听材料提供了条件,教师可以根据学生的实际情况和学习需求,选择合适的影视资源,并设计相关的教学活动。

影视资源在高中英语视听说教学中的应用与新课标的要求是一致的:课标强调通过语言学习理解信息、意义和情感态度,而影视资源能够提供丰富的情境和主题,帮助学生深入理解语言在具体语境中的意义和应用;课标提倡在真实的语境中学习语言,影视资源提供了真实的语言环境和地道的表达方式,有助于学生提高语言的实际运用能力;课标鼓励教师利用多种类型的语篇进行教学,影视资源包含了对话、叙述、描述等多种语篇类型,有助于学生理解和掌握不同类型的语言表达;课标强调学生的主体地位,影视资源的使用可以激发学生的学习兴趣,让学生在观看和讨论中主动参与,提高他们的自主学习能力;课标注重培养学生的跨文化交际能力,影视资源中的文化元素和情境能够帮助学生了解不同文化背景,增强跨文化交流的意识和能力;课标鼓励教师创新教学方法,影视资源的使用正是教学方法创新的体现,它能够提供多样化的教学活动,如角色扮演、讨论、评论等,使教学更加生动和有效。影视资源在高中英语视听说教学中的应用，要求教师在教学设计、活动实施和评价反馈等方面进行创新和优化，以实现教学目标，提升学生的综合语言能力。

一、影视资料相对于传统教学资料的优越性

早在二十世纪五六十年代，国外就在语言教学中引入了影视手段。几十年来，国内外一大批学者、专家从理论到实践充分论证和展示了这一教学手段。下面，笔者将从心理学、社会语言学以及文化三个角度分析影视资料相对于传统教学资料的优越性。

（一）心理学角度

从心理学的角度看，影视资料图、文、声、情并茂，能调动学生的多种感官同时参与，增强记忆，提高学习效率。心理学对人类记忆特点的研究表明：单靠视觉记忆其效率为 27％，单靠听觉记忆其效率为 16％，视听并用效率为 66％。

（二）社会语言学角度

从社会语言学的角度看，影视资料教学能通过创设真实生动的情境进行语境化教学，这种形式为学生提供了在社会生活的不同场合中得体使用语言的感性素材。影视是动感的媒体，能表现运动的事物，片中的超语言因素和手势、表情能帮助学生更容易理解语言，它能逼真地再现言语交际情景，为学生提供大量自然鲜活的语言。而且，影视片中的语言地道权威，涉及范围广，能够展现不同性别、年龄、职业的人的语言，能够培养学生实际和全面的交际能力。

（三）文化角度

从文化角度看，影视片是进行文化知识教学的重要媒介。在英语学习过程中，对英语影视作品的赏析，不仅扩大了学生英语语言的输入量，而且增进了学生对英语国家的文化和社会风俗习惯的了解。观看英文电

影电视也可以丰富学生的文化内涵，在影视作品中，大到各历史时期的重大事件，小到风俗习惯都有所反映，这些都是一般书本上学不到或者仅仅通过课本学习无法深刻理解的文化背景知识。

二、如何对影视资料进行选择

通过以上分析，可以看到影视资料具有传统教学资料无法比拟的优越性，那么在实际教学过程中该如何对浩如烟海的影视资料进行合理选择呢？

（一）影视资料内容的选择

选择影视作品时，其内容应适应高中生的生理和心理特点，同时也要注意内容的思想性和时代性。教师可以选取历年的奥斯卡获奖作品，如体现生命尊严和价值的《辛德勒的名单》（*Schindler's List*），洋溢青春豪情的《壮志凌云》（*Top Gun*），反映西方高中生活的《死亡诗社》（*Dead Poets Society*）和反映纯真爱情的《西雅图不眠夜》（*Sleepless in Seattle*）等。在讲授和美国历史有关的南北战争时，可以观看《飘》（*Gone with the Wind*）；讲授美国少数民族问题和种族关系时，让学生看《根》（*Roots*）；讲授宗教知识时，让学生看《埃及王子》（*the Prince of Egypt*）；讲授美国现代生活时，让学生看《克莱默夫妇》（*Kramer vs. Kramer*）；讲授时尚生活，让学生看《时尚女魔头》（*The Devil Wears Prada*）等影片。近年来美剧、英剧流行，也可以有选择地引进部分电视剧集，在选择时要注意艺术欣赏和英语语言欣赏的结合，好的影视作品能使学生通过丰富优美的语言更深刻地理解其内容，在感受英语语言魅力的同时陶冶情操，获得美的享受。

（二）影视资料的语言难易选择

所选取的英语影视作品的语言应尽可能规范，语速要适中，要考虑到作品应能尽量包括教学大纲和实际生活中经常使用的词汇。例如《玩具总动员》（*Toy Story*）或《功夫熊猫》（*Kong Fu Panda*），语言清晰、规范，非常适合初级基础的学生观看。而对于具备了一定的英语基础和有过较多听读实践的学生，所选的影视作品则应相应地增加难度．特别注意要选取一些英语原著或根据原著改编的具有文学欣赏价值和深刻内涵的作品，如根据莎士比亚作品改编的电影《罗密欧与朱丽叶》(*Romeo and Juliet*)、根据简·奥斯汀的作品创作的电影《傲慢与偏见》(*Pride & Prejudice*)，都做到了在忠实原著语言风格的基础上进行艺术的加工和再现，因而非常有利于进一步提高学生语言和文学的修养。

（三）影视资料的字幕选择

对于情节起伏较大、语言相对复杂、语速较快的影视作品，学生往往无法单纯依靠声音和画面来准确地把握作品的内容，更谈不上理解和欣赏，甚至还会产生紧张和畏难情绪，因而不利于激发他们的学习兴趣。但如果选择配有中文字幕的影视作品，学生又会产生依赖心理，所以，最理想的是配有英文字幕的影视作品。这种字幕可实现声、文、意、境的有机结合，能使学生更好地领会英语声、像和文本信息三方面的含义。如果这样的资料不充足，也可以选用中英文双声道的影视作品，放映时可以随时切换，使两种字幕相互参照和补充。

三、影视资源应用于高中英语视听说教学的教学目标、教学模式和教学设计

（一）教学目标

影视资源应用于高中英语视听说教学的教学目标是着力挖掘影视艺术中的英语因素，精选若干部外国影视经典名作供学生阅读和欣赏，设计听说读写训练和综合实践活动，引导学生从语言的角度欣赏影视名作，以激起他们对影视艺术的兴趣，培养艺术欣赏能力，提高综合英语素养。要了解影视作品所涉及的英美社会的政治、经济、历史、文化等方面的基本情况，掌握基本的影视作品鉴赏方法，提高思辨能力、综合应用英语的能力和整体文化素养。

（二）教学模式

影视资源应用于高中英语视听说的教学通常可以有下列模式：背景及相关知识介绍、影视作品观看、鉴赏与批评讨论、精彩片段角色扮演或配音、经典语句集萃等。背景知识介绍主要由教师承担，也可由能力较强的学生承担部分介绍。由于时间有限，课堂上只能观看部分内容，剩余部分由学生于课后自行完成。鉴赏与批评讨论部分主要由学生课后准备后在课堂上交流，辅以教师简明扼要的小结。精彩片段角色扮演或配音部分由学生自行挑选准备后在课堂上表演，经典语句集萃由师生课后挑选后在课堂上交流汇总。

第一次观看时要求学生注意收听。由于有画面配合，学生可以直接看到谁在讲话，在什么地方，也可看到人物的手势及活动，甚至注意到人物的眼神、情绪的变化，这都有助于对语言的理解。在这个过程中会有一些难题阻碍学生充分理解片中人物语言。例如，不明白生词、习语或俚语的意思；对话的语速太快，吞音、省略现象较严重；有时画面也会干扰听力理解。针对这些问题，教师应帮助学生解决难听懂之处，并布置学生在观看前后读剧本，也可利用我校英语情景视听室的设备专门收听电影录音，这样上述问题就可迎刃而解了。对电影有了细致的研究之后，应再让学生观看一遍电影，检验一下对电影及人物语言的理解比前次是否有长进。很多学生说，初次观看能懂30%，第二次能懂90%左右，这样不仅提高了学生的听力水平，也可以培养学生的英语学习成就感，从而激励学生继续努力。

影视资料中富含教学材料，可以多方位地培养学生口语技能。由于片中人物说的是自然地道的母语，学生可以模仿他们的发音、语调、语速，甚至学习他们说话的方式和神态。通常教师可以让学生重复和模仿影片中人物的对话，进行课堂讨论，也可以组织分组表演、配音等生动的课堂活动，由教师作最后总评。

影视资料不仅适合听说技能训练，也可用来提高学生的写作技巧。写作活动可以弥补单纯运用影视资料的某些不足，也可以说是影视课的延伸。教师可以组织学生写课堂报告，也可以让学生充分发挥想象力，为电影写一个不同的结局，还可以写观后感，然后再进行交流或演讲活动。这样，既提高了学生的写作兴趣和技巧，也能检验学生是否看懂了电影，拓展了视听说课堂的思维深度。

（三）教学设计

教师应深入挖掘影视资源的内涵，结合课标中相关的单元主题意义，设计相关的教学活动。教学活动应具有探究性，鼓励学生主动探究和创新；通过设置问题情境、鼓励学生适度冒险、示范创造性行为等方式，促进学生创新思维的发展；在教学中，教师应尊重学生的主体地位，鼓励学生积极参与教学活动，通过互动和讨论，提高学生的口语表达和批判性思维能力。

例如，笔者曾将奥斯卡影片《死亡诗社》引入英语视听说教学中。教师先用几个小问题和热身配对活动让学生快速回忆了电影的大概情节和主要人物。接着通过回看电影片段和排列诗句顺序等形式了解电影名的来源和意义，并引导学生关注梭罗这首诗歌的主旨 "live deliberately and live deep"；接下来，分别回看了 Mr. Keating 第一天上课的情景和鼓励学生站在讲台上的两个片段，通过听写、填空、朗诵、模拟表演影片中出现的诗歌和 Mr. Keating 的语言，体会英语诗歌的语言之美和 Mr. Keating 苦心想要向学生表达的思想，并呼应 "live deliberately and live deep" 两个主题。活动课的后半段，让学生找出电影中出现的各种冲突，思考讨论到底是哪一种冲突最终导致 Neil 的自杀悲剧，并引导学生想一想：如果同样的事情发生在自己的身上，该如何去解决。鼓励学生去探究电影的主题并找到电影的现实意义，最终鼓励学生 "live positively"。

四、课堂评价

影视资源应用于高中英语视听说教学为学生提供了一个动态的、变化的、较为形象自然的英语语言学习环境。丰富多彩的英语电影语言让学生接触到语音纯正、语速自然、多种多样的口音和语体，脱离了"平面语言"的束缚，享受英语国家生活中的现实语言带给他们的快乐，激发学生的学习动机，大大提高学生学习英语的兴趣，使学生具备自觉参加交际活动的动机和愿望，变"要我学"为"我要学"，培养和提高了他们的听力水平和表达能力。

新课标要求教育者采用多种形式对学生的活动进行评价：对学生学习的评价，既要关注学生对语言知识和语言技能的掌握，还要重视其在学习过程中的情感态度和参与表现（包括情感参与和思维参与）。例如，课堂中已制定了学生活动评价方案——平时课堂活动参与率（3分）+语言知识笔试（3分）+角色扮演（4分）的10分制考核方案。为了尽量给学生的表现一个客观的评价，笔者针对角色扮演活动设计了量化评价表格（见表31-1）。

表31-1　量化评价表

评价分数	4	3	2	1
语音语调	发音准确清晰，语调生动，表达人物思想感情到位	个别发音不准，但比较自然，不影响理解	有一些发音不准，语调比较生硬，但基本可以听懂	语音语调较生硬，几乎听不懂，影响理解
行为表现	能通过表情或动作积极生动表现，组员之间协调很好	能采用表情或动作等设法表现，组员之间协调较好	能采用至少一种方式予以表现，协调一般	不能有效地运用肢体语言予以表现，协调不太好
分工合理性	工作量平均分担	工作量分担不够平均	工作量主要由少数人承担	工作量主要由一人承担
任务完成过程	自始至终全力投入	大部分时间投入	仅部分时间投入	基本没有参与
作品/表演质量	内容完整，充满热情和创造性	内容完整，表现出一定的热情和创造性	内容比较完整；创造性不足；态度比较认真	内容不完整；缺乏创造性；态度不够认真

影视资源应用于高中英语视听说教学能提供真实语境，能增强学生学习兴趣，提升语言实际运用能力。它丰富教学内容，促进文化理解和批判性思维发展，同时提高学生的信息捕捉和处理能力，培养创新思维和自主学习能力。英语电影是英语国家文化的重要组成部分，是学习语言文化的好材料。教师要精选各种类型的原版经典影视作品作为基本教学内容，根据影视作品所反映的时代背景，通过对影视作品的观看、分析、欣赏与评论，学生能够比较深入广泛地了解西方社会特别是英美社会的政治、经济、历史、文化，同时通过熟悉影视作品中各种人物的对话来扩大和丰富英语语言知识，从而切实提高实际运用英语的能力、思辨能力、跨文化交际能力、对影视作品的鉴赏能力和综合文化素养。

参考文献

[1] 段利勤.影视欣赏教学对非英语专业学生的文化意识培养研究[D].武汉：华中师范大学，2012.

[2] 胡素芬.使用影视片对非英语专业学生进行听说教学[D].武汉：华中师范大学，2004.

[3] 李英杰.将影视素材融入语音教学的案例研究[D]长春：东北师范大学，2010.

32 英语语法课堂教学设计与组织的优化尝试

姚　贝

一、现象引发思考

　　语法教学作为一种规范语言使用、提高语言能力的有效手段，其重要性毋庸置疑。英语教师在课堂教学过程中进行专门的语法知识教授并不是要学生简单机械地记忆语法规则，而是希望学生把语言的外在形式、内在意义和实际功能有机结合，通过不断运用，最终内化为语言组织的习惯，固化为语言运用的规则，从而提高运用语言沟通交际的能力。因此，笔者不赞同部分英语教师片面淡化语法教学的做法，相反，英语教师应该通过有效的课堂教学设计和组织对语法教学进行优化。

　　随着"新课程、新教材"在上海地区全面实施推进，高中英语教材也由原先的牛津版和新世纪版改为现在的上教版和上外版。但现状是，无论使用哪套教材，教师、学生都非常重视英语语法，投入相当多的时间和精力从事教与学。然而，巨大的投入是否就能得到良好的产出呢？结果并不乐观。英语语法课堂教学始终存在着一些共性的问题，即看得见，摸得着，讲不完，学不透。不少英语教师对一个语法概念从高一讲起，每学期一遍，一轮又一轮地反复强调，学生对这个语法概念的认识往往还只是模模糊糊一大片，而不是清清楚楚几条线。于是，不少学生逢考必错，许多教师见错穷纠，语法的教与学就这样陷入了一种似乎无法摆脱的"低效高耗"的痛苦过程。

上海市杨浦高级中学教师论文集

二、目前高中英语语法课堂教学的误区及分析

那究竟是什么原因导致了这样的现象呢？我们都知道，高中学生主要依靠教师的课堂教学来实现对英语语法的理解和掌握。但部分英语教师由于受自身教学理念模糊、教学能力欠缺等多方面因素的局限，在英语语法的课堂教学中还存在下列误区。

（一）教学目标定位的误区

高中英语语法教学应该定位为向学生传授实际语言交流过程中被频繁使用的内容和项目，使学生通过学习语法，更好地掌握和运用英语。可是，不少教师在设定语法教学目标时，片面追求所谓的语法体系完整和语法规则详细，把语法教学和语法现象研究混淆了。

比如，在教授 infinitive 和 gerund 作动词宾语的时候，关于 begin/start 加 to do 或 doing 的区别这个知识点，有的教师就抛出如下规则，要求学生记忆背诵：begin/start 有三种情况必须加 to do：① 物作主语时；②begin/start 本身已使用进行时态；③ begin/start 后面碰到表示思想活动的动词，如 know, realize, understand 等。

上述的规则的确存在，但是在课堂教学中，教师如此不计琐碎地列出条目让学生记忆背诵，似乎没有必要。如果高中英语语法的规则都需要如此罗列条目，学生要背的规则就会有成千上万条，他们一路学下来，怎么还会有对学习的兴趣和自信心？

（二）语言材料选取的误区

许多教师在组织课堂语法操练和设计课后语法练习时，往往不能选取带有语言情景的材料，只是局限于课文材料。语言学习的材料脱离了语言环境是可怕的，因为这违背了语言使用的真实性。

其实，无论是之前一直使用的牛津版、新世纪版教材，还是在"双新"背景下推出使用不久的上教版、上外版教材，课文文本内容都是鲜活生动的。但是，许多教师不能用足、用好权威文本，经常只是从课文中抽取脱离上下文的孤立单句来讲授知识，考查学生。这种无本之木、无

源之水对学生学习语法能有多少帮助可想而知。甚至，有的教师还在依据一些过时的语法书机械地讲授语法。比如讲到冠词用法时，有这样一种说法：在含有普通名词的专有名词前应该加定冠词 the。于是教师就给出如下的例子："上海动物园应该是 the Shanghai Zoo。"但马上有学生提问："我看到地铁报站和上海动物园的英文简介上都是 Shanghai Zoo，没有 the 啊？"事实上，这样的规则在实际语言使用的不少场合已经有所松动，教师对学生的诘问也很难给出圆满的回答，让学生信服。

（三）教学步骤设计的误区

语言的使用规则是语言被广泛使用之后的产物，谁都不会怀疑先有语用实践，后有语法规则这一事实。同样，在英语语法教学过程中，教师也应该按照首先开展语言实践，其次提炼语法理论，然后再指导语言实践的步骤开展教学。

可是在实际教学中，许多教师依然认为语法就是靠死记硬背才能学会，往往在课堂教学中省略了第一个步骤，直接讲述语法规则，学生被动接受，机械操练一番，再通过错题分析讲评加深规则记忆。这种先凭空给出理论，再操练，最后又总结理论的做法完全违背了语言学习的规律。

（四）学习评价方式的误区

在英语教学过程中，对学生的学习评价必须掌握适当原则，体现评价主体的多元化和评价形式的多样化，注重评价的综合性、全程性和多向性，充分发挥评价的诊断、反馈、导向、激励和增值的功能。

然而目前英语语法课堂教学的评价方式普遍注重结果，忽视过程，只是在语法讲授完成后，要求学生完成单一的测试。测试题型也是从高一年级开始就死板地套用高考题型，过程性的口头评价很少，过程性的书面评价几乎没有。

三、对高中英语语法课堂教学的重新认识

中学英语语法属于教学语法范畴，是实践语法，不是理论语法。它

以培养学生理解句子和篇章、准确表达思想的能力为目标，是学生学习的工具。学习语法有助于准确地掌握和运用语言表达思想，进行交流。

拉森弗里曼（Diane Larsen-Freeman）在她的著作《语言教学：从语法到语法技能》（*Teaching Language: From Grammar to Grammaring*）中指出，能运用语法结构不仅意味着形式的精准使用，还要兼顾意义和语用。要鼓励学生有好奇心，去观察他们所学的语言中蕴含的推理方法，要给予学生理解语言的工具，并使之成为他们自己的东西。由此可见，英语教师从事语法课堂教学必须注重语法形式、意义和运用这三个维度的协调和统一（见图32-1）。

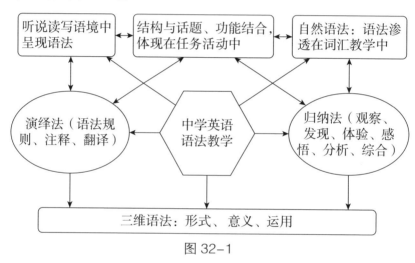

图 32-1

四、英语语法课堂教学设计与组织的优化尝试

（一）教师通过启发引导，使学生感知语法现象、总结语法规律

高中学生有小学、初中阶段英语学习的积累，对英语语法的架构已经形成了基本的认识。因此，教师在很多时候完全不必把语法规则直接罗列出来，然后操练。这样做会使生动的语言学习变成机械的规则记忆，很难调动学生的学习兴趣和积极性。我们可以有针对性地选择一些语法

项目，让学生自我发现、自我分析、自我感知、自我总结。

课例片段1：

最新上外版英语必修第二册 Unit 3 Reading A *Dining in France:Culture Shock (Blog diary)* 出现的语法项目是"过去分词作定语"。我首先让学生在课文中找出带有分词的句子，找到最多的学生将得到全班的掌声鼓励。学生很快就找出了课文中所有包含过去分词的句子，也在不知不觉中复习了分词的形式和结构。然后我要求学生：

(1) Read all the sentences and pick up those with past participle as attributives.

1) There is a small toy **hidden** inside the cake, and whoever finds it in their serving is the winner.

2) In the south, they might be rice cakes, while in the north dumplings **boiled** in water and **steamed** dumplings **made** of wheat are favourite foods.

3) This is reflected in Chinese cuisine, where almost every flavour (salty, spicy, sour, sweet and bitter) is used in a **balanced** way to create delicious dishes.

(2) Read another group of sentences and compare it with the one they found.

1) There is a small toy **which/that is hidden** inside the cake, and whoever finds it in their serving is the winner.

2) In the south, they might be rice cakes, while in the north dumplings **which/that are boiled** in water and **steamed** dumplings **which/that are made** of wheat are favourite foods.

学生通过比较发现：

（1）过去分词作定语和以前学过的定语从句的语法功能是一样的，而且能使句子看上去更加精练。

（2）单个词的过去分词作定语，可以前置，就相当于一个形容词；多个词的过去分词短语作定语，应该后置。

（3）作定语的过去分词表示该动作已经完成，如果是及物动词，它和所修饰的名词应该是被动关系。

这部分语法知识的学习开始于教师的启发引导，接下来由学生自己发现、比较、感知，并归纳总结，再运用巩固，实践下来效果比较理想。运用这种方法教授语法，教师避免了喧宾夺主"满堂灌"的做法，学生也从被动的接受者变成主动的思考者。

（二）教师利用生活化的语料创设情境，促使学生主动参与语法探究

课堂教学要取得良好的效果就必须具备足够的吸引力，必须做到能激发学生的学习兴趣。传统的英语语法课堂教学一向给人以枯燥呆板的感觉，造成这种感觉很重要的一个原因就是不少英语教师不善于在语法课堂教学中创设情境，只是一味地灌输规则，机械操练。英语教师应该注重语法教授过程中的情境创设，用灵活、多变的教学组织形式和生动、有趣的课堂活动培养和调动学生的学习兴趣。学生强烈的学习兴趣在不知不觉中会转化成执着的求知欲望，从而积极主动地思考和探究学习问题。

根据英语语法教学的特点，教师在授课过程中可以使用鲜活的语言描述、生动的音视频资料、直观的表格图画来创设情境，把抽象的语法概念进行具体形象地呈现，帮助学生感知、分析、判断和记忆。

课例片段2：

当讲到情态动词的时候，我总是发现高一学生对初中已学的情态动词知识积累十分欠缺，有的甚至连 must 和 have to 的区别都没有掌握。我特地研读了人教版新教材必修三 Unit 1 中对情态动词的课例设计。为了帮助学生复习情态动词，扫清下一阶段的学习障碍，我把一段新闻材料改写到学生能够理解的难度，呈现给学生：One night last year, Gao Xiaosong, a famous musician was driving back home after drinking too much. Suddenly the car Gao drove was out of control and struck another. As a result, he was arrested and was sent to prison……

然后我要求学生 have a short discussion and make a brief comment on

the news using modal verb. 同时，我给出了一些 useful phrases。比如，observe the traffic regulations; stay in prison 等。

一宗"名人酒驾入罪"的新闻显然引起了学生的兴趣，也给他们提供了合适的语言情境，他们的讨论相当热烈。在教师的启发下，学生在给出简短评论时都比较正确地使用了情态动词：如，S1: He **must** observe the traffic regulations, but he didn't. So he **had to** stay in prison.S2: He shouldn't have broken the law. 这里还出现了虚拟语气的用法。S3: This **may** be a lesson to him. 等等。

课例片段 3：

在教授虚拟语气 If... had done..., ...would/should/could/might + (not) have done 这一语法结构时，我首先让学生观看一段学生德育教育表演剧的录像。这段录像的内容是关于学生 Simon 的英语学习问题。然后我引入问题，交代任务。

Step I

T: Simon had some difficulties in English learning, and he failed to pass the mid-term exam. Would you please describe his performances of English learning and the results he got?

S1: Simon often fell asleep in class, so he couldn't take notes of the text.

S2: Simon liked talking to others in class, so he affected his teacher and classmates.

S3: Simon didn't read English aloud, so he missed the chances to practice oral exercise.

S4: He was obsessed with computer games, so he did his homework carelessly and even could't hand it in on time.

教师提供贴近学生学习生活的素材创设情境，有意识地引导学生运用已经掌握的并列句结构进行描述，以旧带新，为引入虚拟的 if 条件句作好铺垫。

Step II

T: As you said, Simon didn't work hard, so he couldn't keep up with his classmates and failed in the mid-term exam. Finally he regretted wasting so much time and hoped his exam result was not so poor.

Q1. Is it possible for the exam result to be changed?

Q2. If Simon had worked hard, what would have happened to him?

S: If Simon had worked hard, he would have kept up with his classmates.

教师以虚拟 if 条件句设问，引导学生使用和熟悉这一语法概念和句型结构。

Step III

In pairs, ask and answer questions about Simon's performance and result in English learning. Follow the example below.

S1: If Simon hadn't often fallen asleep in class, what would have happened to him?

S2: If Simon hadn't often fallen asleep in class, he would have taken notes in class.

教师引导学生在语境中操练语法结构，体会语法形式和语法意义的一致性，并进一步总结出语言运用的规律。

Step IV

1. In groups, everyone should talk about your own experiences with other members by using the following sentence pattern.

If I ... had (not) done..., I would/should/could/might + (not) have done

2. Write a short passage entitled "If I had (not) done ..." in at least 5 sentences.

教师进一步推动依托情境的语言运用，帮助学生通过运用巩固语言，把学到的语法知识内化为实际语言交际能力。

（三）教师巧设课堂活动，帮助学生运用语法进行有效操练

学生对语法学习有畏惧感有诸多原因。可能有的学生是因为受困于母语思维，对英语语法概念和规则一时难以理解和接受。笔者根据自己语法教学的实践得出这样的观点：更多学生面临的困难是：听得懂，记不

住，内容和项目多了以后，尤其容易产生概念的混淆和运用的错误。造成学生此类困难的原因主要还是训练不得要领。传统的英语语法教学主要依靠教师的满堂灌输和抽象演绎来教授规则，接下来的操练也基本上以简单的口头翻译和机械的书面填空、选择练习为主。学生的思维深受束缚，没有一个自主思考、训练消化、积累掌握的过程。

在学生初步学习了某项语法的概念和结构之后，教师应该精心组织课堂活动和游戏，让学生以听、说、读、写等形式进行有效地操练运用，进一步熟悉相关语法内容，达到巩固的目的。

课例片段 4：

在最新上教版英语必修第一册 Unit3 和 Unit4 的 Grammar activity 中，我给学生讲解了 Relative clauses with who/whom/which/that/whose/when/where/why 等结构，在这个过程中，我设计了一个简单的 guessing game，让学生能够充分操练和巩固。

Step I

Offer the students some useful information about different animals for reference.

Step II

Ask the students to guess the name of the animal which the teacher describes.

T: 1. This is an animal which eats plants only.

2. This is an animal that moves fast by jumping.

3. The reason why the animal can move fast is that it has a long tail and strong hind legs.

4. This is an animal whose babies are carried in a special pocket on the front of its body.

5. The place where the animal lives is isolated from other continents.

教师设计有可能激发学生兴趣的活动，并有意识地在展开活动的语言呈现中使用不同关系代词和关系副词引导的定语从句。学生在积累信息量并最终猜出谜底的活动过程中感受定语从句的形式、意义和语用功能，从识别语法形式逐渐过渡到理解语法意义。

Step III

The students work in groups to make riddles by using sentences with relative clauses according to the information offered by the teacher.

学生通过编谜语的活动，运用定语从句的语法结构，总结出规则并运用规则组织语言。

Step IV

The students play a guessing game in the class.

学生以活动呈现的形式锻炼听、说能力，同时巩固所学语法知识。

（四）教师依托语篇载体进行教学，学生立足语用理解和巩固语法知识

语言学习的终极目的是掌握和使用该语言交流，帮助来自不同文化圈的人士开展有效的沟通和了解。在多数情况下，能实现有效语用的语言单位不是单词、短语和简单的句子，而应该是由多个句子构成的语篇。现实的语法课堂教学往往忽视了这一点。比如传统英语语法教学中的时态部分，教师的讲解和学生的操练主要落实在单句层面，这样的做法使学生对语言学习的关注往往仅停留在动词的结构变化和时间状语的辨识，而忽视了只有依托语篇载体才能传达出的语言信息。

事实上，人际交流所使用的语言当然不可能都是 Good morning 这样的问候语。要真正学好一门语言，就必须以传输相当的信息量、顺利地传情达意为目标。语法教学不能局限在孤立的单句例子，而是必须依托语篇。语篇是体现语境、实现语用的载体。因此，教师必须重视依托语篇载体开展语法教学，学生也可以在学以致用的思想指导下，更好地理解语法知识，提高语言运用能力。

课例片段 5：

例如，在教授牛津英语上海版 SIIB Unit 1 Reading *Suffering to be beautiful* 时，我去除了 Paragraph 6 中所有的谓语动词，然后让学生做动词填空。

EC: Well, there **_are_** lots of examples of societies in which people **_have_**

done some horrendous things to try to make themselves look more beautiful. For instance, some European women *used to have* their bottom ribs removed so that they *would have* thin waists. Neck stretching *was* fashionable in some parts of South-East Asia. In Africa, there *were* tribes which *stretched* their ear lobes or lips. I *think* it *is* ridiculous that people——usually women——*have been forced* by society to endure such considerable pain and suffering.

在传统语法教学的过程中，"时态应当前后一致"常常被过分地加以强调，正是这种脱离文本的夸大强调导致不少学生做练习时忽视语用功能，简单地一律使用一般现在时或一般过去时。其实，在这段课文材料中，现在时和过去时的交替使用体现了不同的语义特征和语篇功能。表明说话者观点的语句都使用了一般现在时，如"there *are* lots of examples of societies..."; "I think it is ridiculous that..."。而提及某一种具体的情况和例子时，文本又运用了一般过去时，以表明这些情况发生于例子所处的时间和状态下，如"For instance, some European women *used to have* their bottom ribs removed so that they *would have* thin waists. Neck stretching *was* fashionable in some parts of South-East Asia. In Africa, there *were* tribes which *stretched* their ear lobes or lips. "。同时，在表述说话者对社会现象的客观评价时，文本又以现在完成时出现，如"...in which people *have done* some horrendous things to try to make themselves look more beautiful." "people——usually women——*have been forced* by society to endure such considerable pain and suffering. "。

可见，英语时态这类语法现象是无法简单地通过单一的概念或句式来学习和教授的，教师只有依托语篇载体，帮助学生立足语言运用，学会运用语法知识组织起精准的语言，才能实现表达和交际的目的。

（五）教师引入合适的学习评价反思设计，学生提高学习的自主意识

评价和反思是语言学习过程中的重要环节，这既是检验教与学两方面成果的必要步骤，也是查找问题，不断改进，以利继续深入学习的有效

手段。英语语法教学是一项体系化的工程，在实施的过程中对学生的学习表现和学习成果作出及时、适切的评价，促使学生积极反思，培养学生的课堂主体意识显得尤为重要。

英语语法教学的评价除了常规的作业、练习、测验和考试以外，更应该注重过程性评价。我在日常的英语语法教学中除了及时对学生表现给出口头评价外，也经常要求学生和教师一起填写课堂表现评价表和课堂学习反馈表（见表32-1、表32-2）。

表 32-1　课堂表现评价表

评价项目	聆听	提问	回答	合作	兴趣和效果
自评					
组评					
师评					

表 32-2　课堂学习反馈表

新学的语法内容	
得到巩固的已学语法内容	
本课未能掌握的语法内容	
希望通过老师、同学的帮助加以改进和提高的语法内容	

实践证明，这种和常规方式评价并行不悖的过程性评价对于促进学生的学习反思和学业进步是很有帮助的，适时的课堂评价和课堂反馈让学生在学的过程中清清楚楚地找到自身的成功之处和今后需要努力改进和发展的方向，帮助他们牢固树立自主学习和自主发展的意识。

五、结束语

高中阶段的英语语法教学可以促进学生语言技能的掌握和语用能力

的提升，因此语法教学不能淡化，而应优化。在新课程、新教材"双新"实施的背景下，我们高中英语教师应该在语法课堂教学中转变教学理念，更新教学策略，走出教学误区。通过启发感知，创设情境，巧设活动，依托语篇，改进评价等有效的方法让学生感受到语法学习的实用性、趣味性和有效性，在实践中掌握语法知识，提升语言能力。

参考文献

[1] 程晓堂. 关于英语语法教学问题的思考[J]. 课程·教材·教法，2013，33（4）：62-70.

[2] LARSEN-FREEMAN D. Teaching Language:From Grammar to Grammaring[M]. Heinle ELT，2003.

33 从大单元教学视角谈高三物理复习课教学

姜玉萍

随着 21 世纪信息化、全球化的飞速发展，社会对人才素质的要求发生了很大的变化，为此，高中学科的课程目标不断迭代更新，从"双基"发展到"三维目标"，再提升到《普通高中物理课程标准（2017 年版 2020 年修订）》中明确提出的要聚焦核心素养，面向未来。物理学科的核心素养由四个部分组成，即物理观念、科学思维、科学探究、科学态度与责任。核心素养的提出，有助于教师更清晰地理解本学科的育人目标，更顺利地推进指向素养目标达成的大单元教学，更重视真实情境中的问题解决。

一、高三物理复习课中运用大单元教学模式的意义

高三物理复习课的目的不仅仅在于巩固已学的高中物理知识，更着力于提升学生的思维品质和学科素养。物理学科的"科学思维"包括模型建构、科学推理、科学论证、质疑创新等要素。大单元教学模式是在核心素养提出后我国教育工作中提倡的新教学形式，目的在于促进学生的科学思维和深度学习[1]。但受教材按章节顺序编写及教师教学习惯的影响，学生难以跳出课本所划分的单元去构建完整的物理知识体系。试行大单元教学模式，则可通过强调课程内容情境化、知识体系结构化，把高中物理课本中众多零散的知识点串联在一起。大单元教学中，问题的设计要层层深入，活动的安排需环环相扣，引导学生通过课程学会探索知

识之间的内在联系,学会举一反三,将所学知识融会贯通,有利于提升学生对物理学基础知识结构化的总结和创新思维。

二、物理课程大单元教学模式的类型

教学模式是课程与教学的连接点,是课程教学目标得以实施的框架和程式。大单元教学模式围绕真实性学习任务开展,以学科大概念深化理解为目标。在高三物理复习课的教学中,常见的大单元教学模式有两种类型:一是基于学科基础知识的大单元教学模式;二是基于知识体系重组的大单元教学模式。

(一)基于学科基础知识的大单元教学模式

以学生初次学习物理时习得的知识体系为基础,按照课本章节进行大单元复习。如力学篇章的复习,一般从匀变速运动规律开始,接着是物体的平衡,然后是牛顿运动定律,再是各种周期性运动,在机械能守恒定律和动量之后,以牛顿力学的局限性和相对论初步收尾。这样的复习安排,系统性强,能最大程度上唤醒学生在高一高二新课学习时的记忆,也是从教多年的教师们的授课舒适区,能较好地把知识点落实到位,非常适合高三第一轮的复习。其不足之处在于,各部分知识点相对独立,很难用相对统一的方法来关联各部分内容,因而对课时要求比较高。而现在的高三,学生要同时学习六门学科,留给物理的课时相当紧张,所以,这一大单元教学模式更适用于重点章节的复习。

(二)基于知识体系重组的大单元教学模式

重组知识体系,需要融入学科思维方式,系统性地思考物理问题,同时在解决实际情境问题的过程中加强对科学知识的掌握,形成物理大概念的思想。新版高中物理课程标准中的物理观念包括物质、运动与相互作用、能量三个方面。形成三大物理观念的前提是对理性的物理大概念有充分的掌握,因此教师在实际教学中以物理大单元的学理性阐述为侧重,符合高三物理学科知识复习的要点。[2]具体的重组方式,可以分为以下三种：

1. 以知识关联重组

把具有相似特性或分析过程中使用相近方法的知识点进行整合，进行大单元教学。如合并复习机械波与电磁波，从波的形成、传播、各物理量关系入手，回顾基础知识的同时，分析两者的异同，通过对比加深理解。还可以安排一个名为"场"的大单元，把电场、磁场、重力场（引力场）全部涵盖，从场的性质、特点、功能等维度进行系统性复习。

2. 以方法梳理重组

物理是一门观察实验与科学思维相结合的学科，有很多常用的方法，如观察法、实验法、类比法、图像法、理想模型法、控制变量法、等效替代法、累积法、图表法、归纳法、比值定义法等。熟练掌握研究物理学的方法，能使学习事半功倍。众多方法中，图像法每年都会出现在高考试卷上，是每一个选物理的学生必须攻克的难关，从入门级的 $s\text{-}t$、$v\text{-}t$、$U\text{-}I$ 等直线型图像，到进阶级的 $x\text{-}t$、$u\text{-}t$、$P\text{-}R$、$\varphi\text{-}x$ 等曲线型图像，再到烧脑级的 $1/I\text{-}\alpha$、$R\text{-}1/L$ 等各种变式图像，万变不离其宗的是准确识别横坐标与纵坐标的物理意义，以熟悉的物理公式为切入点，写出以纵坐标为因变量、横坐标为自变量的函数关系式，再从斜率、截距、交点与折点、线下面积等方面进行思考，问题通常就能迎刃而解了。

3. 以情境引导重组

从 2024 届开始，物理等级考由若干综合题构成，强调将本学科所学的内容运用到真实的情境中，解决实际问题，提升学科核心素养。因此，以真实情境为背景，从多角度设计问题，进行物理大单元复习，就显得尤为重要。如安全教育是现今教育教学的重要课题，高三物理复习不妨以交通安全、用电安全等实际需求为题，结合学科知识点，构建教学框架。交通安全的大单元中，可以融入运动学规律、力和运动的关系、能量、光学、传感器、图像等知识点，提升学生面对复杂情境时解决问题的能力，并使其在物理学习的过程中逐渐具备现代公民应有的素质与品格。

综上，基于知识体系重组的大单元教学模式，更体现知识的整体性，横向串联原本较分散的知识点，突出物理观念，培养科学思维，促进深度学习。但这种模式对学生的要求相对更高，因而更适用于第二轮复习，同时需要根据学生学情重构配套练习。

三、大单元教学模式在高三物理复习课中的实施要点

高三的物理教学以复习为主，是学生备战高考的重要阶段，在课时相对以往有所压缩的情况下，在高三物理复习课中试行大单元教学模式，具有明显的优势。其不仅可以有效复习基础知识，更可以有效帮助学生系统、全面地巩固进而掌握物理课程的基础知识和基本原理，提升他们的学科素养和综合能力。

（一）梳理知识与逻辑，建构有组织的学习经验

基于学科基础知识的大单元教学模式，具体以高中物理课程标准和命题要求等为基本导向，以学科教学模块为核心，经过整合高中物理内容，对学科知识点进行合理梳理，按照一定的内在逻辑和关联性重新整合、综合设计、有序实施，从而使物理知识结构得到进一步完备与优化，实现循序、逐步、环环相扣的教学引导，从而提高物理课堂教学的整体性和逻辑性。[3]

高中物理学知识通常可划分为力学、热学、光学、电磁学等大单元，根据各大单元之间的内在逻辑，整合物理概念、物理量、物理定理、物理规律等，并根据学生的学习和认知规律进行教学活动设计，建构有组织的学习经验。电磁感应是历年高考试题中的压轴内容，其复习可从以下逻辑链（见图33-1）入手进行梳理。

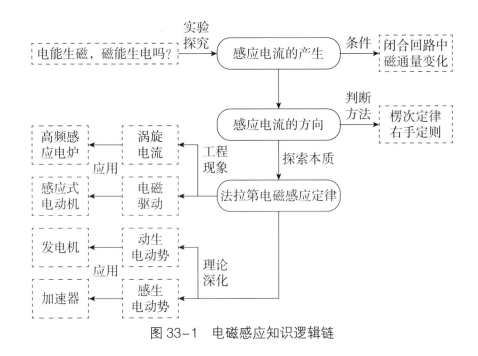

图 33-1　电磁感应知识逻辑链

当学生在教师的引导下，对单元的知识逻辑有了清晰的认知后，就能更快速、准确地理解知识的来龙去脉和应用场景，提高复习的效率。

（二）设计情境与问题，打造进阶性的学习过程

随着教育改革的深化，近年来不断出现以情境为载体的对物理知识进行考查和评价的试题。试题贴近生活、社会、时代的生活实践和学习探索情境，旨在讲好中国故事，厚植家国情怀，落实立德树人、为国选才的根本任务。[4]

情境的设置要真实，问题由浅入深，层层递进，除了以综合题的方式出现在试卷上，还可以以"项目"的方式呈现在实验室里。项目应包含活动任务、方法、原理、策略、流程等环节，促使学生在活动中达成学习目标。例如"测量上海重力加速度"的项目，重力加速度是一个学生从初中就开始接触的物理量，可谓熟稔于心。那么，以高中所学的知识，能设计出多少方案，对该物理量进行测量，需要用到哪些仪器，实验中的注意事项是什么，测量获得的数据如何处理，分析得到的结果与文献中的上海

重力加速度误差多大，产生误差的原因是什么，这些都是项目中学生需要解决的问题。根据以往教学经验，学生一般能设计出的方案有：通过自由落体实验测量重力加速度；使用弹簧秤称量竖直方向上平衡的物体，结合胡克定律，算出重力加速度；运用单摆的周期性运动，借助 T^2-L 图像，获得重力加速度的值；巧用机械能守恒实验装置进行测量等。

在真实情境中，运用不同的知识和方法，通过融入一定数量的实验、操作或工程实践任务，让学生亲自动手完成各项任务，增加学习的兴趣，提升学习效果，同时也能加强学生的动手实践能力。[5]多样化的解决方案，保证了不同章节学习内容之间的连贯性，呈现学生学以致用的研究历程，在关注知识传授的同时，更培育了学生的动手能力、科学态度、批判性思维和交往协作能力。

（三）重视评价与检测，确保高质量的教学成果

评价的意义在于检测学生在大单元学习中是否达到了预期的结果，是判断学生学习目标达成度的重要依据。高三教学评价的主要形式为测验，注重指向学生高阶思维发展的试题开发，减少记忆性内容，增加探究性、综合性、开放性的试题，提升试题与学生认知目标的匹配度，就成为提高教学质量的重中之重。

以沪科版高中物理选择性必修一第四章《光》第一节《光的折射》中的学生实验"测量玻璃的折射率"为例，学生观察和测量光线从空气进入玻璃时的传播路径。如图 33-2 所示，确定入射角 θ_1 和折射角 θ_2，根据折射定律计算得到玻璃的折射率。设计练习时，可以把该实验与本章节第二节《全反射》、第三节《光的干涉》、选择性必修三第十四章《微观粒子的波粒二象性》第一节《光电效应 光子说》整合在一起。

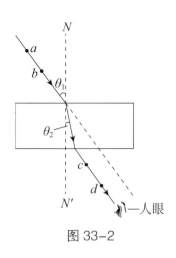

图 33-2

上海市杨浦高级中学教师论文集

如图 33-3 所示，从水中 S 点沿 SO 射出 a、b 两种单色光，只有 a 光射

出水面。已知在同一介质中，光的频率越大，折射率也越大。下列说法中正确的是（A）。

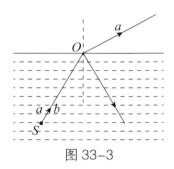

图 33-3

A. a 光在水中的传播速度大

B. b 光在水中的波长比 a 光在水中的波长长

C. 用同一双缝干涉装置进行实验，可看到 a 光的干涉条纹间距比 b 光的干涉条纹间距窄

D. 用 b 光照射某金属板能发生光电效应，换用 a 光照射该金属板也能发生光电效应

运用物理实验中出现的现象寻找解决问题的规律，能够使物理复习更加有效、有趣，有利于培养学生的科学思维。[6]然而坐在同一间教室内的学生，认知水平有所不同，学习能力亦有高低，纵使分数非常重要，但"唯分数"会使部分学生受挫。教师需要关注每一个学生的学习需求，通过问卷等形式，充分了解学生的学习现状，因材施教，分层教学或布置作业，让每个学生都能找到适合自己的学习方式和节奏。采用灵活多样的评价方式，对学习态度、学业发展等进行综合评价。学生一旦有所进步，及时给予肯定和鼓励，激发学生的学习动力，提高他们的学习效果。

如今，教书育人的要求也在不断更新。教师需要根据学生的认知规律，设置符合他们发展需求的学习任务，从品德发展、学业发展、身心发展三个维度进行综合性评价，使评价对教学最大限度地发挥正向作用。

总之，在高三物理复习课中试行大单元教学模式，旨在培育和提升学生的科学思维能力，也为高三物理复习带来新的思路和方法，有助于提升学生的核心素养和学习效果。大单元教学在实践中的试行，需要高站位、大视角，更需要一线教师们共同努力，不断总结经验和优化教学策略。同时，也急须加强与学生间的互动与反馈，为学生的发展提供更好的支持和指导。

参考文献

[1] 孙志新.基于深度学习理念的高中物理大单元教学研究[C]//福建省商贸协会.华南教育信息化研究经验交流会 2021 论文汇编(六).长春市十一高中北湖学校,2021:100-102.

[2] 邢鹏.大概念视域下高中物理单元设计研究[D].哈尔滨:哈尔滨师范大学,2023.

[3] 李燕,李青.大概念视角下的高中物理大单元教学[J].家长,2023(33):95-97.

[4] 李俊永.强化学科基础 立足经典模型 考查物理能力——2023 年高考全国甲卷第 24 题评析[J].中学物理教学参考,2023,52(25):45-48.

[5] 崔长勇.基于学科核心素养的高中物理大单元教学设计研究[D].大连:辽宁师范大学,2023.

[6] 张美荣.指向科学思维培养的高中物理大单元设计研究[D].长沙:湖南师范大学,2021.

34 基于真实情境的问题研究
——蹦床运动中的力学奥秘

陈在兵

一、情境化教学

情境认知与学习理论认为，知识是情境性的，学习是在特定的情境中发生的。在物理教学中，创设真实或模拟的情境，可以使学生置身于与物理问题相关的具体环境中，从而更好地理解和应用物理知识。这种情境化的学习环境有助于激发学生的好奇心和求知欲，促使他们主动探索物理世界的奥秘。在物理教学中，情境化教学鼓励学生通过观察、实验、讨论等方式，主动建构自己对物理现象和规律的理解。这种学习方式不仅有助于加深学生对物理知识的理解和记忆，还能培养他们的创新思维和实践能力[1]。

随着教育改革的不断深入，情境化教学作为一种有效的教学策略，在物理教学中得到了广泛应用。情境化教学强调将学习置于真实的或模拟的情境中，使学生能够在解决实际问题的过程中学习和掌握知识。在物理学科中，情境化教学尤为重要，因为它能够帮助学生将抽象的物理概念与具体的生活现象相联系，从而更深入地理解物理世界的本质。

二、情境化教学在物理教学中的实例

（一）情境描述

本课例是沪科版高三物理力学复习课。从运动与相互作用和能量角度

德智融合：素养导向的课程文化建设

研究了蹦床运动,运用建构物理模型、综合分析、推理论证、实验等科学方法进行科学探究,对科学探究过程和结果进行交流、评价、反思,最后应用规律解决生产生活中的实际问题。《蹦床运动中的力学奥秘》从时事热点亚运会导入,旨在激发学生的爱国热情,将德育教育融入课堂教学中。"德智融合"中的"智"指向知识层面,即通过知识的传授培养学生的能力;"德"则指向道德层面,强调对学生进行道德渗透和价值影响。于漪老师认为,德与智是相互融合、相互渗透的,两者共同构成一个人的综合素质[2]。这一思想体现了教育的本质在于培养全面发展的人,而非单一的知识传授或道德说教,将立德树人的根本任务落实到学科教学和课堂实践中。

本课例以杭州亚运会蹦床冠军朱雪莹的比赛为情境,建立物理模型,从运动与相互作用和能量角度对蹦床运动中运动员的运动进行研究分析。通过理论分析和实验研究,引导学生认识在物理学习中科学方法与科学思维的有机结合,运用物理观念和科学方法解决生产生活中的问题,促进物理学科核心素养的形成[3]。

(二)教学流程图

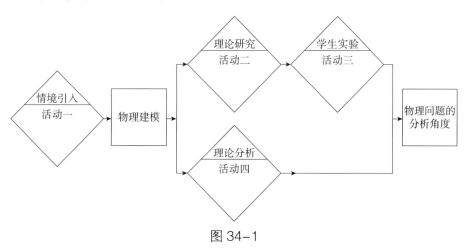

图 34-1

(三)教学过程

1. 活动一:情境引入

2023 年 9 月,第十九届亚运会在杭州隆重举办。亚运会上运动员们拼搏的身影、夺冠的瞬间令人难忘。教师从时事热点亚运会切入，师生共同观看亚运冠军朱雪莹蹦床比赛夺冠视频引入课题。

提出问题：在蹦床运动中，涉及了哪些学习过的运动？引导学生回顾高中学习过的运动。

规律研究：物理建模。教师引导学生将实际问题建立物理模型进行探究。提出问题：蹦床过程中运动员究竟做什么运动？要想研究真实问题，第一步应该建立物理模型。现在需要研究运动员从最高点下落到最低点这个过程中运动员的运动性质。运动员可以看作什么模型？蹦床可视为什么模型？学生思考并且回答问题，联想质点和弹簧这些物理模型。

2. 活动二：理论研究

运动和相互作用的角度：教师引导学生从运动的角度分析运动员运动情况，并且以速度—时间图像的形式呈现。学生开展小组讨论，并且绘制出速度—时间图像，进行展示交流。交流展示后，请学生思考，如何判断这些速度—时间图像正确与否？教师开展演示实验，通过数字化信息系统实验获得速度—时间图像，验证学生绘制的图像是否正确。

理论分析：引导学生从受力的角度分析运动员运动情况。学生尝试对运动员进行受力分析，根据牛顿第二定律和力与运动的关系判断图像绘制是否正确。

3. 活动三：学生实验

教师引导学生通过实验观察物体受到的弹力随时间的变化情况，验证上述的分析结论。学生通过力传感器获得弹力—时间图像，验证上述理论分析，完成学案。教师通过力—时间图像引导学生复习冲量、动量等物理概念。力在时间上的积累对应的是冲量，等于物体动量的变化量，而力在空间上积累对应的是功，等于物体能量的变化量。

4. 活动四：理论分析

能量角度：教师从能量的角度引导学生分析蹦床过程中涉及的能量转化。以柱状图的形式引导学生进一步理解该过程中的能量转化。学生分析能量转化并完成学案。至此已从运动与相互作用的角度和能量的角度研究了运动员从最高点到最低点的运动。接下来让学生分析运动员从最低点到最高点的运动性质、受力情况以及能量转化。让学生将真实问题模型化，体会科学思维中的抽象方法，培养学生用图像的方法描述物理规律的能力，提高学生科学探究能力，体会运动与力的相互作用以及从能量角度分析问题的方法。

问题解决应用：把物理课程中所形成的物理观念和科学思维用于分析、解决生产生活中的问题，在解决问题中进一步提高探究能力、增强实践意识、养成科学态度，促进物理学科核心素养的形成。提出问题：若朱雪莹的质量为 50 kg，从离水平网面 3.2 m 高处自由下落，着网后沿竖直方向蹦回到离水平网面 5 m 处。已知运动员与网接触的时间为 0.9 s，重力加速度 g 取 10 m/s^2。求：运动员刚与网接触时的速度；运动员与网接触的这段时间内动量的变化量；网对运动员的平均作用力大小；运动员如何让自己越蹦越高。学生开展小组讨论，分析问题，解决问题。

三、情境化教学在物理问题研究中的优势

情境化教学通过创设具体、生动的情境，使学生能够在模拟或真实的物理环境中学习和探索，从而激发学生的学习兴趣和动力。当学生发现所学知识与自己的生活密切相关时，他们会更加主动地参与学习，积极思考和探索。

情境化教学能够将抽象的物理概念和规律与具体的生活现象相联系，使学生在实际情境中观察、体验物理现象的发生和发展过程。这种直观的教学方式有助于学生更深入地理解物理概念和规律的本质及内涵。

情境化教学鼓励学生通过观察、实验、讨论等方式主动探索物理问题，提出自己的见解和解决方案。这种教学方式能够培养学生的创新思维和实践能力，使他们能够在未来的学习和生活中更好地应对各种挑战。

因此，在未来的物理教学中，应该继续探索和推广情境化教学策略，以不断提高教学质量和效果。

参考文献

［1］孙俪侠.情境化视角下高中物理教学方法探析［J］.数理天地(高中版)，2024（16）：64-66.

［2］黄音.沿波讨源"德智融合，学科育人"教育思想：专访"人民教育家"于漪［J］.上海教育，2023（13）：6-9.

［3］中华人民共和国教育部.普通高中物理课程标准(2017年版)［M］.北京：人民教育出版社，2017：4-5.

35 基于自然博物馆资源的"群落是多物种种群构成的复杂空间结构"教学设计

梁逸伦

一、教材分析与设计思路

"种群是多物种种群构成的复杂空间结构"这一内容，对应《普通高中生物学课程标准（2017 年版 2020 年修订）》中选择性必修课程概念 2 "生态系统中的各种成分相互影响，共同实现系统的物质循环、能量流动和信息传递，生态系统通过自我调节保持相对稳定的状态"下的概念 2.1.3 "举例说明阳光、温度和水等非生物因素以及不同物种之间的相互作用都会影响生物的种群特征"和概念 2.1.4 "描述群落具有垂直结构和水平结构等特征，并可随时间而改变"。该内容位于选择性必修 2 第 1 章 "种群和群落"的第 3 节"群落是多物种种群形成的复杂空间结构"，包括群落的物种组成、种间关系、群落的结构等内容，是后续要学习的"群落的演替"以及"生态系统"的基础。

上海自然博物馆"上海故事"展厅以上海崇明东滩湿地作为线索布置设计。可以在教学中以此作为情境，通过介绍崇明东滩的生物资源，说明其物种丰富，引出群落的概念以及种间关系。通过列举种间关系的具体例子，理解物种之间会因相互适应而形成一定的动态平衡。从图片中归纳并概括群落具有的垂直结构，展示上海自博馆拍摄的示意图，说明群落中的动物也有分层现象。展示上海滩涂群落照片，说明群落的水平结构具有镶嵌性，这一特点为生物提供了更丰富的栖息地类型。介绍东滩在不同的季节,候鸟的种类发生变化,鱼类降海、溯河洄游等都会导致群落的组成和结构发生变化,引导学生利用博物馆资源拓展学习,为其终身学习打下基础。用鲜活的例子说明群落中的各物种之间的相互关系和联系,同时增强学生对家乡环境的保护意识,提升学生的社会责任意识。

二、教学目标

基于课程标准的内容要求、学业要求,围绕学生核心素养的培养要求,制定了如下教学目标:

(1)通过对特定群落的分析和讨论,运用推理、概括等科学思维方式,阐述群落是多物种组成的有机整体。

(2)通过列举种间关系的具体例子,理解各物种之间的相互作用和相互联系的本质,形成进化与适应、稳态与平衡的生命观念,树立正确的生命意识。

(3)通过对群落空间结构以及该结构随时间而改变的分析和解释,阐述生物与生态环境之间的适应关系,形成环境保护意识,培养社会责任意识。

三、教学过程

(一)用崇明东滩的生态环境创设情境

教师展示一段崇明东滩的视频资料,请学生思考:什么是群落?视频中的群落都由哪些生物组成?接着,教师追问:群落的外貌是由什么物种决定的?从而引出群落是由各物种种群组成,且群落中的植物类型决定了群落的外貌。

设计意图:创设的情境是上海本地崇明东滩,有学生曾亲临此地,贴合学生的生活经历,学生会有一定的亲切感和探索欲。用视频资料来展示,可以让学生更直观地认识到群落的组成和面貌特征。

（二）用具体事例构建种间关系的概念

为了介绍并解释多种种间关系，教师分步提供具体的事例来引导学生构建种间关系的概念。

事例1：群落中白鹭捕鱼，捕食者和猎物的种群数量在自然状态下会呈现动态平衡。教师展示种群数量的曲线图，请学生思考，如果增加捕食者的数量，如过度放牧，种群数量会发生怎样的变化？学生根据之前已提供的曲线图，描述捕食者数量增加，猎物的种群数量会随之减少。教师接着问：长此以往会出现怎样的生态危害？引导学生认识到过度放牧会导致草原沙化，人类的活动可能会打破原有的生态平衡，甚至带来危害。

事例2：海三棱藨草和藨草是同属植物，形态相似，是崇明东滩的本地种，在一定的环境条件下，会因为争夺共同的生存资源而形成竞争关系[1]，种群数量会呈现此消彼长的状态。引入互花米草后，与本地种海三棱藨草形成种间竞争关系，排挤并抑制本地种[2]。请学生思考并画出，互花米草与海三棱藨草种群数量随着时间的推移的变化曲线。

设计意图：通过对具体事例的比较，引导学生理解自然群落中的种间关系是物种之间长年相互适应的结果，形成正确的生命观念，而人类有意或无意的活动干扰可能会破坏原有的生态平衡，提高生态环境的保护意识。同时运用模型与建模的方式理解抽象概念，提升科学思维能力。

（三）认识群落的空间结构

教师展示实地拍摄的不同群落的照片，由学生观察得出群落中的植物在垂直方向上具有分层现象的结论。教师提问：植物垂直分层现象的原因是什么？学生从形态与功能、进化与适应的角度得出阳光是影响分布的主要原因。接着，教师出示从自然博物馆拍得的照片，展示在崇明东滩的芦苇群落中，动物也有着垂直分布现象。教师展示上海滩涂照片，提问：照片中的群落在空间上有什么特点？学生观察后得知，群落在水平方向上具有镶嵌性。接着教师提问：群落的水平结构有什么意义？教师用实景照片来解释群落的水平结构意味着多样的栖息地类型，能承载更多的生物。

设计意图：在日常生活中，群落中植物的垂直分布现象是比较容易发现的，所以以照片的形式展示给学生，引导学生留心观察身边事物，热爱环境。但是，群落中动物的分布是比较难观察到的，可利用自然博物馆的资源，用模型图示的形式形象地表示出动物的分布也存在分层现象。通过介绍群落的水平结构能为更多的生物提供不同的栖息地的知识点，引导学生提高环境保护的意识。

（四）利用博物馆资源理解物候期

教师提问：群落是静态的吗？学生从日常生活中找出一些例子，引出物候期这一概念。教师展示博物馆中鸟类迁徙和鱼类洄游的模型照片，介绍崇明东滩在一年四季中鸟类种群的更迭，以及鱼类的降海溯河洄游导致群落组成的改变，得出不同的物候期使群落随时间而发生变化这一结论。

设计意图：利用自然博物馆中的资源，用形象生动的事例来解释物候期这一比较抽象的概念。同时，引导学生学会利用博物馆资源进行进一步学习，为"终身学习"[3]打下基础。

（五）学以致用，提升社会责任意识

教师提问："自然群落中，植物会因为对阳光的需求不同而呈现垂直分层现象，这是生物常年进化与环境相适应的体现。能否根据这一原理，仔细观察小区、校园中的人工群落，并提出肯定或改进的建议呢？"最后，鼓励学生在生活中利用所学知识，为家乡的绿水青山作出努力和贡献[4]。

四、教学反思

本节课教学从宏观维度认识群落，用到了大量的具体事例来解释一些理论概念。结合上海自然博物馆中的资源，一方面弥补了教师难以用具象形式呈现的不足，另一方面期望学生能学会利用博物馆资源进行深

入学习，拓展知识面的同时，也为其"终身学习"埋下种子。不足之处在于，教学过程中留给学生思维空间的深度还不够，有待进一步探索。

参考文献

［1］项世亮.崇明东滩莎草科植物群落格局及其形成机制研究［D］.上海：华东师范大学，2017.

［2］王倩，史欢欢，于振林，等.盐度及种间相互作用对海三棱藨草、互花米草萌发及生长的影响［J］.生态学报，2022，42（20）：8300-8310.

［3］饶琳莉，于蓬泽.上海自然博物馆校本课程的开发与实施［J］.科学教育与博物馆，2018，4（4）：270-273.

［4］甘甜，代红春.基于乡土课程资源的"主动运输与胞吞胞吐"教学设计［J］.生物学教学，2022，47（9）：44-47.

36 "探究倒春寒对小麦地上部分生长情况的影响"实验教学设计与实践

江胤萱

一、探究背景

（一）教学设计背景

根据《普通高中生物学课程标准（2017 年版 2020 年修订）》，高中生物学的学科核心素养包括四个方面，即生命观念、科学思维、科学探究以及社会责任。作为学习生物学的重要途径，实验活动教学与实践可以着重培养学生们的学科核心素养，这二者与实验探究直接相关。

沪科版高中生物教材必修 1 第 1 章第 2 节 "实验探究是学习生物学的重要途径"中，通过 "探究 NaCl 含量对小麦幼苗生长的影响"这一探究实验案例展现了生物学实验探究的完整过程。该实验能够让学生通过课堂实例了解到实验探究需要遵循合理的思路和方法。

本节课作为必修 1 第 1 章的内容，面向刚刚从初三升上高一的学生，虽然这一学段的学生对生物学实验不算完全陌生，甚至可能拥有部分实验经历，但是对于实验规范、实验探究步骤、实验基本原则等问题可能缺乏整体性的认识。如，课本中为了展现实验基本原则，实验选用水培培养基中盐的浓度为自变量，小麦株高为因变量，体现了单一变量的原则；设定了三行实验组以体现平行重复的原则；在株高的测量中又设置了 0 mmol/L 的组别作为参照，体现了设置对照的实验原则等。而课本中该实验较为基础，面向衔接学段的学生尚可，学业水平层级尚停留在认知、理解水平，对于有生物学深入研究意向的学生或是高学段等级考生来说，难以满足提升学业质量、扩充知识面、规范化实验技能、灵活运用课内知识的需求。

为了培养学生以科学探究为首的核心素养，本实验基于课本对该实验所述内容进行改进，以学生活动为中心，选取更为贴近现实的研究背景，以问题为动力，结合多种仪器改进现有的实验研究方法，更符合高层级素养质量水平的生物学素养培养。本次实验所满足的学业质量以科学探究为主，具体内容为：根据核心素养科学探究水平 3-3 质量描述，要求学生能够针对特定情境提出可探究的生物学问题，基于给定的条件设计并实施探究实验方案，运用多种方法如实记录和分析实验结果；更进一步，基于核心素养科学探究水平 4-3 质量描述，学生可以查阅相关资料、设计并实施恰当可行的方案，创造性地运用数学方法分析实验结果。同时本实验还可以满足学业要求中的"从物质与能量视角，探索光合作用与呼吸作用，阐明细胞生命活动过程中贯穿着物质与能量的变化（生命观念、科学思维、科学探究）"。

（二）实验设计背景

粮食作物小麦是我国的主要农作物之一，也是人类不可缺少的主食之一。其产量的高低直接影响人们生活水平和国家粮食安全。基于核心素养科学探究水平 3-3 及 4-3，教师以小麦为情景，以课本中盐胁迫对于小麦生长的影响作为案例，引导学生在小麦生长的情景中寻找可以深入探究的生物学问题。学生在查阅相关资料后发现北方小麦种植时存在常见的农业灾害"倒春寒"。

低温逆境是限制小麦稳产丰产与优质的主要农业气象灾害之一。我国北方作为小麦的主要产地，小麦极易受到倒春寒、寒流提前等低温环境的胁迫。冬小麦在播种至萌芽阶段极易受到提前寒流带来的低温胁迫，而寒流退后温度又有可能回升。

基于上述问题，教师设计问题引导学生深入思考：低温下小麦如何生长？温度变化是否会对小麦本身的长势带来影响？如何设计温度处理时长能够更好地模拟倒春寒农害现象对小麦带来的危害？是否存在变温对小麦带来正面生长影响的可能性？

在此背景下，基于教师的问题，本次探究性实验的学生小组选择以河南冬小麦作为研究材料，以低温胁迫及室温恢复相交替的处理方法，设置低温处理3天、室温恢复3天的处理方案。后经查阅资料，又额外增加了低温继续胁迫6天的实验处理对小麦进行胁迫，对水培小麦进行完整的低温胁迫及室温恢复实验（见图36-1），模拟冬小麦在萌芽期可能经历的提前寒流，寒流过去复温以及进入长期低温生长环境的气温突变过程，从而探究如此温度变化会对小麦地上部分各项形态及生理指标产生的影响，以及低温突变是否有利于小麦生长。总结低温条件对小麦的优良影响，并试图为冬小麦的种植提供一定的参考。

图36-1　实验流程计划图

二、实验方法

（一）实验材料与器材

实验材料为挑选过的大小形状相近、质量完好的300多粒小麦种子。实验器材有瓷盘、水盆、纱布、光照培养架、植物气候箱、电子天平、直尺、叶绿素含量仪、烘箱、电导率仪、研钵、分光光度计、水浴锅、离心机。

（二）实验安排与实施

（1）萌发：将经过太阳暴晒的小麦种子用蒸馏水浮选两次，去掉干瘪的籽粒，在75%的酒精中浸泡30~60秒，用蒸馏水洗涤3~5次。然后将消毒处理后得到的小麦种子浸泡于水中12小时，从中挑选颗粒饱满的种子均匀撒在足够湿度的纱布上，用保鲜膜将萌发容器（瓷盘）封盖，保证潮湿环境，置于光照培养架上，室温 25 ℃左右萌发 3 天。

（2）培养：选择已萌发 3 天并颗粒饱满的种子水培（见图 36-2），共培养 4 盆（对照组与胁迫组各 2 盆），每盆 90 颗左右。小麦培养共计约 10 天，在此过程中，从第一天开始培养起，每 3 天浇一次水。

（3）胁迫：培养 10 天后，进行低温胁迫处理；对照组与胁迫组均置于光照培养箱内，胁迫组在 4 ℃低温下胁迫处理 3 天，随后室温恢复 3 天，再低温胁迫 6 天；对照组在温度 23 ℃下培养。对于光照培养箱剩余条件，两组均设置相同条件，光周期 12 h，湿度 60%，光照 100%。胁迫第一天起，每 4 天浇一次营养液。

（4）测量：过程中测量生长率与存活率，生物量与相对含水量，株高，叶绿素含量和电导率。（教师指导）在实验测量步骤中统一由固定的人员进行测量，避免实验过程由于不同人操作不同而造成数据差异。

图 36-2　小麦种子萌发 3 天照片

三、实验结果分析

根据学生实验情况，在实验末期组织学生汇报展示实验结果。

（一）萌发率与死亡率

对照组与胁迫组的小麦在选种阶段，经过 24 小时泡发后选取沉底的小麦进行萌发处理，先一步筛选去除质量较轻、颗粒不饱满的胚种；在胁迫培养之前，包含施肥、加水与培养条件的全部操作在内，对照组、胁迫组均在可允许的误差范围内同时进行。统计结果表明，生长率、胁迫前的存活率基本在同一水平。如此，在正式胁迫处理前尽量排除了人工操作所带来的样本之间的差异。同时，生长率和存活率的水平相近表明了该批小麦种子质量较为统一。

（二）株高

在低温胁迫 3 天、低温胁迫 6 天两个节点，胁迫组株高均略高于对照组，且后者胁迫组株高比对照组差量更大；而在恢复处理 3 天节点，对照组略微高于胁迫组。经过 t 检验发现，低温胁迫 3 天、恢复处理 3 天后对照组与胁迫组株高之间不具有显著差异；低温胁迫 6 天之后对照组与胁迫组之间具有极显著差异。

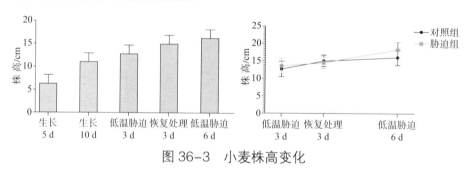

图 36-3　小麦株高变化

在经历 3 天胁迫后，胁迫组的株高略微高于对照组。由于实验选择品种为冬小麦，其本身具有较强的抗寒性，且低温胁迫用 4 ℃处理时，该气温远高于多种冬小麦抗寒临界点（−20 ℃ ～ 15 ℃），推断是由于此种本身具有较好的抗较低温的能力，且在形态生长上顺应低温生长得更高。在恢复处理 3 天后，两组小麦的株高回到了相近水平，而胁迫 6 天后胁迫组又重新高于对照组。

由此认为，此河南小麦水培时在株高生长方面有较强的抗倒寒流能力，且在 4 ℃下比在 20 ℃下株高更高，一旦温度恢复为 20 ℃，株高生长便又呈较缓趋势。气温每升高 1 ℃可以导致小麦减产 6%，由此可见非低温并不适合小麦株高形态的生长，与实验结果相符。

在重新进行胁迫后，二组株高呈现极显著的差异。冬小麦抗冻能力是动态变化的，一般在初冬期和冬末春初抗冻性较弱而隆冬期较强。第一次 3 天胁迫节点模拟越冬初期温度骤降，冬小麦尚未经过充分的抗寒锻炼，而后经历突然降温的情况生长更好，推断是该种小麦种子在胁迫后对低温具有了较好的适应性，导致最后在 4 ℃时株高一路上长。

（三）生物量和相对含水量

对照组干重正常上升，符合植物本身生长规律。胁迫组在低温胁迫 3 天时与对照组相近，而恢复处理后干重下降，重新胁迫后再次回升。其中三次数据均不表现显著性。在恢复处理 3 天与低温胁迫 6 天两节点之间的斜率，经计算为胁迫组略高于对照组。对照组在前 10 天生长过程中相对含水量升高，从第 10 天往后相对含水量趋于平缓，保持在78%～85% 之间，对照组相对含水量不随时间表现出显著性差异，认为其全程变化在植物生长周期的可接受浮动范围内。在低温胁迫 3 天后胁迫组相对含水量反而高于对照组，而室温恢复 3 天后胁迫组相对含水量低于对照组，低温胁迫 6 天后胁迫组相对含水量依旧低于对照组，而胁迫组相对含水量的下降幅度略微低于对照组，即对照组含水程度相对而言下降略多。

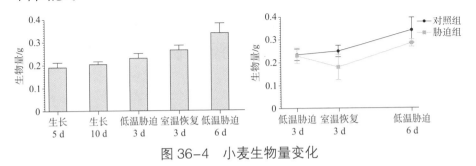

图 36-4 小麦生物量变化

上海市杨浦高级中学教师论文集

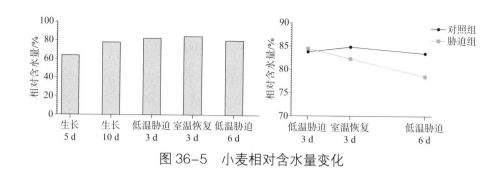

图 36-5　小麦相对含水量变化

　　低温胁迫 3 天节点时小麦的生物量在两种温度条件下基本相似，其差距仅有 $0.01 \pm 0.01g$，而在恢复 3 天后对照组干重生物量依然上升，但胁迫组却在此时呈下降趋势，最后回到 4 ℃下培养 6 天后，干重生物量重新回升，且上升量比对照组更多。此外相对含水量也表现出同样的趋势，甚至在第一次胁迫后相对含水量高于对照组，只有复温后相对含水量才显著下降，并且再次胁迫培养后重新回升，其上升值同样比对照组的变化要高。

　　将对照组的变动作为植物生命周期的合理变动以参照，可以得出胁迫组在生物量与相对含水量方面，两次胁迫都未有很大影响，反而是复温后对此两项数据均带来较大幅度的下降与波动，不难推测第二次胁迫时对照组与胁迫组干重的差距也是源于 3 天复温带来的后遗性影响。

　　综合三次变动可以得出，低温恒温，相比 20 ℃恒温，对此种小麦的生物量、相对含水量和鲜重都有相同甚至更好的促进效果，而跨度过大的升温对于小麦来说是很难适应的，导致胁迫组小麦数据出现低谷。4 ℃低温和温差，前者对小麦不造成胁迫，后者对小麦影响颇大。

　　此外，由于鲜重本身影响过多，分析其变化不具有代表性和明显意义，故取生物量和相对含水量为指标。

（四）相对叶绿素含量

　　根据相对叶绿素含量变化的数据，相对叶绿素含量保持在 40% 左右，在低温胁迫 3 天节点上升，随后又呈下降趋势，后三组数据持续下降，除前两组数据之间几无差异以外，各组数据间均有显著差异。相对叶绿素含量在三个阶段整体呈现下降趋势。在低温胁迫 3 天、恢复处理 3 天后两组相对叶绿素含量呈现显著性差异，其中后者呈现极显著差异。而在再次低温胁迫 6 天后，胁迫组数据反超对照组，但其呈现不显著的差异结果。

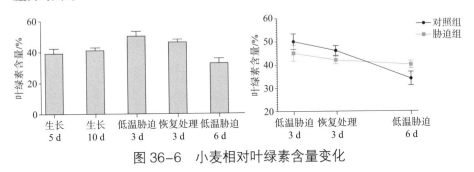

图 36-6　小麦相对叶绿素含量变化

对照组相对叶绿素含量在增长后持续走低。本次实验中叶绿素仪测定的位置为第一片真叶 2 cm 处，由于所培养植株该位置未发黄，故没有采用备用方案（改测第二片真叶相同位置）。但第一片真叶持续老化，叶尖也有轻微黄化老皱，这很有可能是导致叶绿素含量降低的直接原因，是植物生命周期中的正常现象。

在第一次胁迫 3 天后，胁迫组叶绿素立刻下降，说明植物此时没有产生叶绿素的保护能力，叶绿素相关合成酶以及类囊体本身活性下降或受损。但在复温过程中其叶绿素含量不再显著改变，和对照组趋势相同，可以推测在第一次胁迫后期，植物体内已经形成良好的抗性。以此为基础对第二次胁迫进行分析，对照组叶片衰老程度更高，虽然两组叶尖出现了轻微卷曲、褐化等现象，但通过肉眼观察胁迫组较轻微，低温对于叶绿素也有更好的保护，且植株本身非常适应 4 ℃的环境，故第二次变化中体现为 4 ℃培养优于 20 ℃。

（五）电导率

电导率在对照组生长过程中持续升高，相比生长 10 天，后两组数据明显上升，而在低温胁迫 3 天节点与恢复处理 3 天节点数值相近，没有显著差异。在第一次胁迫后胁迫组与对照组电导率均比生长 10 天节点

上海市杨浦高级中学教师论文集

高, 而对照组上升很多, 胁迫组略微上升, 复温后胁迫组电导率更高。两组电导率数据之间不表达出显著差异。

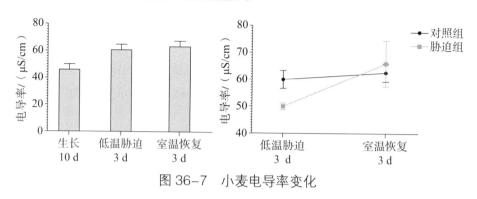

图 36-7　小麦电导率变化

　　质膜是细胞与环境之间的界面, 各种逆境对细胞的影响首先作用于质膜, 而逆境胁迫对质膜结构和功能的影响通常表现为选择性的丧失, 电解质和某些小分子有机物质大量渗漏, 从而引起电导率的上升。

　　可以看到在生长 10 天节点与低温胁迫 3 天节点电导率出现明显上升, 可能是此前从未施肥、蒸馏水所导致的营养缺失, 以及在培养架上持续的光照而引起的黑暗期不足所致, 此后有规律的施肥、灌溉与恒定的昼夜节律使得电导率趋于稳定, 胁迫程度缓解。

　　在对照组与胁迫组的对照中, 在低温处理 3 天后对照组电导率上升更多, 推测 20 ℃ ~ 25 ℃对冬小麦萌芽期来说属于高温, 而 4 ℃低温环境更为合适, 说明一定程度上的负积温的积累可以提高植株的抗寒性和抗逆性。在复温后, 由于温度突然回升至 20 ℃, 且持续带来正积温, 导致萌芽期小麦无法承受, 电导率上升, 即受胁迫程度上升。

（六）实验结论

　　通过综合分析对照组小麦室温生长的各项指标, 并将其与胁迫后对照组小麦、胁迫组小麦的各项指标对比分析, 最后得出结论: 23 ℃对于萌芽期的小麦而言并非其最适温度, 而适度低温不仅对于小麦没有胁迫, 反倒有助于小麦生长。同时, 通过降温复温的过程对比发现: 提前适度降温再复温的过程对小麦生长是有利的, 提前适度降温有助于提升萌芽

德智融合：素养导向的课程文化建设

期小麦抗低温的能力及其生长优势，在接受复温并最后长期处于温度较低的状态时，小麦对低温有了更好的适应能力，甚至各项指标均比长期处于 23 ℃下的萌芽期小麦更优。

同时，实验胁迫设计采用 4 ℃低温胁迫 3 天，23 ℃室温恢复 3 天以及 4 ℃低温再胁迫 6 天的胁迫方式，模拟河南冬小麦在种植到萌芽期可能经历的提前寒流，寒流过去复温，再进入长期低温生长环境的过程，探究实际生产中遇到低温突变可能对小麦生长的影响。最后探究得出实验结论：4 ℃低温比 23 ℃常温更适于萌芽期小麦长期生长，且降温复温的过程有助于小麦更好适应低温，为其越冬抗寒提供保障。与实际情况相联系，这也可能是物种长期进化过程中为更好适应环境的表现。

四、实验教学分析

（一）实验改进之处

本实验根据课本内容改编，主要的修改有三个方面。第一，实验背景完善。课本实验以土壤盐碱化影响土壤农作物生长作为实验背景，但该自然灾害离学生生活较远，且沿海地区学生对于土壤盐碱化基本没有认知；而本次实验中选用气候角度的变化作为题材，学生更能感受到气温的差异，感同身受地体会冻害对农作物的影响。而沿用小麦这种农业作物作为主要研究对象，可以培养学生的社会责任意识，根据课标质量水平 4-4 描述，可以让学生形成保护环境、维持生态平衡的行为习惯，建立人与自然和谐共处以及可持续发展的观念。第二，实验计划调整。实验周期设置由课本内容的两周扩容至将近一个月，将实验的体量扩增为项目式实践，由学生自行处理过程中的条件变化，不仅可以促进学生对于生物学探究的兴趣，同时可以让他们将更多的时间投入生物学研究，在过程中提升科学思维和科学研究的能力。而本次实验相较于高中教材，融入了电导仪等较为复杂的测量设备，培养学生对于生物学实验仪器的动手操作能力。第三，实验量规设置。由基础的单一测量因变量株高扩增到多项量规,学生在学习过程中得到了更多探索空间,同时不同因变量之间还存在逻辑联系,本次实验可以让学生构建生物体是一个完整的系统的生命观念,培养学生的生物学学科核心素养。

(二)实验活动评价

由于实验内容较为丰富,单以汇报为呈现方式的结果性评价无法全面地对学生在活动中的表现进行衡量。为了更好地评估学生的完成情况,教师编制了PTA量表(见表36-1)以评价学生团队在活动中的表现和存在的问题。

表36-1 "探究倒春寒对小麦地上部分生长情况的影响"项目PTA量表

要素	指标	评分标准	评分
实验前期准备	实验内容充实,实验目标准确,文献查阅全面	能够对所查阅文献进行综合性整理归纳或书写文献综述	3
		能够查阅多种文献收集资料,但整合工作较为局限	2
		资料查阅较少,信息整合不足	0
实验计划设置	熟悉科学探究主要步骤,遵循科学探究原则,科学地制订实验计划	清楚科学探究主要步骤,制订实验计划	3
		对科学探究步骤较为清晰,但部分环节存在混淆或疏漏	2
		科学探究步骤不够明确	0
实验计划实施	规范操作生物学仪器,遵守实验室规则,服从实验老师安排	熟悉实验所用仪器的操作方式,实验操作流畅	3
		不尽了解实验仪器使用方式,实验操作卡顿	2
		未对实验仪器操作方式进行预习,实验秩序混乱	0

要素	指标	评分标准	评分
实验计划实施	小组分工明确，按照实验计划完成，团队合作行事清晰	所有小组成员有自己针对性负责的部分	3
		小组成员不够了解自己的任务，分工混淆	2
		无合作、无组织、无纪律	0
实验结果呈现	理性合理地分析实验结果，以文章、幻灯片、海报等形式呈现实验内容	成果出众，逻辑连贯，内容精美	3
		成果优秀，内容饱满	2
		无显著小组成果	0
实验总结反思	反思并改进自己的实验项目，指出其中的不足并为未来研究打下基础	反思深刻，讨论充分	3
		有小组讨论，反思内容较少	2
		无反思，无讨论	0

参考文献

[1] 王晓楠，谢冬微，付连双，等.不同抗寒性冬小麦叶鞘质膜的稳定性表现[J].麦类作物学报，2013，33（3）：477-482.

[2] ZHAO C，LIU B，PIAO S L，et al. Temperature increase reduces global yields of major crops in four independent estimates [J]. Proceedings of the National Academy of Sciences of the United States of America, 2017, 114 (35): 9326-9331.

[3] 郑大玮，李茂松，霍治国.农业灾害与减灾对策[M].北京：中国农业大学出版社，2013.

[4] 余卫东，伍露，冯利平，等.越冬期低温胁迫对黄淮地区不同品种小麦的影响[J].生态学杂志，2021，40（8）：2431-2440.

[5] 陈少裕.膜脂过氧化对植物细胞的伤害[J].植物生理学通讯，1991，27（2）：84-90.

［6］陈翔, 蔡洪梅, 于敏, 等. 基于 CNKI 的我国小麦低温逆境研究文献计量分析［J］. 大麦与谷类科学, 2021, 38（2）: 11-20.

［7］李呈呈, 吴其超, 马燕, 等. 6 个彩叶桂品种对低温胁迫的生理响应及抗寒性评价［J］. 浙江农林大学学报, 2021, 38（4）: 828-836.

37 高中思想政治教科书中"探究与分享"栏目的运用研究

朱诗妤

统编高中思想政治新教材通过"探究与分享"栏目落实课程标准关于议题式教学和活动型课程的倡议，优化设计实践活动、自主学习和体验、合作探究和认识分享，强化以学习者为中心的活动设计，把理论观点阐述寓于生活和活动中，强调在辨析式学习过程中引领价值、深化理解、提高认识、拓展视野。[1]通过"探究与分享"栏目，新教材不再只是一个"知识仓库"，它转变为了引导学生进行探究学习的资源、工具和指南，成为学生学会学习的载体，让活动型学科课程从理论走向现实，让议题式教学有章可循。如何运用好"探究与分享"栏目与议题式教学是每位思政课教师都需要认真探索的话题。

一、重视栏目作用，选择性使用栏目

（一）树立正确的教材观

如何对待"探究与分享"栏目与教师的教材观相关。教材具有广义和狭义之分，广义的教材是指学生课内外用到的所有教学资料，而狭义的教材主要指教师和学生手中的教科书。[2]这里的"教材观"采纳狭义教材的概念。教师在对待和使用教科书的过程中应秉持一种相对开放的教材观，把教科书看作重要的但不唯一的教学依据，把教材视为"开放的课程资源"，教学的目的不仅仅是落实教材知识点、为考试服务，还要关注

上海市杨浦高级中学教师论文集

教学内容与学生生活的关联以及对学生素养的培养，做到"用教科书教"而非"教教科书"。

教师应当重视这一栏目的价值，克服"不用教材资源自行寻找资源就是创新"的误区。教科书通过"探究与分享"栏目落实《普通高中思想政治课程标准（2017年版）》所提出的基本理念，为学生开展自主学习和合作探究提供资源、搭建平台，使学科知识与活动设计融为一体，帮助学生在分析问题和解决问题的过程中运用、建构知识。这一栏目是教科书辅助文中的重中之重，作为专家、学者集体智慧的结晶，具有极高的权威性和科学性，与正文内容相契合。教师应重视这一栏目在教科书中的地位和作用，充分利用它为教师教学提供的情境和问题，发挥其最大效用。

教师应当从实际出发，有选择地运用栏目，杜绝盲目全盘使用的误区。没有一本教科书是专门为特定学生和班级编写的。教科书只能针对不同学段设计其内容，但是每个个体的认知差异不应该从教科书中获得针对性，这一部分空缺只能留给教师在教学中具体问题具体分析。[3]在有限的上课时间内难以将每一个栏目都深入展开活动，一些栏目也不符合个性化的教学需求，难以直接搬用。所以教师作为教学资源的设计者和组织者，应当有选择、创造性地合理使用教科书，来适应实际的教与学的需求，发挥出栏目最大的效用，而非简单随意地讲述完所有的栏目。

（二）深刻把握栏目内容

面对教科书，教师应当学会走进它、读懂它，吃透"探究与分享"栏目是充分用好它的基本前提。教师不仅要读懂"探究与分享"栏目背后的理论观点，更要把握背后所要给学生传递的价值导向。

要用好这一栏目需要教师将分析与综合相结合，仔细深入地研读栏目，清楚每一个栏目为什么要探究与分享、探究与分享什么以及如何开展探究与分享。首先，教师要把握栏目的主旨：栏目设置在这里的功能是什么？它与上下文之间的关系是怎样的？它希望学生通过探究活动学到什么，即掌握哪些知识、提升哪种能力、培养怎样的情感态度价值观？其次，教师要清楚活动的内容，全面了解和把握情境材料以及问题的提问方式和多个问题之间的联系。接着，教师要明确栏目需要学生怎样对该问题进行探究与分享，探究的途径和方式是怎样的且是否具体和可操作，探究的主体是个人还是小组，分享的途径和方式是通过口头表述、投影展示，还是肢体语言，等等。

用好与教科书配套的高中思想政治教师教学用书是深刻把握栏目内容的重要途径。在设计意图方面，教师教学用书阐释了这一栏目所要达到的目标是什么；在操作建议方面，教师教学用书阐释了教师该如何指导学生进行课前准备、学生在课堂上交流分享的内容、教师可以对哪些内容进一步拓展深化以及教师如何针对学生的交流进行总结提升；在问题解析方面，教师教学用书对栏目中所提出的问题作出了详细的揭示；在注意事项方面，教师教学用书提供了一些补充资料、学生学习的重点难点及破解方法、教师要作好的课前准备、可供学生思考的一些延伸问题；等等。

（三）合理选择使用时机

面对丰富的"探究与分享"栏目，教师可根据实际情况作适当取舍、调整顺序，将其运用于多个议题式教学的多个学习环节，包括课堂教学、作业、考试等。

首先，"探究与分享"栏目最主要的运用场合就是课堂教学，为学生开展活动服务，不同栏目在课堂中可以起到不同功能：一些栏目适用于课堂导入环节，这类栏目通常为教科书框题下的第一个探究与分享活动；一些栏目适用于课堂探究活动环节，通过学生的探究调动已有经验和知识来搭建与新知识间的联系，从而理解新知识；一些栏目适用于复习阶段，这类栏目虽然被放置在某一目之下，与这一目内容直接关联，但其情境材料和问题也同样可以用其他板块的知识来进行探究，适合学生在学习了新知识后回过头来再次分析此栏目，联动不同板块的知识。

其次，"探究与分享"栏目可以用于作业和考试。由于课堂时间和条件有限，一些没有在课堂中用到的栏目可以作为学生的课后作业供学生展开自主学习和合作学习，起到预习、巩固或检测的作用。总的来说，

"探究与分享"栏目的设计贴合课程标准的命题要求，实现了学科任务、评价情境、学科内容三者的有机融合，符合学科任务导向型评价体系的评价框架。"探究与分享"栏目所用的材料和问题科学性强，对一些经典但是没有足够时间在课堂上详细讲解的"探究与分享"，教师可以把它放置在阶段性测验中，让学生在闭卷情况下运用所学知识进行回答，考查学生对知识的掌握程度以及分析材料、有理有据回答问题的能力。

二、根据课标学情，创造性开发栏目

（一）准确把握活动目标

　　每一框题下有多个"探究与分享"栏目为教学内容服务，各栏目涉及的教学内容较为细致和分散。教师应当找到一条主线来统筹相关栏目，并且根据主线制定具体的教学目标。在议题式教学中，这条主线可以是一课的总议题，具有主题性和统领性。确定教学目标是教学设计的出发点和落脚点，在确定了教学目标后，教师就可以根据主线增删、整合、激活栏目，解决重点要探究什么的问题，使栏目成为实现目标而安排的教学素材。

　　课程标准是设立教学目标的根本依据，教师要重点关注课程标准中的以下几点：一是课程标准第二部分"学科核心素养与课程目标"，二是课程标准第四部分"课程内容"里的模块概述、"内容要求"和"学业要求"，三是课程标准第五部分"学业质量"里的"学业质量水平"以及"附录"部分的"思想政治学科核心素养水平划分"。教师在制定教学目标时，要参照课标中不同层级的要求，将其进行分解或组合，为各个教学活动制定具体和详细的教学目标，直接指导教学的开展。

　　核心素养下的教学要具有指向学科核心素养的教学目标。教学目标的制定要注意几个问题：一，教学目标的主体是学生，要揭示出学生需要经历怎样的学习过程、在怎样的情境下、完成怎样的任务来实现教学目标并预期学生的表现；二，教学目标应紧紧围绕学科大概念，大概念超越具体零散的知识，是知识背后更为本质、核心的观点、方法和价值观念；三，教学目标的制定要从整体出发，在"整体—部分—整体"之间反复琢磨，目标要有层次感和梯度性，对应序列化的"探究与分享"活动，使教学活动"形丰而神聚"。

（二）与时俱进完善栏目

教科书开发的质量很大程度上影响课程的质量，要取得良好的探究效果，需要教师进一步走出教科书，读懂学生，合理地对栏目进行创造性转化和创新性发展，将栏目内容深度开发、拓展和利用，其中包括栏目的情境材料及问题，做到以生为本、因地制宜、与时俱进，将普适性的材料转化为特色材料，拉近学生与案例的距离。

教师在开发栏目时要以学为本，研究学生学情。每个班级学生的学情都有其特殊性，教师在开发栏目时要充分考虑学情，了解学生的学习需求，如学生现有的知识储备、已有经验、思想现状、学习兴趣、理解上的重难点等。学生的周围存在无限多的素材，教师要能够对这些素材进行内容重组，以视角转换等方式进行加工，尽可能增加情境的复杂性以及问题的不确定性。让学生能够带着新鲜感、好奇感重新认识那些每天发生在身边的事物，创造学生合作、对话的机会和氛围。

教师在开发栏目时要因地制宜，寻找本土资源。本土资源是课程资源中最为鲜活的重要部分，具有鲜明的地域性、真实性、可靠性以及丰富性。学校、社区、家乡等都是与学生有密切关联的社会环境，学生对这样的情境具有自然而然的亲切感和归属感，能够产生共鸣。教师对"探究与分享"栏目进行本土化处理，可以极大地增强学生的情感体验和学习兴趣，通过理论联系实际起到"柔化"知识的效果，提升课堂教学的有效性。

教师在开发栏目时要与时俱进，关注时事热点。教科书的相对稳定性与社会的永恒发展性之间的矛盾导致了教科书中的一些栏目的时效性问题。而一些学生对时政热点新闻的信息获取速度也较快，这就需要教师具有前瞻性思维，及时回应学生对热点的关注与思考。通过利用好时政资源,将栏目材料内容进行更新和完善,丰富栏目的探究情境,使其及时地反映社会发展变化,反映马克思主义中国化的最新成果,保证教学的科学性和时效性。

（三）一例到底整合栏目

面对一课中的多个"探究与分享"栏目,教师应当深入挖掘多则"探究与分享"之间问题和知识方面的逻辑联系,整合栏目的材料与问题,通过"一例到底"的方式来开展议题式教学。所谓"一例到底"是指在一堂课中深入挖掘一则情境案例或材料,使之贯穿始终,整体上基本遵循了问题产生、发展、解决的逻辑。这种教学方式有利于将抽象的理论具象化,提升学生的学习兴趣,同时在层层推进、分析案例、解决问题的过程中提升学生学习的连贯性,开展深度学习。

在教师的处理、挖掘和整合下,"一例到底"采用了系统优化的方法,将一个个零散的"探究与分享"栏目联系起来,优化材料和设问的内容及组合,实现整体的最优目标,使得分散的栏目变为围绕核心议题不断发生和发展的代表性案例。这种处理顺应了课程标准对开展议题式教学的要求:教学过程要提供序列化的活动设计来对应结构化的学科内容,同时活动设计应有明确的目标和清晰的线索,统筹议题涉及的主要内容和相关知识,并进行序列化处理。[4]

（四）提升运用栏目能力

要运用好"探究与分享"栏目开展议题式教学,不仅需要教师树立正确的教学观念,还需要教师提升自身教学能力、理论功底,树立终身学习的意识,提升高中思想政治课的高度、温度和信度。

教师要积极开展文献研究,通过阅读相关专著、期刊等,深入研究新的课程标准、新的统编教材、新的教学模式。课程标准是教学遵循的根本,教师要提升自身栏目教学能力,首先根本方向必须正确,要朝着课程标准的要求和理念靠拢,明确教学重点,提升"教学评"的一致性。教师要用好栏目,首先要站在一个整体的视角审视各教材、单元、框题、目题之间的关联,再深度分析"探究与分享"栏目的材料内容及主旨。

教师要认真开展教学实践，将"探究与分享"栏目运用到日常的议题式教学过程中。创造性开发栏目并非易事，需要教师发挥主观能动性将栏目加以完善，这对教师的信息搜集和处理能力、组织调控能力、创新研究能力等都提出了很高的要求。教师在生活中需要做一个"有心人"，在生活体验、信息浏览、文献阅读的过程中，有意识地发现和搜集教学中可运用的材料，并且通过各种方式及时积累，也可以发挥团队的力量，在团队中共享、积累、讨论材料。

教师要主动参与教研培训，通过教学观摩、主题研讨、专家讲座等方式进行合作共研，在立足自身发展的基础上，相互交流和借鉴相关经验，提升运用"探究与分享"栏目的能力。例如，上海市在2021年5月时曾召开过一个以"把握学科基本观点，聚焦探究活动设计"为主题的高中思想政治学科"双新"教学探索区域联合展示活动。在教学片段展示环节，四位思政课教师均围绕着教材某一"探究与分享"栏目开展议题式教学。

三、激发探究热情，提升学习主动性

（一）增强栏目活动引导

教师要善于营造一种平等对话、轻松活跃的课堂氛围，激励所有学生积极参与"探究与分享"活动，调动自己的思维，同时敢于在活动中发表自己的见解和观点，在不断探索、表达、总结、反思中逐步成长。教师应当给予学生公平的表达机会，在学生表达自己的观点后，教师要对学生的回答予以回应，抓住学生回答的关键点，将问题逐步推进，让学生的思维不断拓展、认识不断发展，而非囿于当前的视角中。

教师要指导学生探究与分享的方法，使学生可以明确地知道自己要做什么、怎么做。例如，在需要小组合作探究的任务中，教师应当提示学生有效的分组分工的方法，让小组成员明确自身责任；在需要学生进行分享成果或观点时，教师可以用一些"刺激"手段教会学生倾听，如请其他学生评价和补充发言等。除此之外，还有自主学习的策略、剖析问题的策略、演讲的策略、辩论的策略等，都需要教师给予相应的指导。

教师要善于运用学习任务单来让学生明确整节课核心议题以及学习活动的环节与步骤，让活动的推进以及学生思维的深入更有条理。学习任务单是学生学习的指南，是链接学生与教师的桥梁，具有引导、诊断和辅助的作用。学习任务单对学生要完成的任务有明晰的指引，给予学生明确的学习任务要求、完成学习任务所需要的拓展资源及方法提示、相应的评价环节。学习任务单的运用让学生的学习活动有迹可循，提升学生学习获得感的同时也让教师可以通过查阅学习任务单了解学生的学习状况。

（二）帮助重视栏目价值

教师要在日常教学中让学生明确"探究与分享"栏目的重要价值。教师一方面要在学生刚开始高中思想政治课学习时就讲清楚这一栏目与教科书其他栏目的关联、与学习好这一门课的关联、与考试的关联，为学生奠定重要的心理基础；另一方面，教师要在日常教学过程中运用好这一栏目，努力引导学生认真思考和探索栏目，而后有逻辑地组织语言、调动知识、回答问题，让学生反复感受教师对这一栏目的重视以及这种学习方法的重要性，这会在一定程度上端正学生栏目学习的态度。

教师要引导学生明确"探究与分享"栏目的学习对其应试同样具有重要意义。当前的学业水平考试考的是学生的学科核心素养，这样的考试考查学生在学科上的综合能力，表现为学生将知识和观念迁移到真实问题的解决中，这种能力是需要学生在日积月累中不断提升的，而不是对知识点死记硬背就可以获得的，也无法直接通过教师的独白式讲授获得。学生在活动中与知识互动的过程将激发对知识点的理解并容易将其内化于心，同时也训练了学科方法和思维。

（三）强化栏目评价保障

实施对学生栏目学习的持续性评价是促进学生学习栏目的重要激励手段，通过用好评价这个工具，教师可以了解学生学习目标的达成情况、调控学生学习过程、提升学生学习的主动性和创造性、帮助自身改进教学。

从评价内容上看，评价的重点指向学科核心素养，主要体现在对学生在探究与分享活动中关键行为表现的评价，包含对知识、能力和情感态度价值观的整体考查。教师要着重观察学生参与探究与分享活动时的学习态度以及思维状态、学生在表达中所展现出的立场和观点、信息搜集与处理能力、分析和解决问题的能力、选择的探究路径和方法、体现的自主与合作学习能力，以及学科知识掌握、能力发挥和问题解决情况，尤其要关注的是学生独立思考、反思顿悟、聆听追问、质疑回应、生成创新、逻辑构建等状态。[5]

从评价方式上看，应当采用丰富多样的评价方式，及时把握合适的评价时机，把过程性评价与终结性评价相结合。过程性评价要求教师将评价贯穿于日常教学中，关注学生的栏目学习过程，使评价实施日常化和通俗化，对学生的活动参与情况、核心素养表现给予引导性、建设性、激励性的评价，并且对存在的问题及时给予引导，包含课堂口头评价、活动评价表、作业评价、小测验等。过程性评价强调用发展的眼光对学生进行评价，把学生作为动态发展的个体，关注学生核心素养发展和进步的动态过程。

从评价主体上看，评价主体应当多元。在日常的课堂中，可以有教师的评价，也可有学生自评、小组互评等。在社会实践活动中，其他相关人员均可参与评价，使被评价者获得更全面和细致的反馈，及时发现和纠正自身学习上的不足之处，成为更好的学习者。学生在自我评价的过程中能够加强自我反思，促进自我教育，但教师要重视培养学生的自我评价意识和能力；学生互评可以促进学生之间观点的交流与碰撞，取长补短，共同进步；教师评价可以增强学生的学习动力，及时准确地发现自身不足并且予以改进。

参考文献

[1] 韩震.用习近平新时代中国特色社会主义思想铸魂育人——统编普通高中思想政治教材的编写背景及主要特点[J].基础教育课程，2019（19）：

48-52.

［2］王笃勤, 等 . 教材二次开发: 从理论到实践［M］. 上海: 复旦大学出版社, 2016.

［3］吴宏政 . 思想政治理论课教材观的理论自觉［J］. 思想理论教育, 2021（6）: 26-31.

［4］中华人民共和国教育部 . 普通高中思想政治课程标准（2017 年版）［M］. 北京: 人民教育出版社, 2018: 41-42.

［5］刘文川 . 高中统编思想政治教材"探究与分享"栏目教学使用策略［J］. 福建教育, 2021（15）: 39-42.

高中历史"叙史见人"与"技术赋能"的教学实践

——以"新航路开辟后的食物物种交流"为例

韩俊杰

2019 年，统编高中历史教科书率先在北京、天津、辽宁、上海、山东、海南等六省市高中起始年级使用。统编历史高中教科书与先前上海地区使用的华东师范大学出版社出版的《高中历史》有较大出入，其中最明显的区别之一，便是统编高中历史教科书减少了很多对人物和细节的介绍。但这并不意味着上海高中历史教育者需要放弃"二期课改"以来上海市中学历史学科课程改革的经验成果——把握课程内容主旨、彰显史学思想方法。历史叙事见人见物，能使历史教学更具鲜活力，充满立体感，[1] 这正是上海高中历史教学的特色——"叙史见人"。在人工智能应用越来越广泛的当下，如何利用信息技术赋能"叙史见人"的教学，是高中历史教师值得思考的问题。本文以统编版《普通高中教科书·历史·选择性必修 2：经济与社会生活》第 2 课"新航路开辟后的食物物种交流"为例进行探究。

一、把握课程内容主旨

把握内容主旨，须整体把握中学历史课程目标。在宏观上，《普通高中历史课程标准（2017 年版 2020 年修订）》指出，"加强法治意识、国家安全、民族团结、生态文明和海洋权益等方面的教育"。在微观上，"了解新航路开辟后食物物种交流及其历史影响"。因此，本课的落脚点应放在新航路开辟后食物物种交流的影响上。

在此基础上，笔者梳理了本课与前后课、单元、整册教科书乃至整套教科书的基本关系。

就单元内容而言，本课所在单元"食物生产与社会生活"旨在揭示食物生产和储备的进步是人类生存和发展的基本保障，紧扣食物生产与社会生活的关系。三课时大体按照农业发展的时序，即按古代、近代、现代三个阶段来组织，在空间上分亚洲、非洲、欧洲、美洲等不同地区。每课各有重点，第1课的重点是古代农业的出现所具有的革命性意义，第2课的重点是近代不同地区食物物种交流对人类发展的影响，第3课的重点是现代农业发展的成就及影响。因此，在本单元的教学中，应引领学生在时空框架下整体把握食物生产在各个时代的延续和变迁，重点诠释食物生产的进步对社会生活的影响。早前自然界的屏障抑制了物种的迁徙，而新航路开辟后的物种交流进入了全球化的阶段，世界失去了生物边界，极大地改变了人类的食物生产与社会生活方式。因此本课是这一单元的第2课，起着承上启下的作用，具有重要的地位。

就教材架构而言，新航路开辟以来全球性的物种大交流，纵向上促进了各地区文明的多样化，推动了生产力的发展；横向上使世界经济的联系越来越紧密，推动着各文明之间的交流与融合；与此同时，带来了疾病和细菌的传播、生态环境被破坏、文明冲突、文明之间不平衡加剧等负面影响。《中外历史纲要（上）》中"明至清中叶的经济与文化"一课，简要介绍了明清时期传入中国的高产粮食作物对中国的影响；本课的核心概念"物种交流"正是《中外历史纲要（下）》"全球联系的初步建立与世界格局的演变"这一课中新航路开辟这一重大历史事件的影响之一。由此可见，本课与《中外历史纲要》有密切的联系，是它的拓展与延伸。因此，本课在教材架构中的"基础"和"引领"地位尤为重要。本课应该不仅要求学生掌握食物物种的交流，更要以食物物种交流为载体，进一步思考文明之间的交流对人类历史进程发展的影响。

就内容而言，本课将新航路开辟后的食物物种交流分为"美洲物种的外传""其他地区物种在美洲的推广"和"食物物种交流带来的影响"三个部分。通过对"学习聚焦"栏目内容的概括和梳理，可以将本课内容分为两个层次：第一个层次为新航路开辟后的食物物种交流日益紧密，丰富了各大洲的食物物种；第二个层次则是食物物种交流给社会经济和人们生活带来的变化，以及正确看待食物物种交流的历史影响。综上所述，本课的立意点应结合新航路开辟后的食物物种交流这一现象，以发展辩证的眼光看待和探讨这一时期人类与大自然共存、文明之间交流融合的经验和教训。

综上所述，笔者对教材知识进行重组，构建知识内在逻辑，以食物物种交流为明线，以人类文明交融为暗线，确定了本课的内容主旨：新航路开辟后，以土豆传播为代表的食物物种交流既突破了空间的限制，又冲破了观念的约束，对社会生活、经济发展、生态环境和文明进程有着深远的影响。食物物种交流的背后是文明的交锋和交融，和谐共生是物种和人类的未来。继而本课的重点和难点也得以确立。本课的重点是：立足世界，归纳新航路开辟后食物物种交流的特点。本课的难点是：模仿迁移，理解物种交流对于人类社会的影响。

二、彰显史学思想方法

中学历史教学中的史学思想方法，包含集证辨据和诠释评价两类。本课属于信息技术赋能高中历史"叙史见人"教学的实践。在把握课程内容主旨的基础上，为彰显史学思想方法，本课的课程教学目标得以确立：完善电子地图、挖掘历史细节，理解食物物种交流是一个从区域交往到全球联系的持续发展过程；线上共评导图，认识新航路开辟使物种交流呈现出全球扩展、内容丰富、双向互补、欧洲主导的特点；利用电脑集证，多角度、全面、辩证地认识食物物种交流对人类社会的深远影响；反思网络新闻，站在"物种和文明和谐共生"的高度，涵育天下情怀，树立正确的文明观和历史观。对应教学目标，本课设计了四个具有挑战性的任务：知物种破界、评物种交换、悟物种革新和思物种共生。

在集证辨据上，在"悟物种革新"这一挑战性任务中，引导学生认识到运用互联网技术进行文献检索，是当代社会获得文本、口传等史料的基本途径。在诠释评价上，在"知物种破界"这一挑战性任务中，引导学生运用相同与不同的概念和范畴，归纳新航路开辟后食物物种交流的特点；在"悟物种革新"这一挑战性任务中，引导学生从自然环境、经济状况、政治形态、文化传统、社会生活、时代特征的视角，解释与评价新航路开辟后的食物物种交流对人类社会产生的深远影响；在"思物种共生"这一挑战性任务中，引导学生从历史认识的发展角度反思新航路开辟后食物物种交流对人类造成的多重影响。

史学思想方法在中学历史课堂教学中的常态运用，离不开教师的示范、指导和点拨，相应地，站在学生的立场上，对于史学思想方法有一个理解、模仿和迁移的过程。在"知物种破界"这一挑战性任务中，教师先示范描述土豆的传播路线，然后引导学生在电子地图上模仿绘制其他物种的传播路线。在"悟物种革新"这一挑战性任务中，教师先示范分析土豆传播对英国的影响，学生根据材料模仿分析土豆传播对爱尔兰的影响，最后教师引导学生进行迁移，分析茶叶、咖啡传播的影响。在作业设计上（文后附），以"书本分析"这一作业设计创建学术情境，引导学生迁移在挑战性任务"评物种交换"中所掌握的史学思想方法，在新情境下解决问题；利用"新航路开辟后玉米的中国之旅"创建学习情境，从土豆迁移到玉米、从世界迁移到中国，引导学生迁移所学，在类似情境下分析实践，努力向"教—学—评"一致性靠拢。

三、展现"叙史见人"理念

人民教育家于漪老师指出："在教学工作中，学习者是第一因素，没有学习者就没有学习。"[2]若要实践高中历史"叙史见人"的教学，自然不能脱离学习者。本节课的学习者是高二学生。就知识层面而言，本课时空跨度大，涉及内容繁多；本课立足食物物种交流，从学生学习经验来看相对陌生。就思维层面而言，多数学生仅停留于零散的知识层面，并未形成系统深刻的认识，难以全面探究新航路开辟后食物物种交流所带来的多方面影响，需要教师通过历史建模加以引导。但就知识层面而言，学生在高中统编教材和初中部编教材的学习中，已对全球航路的开辟、全球联系的初步建立与世界格局的演变、美洲农作物品输入中国等内容有了初步印象，具备了一定的知识迁移能力。就思维层面而言，学生已通过多种方式初步具备了诸如史料分类、筛选、分析、解读的能力，认知能力也进一步发展，具备一定的独立思考能力，便于"叙史见人""技术赋能"教学方式的实施。另外，本课内容贴近学生的生活，学生也具有一定生活阅历和跨学科知识，容易接受和产生兴趣，本课内容值得拓展的空间很大。因此本课在三个方面体现了"叙史见人"的教学理念：历史人物、人类生活和课堂互动。

在历史人物上，在"知物种破界"这一挑战性任务中，呈现不同时空欧洲人对土豆观念的变化，指向史料细节，引导学生认识到新航路开辟后人对食物观念的变化推动了食物物种的交流；在"悟物种革新"这一挑战性任务中，从教科书插图《吃马铃薯的人》切入，以具体的19世纪末欧洲农民真实相貌和农民生存状态的历史画面为解读对象，给学生以身临其境或情景再现的感觉，生动而不失历史感，进而认识到一种食物是否普及，关键不在于上层人士能否享用，而在于底层民众能否食用。

在人类生活上，本课的内容以食物交流为主，食物是人类生存的根本条件，贴近学生的生活，可谓"叙食见人"。在导入部分，从贴近学生生活的土豆花、土豆和薯条创建的生活情境切入，引导学生思考："土豆"为何能撬动世界？在"悟物种革新"这一挑战性任务中，引导学生认识到食物物种的交流具有深远的革命性影响，改变了人类社会和生活；在"思物种共生"这一挑战性任务中，呈现自然环境被破坏的网络新闻，再提出问题：每吃一根薯条，都可能会导致亚非拉地区的热带雨林冒一点烟，该如何平衡？进而引导学生反思人与自然、文明之间的关系。

在课堂互动上，本课注重以人为本，充分发挥学生的主导性。例如在"知物种破界"这一挑战性任务中，注重师生互动，借助教师示范，驱动学生进行图文信息转化，利用信息技术主动地参与食物物种交流的进程，感知新航路开辟后食物物种的交流特点。在"评物种交换"这一挑战性任务中，注重学生互评，进而能够初步认识到新航路开辟后食物物种交流的影响。

本课在课前、课中和课后均利用了信息技术赋能"叙史见人"的教学。

在课前，采用先学后教的策略，引导学生使用电子软件（如 Xmind、Notability、PowerPoint）。以本课内容为主，结合先前所学，以"交流"为主题，利用电子软件绘制一张思维导图，并为思维导图起一个标题，帮助学生打破传统纸笔的空间限制。

在课中，事先将学生分好小组，并为每个小组提供一台平板电脑。在"知物种破界"这一挑战性任务中，师生协作，利用白板和画笔软件补充"新航路开辟后马铃薯传播示意图"；在"评物种交换"这一挑战性任务中，引导学生以小组为单位，利用在线文档为课前预习所作的思维导图重新命名，学生在命名的过程中也能看到其他组的观点，能据此不断地补充完善；在"悟物种革新"这一挑战性任务中，引导学生通过互联网查阅史料，并检索初高中教科书内容，集证后诠释评价咖啡和茶叶；在"思物种共生"这一挑战性任务中，以触手可及的网络新闻作为切入点，拉近学生与历史之间的距离。

在课后，在"书本分析"这一作业设计中，要求学生将回答通过"问卷星"系统上传，一方面能提高教师的批改效率，另一方面"问卷星"系统能够分析学生回答的高频词，进而了解学生对新航路开辟后食物物种交流影响的掌握程度。

附：作业设计

一、书本分析

《哥伦布大交换：1492 年以后的生物影响和文化冲击》一书目录如下：

第一章　发现新世界

第二章　细菌战役

第三章　旧世界植物、动物移居新世界

第四章　哥伦布将梅毒带回欧洲？

第五章　新世界作为旧世界的农场

第六章　生物多样性遭破坏

1. 此书表述体现的历史视角是（　　）。

A. 唯物史观　　B. 革命视角　　C. 社会史视角　　D. 欧洲中心论

2. 举例说明"旧世界"有哪些物种移居"新世界"？不同类别各举一例。

3. 就本书目录而言，若要更为全面地反映生物物种大交换带来的影响，你觉得还可以增加哪些目录主题？

二、新航路开辟后玉米的"中国之旅"

学习完本课后，学校戟川文综学社对另一食物物种——玉米非常感兴趣，以"新航路开辟后玉米的中国之旅"为主题，展开合作探究：

1. 有社员找到了《中外历史纲要（上）》的"清朝前期玉米、甘薯推广种植图"，认为这张地图没有完全展现新航路开辟后玉米在中国的推广路线。你是否同意此观点？说明理由。

2. 社员找到了教科书两张玉米绘画的配文，但不慎涂抹了出处。请帮助社员将文字片段与图片准确匹配，并说明理由。

材料1：川陕两湖凡山田皆种之，俗称包谷。山农之粮，视其丰歉；酿酒磨粉，用均米麦，粮，瓢煮以饲豚，秆干以供炊，无弃物。

材料2：玉蜀黍种出西土，种者亦罕。米气味甘、平、无毒，主治调中开胃。

3. 根据材料3，你认为玉米的传播对当时的中国带来了哪些影响？

材料3：邑境山多田少，居民倍增，稻谷不足以给，则于山上种包谷、洋芋、荞麦、燕麦或蕨蒿之类。深林剪伐殆尽，巨阜危峰，一望皆包谷也。

　　　　　　　　　　　　　　　　　——［清］袁景晖《建始县志》

材料4：除外来棚民，逐渐禁止外，本地方居民，概不许再行栽种，违者重究。

　　　　　　——《抚宪院禁棚民示》，选自嘉庆《德清县续志》

材料5：荒地撑起"青纱帐"，结出致富"金棒棒"。在天桥岭镇，鲜食糯玉米种植不仅成为当地增收致富的新亮点，更为乡村振兴产业发展注入新活力。

　　　　　　　　　　　　　——《糯玉米为乡村振兴注入新活力》

（吉林省人民政府官网，2023年10月16日）

4. 综合以上材料和所学，你如何看待新航路开辟后玉米的"中国之旅"？

参考文献

［1］於以传．叙史见人 论史求通 学史重法：中学历史学科 2016 年度上海市中小学中青年教师教学评选总结［J］．上海课程教学研究，2017（2）：60.

［2］于漪．岁月如歌［M］．上海：上海教育出版社，2007：38.

39 指向深度学习的高中地理单元教学设计初探

皋万莉

《普通高中地理课程标准（2017年版2020年修订）》中把培养学生必备的地理学科核心素养作为课程的基本理念，强调以核心素养为主导构建地理课程，创新学习方式，建立相应的学习评价体系。"双新"背景下，教师不仅要思考"教什么""怎么教"，更要思考"学生怎么学""学生学到了什么"，通过思考学习与教学背后更深层的意义，在教学中培养学生的高阶思维能力。学生核心素养的获得离不开深度学习，只有立足"学得深"才能理解"教得好"，因此教学设计应基于学生立场，从课程的视角出发，以对"学"的理解为基础逐步进行。本文依据深度学习理论，探讨高中地理的单元教学设计策略。

一、指向深度学习的高中地理单元教学的概念

钟启泉在《深度学习》一书中将"深度学习（Deeper Learning）"的概念界定为"学习者能动地参与教学的总称"，亦即"通过学习者能动地学习旨在培育囊括了认知性、伦理性、社会性能力，以及教养、知识、体验在内的通用能力"[1]。因此，发现学习、问题解决学习、体验学习、调查学习等，均属深度学习的范畴。

基于以上理论，我认为指向深度学习的高中地理单元教学是指在教师的引领下，学生全身心参与具有挑战性的学习主题，在教师创设的真实情境中通过探究问题、阅读图表、进行地理实验、小组讨论等学习方式

上海市杨浦高级中学教师论文集

掌握单元地理核心概念，获取地理思维方法，收获丰富情感体验，养成正确的价值观，在学习过程中体验成功，获得发展，最终达到有效落实教学目标，提升地理核心素养的目的。

钟启泉在《深度学习》一书中引用了 R.K.Sawyer 主编的《学习科学指南》中的深度学习的过程，这就是：新的知识同既有知识的链接；因果关系与证据的探究；基于对话的知识建构；学习者对自身学习过程的反思（见表 39-1）。

表 39-1　深度学习与传统课堂实践之比较

知识的深度学习（从认知科学的角度看）	传统的课堂实践（教授主义）
深度学习所必需的，是把新的观念与概念同既有知识与先行经验链接起来	学习者是把教材当作同自己的既有知识无关的存在来处理的
深度学习所必需的是，学习者能够把自己的知识相互关联起来，形成系统	学习者是把教科书知识当作彼此无关的碎片化知识来处理的
深度学习所必需的是，能够探讨构成学习之基础的原则	学习者仅仅是记忆知识，按照既定步骤实施，不能理解其缘由
深度学习所必需的是，学习者能够评价新的观念，并将这些想法同结论联系起来	学习者对不同于教科书知识的新观念感到难以理解
深度学习所必需的是，学习者通过对话理解知识的建构过程，能够批判性地检查论据的逻辑性	学习者把来自全知全能的权威的事实性知识与步骤性知识当作静态性知识来处理
深度学习所必需的是，学习者能够反思自身的理解与学习过程	学习者只能单纯地死记硬背，不会反思目的与自身的学习方法

通过表39-1中深度学习与传统学习的比较，可以看出，深度学习是建立在学生已有的知识之上的，体现出学生学习前后知识概念的改变。通过深度学习，学生能建构出新的概念图及知识体系，在与同学、老师、书本的对话中，不断反思自己对知识的理解，从而得出新的结论，完成知识的重新建构。通过这样的学习过程，学生逐渐将知识内化理解，即能够在不同场景中灵活运用知识，做到活学活用，形成高阶思维。

二、指向深度学习的高中地理单元教学方法

（一）指向深度学习的高中地理单元教学情境创设

情境创设是单元教学的基础，要使学生达到深度学习，教师必须创设真实情境：

（1）真实的情境往往来源于生活，创设真实情境可以拉近课程内容与学生的距离，增强学生学习的热情与兴趣，唤醒参与课堂的积极性，促进学生深度学习。

（2）在真实情境中发现问题、探究问题、解决问题的过程，是学生主动构建知识、思考世界的过程，有利于学生综合思维能力的提高。

（3）递进式连续性问题情境，能拓展学生思维的深度和广度，提高学生解决实际问题的能力。

（4）生活是学习的最好素材，以生活实践创设连续性问题情境，让学生在情境学习中提高地理认知能力，进而落实对学生地理学科核心素养的培养[2]。生活中的地理，往往还包含着人与环境的复杂关系，生活中的情境可以增强生活体验，给予学生更深的情感收获，帮助学生全面地建立人地协调观。

教师创设具体、生动的教学情境，有助于学习者与学习环境的互动。当教师呈现出精心设计好的问题情境时，会使学生的注意力处于高度集中状态，并产生强烈的求知欲和浓厚的学习兴趣。情境贯穿整个教学，通过特定的学习场景增加学生的体验，可以使学生在积极主动的学

习中实现地理认知、地理能力和学科素养的全面发展,有利于深度学习的开展[3]。

设置的情境问题要有梯度,做到由浅入深、由表及里,这样的课堂有较强的逻辑感和梯度感(见表39-2),让学生经历完整的知识处理过程,从而有效加强学生对知识的深刻理解,实现知识的自主建构、能力的提升。

表39-2 高中地理必修第一册主题5单元情境创设案例

课时	情境设计	设计意图
课时一:上海、拉萨天气大不同	导入环节:小明的爸爸暑假要去拉萨出差,到达拉萨后爸爸发现当地与上海几乎同纬度,但天气大不同。	上海与拉萨对照组的建立,可以很好地将情境贯穿在整个主题中。
	环节一:小明爸爸刚到拉萨一周,皮肤就晒得很黑。为什么在拉萨太阳辐射这么强呢?	通过上海与拉萨日照时数的对比,突出拉萨"日光城"的美誉名副其实,激发学生的探究热情。
	环节二:虽然拉萨太阳辐射很强,但每天傍晚小明爸爸还是要穿起厚外套,这是什么原因呢?	通过真实天气数据,结合拉萨太阳辐射很强但是气温却很低的现实,制造学生的认知冲突。
	环节三:小明爸爸去参加聚会,藏族朋友穿着掉袖藏袍,这种服饰与当地地理环境有什么关系?	利用当地民族服饰,解释地理原理,进一步分析文化与地理环境的关系,树立人地协调观。
课时二:神奇的"风雨"	导入环节:小明爸爸发现,"日光城"拉萨白天天气晴朗,夜晚却经常下雨,这是为什么?	呈现日光城多夜雨的事实,再一次通过情境设置认知冲突,营造积极的学习氛围。

课时	情境设计	设计意图
课时二：神奇的"风雨"	环节一：空气为什么会流动？你观察过夏季空调、冬季暖气是如何安装的吗？	利用生活中的案例，增强学生的探究兴趣，增加关注生活中的地理的意识。
	环节二：小明这两天和妈妈在浦东芦潮港度假，在海边的时候感受到白天风从海面吹来，晚上却是从陆地吹来，这是为什么？	良好的情境认知环境将现实世界与书本知识紧密联系在一起，让学生在不断解决现实情境问题的过程中理解知识，运用知识。
	环节三：拉萨夏季多夜雨，上海却没有，你能利用热力环流原理解释拉萨夏季多夜雨的原因吗？	进入角色的学习方式，可以提高学生的课堂参与度，让其对所学内容留下深刻印象。
课时三：神奇的"城市建设"	导入环节：小明和妈妈度假，一路从芦潮港来到东海大桥，看到了许多风力发电机，但爸爸看到拉萨多太阳能光伏发电，这又是为什么？	承上启下，在新旧知识的衔接处导入生活化情境，可以让学生在熟悉的生活情境中学习地理知识，既吸引学生的注意力，也降低了学习难度。
	环节一：为什么上海东海大桥风电厂选址在海上，西藏的光伏发电选址在山区？	拉萨与上海的气候不同，可以利用的资源也不同，通过对比理解人与自然的关系。
	环节二：为什么拉萨与上海都在大力建设通风廊道？又如何构建呢？	在比较上海与拉萨这两个城市对"风"的利用中，认识人类活动对气候的影响，树立人地协调观。

（二）指向深度学习的高中地理单元教学问题链设计

1. 引入式问题链激发学习兴趣

引入式问题链可使单元间知识点平滑转接，为后续教学埋下伏笔。比如，上述单元设计中，笔者设计了三个具有层次性、联系紧密的课时主题问题："为什么拉萨为日光城，夏季却又温度低，昼夜温差大？""为什么日光城拉萨夏季多夜雨？""为什么拉萨大力发展太阳能而上海大力发展风能？"组成了引入式问题链。

2. 递进式问题链引发认知冲突

递进式问题链是根据地理知识间的联系，利用正向或逆向思维方式提出一连串由浅入深的问题，引导学生的思维和认知向广度和深度发展，从而理解知识、掌握知识、培养学生思维的深刻性和广阔性[4]。如"为什么拉萨有'日光城'的美誉？""为什么拉萨夏季太阳辐射强但气温低？""为什么青藏高原昼夜温差大？"组成递进式问题链，利用表面看似矛盾的现象，制造认知冲突，引导学生进一步探索、辨析地理核心概念，获得思维上的提升。

3. 迁移式问题链提升地理思维

迁移式问题链还原了科学研究的过程，在不断迁移知识的过程中获得了地理的思维方法，体现地理课程的价值。案例课时二中，"空气为什么会流动？"与"为什么上海的海滨白天刮海风，晚上刮陆风？""为什么拉萨夏季多夜雨？"组成迁移式问题链。学生通过观察与实验、讨论与思维碰撞，提升在新情境中应用地理概念、原理、方法与规律的能力。

4. 比较式问题链揭示地理规律

比较式问题链的设置，使学生从科学知识的角度拓宽了思维，认识地理规律，也从辩证的角度思考了人类活动对气候的影响，明白人地协调的重要性。例如课时三中，对比式情境导入与任务中的问题构成了比较式问题链。"为什么上海多风力发电，拉萨多太阳能光伏发电？""上海与拉萨都建通风廊道，为什么？""两地通风廊道的构建有何相同与不同之处？"通过多次比较，明晰地理原理与概念。

（三）指向深度学习的高中地理单元教学实验设计

地理实验是支持学生地理学科核心素养发展的重要手段，也是地理教育中一贯关注的重要内容。有趣而简单的地理实验不仅可以帮助学生更好地发现和正确掌握地理知识，同时还可以培养学生的综合实践能力。《普通高中地理课程标准（2017 年版 2020 年修订）》在教学建议中，也强调要加强地理实践，让学生"走出去""动手""行动"，在实践中获得直接经验，在认识中获得解决问题的真实能力，最终获得独立认知世界、独立生存的本领[5]。

单元教学的实验设计要将目标落实到学生的地理行动与自主思考层面。为了让操作过程可行，实验设计突出简单直观的特点，兼顾对学生的感受、思考、行为、合作与交流等进行全方位引导。实验最后要求学生撰写实践报告，培养其求真务实的科学态度，在实验中不断思考和总结，既能提高学生对原理的理解，又能增加其实践能力，促进深度学习。

表 39-3　主题 5 的地理实验设计

课时	实验名称
课时一	验证二氧化碳是温室气体
课时二	1. 验证空气的运动 2. 观察：空气的热胀冷缩 3. 实验设计：验证热力环流 4. 热力环流实验视频（教师拍摄微视频）
课时三	1. 实验：风向、风速、城市高大建筑对污染扩散的影响 2. 植被对温度的影响

三、结语

在尝试指向深度学习的教学单元的设计中，笔者认为指向深度学习的地理单元设计需要创设真实的情境，通过相互关联的真实情境串联单元的核心地理概念；通过一系列问题链的探究，帮助学生主动构建地理知识框架，在充分讨论的基础上，不断加深对知识的理解，掌握地理原理及规律；通过地理实验的体验，培养学生的地理实践力，帮助其树立人地协调观，落实地理核心素养，最终实现学生的深度学习。

参考文献

［1］钟启泉.深度学习［M］.上海：华东师范大学出版社，2021：23.

［2］李永娣.创设连续性问题情境，促进高中地理深度学习［J］.中学课程资源，2021，17（9）：18-19.

［3］刘春艳，杜瑶.高中地理情境教学实践探析——以人教版新教材为例［J］.中学教学参考，2021（3）：26-28.

［4］任小芳.以情境创设搭建深度教学的桥梁［J］.试题与研究，2021（4）：15-16.

［5］教育部基础教育课程教材专家工作委员会，等.普通高中地理课程标准（2017年版2020年修订）解读［M］.北京：高等教育出版社，2020.

40 乙酸乙酯的酯化反应和水解反应实验探究活动改进的研究

陈 瑶

酯在自然界中广泛存在于花草、水果里，是一类常见的羧酸衍生物。香蕉中因为含有乙酸异戊酯从而具有了香蕉味，苹果中因为含有戊酸戊酯从而具有了苹果味，菠萝中含有丁酸乙酯从而具有了独特的菠萝味。酯的物理性质是难溶于水，易溶于有机溶剂，密度一般比水小，因而酯层一般在水层的上方。

有机化学中，酯根据所含碳原子的多与少通常被分为低级酯和高级酯，低级酯一般含碳原子数少，而高级酯一般含碳原子数多。物质结构决定物质性质，低级酯中含碳原子数少，所以结构也就相对简单些；高级酯中含碳原子数多，会因原子的空间排列方式的不同而出现多种异构体，其结构更加复杂。低级酯通常是易挥发的具有芳香气味的液体；高级酯通常是蜡状固体或很黏稠的液体。脂肪主要成分中有多种高级酯，飞机、轮船、汽车的润滑油是带有支链的醇所形成的酯。低分子量的酯可用作溶剂，而高分子量的酯是性能良好的增塑剂。另外，酯还在香料、香精、化妆品、肥皂、药品、玻璃等工业上有广泛的应用，例如甲基丙烯酸甲酯就是制造有机玻璃的单体。多元羧酸跟醇反应就可生成多种酯，这一反应也被称为酯化反应。

酯化反应是高中阶段化学教科书选择性必修3有机化学基础里重要的反应之一，属于一类有机化学反应，可以概括为醇跟羧酸或者无机含氧酸共同作用下生成酯和水的反应。酯化反应通常分为羧酸跟醇反应、无机含氧酸跟醇反应、无机强酸跟醇的反应三类。羧酸跟醇的酯化反应

上海市杨浦高级中学教师论文集

是可逆的,在某些温度下反应极其缓慢,故常添加无机强酸作为催化剂促使反应向正方向进行。然而无机强酸跟醇的反应,其反应速度相对较快。酯化反应被广泛地应用于有机合成等领域。

典型的酯化反应是乙酸和乙醇的反应,其生成的具有芳香气味的乙酸乙酯,是制造染料和药品的原料。白酒存放越久越香醇,就是因为乙醇在催化剂作用下生成乙酸,后者再与乙醇反应生成了酯。然而,在酸或碱存在的条件下,乙酸乙酯与水能够发生水解反应而生成乙酸和乙醇。

"双新"背景下化学实验教学大力提倡学科核心素养为导向的教学评价转型,通过引导学生积极开展观察、分析、对比、归纳、探究等实验活动,培养学生灵活运用化学知识解决实际问题的能力。乙酸乙酯的酯化反应和水解反应实验探究活动在实验设计、实验分组、实验进程、实验分析等方面进行了改进,让活动课和化学社团中的学生在化学探究活动中既有参与感也有获得感。课上学习的化学知识在实验探究活动中得以归纳巩固,也提高了学生的实验基本操作技能。

一、乙酸和乙醇的酯化反应实验探究活动

(一)实验原理

在浓硫酸的催化作用下,乙醇和乙酸发生酯化反应,生成乙酸乙酯和水。在制备乙酸乙酯的过程中,乙酸脱去的羟基与乙醇羟基上脱去的氢原子相结合生成水,羰基再与氧原子连接形成酯。同位素示踪原子法可知:乙醇中的 ^{18}O 进入酯的分子,因此在酯化反应中,酸脱羟基醇脱氢。

$$CH_3-\overset{O}{\overset{\|}{C}}\dashv OH+H\dashv-{}^{18}O-C_2H_5 \underset{\triangle}{\overset{浓硫酸}{\rightleftharpoons}} CH_3-\overset{O}{\overset{\|}{C}}-{}^{18}O-C_2H_5+H_2O$$

（二）实验装置

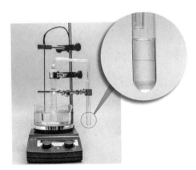

注释：生成物乙酸乙酯为无色透明油状液体，并且在水层的上方，证明乙酸乙酯的密度小于水且不溶于水。

（三）学生分组实验探究活动方案

A 组在加有磁力搅拌子的试管里加入 3 mL 无水乙醇，启动搅拌，依次慢慢加入 2 mL98% 浓硫酸与 2 mL 冰醋酸。按实验装置图所示连接装置，在 95 ℃左右的水浴中继续搅拌 10 min，产生的蒸气经导管通到饱和碳酸钠溶液的液面上，观察现象，测量小试管内饱和碳酸钠溶液的液面上所生成的乙酸乙酯酯层高度。

B 组在加有磁力搅拌子的试管里加入 3 mL 无水乙醇，启动搅拌，依次慢慢加入 2 mL 冰醋酸。按实验装置图所示连接装置，在 95 ℃左右的水浴中继续搅拌 10 min，产生的蒸气经导管通到饱和碳酸钠溶液的液面上，观察现象，测量小试管内饱和碳酸钠溶液的液面上所生成的乙酸乙酯酯层高度。

C 组在加有磁力搅拌子的试管里加入 3 mL 无水乙醇，启动搅拌，依次慢慢加入 2 mL30% 硫酸与 2 mL 冰醋酸。按实验装置图所示连接装置，在 95 ℃左右的水浴中继续搅拌 10 min，产生的蒸气经导管通到饱和碳酸钠溶液的液面上，观察现象，测量小试管内饱和碳酸钠溶液的液面上所生成的乙酸乙酯酯层高度。

在探究过程中向学生提出下列问题：

问题一：结合勒夏特列原理，思考本实验中哪些措施提高了乙酸乙酯的产率？

问题二：在配制乙醇、浓硫酸、乙酸的混合液时，各试剂加入试管的次序为什么是"先乙醇，再浓硫酸，最后加冰醋酸"？

问题三：浓硫酸的作用是什么？

问题四：收集乙酸乙酯时使用饱和碳酸钠溶液的作用是什么？为什么不使用氢氧化钠溶液收集乙酸乙酯？

问题五：为什么要在 95 ℃左右的水浴中继续搅拌 10 min？

（四）学生分组实验探究活动反应条件、注意事项及讨论

（1）反应物的混合要按照试剂密度由小到大的顺序，先加入乙醇，再加入浓硫酸，为防止乙酸挥发，最后加入冰醋酸，然后加热。加热的主要目的是提高反应速率，其次是使生成的乙酸乙酯加快挥发便于收集，使平衡向正反应方向移动，从而提高乙醇、乙酸的转化率。

（2）在反应中，浓硫酸所起的作用是既做催化剂，又做吸水剂。一方面是其作为催化剂，提高了整个反应的反应速率；另一方面是其作为吸水剂，浓硫酸可以吸收酯化反应中生成的水，降低生成物的浓度，使平衡向生成乙酸乙酯的方向移动，从而提高乙酸和乙醇向正方向进行的转化率。催化作用使用的浓硫酸量很少，一般只要使硫酸的质量达到乙醇质量的 3% 就可完成催化作用，但为了能除去反应中生成的水，应使浓硫酸的用量再稍多一些。

（3）制备乙酸乙酯时反应温度不宜过高，温度过高会导致副反应的发生，从而生成乙烯、乙醚和硫酸乙酯等副产物。采用磁力搅拌器下水浴加热的实验探究方式比传统酒精灯的加热方式更为安全，避免了预加热和液体剧烈沸腾，也不需要加入沸石或碎瓷片。

（4）采用了较长的导气管和较短的乳胶管，既起到导气作用，也起到冷凝的作用。

（5）反应中导气管禁止伸入碳酸钠溶液，防止由于加热不均匀，碳酸钠溶液被倒吸入加热反应物的试管而使实验失败，导气管应一直处于溶液的正上方。

（6）饱和碳酸钠溶液起到了三方面的作用：第一，冷凝乙酸乙酯蒸气，减小乙酸乙酯在水中的溶解度，有利于乙酸乙酯和水的分层；第二，溶解混合在乙酸乙酯中的乙醇；第三，和挥发出的乙酸反应，生成乙酸钠，便于吸收酸味而闻到乙酸乙酯的酯香味。乙酸乙酯不溶于饱和碳酸钠溶液，密度比水小，所以溶液分层，即上层为无色油体液体。可加入3～5滴酚酞溶液，便于实验观察，挥发出的乙酸和碳酸钠反应而使溶液红色变浅。

（7）不能用氢氧化钠而使用碳酸钠的原因是，虽然氢氧化钠也可以吸收乙酸和乙醇，但是碱会催化乙酸乙酯彻底水解，导致实验失败。

（8）此酯化反应是一个可逆反应，为了提高乙酸乙酯的产量，一般是使反应物乙酸和乙醇中的一种过量。在实验室里一般采用乙醇过量的办法。乙醇的质量分数要高，如能用无水乙醇代替质量分数为95%的乙醇，效果会更好。如果增加冷凝回流装置，乙酸乙酯的产率会更高。

（五）学生分组实验探究活动结果分析

现象记录：可看到饱和碳酸钠溶液的液面上方有透明的油状液体产生并可闻到香味。

A 组乙酸乙酯酯层高度 3 cm。

B 组乙酸乙酯酯层高度 0 cm。

C 组乙酸乙酯酯层高度 1.5 cm。

实验结论：在浓硫酸的催化作用下，乙醇分子里的羟基氢原子和乙酸分子里的羟基一起脱去，结合形成水，发生酯化反应生成乙酸乙酯。

二、乙酸乙酯的水解反应实验探究活动

乙酸乙酯的水解反应可看作是乙酸乙酯酯化反应的逆反应，乙酸乙酯水解产物为乙酸和乙醇。乙酸乙酯的水解程度会受到溶液酸碱性的影响。为了探究乙酸乙酯的水解反应是在酸性条件下还是碱性条件下更有利于进行，我们设计了乙酸乙酯的水解反应实验探究活动。

（一）实验原理

乙酸乙酯的水解反应在酸性条件下是可逆反应，在碱性条件下不是可逆反应，因而水解更为彻底。

$$CH_3COOC_2H_5 + H_2O \underset{\triangle}{\overset{稀硫酸}{\rightleftharpoons}} CH_3COOH + C_2H_5OH$$

$$CH_3COOC_2H_5 + NaOH \xrightarrow{\triangle} CH_3COONa + C_2H_5OH$$

（二）学生分组实验探究方案

充分振荡乙酸和乙醇的酯化反应实验探究活动后收集产物的试管，然后静置，待液体分层后，用分液漏斗分液得到的上层液体即为乙酸乙酯。

A 组向第一支试管中加入 1 mL 乙酸乙酯，再向试管里加蒸馏水 5 mL，振荡均匀后，把试管放入 70 ℃～80 ℃的水浴里加热 5 min，观察发生的现象，测量乙酸乙酯酯层体积。

B 组向第二支试管里加入 1 mL 乙酸乙酯，再向试管里加 10% 稀硫酸 5 mL，振荡均匀后，把试管放入 70 ℃～80 ℃的水浴里加热 5 min，观察发生的现象，测量乙酸乙酯酯层体积。

C 组向第三支试管里加入 1 mL 乙酸乙酯，再向试管里加 30%NaOH 溶液 5 mL，振荡均匀后，把试管放入 70 ℃～80 ℃的水浴里加热 5 min，观察发生的现象，测量乙酸乙酯酯层体积。

D 组向第四支试管中加入 1 mL 乙酸乙酯，再向试管里加蒸馏水 5 mL，振荡均匀后，把试管常温放置 5 min，观察发生的现象，测量乙酸乙酯酯层体积。

E 组向第五支试管里加入 1 mL 乙酸乙酯，再向试管里加 10% 稀硫酸 5 mL，振荡均匀后，把试管常温放置 5 min，观察发生的现象，测量乙酸乙酯酯层体积。

F 组向第六支试管里加入 1 mL 乙酸乙酯，再向试管里加 30%NaOH 溶液 5 mL，振荡均匀后，把试管常温放置 5 min，观察发生的现象，测量乙酸乙酯酯层体积。

（三）学生分组实验结果分析

数据记录如下：

A 组乙酸乙酯酯层体积 1 mL。

B 组乙酸乙酯酯层体积 0.5 mL。

C 组乙酸乙酯酯层体积 0 mL。

D 组乙酸乙酯酯层体积 1 mL（当日气温 32 ℃）。

E 组乙酸乙酯酯层体积 0.4 mL（当日气温 32 ℃）。

F 组乙酸乙酯酯层体积 0.1 mL（当日气温 32 ℃）。

乙酸乙酯在酸性条件下没有碱性条件下水解得彻底，在蒸馏水中不发生水解反应。碱性条件下温度升高有利于乙酸乙酯水解反应的进行。

三、研究思考

化学学科实践活动离不开实验，让学生具备基本的化学实验技能是学习化学和进行探究活动的基础和保障，实验前充分的准备和进行的预实验是实验的基础。乙酸乙酯的酯化反应和水解反应实验的改进和探究活动采用了多元化分组形式，锻炼了学生的实验动手操作能力，充分体现了实验探究的价值。活动课和化学社团中的学生因年级的不同在实验活动中的表现具有较大差异性。教师可以通过明确任务分工，落实实验操作任务，让学生在化学探究活动中更有参与感和获得感，从而使整个实验探究活动进展顺利。

四、研究展望

化学实验探究活动是学生获得各种学习体验最基本、最重要的载体。为适应"双新"背景下学生发展需要，培养学生化学学科核心素养，在学校硬件和软件方面的大力支持下，化学学科将一些验证性演示实验改为学生的探究实验活动，让学生独立进行自主实验、独立操作，让学生亲自体验探索、思考和解决问题的过程。在化学实验探究活动中要求全体学生认真观察并记录实验现象，提出问题，课后认真书写实验报告。注重探索性和研究性的实验不仅提高了学生的学习兴趣，还使学生在实践中体验了掌握知识的全过程，从而更符合双新课改的要求。创新实验室、化学社的活动，极大地提高了学生学习化学的积极性，提高了学生的动脑、动手能力。

第四章

破解难题的教育反思

《木兰诗》"唧唧复唧唧"新解

詹 前

　　《木兰诗》"唧唧复唧唧"中的"唧唧"一词究竟作何解,向来聚讼纷纭,莫衷一是,几成一桩公案。归纳起来,不出"叹息声"[1, 2]"机杼声"[3]"蟋蟀声"[4]三解。可是,此处"唧唧"是否还可作他解?"唧唧复唧唧"中两处"唧唧"的意思是否相同?向来无人关注这个问题,也就无法真正解决这个公案。本文试作一解,所谓"新",乃是"温故而知新"的"新"。

　　清人段玉裁在《与诸同志书论校书之难》中指出:"必先定其底本之是非,而后可断其立说之是非。"[5]因此,要解决这个问题,首先得找到《木兰诗》的底本出处。现在能看到的著录过《木兰诗》最早的总集有唐人吴兢编的《古乐府》(已亡佚,南宋曾慥所编《类说》辑得佚文31条,第31条为《木兰诗》)、北宋官修的《文苑英华》、相传北宋孙洙得于佛寺经龛的《古文苑》、北宋郭茂倩编的《乐府诗集》四种。"唧唧复唧唧"这一句,《古乐府》作"促织何唧唧"[6];《文苑英华》作"唧唧何力力,'力力'或作'历历'"[7];《古文苑》(卷九,四部丛刊影印宋本)作"促织何唧唧";《乐府诗集》(傅增湘藏宋本)作"蝍蝍复蝍蝍,一作促织何唧唧"[8]。在解释"唧唧复唧唧"时,许多人总喜欢引用《乐府诗集》卷二十五《折杨柳枝歌》的"敕敕何力力,女子临窗织",或者同卷《木兰诗二首》中另一首的"木兰抱杼嗟,借问复为谁",而不太关注最早著录《木兰诗》的几个本子出现的异文现象,可谓舍近求远。清人卢文弨《与王怀祖念孙庶常论校正大戴礼记书》说:"观汉魏以上书,每有一事至四五见,而传闻互异,读者皆当用此法以治之,相形而不相掩斯善矣。"[9]这里提出了"相形而不相

德智融合:素养导向的课程文化建设

掩"的处理异文的原则。郭在贻先生在《杜诗异文释例》一文中，概括了造成异文的六种原因，依次为前人妄改、同音假借、声音相同相近、字形相近、异文的两方为同义或近义词、异文的各种写法是同一联绵词的不同变体。[10]虽是针对杜诗，却颇可借鉴。细考以上罗列的几种异文，不就是郭先生所讲的"异文的两方为同义或近义词"吗？两处"唧唧"的前一组，"唧唧""唧唧""促织"，是对同一事物的不同叫法；后一组，"唧唧""力力""历历""唧唧"，都是象声词：其实表达了同样的意思。因此，"唧唧复唧唧"的第一个"唧唧"就是促织，即蟋蟀；第二个"唧唧"解释为蟋蟀的鸣叫声。

王彦坤先生《古籍异文研究》第二章专论"异文产生的主要原因"时，谈到"方言差别"，即"因命意不同而一事异号"或"因方言差别而同词异音"产生的异文现象。王先生引了《史记·夏本纪》"道菏泽，被明都"及"原隰底绩，至于都野"，而《汉书·地理志》把"都"并作"猪"。以郑玄的《礼记注》一句"猪，都也。南方谓都为猪"揭示原因。又引了《战国策·齐策四》"士三食不得餍，而君鹅鹜有馀食"，而《韩诗外传》卷七及《说苑·尊贤篇》并作"而君雁鹜有馀粟"，而扬雄《方言》告诉我们"雁，自关而东谓之䳘鹅，南楚之外谓之鹅"。[11]那么，称促织为"唧唧"是否和方言有关呢？

明遗民诗人蕲州（今湖北蕲春）人顾景星《白茅堂集》卷之四《古今乐府杂体》（清康熙刻本）中有《唧唧词》一首，词曰："长唧唧，短唧唧，莫遣孤儿赤膊睡。短唧唧，长唧唧，滴尽西窗女儿泪。唧唧长，唧唧短，唱歇征人五更转。唧唧短，唧唧长，门外征人欲断肠。"题下自注："楚人呼促织为唧唧。按《木兰诗》'唧唧复唧唧'一作'促织何唧唧'。俚词有之，衍为乐府。"顾景星不仅"记诵淹博，才气尤纵横不羁；诗文雄赡，亦一时之霸才"[12]，而且有字书《黄公说字》传世，他的观点应该得到重视。由于此诗颇具代表性，已被今人编入《湖北历代诗歌精选》，可惜编者未重视作者自注，把"唧唧"释为"织布声"。[13]《汉语方言大词典》"唧唧"条的第四个解释就是"蟋蟀"，并注明这是江淮官话，湖北广济一带现在还这么称呼蟋蟀。[14]其实，《乐府诗集》（傅增湘藏宋本）作"唧唧"也是明证。根据《汉语方言大词典》"唧唧"条所引清同治年间《宁乡县志》"蟋蟀曰蝍蝍",湖南宁乡亦楚地。[15]可见,"唧唧"和"蝍蝍"都是楚语,意思相同。王彦坤先生认为,"鹅"与"雁"声同韵近,"猪"与"都"声近韵同,属于"因方言差别而同词异音"。那么,"唧唧"或"蝍蝍"是以昆虫的叫声来命名这种昆虫,和"促织"属于"因命意不同而一事异号"。

为什么《木兰诗》开篇就用楚语呢?杜牧《樊川诗集》中有《题木兰庙》一首,诗曰:"弯弓征战作男儿,梦里曾经与画眉。几度思归还把酒,拂云堆上祝明妃。"清人冯集梧引了《太平寰宇记》一段作注:"黄州黄冈县木兰山,在县西一百五十里,旧废县以此为名,今有庙在木兰乡。"[16]缪钺先生《杜牧年谱》[17]、吴在庆先生《杜牧集系年校注》[18]据此认为此诗是杜牧任黄州刺史时所作,即会昌二年至四年(842—844)间。可见《木兰诗》和黄冈(今湖北黄陂)有着密切的关系。其他如明人田艺蘅《留青日札》卷之十"木兰山"条"今黄州梁安县,即隋木兰县,有木兰山,在黄陂县北七十里,上有将军冢、忠烈庙焉"的记载[19],明人焦竑《焦氏笔乘》卷三"我朝两木兰"条和田氏类似的记载[20],清人俞正燮《癸巳存稿》卷十三"亳州志木兰事书后"条引《湖北通志·祠庙》《黄陂县志》《名胜志》等记载[21],都可证明这一点。明人周圣楷编纂的《楚宝》一书,记载楚中人物,可称完备。卷二十九《列女》"木兰"条记载:"木兰,姓朱氏,楚黄民家女也。代父戍边十二年,人不知其为女子。既归,人为赋诗云:'促织复唧唧,木兰当户织。……'"[22]说明木兰从军的故事在楚地流传已久,《木兰诗》的产地可能就在楚地。

行文至此,有人会说,"唧唧"可释为蟋蟀固然无疑,但是"唧唧复唧唧"的"复"又作何解呢?解释为"又""再"的话,两处"唧唧"都解作"蟋蟀声",抑或"叹息声",岂不省事?非也。这里的"何"和"复"都作助词解。《汉语大字典》"复(復)"字第17个解释"助词"即引《木兰诗》"唧唧复唧唧"和杜甫《赠卫八处士》"今夕复何夕"为书证。[23]徐仁甫先生《广释词》"何—啊"条"何犹啊,助词,无义"。引古诗、童谣书证后,又谓:"《木兰辞》:'唧唧复唧唧'一作'唧唧何力力'。复犹啊,则何亦啊。"[24]

最后让我们回到文本，一起吟诵这四句千古绝唱："唧唧复唧唧，木兰当户织。不闻机杼声，唯闻女叹息。"蟋蟀声声叫唧唧，木兰当门操织机。突然不闻机杼声，只闻女子在叹息。有人不禁要问，蟋蟀和木兰织布有什么关系呢？西晋崔豹《古今注》探究"促织"这一名称的来源时，说"促织，一名投机，谓其声如急织也"。[25]宋人罗愿的《尔雅翼》卷二十五《释虫二》引了西汉两部纬书以及俚语，体现了当时的社会思潮和民间习俗。其一，《易通卦验》曰："蟋蟀之虫，随阴迎阳，居壁向外，趋妇女织绩女工之象。"其二，《春秋说题辞》曰："趣织为言趣织也。"其三，俚语曰："趣织鸣，懒妇惊。"在此基础上罗愿进一步提出"似机杼之声，可以趣妇功"，以及"又其鸣时，正织之候，故以戒妇功"。[26]原来，急促的蟋蟀声，督促女子专心纺绩，这也是过去评价妇女德行的所谓"四德"之一。

细读全诗，以蟋蟀鸣声起兴，蟋蟀声急促，似催木兰勉力织布。可是好女子为何停下织梭，叹息连连？蟋蟀声急促，又似征战之急，催木兰立志替父从军。这样理解，一是诗意曲折含蓄，让人回味不已。二呢，和结尾"双兔傍地走，安能辨我是雌雄"有呼应。蟋蟀声是戒妇功、惊懒妇的，可木兰不仅是个好女子，行军打仗时谁都没发现她是个女的，可谓巾帼不让须眉，甚至超过男儿郎。

对勘异文，探究方言，考察民俗，涵泳诗意，在文献的基础上解读文本，不敢以为是，愿就教博雅君子。

参考文献

[1]余冠英.乐府诗选[M].北京：中华书局，2012：177.

[2]郭在贻.新编训诂丛稿[M].杭州：浙江大学出版社，2010：150-151.

[3]朱星.注释学刍议[J].河北师院学报（哲社版），1979（1）.

[4]林延君.《木兰诗》"唧唧"释义[J].社会科学战线，1991（4）：307-309.

[5]段玉裁.经韵楼集[M].南京：凤凰出版社，2010：313-314.

[6]王汝涛.类说校注[M].福州：福建人民出版社，1996：1505.

［7］李昉，等．文苑英华［M］．北京：中华书局，1966：1733.

［8］郭茂倩．乐府诗集：傅增湘藏宋本［M］．北京：人民文学出版社，2010：575.

［9］卢文弨．抱经堂文集［M］．北京：中华书局，1990：276.

［10］同［2］书，第134-146页.

［11］王彦坤．古籍异文研究［M］．广州：广东高等教育出版社，1993：27-30.

［12］永瑢，等．四库全书总目［M］．北京：中华书局，1965：1635.

［13］贺亚先．湖北历代诗歌精选［M］．武汉：武汉出版社，2006：260-261.

［14］徐宝华，宫田一郎．汉语方言大词典［M］．北京：中华书局，1999：4805.

［15］同上书，第6539页.

［16］杜牧．樊川诗集注［M］．上海：上海古籍出版社，1998：305.

［17］缪钺．杜牧年谱［M］．北京：人民文学出版社，1980：61.

［18］吴在庆．杜牧集系年校注［M］．北京：中华书局，2008：599-600.

［19］田艺蘅．留青日札［M］．杭州：浙江古籍出版社，2012：149.

［20］焦竑．焦氏笔乘［M］．上海：上海古籍出版社，1986：86.

［21］俞正燮．俞正燮全集［M］．合肥：黄山书社，2005：562.

［22］周圣楷．楚宝［M］．长沙：岳麓书社，2016：888.

［23］《汉语大字典》编委会．汉语大字典［M］．成都：四川辞书出版社，1990：897.

［24］徐仁甫．广释词［M］．成都：四川人民出版社，1981：124.

［25］崔豹．古今注［M］．沈阳：辽宁教育出版社，1998：11.

［26］罗愿．尔雅翼［M］．合肥：黄山书社，2013：301-303.

42 立足单元共性，读写结合，探究小说结尾艺术

——以《促织》教学为例

胡一之

语文课堂上，以往在进行小说结尾艺术赏析的学习时，经常会梳理历届试卷的题型，其中"小说结尾艺术的赏析"频繁出现在文学类文本的阅读理解中。对于"这样的结尾好不好""有人说可以删去结尾，你怎么看"诸如此类的问题，师生也习惯于按照模板回答：出人意料，却又在情理之中；与前文照应，使情节连贯；点明或深化主题（或讽刺，或赞美，等等）；突显人物性格，丰富人物形象；打破心理预期，带给读者震撼；卒章显志、以景结情等；不一而足。尽管不能说这样回答是错误的，但过度地运用答题套路对结尾的赏析进行操练，难免流于概念化、程式化。有些学生甚至不假思索地把所有死记硬背的术语往试卷答案栏里堆砌，有违培育语文核心素养的教学初衷。如何比较自然地引导学生将文学阅读理解赏析与评价运用到具体的创作实践中，如何以切实的写作体验推动文学阅读的进一步理解、更深层次的赏析、更高屋建瓴的评价，就成为笔者最近教学思考的重点。

部编版高中语文必修下册第六单元（"文学阅读与写作"任务群、古今中外小说单元）中有一篇经典课文《促织》，在老教材中安排在高一第一学期，以前我也曾经尝试过让学生写一个不一样的结尾，但高一学生水平似乎尚不足以支撑完成这一任务。今年我将结尾改写作为选择性作业布置给高二学生，意外地收获了不少让人叹赏的好作品，在此基础上有了以下的教学设计。

师：回顾一下上节课的讨论——你是否喜欢小说《促织》的结尾？对于主人公成名的结局，你是否满意？如不满意，可以改写一个不一样的结局——

有同学认为原作中成名确实是个好人，却过得这么惨，最后让"好人有好报"符合读者的心愿与期待。

师：给好人一个好结局是很多小说、影视作品常见的手段，大家都喜闻乐见，本无不妥。但木心在《文学回忆录》中有这么一段话：中国人有个情结，姑称之为"团圆情结"，不团圆，不肯散，死乞白赖要团圆，不然观众要把作者骂死。希腊人看完悲剧，心情沉重，得到了净化。中国人看完了大团圆，嘻嘻哈哈吃夜宵，片刻忘其所以。从中可以看出木心对"团圆情结"的态度是什么？

生：不屑、不满。

师：对，带着点不以为然或者说对此嗤之以鼻。显然木心更欣赏能让人心灵净化的悲剧。

有同学则认为原作中成名因为是"长厚者"而受到老天爷的酬报，得以"入邑庠""裘马过世家"，虽然符合人民群众"好人有好报"的朴素思想，但过于脱离现实，削弱了社会批判性。

于是就有了我们自己的改写系列：

1. 以成名的视角凸显出豪吏的强横野蛮——

……不知过了多久，成名醒来发现自己躺在自家床上，门口传来敲门声，又是收蟋蟀的官吏！成名面如死灰，从床头到门口这短短几步路竟变得如此可怕。失魂落魄的成名已记不清后来发生的事……门怎么被踹开，家里器具怎么倒了一地，妻子被抓走时怎么哀求，官吏在眼前怎么怒吼——成名全无反应。他只知道，这次是真的完了。（何明宇）

2. 以封建官僚常见的贪婪负义推想成名一家的苦难——

……诏赐抚臣名马衣缎。

不料，抚臣不言成名之功，称其乃见于自家之院，不分丝毫所得于成。成怒，讼之于狱。不听，逐成。成无奈，凄然归家，万念俱灰。至家中，其妻怆然流涕曰："吾儿殁矣！"成大骇，顾见其子之尸，仆地不省人事。救之不及，亦殁。

呜呼！官贪吏虐，民不堪命，悲哉成也！（沈昊宸）

3. 超越蒲松龄的时代局限，将批判的矛头直接对准皇帝——

……皇上得此"蟋蟀王"，龙颜大悦，更是沉浸于斗蟋蟀一道。他为其定制了华丽的"宫殿"，整日与这蟋蟀待在一起"南征北战"。但再好的蟋蟀也有玩腻的那一天。皇上不再满足于这个"老面孔"，拟下圣旨寻找新的"蟋蟀王"，并允以千金。皇上正要在圣旨上按下玉玺之时，那只蟋蟀不知从哪蹦了出来，一头撞在玉玺上，当场头断脚折，一命呜呼。千里外，成名那吊着一口气的儿子忽地从床上坐起，走到堂前，给父母磕了一个响头后，软倒在地，没了气息。（朱熠辰）

同学们设计了很多结局，与小说原来的结局大相径庭：将"成名苦尽甘来"改为"成名被逼至死"或"成名之子死焉"。

在讨论哪个结局更好之前，我们还需再留意一个问题：

"故事的结局"等同于"小说的结尾"吗？

让我们仔细阅读小说《促织》的结尾——最后一个自然段，你会发现那是作者对故事结局的一段评议。

在明确故事结局不完全等同于小说结尾之后，有针对性地评价结尾的艺术之前，我们还得再解决一个问题——如何判断小说的艺术价值？

生：曲折的情节发展、栩栩如生的人物……

师：很好，略萨认为（小说）借助的并非仅是理智，还有感觉、情绪、直觉和激情，它比纯粹剖析贫穷、剥削、边缘化和社会不公的文章更生动，能引发读者更大的共鸣。情节的曲折性、人物的生动性正是小说艺术价值的体现。《促织》在这方面的成就我们已有所领略。在此基础上我们不妨再补充一种说法——存在主义哲学家萨特认为小说不仅是制造快乐、激发想象力……还要让读者乃至于全体大众对社会问题有更清楚的认识。

那么，在《促织》的结尾中是否体现出这一点呢？

同学们不妨找一找，《促织》结尾中有哪些词句强调了作者的认识。

异史氏曰："天子偶用一物，未必不过此已忘；而奉行者即为定例。

加以官贪吏虐，民日贴妇卖儿，更无休止。故天子一跬步，皆关民命，不可忽也。独是成氏子以蠹贫，以促织富，裘马扬扬。当其为里正、受扑责时，岂意其至此哉？天将以酬长厚者，遂使抚臣、令尹，并受促织恩荫。闻之：一人飞升，仙及鸡犬。信夫！"

生："故天子一跬步，皆关民命，不可忽也。"

师：很好，"故""是故""是以"这类词往往是文言文中带出观点的常见词。另外还有"独是"，强调的是成名"以促织富，裘马扬扬"这种情况的少见甚至绝无仅有；"信夫"是针对民间俗谚"一人飞升，仙及鸡犬"说法的肯定，对抚臣、令尹的讽刺鲜明而辛辣。

师：补充两则广为流传的史料，从材料一中你看出了什么？

材料一：宣宗（宣德）酷好促织之戏，遣使取之江南，价贵至数十金。枫桥一粮长，以郡遣觅得一头最良者，用所乘骏马易之。妻谓骏马所易，必有异，窃视之，跃出为鸡啄食，惧，自缢死。夫归，伤其妻，亦自经焉。（选自吕毖《明朝小史》）

生：史料告诉我们，因为进贡的促织遗失而死的情节不是凭空编造，而是有现实依据的。

师：的确如此。而且可以推断像成名这样老实木讷的人在如此现实下的结局大概率也会是自尽，《促织》前半段反复出现的"忧闷欲死""惟思自尽"之类的情况才是真正的现实写照。

材料二：邹弢《三借庐笔谈》中提到蒲松龄"作此书时，每临晨携一大磁罂，中贮苦茗，具淡巴菰一包，置行人大道旁，下陈芦衬，坐于上，烟茗置身畔。见行道者过，必强执与语，搜奇说异，随人所知；渴则饮以茗，或奉以烟，必令畅谈乃已。偶闻一事，归而粉饰之。如是二十余寒暑，此书方告蒇。"（注：粉饰，加工润色之意。）

师：这则史料中的"粉饰"二字说明了什么？蒲松龄到底是创作者还是收集编撰者？

生：粉饰是加工润色的意思，蒲松龄对听来的故事进行汇编，对原作可能并没有进行大刀阔斧的改动。

师：正是。蒲松龄的身份介乎于创作与汇编之间，情节上他可能未作大的改动，描写上作了精彩的加工，但结尾"异史氏曰"则可以肯定全是他的心声。他在小说《促织》中保留了他听来的原故事的结局，却又通过结尾"异史氏曰"表达了他的不满。

既然作者本人不满于故事结局中抚臣、令尹"鸡犬升天"，那么他是否会希望故事是下面这位同学续写的走向呢？

"见到蟋蟀如此神异，华阴令贪心大起，他一面派人逼死成名一家好将蟋蟀据为己有，一面欺瞒上官越级上供好独享功劳。派往成名家的小吏未曾留意昏厥的成子，只是逼成名夫妇自裁。另一边，抚军得到线报，截获华阴令于半道。此时，成子于家中转醒，见父母遗体，泪如雨下，提笔写下一切，后来这篇文字经人整理，成为传世经典《促织》。成子写下这篇绝笔之后悬梁自尽。那只小蟋蟀在华阴令与抚臣争执时大放光芒，将二人化作脓水，在地上流成'天理昭然，报应不爽'八字，一时传为奇谈。后世相传，人们路过那里时，即便冬日也常能听见蟋蟀的哀鸣。"（蔡卓民）

生：似乎过于戏剧化了。

师：过于戏剧化，意味着与现实过远，读者不太能相信这样的逻辑走向。和"大团圆结局"（"好人有好报"）一样，这样的结局设定其实也没能摆脱"恶人有恶报"的爽文思路，依然是民间故事的常见设定（据续写者小蔡同学自述，从前确实很爱读《故事会》等杂志）。我们或许可以得出这样的猜测——原作大团圆式的结局也很可能只是民间故事的常见设定，作者本人未必认可这样的设定。

师：那么与蒲松龄同等水准的作家一般会设计怎样的结局呢？

让我们读一下汪曾祺《蛐蛐》的最后几段：

皇上龙颜大悦，下御诏，赐给巡抚名马衣缎。巡抚饮水思源，到了考核的时候，给华阴县评了一个"卓异"，就是说该县令的政绩非比寻常。县令也是个有良心的，想起他的前程都是打成名那儿来的，于是免了成名里正的差役；又嘱咐县学的教谕，让成名进了学，成了秀才，有了功名，不再是童生了；还赏了成名几十两银子，让他把赔累进去的薄产赎回来，成名夫妻，说不尽的欢喜。

只是他们的儿子一直是昏昏沉沉地躺着，不言不语，不吃不喝，不死不活，这可怎么了呢？

　　树叶黄了，树叶落了，秋深了。

　　一天夜里，成名夫妻做了一个同样的梦，梦见了他们的儿子黑子。黑子说：

　　"我是黑子。就是那只黑蛐蛐。蛐蛐是我。我变的。

　　"我拍死了'青麻头'，闯了祸。我就想：不如我变一只蛐蛐吧。我就变成了一只蛐蛐。

　　"我爱打架。

　　"我打架总要打赢，谁我也不怕。

　　"我一定要打赢。打赢了，爹就可以不当里正，不挨板子。我九岁了，懂事了。

　　"我跟别的蛐蛐打，我想：我一定要打赢，为了我爹，我妈。我拼命。蛐蛐也怕蛐蛐拼命。它们就都怕。

　　"我打败了所有的蛐蛐！我很厉害！

　　"我想变回来。变不回来了。

　　"那也好，我活了一秋。我赢了。

　　"明天就是霜降，我的时候到了。

　　"我走了，你们不要想我。——没用。"

　　第二天一早，黑子死了。

　　一个消息从宫里传到省里，省里传到县里，那只黑蛐蛐死了。

（汪曾祺《聊斋新义·蛐蛐》）

　　师：你认为汪曾祺改写得如何？

　　生：用黑子托梦交代了变身蛐蛐的原委，和黑子的性格思想非常符合。

　　生：黑子的死让人动容。

　　师：成名进贡了上佳的蟋蟀，所得也不过是回到了以前的生活水平，这恐怕是现实中最好的结局了，但黑子还是死了，为了赎罪——无意中拍死父亲好不容易找来进贡的蟋蟀之罪，他化为蟋蟀，而他的命运也和蟋蟀一样，活不过当年的秋天。

生：自然而然、悄无声息的死亡的结局更接近现实中弱势群体的真实境遇，这种悲剧性结尾的真实性、批判性与震撼力更强了。

师：最后不妨请同学们根据自己的经验谈谈读小说的体会，你如何判断好的小说或好的作者？

小说家是怎样的创作者？莫言说自己是个"讲故事的人"，而文艺评论家朱光潜却认为"第一流小说家不尽是会讲故事的人，第一流小说中的故事大半只像枯树搭成的花架，用处只在撑扶住一园锦绣灿烂、生气蓬勃的葛藤花卉。这些故事以外的东西就是小说中的诗。读小说只见到故事而没有见到它的诗，就像看到花架而忘记架上的花。……爱好故事本来不是一件坏事，但是如果要真能欣赏文学，我们一定要超过原始的童稚的好奇心，要超过对于《福尔摩斯侦探案》的爱好，去求艺术家对于人生的深刻的观照以及他们传达这种观照的技巧"。

不妨回顾一下鲁迅《祝福》的结尾，是不是明显有别于"祥林嫂的结局"：

"我给那些因为在近旁而极响的爆竹声惊醒，看见豆一般大的黄色的灯火光，接着又听得毕毕剥剥的鞭炮，是四叔家正在"祝福"了；知道已是五更将近时候。我在蒙胧中，又隐约听到远处的爆竹声联绵不断，似乎合成一天音响的浓云，夹着团团飞舞的雪花，拥抱了全市镇。我在这繁响的拥抱中，也懒散而且舒适，从白天以至初夜的疑虑，全给祝福的空气一扫而空了，只觉得天地圣众歆享了牲醴和香烟，都醉醺醺的在空中蹒跚，豫备给鲁镇的人们以无限的幸福。"

鲁迅以鲁镇"祝福"的场景描写与"我"在"懒散而且舒适"中忘其所以来结尾。我们可以从中看到比祥林嫂之死更令人悲哀的东西在最后这段文字中蔓延开来。

第六单元中还有哪些小说结尾出现了类似的特点？

生：《装在套子里的人》。

师：除了节选的小说因为没有收录结尾，无法当堂印证，另外三篇结尾无一例外地呈现出作者"对于人生的深刻的观照"，比起单纯地讲一个引人入胜的故事更能"让读者乃至于全体大众对社会问题有更清楚的认识"。

接下来，请大家分组讨论（个人在笔记本上呈现：① 自己的思考；② 小组讨论的要点；③ 讨论得到启发后的结果）：你读过的经典小说都是怎么结尾的？请具体举例说明其特点，初步尝试找寻一些规律，分类型进行总结。例如：有的小说以人物描写结尾，有的小说以景物描写结尾。其技巧与目的分别是什么？请结合具体的例子加以说明。

作业布置：

（1）完成练习册 P65（二）小说《我是萨米》。

（2）请给你们收集的小说结尾归类，列一个表格，向学弟学妹们提出一些可供借鉴的阅读或创作规律。

反思：

学情熟悉程度不足，应在课前充分收集学生预习时的困惑。

讨论时小组尚未充分准备，刚开始处于不知如何开局的犹疑中，可以尝试在课前用纸笔作业的形式完成个人的初步思考。

通过以上的教学设计，促使学生将教材与课外阅读中的小说阅读实践打通，拓宽小说结尾的鉴赏方法，激发学生阅读、创作规律的探究兴趣，不失为一条值得尝试的探索路径。

参考文献

略萨．普林斯顿文学课［M］．侯健，译，北京：人民文学出版社，2020.

43 地坛之景与"人生三问"
——《我与地坛（节选）》解读

张燕翠

　　1991 年，在《上海文学》发表《我与地坛》时，史铁生坚持以散文而非小说体裁发表，许是因为小说虚构性更强，散文则往往是真情实感。史铁生想把痛苦、挣扎、寻觅和突围的实录呈现给所有人，所以史铁生在行文中有意识地用人称变化进行暗示，第一章在谈及生死时提到"我们"，谈及"怎样活"时多次提到"你"。史铁生更是直言天地公平地"给每一个人以局限"，"人所不能者，即是限制，即是残疾"。我们每个人都会遭遇"残疾"，都会遭遇命运突如其来的捉弄。史铁生记录了地坛的宁静，以及因这宁静而探寻人生三问"何以生""何以死""怎样活"的答案，让每一个人都有机会真实地逼视人生和命运不可知却公正的本质。

一、地坛的宁静

　　生命中重要的不是快乐，而是宁静，非宁静无以思考。这是地坛对史铁生的馈赠。"最狂妄的年龄上忽地残废了双腿""发了疯一样""中了魔似的"的史铁生，只身面对猝然被丢入的完全陌生的世界，感受到无力承受的漫长与未知，但地坛给予了他治愈与抚慰。从"无意中"到"总是"，再到"总得"，最后到"常常要"去地坛，可以看出去地坛已然成为史铁生必须为之之事。他静心思考，不再迷乱，从迷雾中走出。第一章节初始，四次出现的"等"字本身就预示着地坛沉静的姿态，而在后文中一再出现的高频词"静"更是凸显了地坛的特点。"沉静""宁静""沉寂""寂静""镇静"……第一章节中所有景物描写都是非静无足以觉察到它们的存在、它们的美与它们的启示。更为关键的是，这种宁静不是单向度的，不是一成不变的，而是多维度的，有所剥夺，有所增添。史铁生的每一次思考都是重生，都是超越。什么样的世界最能给人启迪？是宁静的世界。

二、"我"与地坛的三个时间段

第一个时间段是"那个下午我无意中进了这园子"。初见地坛，一眼万年，史铁生描绘的是地坛建筑及其周围的整体印象。天地之间，唯一坛一日一人。在轮椅进入地坛的一刹那，史铁生内心一定是震惊的。地坛与太阳，大地与天空，一则横卧大地，一则高居苍穹；地坛平静苍幽，太阳热烈鲜艳，一静一动，地坛走过四百年，太阳更是燃烧了难以计数的日日夜夜。地坛"一面"历尽风雨剥蚀与世事沧桑，"一面"又坦荡从容；太阳虽西沉却越大越红，"一面"令人遗憾着夜色将至，"一面"也欣喜着新一天即将到来，就如《我与地坛》结尾所写，"它每时每刻都是夕阳也都是旭日"。它们孤单落寞，却又宏大壮阔，绵远悠长。于是渺小迷茫的"一个人"——史铁生顿悟天地本不全，无形的命运之手遮罩在每个人，甚至每个物事之上，残缺无可遁逃或早或晚，残缺亦有生命之美与无限可能。身处地坛，他看到时间仍在自己身上经过，看到"自己"的身影不断被拉长。地坛与落日慢慢仿佛从眼前转到身后，眼前的画面仿佛变为身后的背景，一个有限孤独的个体被地坛和落日映衬得宁静而强大。地坛与太阳的兴衰延续或循环，已若隐若现地暗示了史铁生面对生与死这道单选题的答案。

第二个时间段是"两条腿残废后的最初几年"，地坛中微小如尘却生意盎然的生命成为史铁生初见到地坛印象的补充与细化。在它们身上，史铁生终于找到了"何以生""何以死"的答案。史铁生与它们一样，"不明白为什么要来这世上"，因为生命的到来充满了偶然性，犹如上帝随机投掷的骰子；史铁生与它们一样，因为与永恒无涯的时间相比，生命皆如蜉蝣般短暂，命若琴弦，甚至它们飞行的时光远少于幼虫时光。史铁生与它们不一样，因为无常的到来同样充满了偶然性，他"忽地残废了双腿"。但是，一定程度上，史铁生仍与它们一样，因为也许只消一场风雨或突然遭遇天敌，这些小生命也会画上句号或为之转向。但蜂儿不停振翅，蚂蚁转身疾行，瓢虫忽悠升空，蝉蜕壳爬升，露水坠地后草木竞长。这些不知生死的动植物，没有在原地保持不变，相反"变"是常态。它们妙趣横生，自由活泼，各得其所，自得其乐，透过文字我们甚至能看到史铁生面对它们时内心的小小欢喜。它们和各个"季节""天气""时间""每一棵树""每一平米草地"一起将地坛与落日的偈语进一步加以明示：生，不可辩论，死，必然降临；弱小与美、健康、自由并不矛盾；"园子荒芜"是主观以为，是表象，细看"并不衰败"，是实质；生活中看到并不等于看见，看见不等于看清，看清不等于看懂，"因为活着才能知道一切"，格物致知。

"怎样活"是史铁生用十五年光阴，甚至是更久要思考的问题。史铁生没有故作旷达，他将自己彷徨与思考的过程不加掩饰地呈现出来，他得时时在"老树下""荒草边"或"颓墙旁"默坐呆想，要时时回到地坛去汲取精神力量。地坛"被不能理解它的人肆意雕琢"，而史铁生"纷乱的思绪"则因"耳边的嘈杂"干扰；地坛"有些东西是任谁也不能改变"，史铁生则借"窥看心魂"来保有心魂。但此时的史铁生与"那个下午""最初几年"时的史铁生已全然不同，他平静而理性，产生了自己的意志力，能够看出新生从荒芜中破土而出，因而作为史铁生心境折射的景物描写又别有样貌。

"最初几年"的景物描写是针对个体的、特写的近景镜头，生意盎然；而"十五年"的景物描写则是针对群体的、远景的镜头，衰败冷寂中孕育着生命之美。初见地坛，六句景物描写中四句写荒凉："剥蚀""淡褪""坍圮""散落"，史铁生是被动接受的。而"十五年"时光中，史铁生用六个镜头写苍凉：一日之末的"落日"时分、"最为落寞的时间"、一年之末的"冬天"、冷色调的"苍黑的古柏"、"暴雨骤临"、"秋风忽至"且早霜突降。但这些景物在苍凉中展现出张力之美，不是单调的，若非主动拥抱，若非爱恋这世间，定然难以觉察。

六个镜头两两组合，构成丰富的视觉景深。第一组落日苍凉坎坷灿烂，时节落寞雨燕高歌：史铁生有意用了"坎坷"这一表面指坑坑洼洼实指人生波折的词，众多"坎坷"却被落日映照出灿烂。他用形容心境或状态的"落寞"来形容时节，雨燕在希腊语中意为"没有脚的鸟"，它们不停盘旋从不栖止，在寂寞冷落清凉时用鸣叫使天地由落寞变苍凉，生命力仍在。第二组雪地足印，古柏无言：它们都是时间的注脚，一群孩子在此的足印连接了过去和现在，坐着轮椅的史铁生已能给肆意奔跑的孩子以美好的祝福，期待他们长大。古柏静立，从过去至现在到将来，一切按既定轨道运行，它们与人类的悲欢生死并不相通，各归其途，却是丈量的标尺。第三组"暴雨骤临"，"秋风忽至"、早霜突降：意外突发何等令人懊恼，史铁生却已能"一蓑烟雨任平生"，而且在其中读出诗意，甚至由气味而氤氲出往日的回忆、情感与意蕴，"灼烈而清纯的草木和泥土的气味"、"飘摇歌舞或坦然安卧"的落叶和"熨帖而微苦的味道"，这是一种由苦难所酝酿的回甘，更重要的是史铁生的情感与哲思开始与世界建立了连接，发生了回应，具有了内省的力量，他的目光变得舒展开阔。史铁生的人生第三问"怎样活"在地坛中没有得到确切解答，他活多久就得想多久。

三、结语

史铁生与中国传统文化中失意文人相类，在山水天地间俯仰，宁静而孤独，自我审视，自我问答，找到平衡，使灵魂得以平静安稳。不问生死，只问盛放。"怎样活"的答案是无解的，但正是这样挣扎着寻觅的悲剧美给每一个"残疾"如你我的人以参照与震撼，意义深远；生命远比我们所看到的、所想象的要硬实、丰富、多样；付出生的努力也许就是答案。

浅谈学习目标"三化"

张燕翠

　　每个高中语文教师在语文教学活动中，心中都时刻维系着四个数字：1、4、12、18。这四个数字分别是：①1 个总纲。《普通高中语文课程标准（2017 年版 2020 年修订）》（下称"课标"）中对课程目标有一个总述："学生通过阅读与鉴赏、表达与交流、梳理与探究等语文学习活动，在语言建构与运用、思维发展与提升、审美鉴赏与创造、文化传承与理解几个方面都获得进一步的发展；坚定文化自信，自觉弘扬社会主义核心价值观，树立积极向上的人生理想，为全面发展和终身发展奠定基础。"②4 个核心素养：语言建构与运用、思维发展与提升、审美鉴赏与创造、文化传承与理解。③12 个课程目标：12 个课程目标是四个核心素养的具体化，它们互相联系、互相映衬、互相渗透，覆盖了高中语文的必修课程与选修课程的所有目标，通过课程内容来实现。④18 个学习任务群*：学习任务群是课程内容的组织和呈现方式，以自主学习、合作学习和探究

---

* 18 个学习任务群分别是：必修课程中的整本书阅读与研讨、当代文化参与、跨媒介阅读与交流、语言积累梳理与探究、文学阅读与写作、思辨性阅读与表达、实用性阅读与交流；选择性必修课程中的中华传统文化经典研习、中国革命传统作品研习、中国现当代作家作品研习、外国作家作品研习、科学与文化论著研习；选修课程中的汉字汉语专题研讨、中华传统文化专题研讨、中国革命传统作品专题研讨、中国现当代作家作品专题研讨、跨文化专题研讨、学术论著专题研讨。

上海市杨浦高级中学教师论文集

学习等为主要学习方式，强调以学生的语文活动为主线，重视真实情境中的实践学习，推进个性化学习和深度学习，实现真正意义上的以学生为主体的学习型课堂。这是一个由 1、4、12、18 与 ∞ 所组成的世界，前四个数字所代表的"双新"课堂将引领并塑造新的人，是开启 ∞ 世界的密钥。如何真正地将教学理念落地，让学生全身心投入真实的情境，抛开分数的羁绊，最终提升学生的学科素养是每个教师都要思考并探索的问题，其中第一站学习目标的撰写是值得思考的问题。

一、学习目标的细化

12 个课程目标并非为某一个大单元量身打造，往往需要若干大单元彼此应和、互相补充助力才能达成。"课标"提出了每个任务群的学习目标与内容，同时具体单元具体分析，在不同学段建立了层级，逐层接力，落实该任务群的目标。在日常教学过程中，教师需要比较并发现同一任务群之下各单元目标的异同，还要注意不同学习任务群之间的交叉融合。

比如"中华传统文化经典研习"学习任务群，该任务群一共覆盖四个单元：选择性必修上册第二单元，选择性必修中册第三单元，选择性必修下册第一和第三单元。这四个单元分别是先秦诸子散文单元、史传和史论作品单元、古典诗歌单元和古代散文单元，可谓"诸体兼备"。而"文学阅读与写作"学习任务群下的必修上册第三单元是古典诗歌单元，第七单元的《赤壁赋》和《登泰山记》都是古代散文，"思辨性阅读与表达"学习任务群下第六单元有《劝学》和《师说》两篇文章，必修下册第八单元有《阿房宫赋》和《六国论》等。教师在设计学习活动时要统观全局，不仅关注群内各单元的和谐一致，还要兼顾异群同体文章的利用，并有意识地根据学段来细化学习目标。

以"中华传统文化经典研习"中的古典诗歌板块为例，必修上册第三单元的古典诗歌尽管属于"文学阅读与写作"学习任务群，但依旧可一举两得。就语文素养而言，如果该单元的学习目标为品味诗歌之美、关注诗歌体式、鉴赏手法异同与把握思想情感、写作文学短评，那么在选择性必修下册就应该体现对学生能力的期待，可定为用表格总结回溯整个教材中国古典诗歌序列中的诗歌主题、表现形式与审美追求，梳理诗歌发展脉络；思考古典诗歌对现代诗的影响，比较重抒情、意境的中国古典诗歌与重客观叙述与戏剧性展现的西方诗歌等，最终呈现为可评价的研究论文，这样就有了进阶性。而当古典诗歌与先秦诸子散文、史传和史论作品、古代散文这些单元拼搭之后，学生最终可形成对中国古典文学史的认识雏形，使点状散乱的作家、作品以及流派最终形成序列、行阵、网。

学习任务群是双线结构，除了"语文素养"之外，还有"人文主题"的存在。如果认真比对这些主题，我们会有疑惑：28 个人文主题之间的逻辑关系是什么？它们穷尽了所有主题吗？是否存在重叠杂糅？我们比对了同样是诗歌单元的选择性必修下册第一单元和必修上册第三单元的人文主题，可以看到边界较为模糊，二者都谈到了情感、思想、生命、审美和文化自信。如果再将其与同一学习任务群的选择性必修下册第三单元的古代散文进行比较，相似性就更明显了，只是将"古诗词之美"替换为"古文之美"，增加了"中华文化核心思想理念和中华人文精神"。但众所周知，诗词中同样可以包含着"中华文化核心思想理念和中华人文精神"。语文学科的人文性使我们很难做到科学分类，但在学习目标的确立上，可以力争做到系统性。比如，在选择性必修下册第一单元的目标细化中可回顾必修上册第三单元的人生思考与人生选择（如《离骚》），可找到时代与遭际不同而使诗歌呈现多样风貌的表达（如唐诗《蜀道难》《蜀相》、宋词《望海潮》《扬州慢》），也可着力挖掘本单元作品背后因写作对象不同而展现的个人、地域与民族风貌，作者更多指向并呈现对他人他物的思考，而不是关注自我命运的抒发，不再借他人酒杯浇自我之块垒。（如《氓》《孔雀东南飞》、宋词《望海潮》《扬州慢》）。

二、学习目标的转化

在对学习任务群的目标整体细化之后，我们还需要转化单元的学习

上海市杨浦高级中学教师论文集

目标。研读配套的教师教学用书，我们会发现单元目标的编写存在一定的模糊性。教师教学用书在"关于教师教学用书"一章中对单元目标的构成有如下解读："依据教材中的单元导语，并参考学习提示、单元学习任务，列出本单元的教学目标，让教师明确教学指向，并有计划地作出教学安排"。且不说作为统领的教学目标与作为部属的其他板块有本末颠倒之嫌，单看"单元目标"，我们同样存有疑惑：构成每个单元目标的3～4条目标分别是从哪些维度来撰写的？比较不同单元的单元目标，我们很难找到一个统一的尺度。当然，这种未知性也恰好为教师安排学习活动提供了空间，可发挥主动性和创造性进行转化。

比如"中华传统文化经典研习"学习任务群下的选择性必修下册第一单元，其单元目标是：

（1）深入研读本单元编选的古典诗歌作品，探寻诗歌之美，品评诗歌之味，感受古人通过诗歌表达的哀乐悲欢等种种情感。

（2）从传统文化经典的角度来理解古典诗歌，把握其中蕴含的文化精神，探讨古典诗歌在当下社会生活中的重要意义，认识古典诗歌的思想意义和审美价值。

（3）结合以前所学，梳理中国古典诗歌的发展脉络，尝试探讨评述不同体裁的诗歌在声韵格律、表现手法、审美风格等方面的异同，总结学习古典诗歌的经验并得到一定的理性认识。

教师当然可以对标四个核心素养来进行转化：

（1）通过略读、诵读、精读诗歌等方式，进入诗境，静心揣摩感受诗歌，积累文言词语，丰富意象内涵，构建自己的诗歌言语、句子、章法鉴赏辞典。

（2）辨识、分析、比较、归纳不同体裁诗歌的特点，综合整理古典诗歌发展脉络，判断该诗歌文本在古今中外诗歌体系中的位置，推理本单元诗歌文本对后世诗歌的影响并加以检验。

（3）在反复诵读涵泳的基础上，理解不同作者抒发情怀、表达思想的个性化手法，领会作者独特的审美追求，有理有据地表达阐述自己的观点。

（4）调动生活经验，发现隐藏于古典诗歌背后的文化生活在当下的表达，提升对古典诗歌意义价值的认知。

此外，我们还应该从学生的角度来进一步转化学习目标。以教师为教学主体的教学方式由来已久，其行为惯性乃至思维惯性极大，即使行为表层隐匿不见，但意识深层仍难免在教学过程的各个环节中运作。教师教学用书在单元目标的表述中的高频词语往往是理解、探究、把握、提高、领会、体会、感受、熟悉等，我们该如何检测学生是否达到该目标？而语文学科的特性之一是人文性，其参与者又是富有思想情感的生命个体，这很大程度上决定了语文学科不同于自然学科，学习目标达成与否未必能一望即知，需要有发生、发展、达成的弹性发展过程。因此，我们可以将学习目标转化为具体的、具有操作性的、可检测性的语言，从另一个维度将教学目标的潜在主语变成"我"，将动词变为"能够写出""能够运用""能够发现""能够辨析""能够阐释"等词语，使学生对目标有期待和动力，进而将语文课堂的学习活动与情境化的、与生活相融的阅读活动相连。同时，注重学习目标的分层，既是针对不同学力的学生安排适宜的"最近发展区"，也是对不同学生的一种激励。

比如，《氓》和《孔雀东南飞》比较阅读（意义部分）的学习目标可以叙写如下：

学习目标	教师角度	学生角度
1	思考两篇诗歌的爱情主题意义。	（我）能说出阅读两篇诗歌的最大感受。
2	复习人物描写方法，分析人物形象。	（我）能说出哪些事件、哪些细节让我有这样的感受或判断。
3	发现人物形象与生活环境的关系，理解悲剧的根源。	（我）能说出他们这样做的原因，以及受到了哪些力量或因素影响。

学习目标	教师角度	学生角度
4	思考时代背景与主旨的关系，理解两篇诗歌的主旨。	（我）能思考在同样的情境下，换一个人之后事情的走向，以及我们能比他们做得更好的原因。
5	总结文学作品中的爱情主题意义、妇女形象。	（我）能按照时间顺序，梳理统编教材所有的（包括外国文学作品）女性形象的成长变化轨迹。 【选做】 ①（我）能梳理《诗经》中女性形象变化。 ②（我）能关注当下文坛最新发表的关于爱情、关于妇女的文章，思考它们与古代文学作品中女性形象的异同以及原因。

三、学习目标的锐化

学生作为学习活动的主体理应在教学活动中能发出自己的声音，在教师的引导下最终达成兼有共性和个性的思考，学习目标不应只是从课程标准和教师角度来确定，还应有学生的参与，以课标、教师、学生三维确定学习目标、锐化学习目标，提高学习目标的清晰度，也就是，教师要尽可能做到目中有人。通常情况下，教师往往是先确定学习目标，然后根据自己的预设安排课前预习或者提供学习任务单给学生。如果我们尝试着倾听学生的声音，巧妙地设置情境将学生的学情纳入教案的编写过程，将学习任务单放置在确立学习目标之前，这样教学工作会不会更加有的放矢？我们甚至可以将学生的建议采纳数量作为学生的评价标准，来评价学生的成绩，激发学生的学习热情。

在单元学习目标和课堂学习目标确定之前，可以下发调查问卷，仍旧以选择性必修下册第一单元为例：

1. 通过必修上册第三单元的学习，你掌握了哪些古典诗歌的阅读鉴赏方法？有哪些收获？

2. 你推测这个单元教师会按照哪些环节进行授课？会讲授什么内容？

3. 你最期待这个单元能学到什么知识或掌握何种能力？

4. 你想推荐哪篇与本单元相关的理论文章给大家？

5. 如果本单元文章可以重组，你打算怎么重组？可否说说你的理由？如果要补充文章，你打算补充哪些文章，理由是什么？

6. 你对本单元哪篇文章最感兴趣，对哪篇不太感兴趣，理由是什么？

7. 本单元"单元研习任务"后没有相应的写作栏，你认为这一单元应有怎样的写作要求？

8. 你将如何规划本单元的预习？

9. 你希望教师提供哪些帮助或学习支架？你需要哪些学科、哪些老师的支援？

问卷的设计并非无懈可击，其中有些问题是需要师生共同解决的，也许是无解的。但它能在一定程度上调动学生去预习、思考、讨论、分享，它认可了学生有自己的喜好，而不是强行用一定之规去限制，它让学生去回顾检视过去所学。它不是站在语文学科的位置之上，而是站在学科、生活、社会情境的交汇点上，站在已有的知识、情感、价值、审美之上再度出发。鼓励学生主动探寻，而不是静默地接受一切，让学生和教师站在一起思考。

在一定程度上，教师可以根据学生的思考、能力甚至是个性变化来调整学习目标，尽可能找到不同阅读喜好、不同阅读进度学生的重合点，同时将宝贵的学生意见巧妙融入其他教学环节。

此外，问卷并非唯一的学情摸排形式，教师可以不断摸索新的方式方法。比如，在学习"中国革命传统作品研习"学习任务群的选择性必修上册第一单元时，可以请学生为本单元选择合适的歌曲在课前播放。学生必须预习文章，在了解革命志士的革命精神与伟大人格、感受革命精神的价值之后才能有所发现，学生为这个单元挑选了《百年红船》《如愿》《长征歌曲之红军不怕远征难》《东方之珠》等歌曲，更直观、更富有冲击

上海市杨浦高级中学教师论文集

力地感受到革命精神可与日月同辉。

四、结语

学生是课堂学习活动的主体，因而目标应该是学习目标。由课程目标到核心素养、学习任务群，最终到学习目标，教师既要细化人文主题和核心素养的层级与系统，也要兼顾核心素养的转化与立场的转化，同时注意学生学情，在此基础上才可以更好地开展教学工作。

45 也说《再别康桥》之"三美"

张燕翠

　　《再别康桥》是凡高笔下的向日葵，与尘世中的向日葵是相同的，具有"新月派"所有诗歌的共性；同时，一望即知那热烈盛开的有且只有凡高的向日葵，因为它是徐志摩所独有的。

　　"这首诗充分体现了新月派'三美'的主张，即音乐美、绘画美和建筑美。"这是统编教材选择性必修下册"学习提示"中对《再别康桥》的点评。作为新月派的代表作品，作为教材中的经典篇目，《再别康桥》的赏析途径及文字早已固定。比如根据意象来把握情感，提及"金柳"则必与中国传统诗歌的折柳送别相关，言及"新娘"，则与女郎相比较，更有甚者索隐"新娘"为徐志摩"得之我幸，不得我命"的林徽因；再如，偶数句押韵具有音乐美，而"云彩""金柳""艳影""青荇""彩虹""斑斓"是绘画美；等等，不胜枚举。但法国批评家巴特说"作品一经问世，作者就已经死亡"，我国亦有"诗无达诂"之说，同一首诗歌从不同角度解读出不同之美实属正常，更关键的在于是否能沉醉其中发现别样的美。

一、韵律美

　　通常提及韵律美，一般都会提到《再别康桥》全诗共七节，每节四行，偶数句押韵，并非一韵到底，基本是换节则转韵，不拘一格又朗朗上口。

　　但我们调动个体的阅读经验，可以在比较中有更深的感触。比如将《声声慢》与《再别康桥》的韵脚进行比较，就能感受到徐志

上海市杨浦高级中学教师论文集

摩的情感不是凄凄惨惨戚戚，而是淡淡的哀愁中夹杂着潇洒。《声声慢》中"觅""戚""息""急""识""积""滴"等字作为韵脚，多是不响亮的，传达出细腻且悲怆、凄楚的情感。而《再别康桥》不仅平声字占比较大，而且发音响亮的韵腹占比也很大，比如"来""彩""娘""漾""摇""草""虹""梦""箫""桥"等，这些韵脚恰到好处地传达了徐志摩故地重游时的情感——沉醉、眷恋又有着些许伤感。

不仅如此，徐志摩还采用了英国诗歌的行间韵，并继承《诗经》所开创的双声词、叠韵词和叠词来彼此应和。诗行内的"阳""光"与诗行结尾的"娘""漾"同韵，类似地，"泥"与"里"同韵，"条"与"摇""草"同韵；而双声词有"艳影""榆荫""清泉"，叠韵词则有"荡漾""青荇""招摇"和"斑斓"，叠词则有"轻轻""悄悄"和"油油"，更有第二节与第四节的"那"字领起诗节，这些叮咚作响的韵律环环相扣，前呼后应，彼此应答，宛若精致的乐曲，与情感抒发的律动相一致，可谓是水乳交融。

尤其从诗歌整体来看，整首诗开头与结尾的第一诗节和第七诗节反复间隔，跨度达到最大，回环复沓的音乐美堪称圆融，结构上形成完美的闭环，这使得诗歌情感的总结与升华更加润物无声。

我们只需要对比一下徐志摩 1922 年 8 月 10 日的现代诗《康桥再会吧》就能明了，后者一度被编辑误认为是散文而刊发，后重新以诗歌体裁排版再度刊行，其抒情是直白热烈的，"康桥！汝永为我精神依恋之乡！""康桥！你岂非我生命的泉源？""康桥！我故里闻此，能弗怨汝偕爱，然我自有说言代汝答付；我今去了，记好明春新杨梅上市时节，盼望我含笑归来，再见吧，我爱的康桥。"尽管也是一唱三叹，但因句式不同，词语相异，且情感奔涌而来，故诗作读来反而有些寡淡。而《再别康桥》则是诸多音韵与节奏互相配合，颇有几分妙手偶得、天然雕饰之美，是对古典理性之美的回归，同时，也是对传统格律诗的音韵的拓宽，气象大为不同。

二、绘画美

1928 年 7 月底的一个夏日，徐志摩在英国哲学家罗素家里逗留了一夜之后，在一个晴朗的下午悄悄地到康桥来找朋友，奈何寻友不遇，只有康桥静静以待。夏日、黄昏、康桥，确乎是风景如画。历来对《再别康桥》的绘画美解读，不外乎是一帧帧风景画，比如"挥别云彩图""金柳倒影图""青荇招摇图""潭中清泉图""星辉寻梦图"，抑或就意象的色彩美和词语对形象的精确描绘勾勒进行赏鉴，更有部分评论认为诗歌采用了虚实结合的艺术手法，认为"星辉寻梦图"是作者的梦幻遐思。

其实，《再别康桥》的绘画美是立体的、动态的、可以徐徐展开的、因人灵动的卷轴画。

时间从夕阳西沉，到星空满天，再到夜深寂寂；空间从晴空万里到骤雨初歇的雨后初霁；从河畔的金柳，到水底的青荇，再到浮藻间的七彩，再逆流而上到青草更青处……徐志摩从时间和空间两个角度来呈现他念念不忘、终得一见的康桥！所以，诗中的第二诗节到第六诗节极有可能是徐志摩当日再见康桥时真实经历的诗意描写。这一切如油画般逼真，逼真到读者脑海中浮现出康桥的模样，是与大堰河注重风神勾勒的写意不一样的美。

再，《再别康桥》充盈着活泼而自由的生命力，因而有着线条美与动态美。夕阳镶边，杨柳参差披拂，临水自照；康河碧波荡漾，绿草"随波逐流"；浮藻间浮光跃金，静影沉"虹"；撑篙船所过之处，水面切开，水网细密复又平滑如缎，举目仰望，舟移星动……此为动态之美。

康桥之美更是一种镜像之美。金柳与水面，天上虹与浮藻，繁星璀璨与一船星辉，一则以静，一则以动，一则以实像，一则以虚像，比镜面折射更有韵味，超凡脱俗，清澈秀逸，此为立体之美。更重要的是，所有自然景物各美其美，各得其所，自得其乐，是一种和谐共生之美。

《再别康桥》中还有一种美，是人在场的美。在中国的诗歌传统中，作者往往是隐于文字背后的，于是有了托物言志，有了主客问答，有了用典和借景抒情，不着一字，尽得风流。但《再别康桥》有了全新的表达。

徐志摩与康桥"精神交感"，他轻轻且悄悄地来，轻轻且悄悄地走，康桥的一切已不期然地淹入性灵，无须多言，他已与大自然默契相照。所以，面对康桥的杨柳，徐志摩极度迷恋，心旌摇曳；注目水底青荇，他愿意化身为水草，永依康河；彩虹倒影，沉淀着他彩虹似的幻梦；撑篙漫溯，星辉烁烁，他欲纵声放歌：康桥的每一景都在徐志摩的内心掀起幸福的波澜！想到离别将至，他按下笙箫，闭口缄言，而夏虫、今晚的康桥也感知到徐志摩的情感波动，更有云彩的牵袖挽留。此时此刻，由人到不复振翅歌吟的夏虫，再至庞大的景点，甚至云牵衣袖，不仅因景物的叠加美强化了离愁别绪，更因人的出场，传神表达了康桥与徐志摩的物我合一，颇有几分不知庄周化蝶，还是蝶化庄周的意韵。

更为重要的是，这首诗写于 1928 年 11 月 6 日归国的海上，所以诗中之"我"既是现实之"我"，又并非现实之"我"。现实之"我"写诗中之"我"，写诗中之"我"悠游康桥，写诗中之"我"成为康桥的一部分，写诗中之万物皆备于"我"，于是倍增梦幻，亦倍增哀乐，这种半实半虚之绘画美得以无限延展。

入乎其内，出乎其外，方能看到《再别康桥》层次丰富的绘画美，才能明了徐志摩对康桥依依惜别不是寥寥数字就可以概括的，康桥在他心中就是美丽、圣洁又朦胧的存在，这里有对爱、对美、对自由与对和谐的礼赞，在康桥，徐志摩发现了自己，他是"跳着溅着的一道生命水"，这水直向东去，到水天相接的地方去。

三、建筑美

在新体诗审美范式的探索之路上，徐志摩作过诸多尝试，其中有散文诗、自由诗、无韵诗、骈句韵体诗、奇偶韵体诗与章韵体诗等，而他的名篇往往都是富有建筑美的。对比我国古典诗歌，可以看到古典诗歌发展到后来格律越来越严格，体式越来越单一。或四句或八句，变化很少，也没有标点分行之说。而翻阅与徐志摩同时代所创作印刷的诗歌，或者整齐划一，或者如散文般参差不齐，只有徐志摩的诗歌是错行排列的，错行或一字或两字，可谓独树一帜。比如，"三美"说的提出者闻一多的名作《死水》（节选）：

这是一沟绝望的死水，

清风吹不起半点漪沦。

不如多扔些破铜烂铁，

爽性泼你的剩菜残羹。

也许铜的要绿成翡翠，

铁罐上绣出几瓣桃花；

再让油腻织一层罗绮，

霉菌给他蒸出些云霞。

……

再如，艾青的《大堰河——我的保姆》（节选）：

大堰河，是我的保姆。

她的名字就是生她的村庄的名字，

她是童养媳，

大堰河，是我的保姆。

我是地主的儿子；

也是吃了大堰河的奶而长大了的

大堰河的儿子。

大堰河以养育我而养育她的家，

而我，是吃了你的奶而被养育了的，

大堰河啊，我的保姆。

大堰河，今天我看到雪使我想起了你：

你的被雪压着的草盖的坟墓，

你的关闭了的故居檐头的枯死的瓦菲，

你的被典押了的一丈平方的园地，

你的门前的长了青苔的石椅，

大堰河，今天我看到雪使我想起了你。

……

《再别康桥》高妙之处在于，即使将标点抹去，阅读者依然可以基本恢复原诗样貌。究其原因在于徐志摩着手成春。从结构上看，全诗共七节，每节四行，每行两顿或三顿，使诗歌在整体上保持了一种匀称整齐的美感。而从排列上看，排列错落有致，每节诗行的排列两两错落。这种排列方式不仅在视觉上形成了美感，而且在阅读时也能感受到节奏的变化和韵律的美感。从字数上看，《再别康桥》每行基本为六七个字，间或八个字，标点符号亦各有不同，这种参差变化中见整齐的排列方式，使得诗歌在字数上体现了一种虽高低错落但自有规律的建筑美。

徐志摩诗歌的建筑美更有别样的意义，既是对古典诗歌严格单一的破坏，同时也是一种建设，是中国古典格律诗创作的现代转化与延伸。今日看来，它对中国现代诗创作流于回车体不失为一种引导。

徐志摩使每一个读者未曾识得康桥面，却已深得康桥美。徐志摩使每一个诗人在落笔于纸上之时，会想到诗歌是戴着镣铐的舞蹈。

46 "现代"与"启蒙"背景下的鲁迅作品群文阅读

——以统编版高中语文必修《拿来主义》《祝福》为例

巢 越

统编版高中语文必修上、下两册，分别收录了《拿来主义》和《祝福》两篇鲁迅作品。从体裁上看，它们分别属于议论文和小说；从单元主题上看，它们分属"学习之道"与"观察与批判"的人文主题。当高中阶段的学生学完教材中全部鲁迅作品以后，我们能够以怎样的角度对它们进行群文阅读与整合理解，进一步探究深化鲁迅作品的思想资源，成为本文探讨的话题。

一、启蒙何以成为可能：时空视角下的"先进／落后"观念

1934 年，上海《文学》月刊发起讨论如何接受文学遗产的问题，文艺界对此展开热烈的讨论。鲁迅在《拿来主义》中写道，"我在这里也并不想对于'送去'再说什么，否则太不'摩登'了"。这句带着论战语调的讽语，不经意间勾勒着一个更为宏大的思想史背景。

按照韦伯对于"现代性"的洞察，"现代"超越了循环时间观念的"古代"，使得历史的发展具备了"可计算性"的、永续前进的"科学理性"方向。而正是这种发展的线性时间观，使得"先进"和"落后"之间的区分成为可能，世界历史的进程可与"进步史"画上等号。于是国与国在空

上海市杨浦高级中学教师论文集

间上的差异（例如西欧与东亚），可以对标到"落后—先进"的时间线上。因此，"现代"的问题，成了一个要被无论立场左右的中国近现代知识分子共同回应的话题，因为中国被卷入一个"现代"的世界历史进程已成为不可逆转的事实。

也正因如此，无论是鲁迅批判的"闭关主义""送去主义"，还是他提出的"拿来主义"，都可以被视作近代以来，中国在面对西方现代文明冲击的背景下，思想领域碰撞的产物。尽管鲁迅批判他所谓的"闭关主义"和"送去主义"，但毫无疑问的是，"拿来主义"和"送去主义"一道，是对"闭关主义"的超越，只是"拿来"在文中更具先进性。

在《拿来主义》的最后，鲁迅将注意力落在"新人"与"新文艺"上。这些思想领域之"新"的表现，正是题中的"启蒙"之义。然而，《拿来主义》一文揭露的问题，并不能通过几种"态度"和对"新"的呼唤而被解决。它反而进一步暴露出"判断标准是什么、如何确定"等问题。但它也向我们揭示出，鲁迅的思考深刻地处在"现代"的思想史背景和"启蒙"的问题意识之中。

二、《祝福》中"我"的两次"决计要走"辨析

如果没有"现代"观念下时空的落后与先进之分，也就不会诞生"启蒙"的问题。也正是在这样的背景下，"启蒙"问题才出现在知识分子的视野中，成为思考中国如何通向"现代"的途径。因此《祝福》与《拿来主义》一样，都共享着"启蒙"的问题背景。《拿来主义》一文是鲁迅在国家层面上探讨"现代"与"启蒙"，而他始终带着对这一问题的思考：落后与先进的"现代"问题并不仅仅发生在国家间，同样也存在于区域、区域空间中的个体之间。

《祝福》开篇提供了一个新知识分子多年后返乡的故事背景。首句"旧历的年底毕竟最像年底"，即是"我"带着新知识分子在智识层面的优越感，以一种戏谑的口吻对当下环境的辨别以及超越。"我"既与鲁镇有着现代城市与传统乡土社会的空间差异（社会环境、风俗行为等），也与

鲁镇的人包括乡绅鲁四老爷有着新与旧的时间距离（鲁四老爷的书、他咒骂的对象都已与时代脱节）。也因此"我"能够说出"无论如何，我明天决计要走了"，即辨明"先进／落后"状况后，完成对这个落后环境，以及环境中理应落后的个体的超越。

但是《祝福》里还有第二次"决计要走"，再次出现的内涵却完全不同。开篇描绘鲁镇社会环境，以及被社会化的鲁镇自然环境之后，是关于祥林嫂的死以及"我"与祥林嫂对话的情节。在叙述结构上，鲁迅采用了倒叙的方式，将"我"与祥林嫂的对话放在了前半部分。按正常顺序，应当是从祥林嫂的身世开始写起，最后写到她死前捐门槛、被拒绝参与祭典、与"我"的对话等情节。如果是这样，《祝福》无疑完全是一个祥林嫂的故事。但这一倒叙的设置，凸显了正是"我"在祥林嫂生命的最后时刻，与她进行了一场失败的对话。在这场对话失败以后，祥林嫂死亡，她一生的经历才开始进入读者视野。那么故事的主人公并不是或至少并不只是祥林嫂，"我"以倒叙的方式被呈现在一个与祥林嫂同样重要的位置。

与第一次"决计要走"不同，第二次是"我"与祥林嫂对话结束并意识到对话的失败之后，对问题采取逃避态度的表现。而这场对话的结果，或多或少影响了祥林嫂的生死，甚至由于彼时的"我"是祥林嫂精神安慰的最后可能的来源，所以"我"不能不负担祥林嫂死亡的责任。因此，《祝福》后文插叙祥林嫂一生的悲惨经历，反倒被转化为"我"返乡遭遇的另一个重要背景。也正是通过这场失败的对话，鲁迅重新回溯了第一次"决计要走"草草略过的问题——作为新知识分子的"我"以一种"现代"姿态对落后环境与个体的轻易超越，并揭示出鲁迅对于主体如何关联启蒙问题的独到理解。

三、主体如何关联启蒙："我"与祥林嫂的一场失败对话

在对话开始之前，"我"已经自动占据了"先进"的位置，并完成对祥林嫂的审视——前来讨钱的落魄乞丐。我们不妨认为，在对话开始前，这

场对话就已经被"我"单方面中止。而真正成为对话开端的，是"我"的描述给祥林嫂带来的震撼。

"识字的"加上"出门人，见识得多"这几句话，一方面是对当地传统士绅主导秩序的僭越，另一方面隐含着祥林嫂对于"新"的建构尝试：在外的知识分子可能存在怎样的"新"知识，能够帮助我从这一问题解脱？

在描述完以后，她"没有精采的眼睛忽然发光了"。祥林嫂的"光"是微弱的、转瞬即逝的，但和启蒙的光相似，它是人为生发出来的。紧接着是祥林嫂关于魂灵的问题，在这个问题被抛出后，这场对话才由开端进入正式的问答。"我"在回答时的矛盾呈现了两种困境：如果肯定魂灵存在，那么"我"否定了所接受的科学或启蒙教育，"我"将不再占据"先进"的位置。但无论"我"最后是否给出否定的回答，"我"的犹豫已表明，"我"在此之前从未思考过这个问题。现代或启蒙的知识经过大规模的传播，已经以一种自动排除的方式略过了启蒙之初，人们必须直面信仰问题。

"我"或有向传统社会环境的妥协，抑或出于内心的自省和不忍，文本始终存在解释空间。然而它揭露出，实际上"我"并不能凭借现代或启蒙的"外在"知识，天然地占据"先进"位置并轻易超越一个"落后"个体。在祥林嫂的问题真正成为问题的时刻，"我"的无法决断状态指向了正在动摇的"现代"观念。

无论是回答时的支支吾吾，还是后续"我"的自我安慰之语，鲁迅意在为由"落后"前往"先进"的启蒙现代观念按下暂停键。当我们从宏大的视角进入个体领域，去思考"先进／落后"问题时，落后的个体无法像一个抽象的宏大概念一样被轻易超越，而鲁迅通过呈现这场失败的对话，试图回到启蒙发生时刻的原点回应这一难题："启蒙"或"现代"必须首先成为作为个体的"我"的问题，才能够真正地诞生和发展。

四、结语

因此我们可以说，在"现代"与"启蒙"的思想史背景下，鲁迅的《祝福》和《拿来主义》分别从个体和国家层面上，试图回答"启蒙何以成为可能"的问题。《拿来主义》成篇于 1934 年，在时间线上远晚于 1924 年写作的《祝福》。但是对于"现代"和"启蒙"问题，鲁迅始终保持着连贯持续的思考，因此我们也能在其中建构鲁迅作品间的联系。

虽然这样两部作品本身并不能囊括鲁迅的全部，但也正因为它们书写着共同的难题、在思想上存在关联性，而我们能够以群文阅读的形式，在统编版高中语文必修两册的教学过程中整合理解。在此基础上，我们也能够更好地理解鲁迅先生的其他作品，理解那个时代中国知识分子的思想困局。

47 构建活动评价量表，提高"活动类单元"教学针对性

——以"词语积累与词语解释"单元教学实践为例

高　琳

一、研究背景与意义

（一）理论依据

《普通高中语文课程标准（2017年版2020年修订）》提出，"语文课程应引导学生在真实的语言运用情境中，通过自主的语言实践活动，积累言语经验，把握祖国语言文字的特点和运用规律，加深对祖国语言文字的理解与热爱，培养运用祖国语言文字的能力"，"语文学科核心素养是学生在积极的语言实践活动中积累与构建起来，并在真实的语言运用情境中表现出来的语言能力及其品质"。这充分肯定了积极的语言实践活动的重要性，语文学科作为母语学习科目，语言素养的积累是第一要义，对其他核心素养的形成有着积极的促进作用。"积极的语言实践活动"强调活动的有效性，不仅能够激发学生的学习兴趣，而且可以最大限度提升学生的素养能力。"双新"背景下，"活动类单元"以多样化的活动设计为主，有着语言实践活动的需要，完全符合课程标准的要求，对师生都是重要的挑战。

（二）教学困境

目前的"活动类单元"课程教学增加了多样化的教学活动，充分强调

学生主体性，但普遍反馈的问题是活动设计缺乏针对性，可能过于追求形式的多样性和趣味性，而忽视了活动的针对性和有效性，进而带来了一系列的问题，具体表现为活动设计过于宽泛，缺乏教学针对性；活动设计过于简单，未达到教学效果；活动逻辑性不强，生硬且重复；活动反馈不及时，导致评价不全面；等等。优秀的语文学科教学追求文学性和思辨性的统一，教学资源的开放性对教师的能力素养提出了比较高的要求，教师进行教学设计时还要考虑学情因素的影响，倘若缺乏教研工具支架，容易造成教学活动设计质量参差不齐，严重影响学生的上课效果。

（三）研究目的与价值

高中语文"活动类单元"强调以学习活动为中心，教学评一致，即教师的教学活动、学生的学习活动以及对学生学习成效的评价在目标上保持一致。本文旨在通过构建科学合理的活动评价量表，提升活动类单元教学的针对性，解决当前的教学困境，促进教学评一致性。具体而言，构建教学工具"活动评价量表"多方受益，教师可以在设计活动时充分考虑学生的实际情况和学习需求，选择适合学生的教学内容和方法，提高活动的实效性；学生能够在积极的语言实践活动中获得知识和提升能力，学习不再是一种单方面的知识灌输，而是自然而然的，在情境中学习成长也能让知识真正影响学生。通过活动评价量表的反馈，教师亦可以及时了解教学效果和学生的学习情况，从而调整教学策略和方法，确保教学活动与评价标准的一致性。

二、"活动类单元"教材与学情分析

（一）教材内容分析

部编版高中语文教材"活动类单元"包括"家乡文化生活""词语积累与词语解释""信息时代的语文生活""逻辑的力量"四个单元。"活动类单元"具有以下特征：首先，实践性强，体现了新课标"加强实践性，促进学生语文学习方式的转变"的理念，针对不同的单元主题进行实践活动；其次，情境真实，结合学生的个人成长体验和社会生活创造了多种多样的真实情境；最后，任务明确，每个活动单元都会设置明确的目标和任务，促使学生进行自我学习与合作探究，学生从原先的被动接受到主动探索，学习方式更加多样化。

研读"词语积累与词语解释"单元，教材包括"丰富词语积累""把握古今词义的联系和区别""词义的辨析和词语的使用""语言札记写作交流与点评"四个学习活动，每个学习活动又包含 1~3 个支学习活动，并提供了相应的学习资源，如"丰富词语积累"包括三个学习活动："了解词语家族，让积累更有效""丰富熟语积累，让语言多彩多姿""关注新词语，让语言鲜活生动"。以"关注新词语，让语言鲜活生动"为例，教材给了一定的学习提示，如新词语的来源、含义和文化现象，新词语对其他词语的影响，新词语的使用原则。教参也明确指出，教师应引导学生多角度、多层面分析、探究流行语的文化现象，形成正确的语言观念，学习方式以自主合作、探究方式为主。以上这些提示均可以帮助教师明确教学目标，使得教学活动更具有针对性。

（二）学情分析

笔者针对"关注新词语，让语言鲜活生动"学习活动进行了真实的教学实践。在授课前，通过问卷调查、对话访谈收集到学生对当下语言文字的一些认识和担忧。他们指出，当下社会普遍存在"文字失语"的困境，面对各类语言现象，文字表达越来越贫瘠，提笔忘字，只能用表情包或简单的句子来表达复杂的情感，对于很多新词语，他们不清楚使用的场合，这些都令人担忧。但作为使用新词语的代表性群体，他们对新词语有着很大的兴趣，新词语有利于他们进行社交、融入集体以及表达态度、展示个性。

以上均表明该单元的重要意义和探究学习的迫切性。活动设计应当基于当下学生学情，以期真正能够传道、授业、解惑。必修上册第八单元隶属"语言积累、梳理与探究"学习任务群，要求学生专注语言积累和运用，恰当地选择和使用词语，从而更好地发挥语言的表现力，通过丰富的语言实践活动，让学生在概括、比较、辨析、理解等学习活动中认识到汉语语言文字的魅力，自觉传承中华文化。

三、活动评价量表的构建与教学应用

（一）活动评价量表的构建

活动设计量表，是一种量化评估工具，用于对特定活动的多个变量进行评价，它通过设定一系列的评价标准，由评价者根据实际情况选择最适合的等级进行打分，从而更客观、更准确地反映活动的实际效果。由于语文学科难以拥有直观量化的评价标准，"活动类单元"活动设计如何达到理想的教学效果？评价量表有助于合理评估教学设计与教学效果。

如何设计活动评价量表？如果在教案初稿前设计，容易没有抓手，评价量表针对性也会偏弱。因此，笔者在仔细研读教材和教参后，明确了单元教学目标和教学课时安排，并针对"关注新词语，让语言鲜活生动"这一学习活动进行了教学设计，在和组内老师深入交流教学活动设计困惑之后，达成共识，形成了如表47-1所示的表格。

表 47-1　活动评价量表 ①

活动单元选择		
□家乡文化生活□词语积累与词语解释□信息时代的语文生活□逻辑的力量		
主要的核心素养		
□语言建构与运用□思维发展与提升□审美鉴赏与创造□文化传承与理解		
教学目标：＿＿＿＿＿＿＿＿＿＿＿＿＿＿＿＿＿＿＿＿		
教学重难点：＿＿＿＿＿＿＿＿＿＿＿＿＿＿＿＿＿＿		
评价维度	评价标准	教师自评	教师他评
针对性	活动设计是否紧密围绕教学目标，有效解决重难点问题。	☆ ☆ ☆	☆ ☆ ☆

逻辑性	活动是否按照一定的逻辑顺序和难易程度进行组织和安排。	☆ ☆ ☆	☆ ☆ ☆
必要性	活动设计是否必要，不重复，更简洁。	☆ ☆ ☆	☆ ☆ ☆
有效性	学生的参与度及目标达成情况。	☆ ☆ ☆	☆ ☆ ☆
辅助性	活动设计是否提供了必要的学习支架。	☆ ☆ ☆	☆ ☆ ☆
新颖性	活动形式是否新颖多样，能激发学生兴趣。	☆ ☆ ☆	☆ ☆ ☆
资源利用	教师能否有效整合各类资源来设计活动。	☆ ☆ ☆	☆ ☆ ☆
其他说明	关于评价维度，还需要补充的是：____ _____		

为什么设计这样的活动评价量表？活动评价量表主要针对四个活动类单元进行设计，使其运用范围得以扩大。在核心素养方面，原则上四大核心素养是不能够分开的，但应该有所侧重，教师同样可以进行选择，最后评价活动设计是否达到了育人的效果。评价维度注重活动设计的整体性以及活动能否达到理想的效果，其中值得关注的是"辅助性"，即活动设计是否提供了必要的学习支架。对于学生而言，活动在精不在多，给予学生活动的操作支架，是引导学生自主探究的良好方式。此外，表中特别补充了评价维度，确保活动评价量表的开放性和生成性。

（二）教学活动设计与实施

在教学活动设计中，教师可以根据活动评价量表进行自评和他评，在教学实践中观察学生的参与情况和实施效果，进一步修正教学设计。以"关注新词语，让语言鲜活生动"这一学习活动为例，笔者将依次呈现如何运用活动评价量表修正教学活动设计的情况。

1. 初次活动过程与描述

活动评价量表明确后，可以用来评价教学活动设计。"关注新词语，让语言鲜活生动"最初的教学活动设计如表 47-2 所示：

表 47-2　教学活动设计表 ①

教学活动	设计意图
新词语自我介绍	情境导入
列举新词语	界定新词语的概念
新词语的概念	
新词语分类，选择新词语阐释含义	了解新词语的来源、含义以及背后的社会文化现象
修改新词语滥用的一些语段	探究新词语使用对于表情达意的利弊
给出若干材料，自由辩论：新词语让语言更具表现力了还是更贫瘠了？	探讨新词语对现行语言表现力的影响
教师课堂总结	总结课堂收获

上述教学活动设计逻辑清晰，从情境导入到概念界定，再到分类阐释和辩论探讨，逐步深入，同时给学生提供了一定的学习材料和支架，个别活动也能够调动学生的积极性，基本完成了教学目标。但对照活动评价量表，还是能够发现一些问题和不足（见表 47-3）。

表 47-3　活动评价量表 ②

活动单元选择

□家乡文化生活☑词语积累与词语解释□信息时代的语文生活□逻辑的力量

主要的核心素养

☑语言建构与运用□思维发展与提升□审美鉴赏与创造□文化传承与理解

教学目标：界定新词语的概念，了解新词语的来源、含义以及背后的社会文化现象。探讨新词语对现行语言的影响，明确新词语使用的原则。

教学重难点：理解新词语折射的社会文化现象，体会新词语的丰富含义。辩证看待新词语对现行语言的影响，明确新词语的使用原则。

评价维度	评价标准	教师自评	教师他评
针对性	活动设计是否紧密围绕教学目标，有效解决重难点问题。	★	★★
逻辑性	活动是否按照一定的逻辑顺序和难易程度进行组织和安排。	★★	★★
必要性	活动设计是否必要，不重复，更简洁。	★	★
有效性	学生的参与度及目标达成情况。	★★	★★
辅助性	活动设计是否提供了必要的学习支架。	★	★
新颖性	活动形式是否新颖多样，能激发学生兴趣。	★★	★★★
资源利用	教师能否有效整合各类资源来设计活动。	★★	★★★
其他说明	关于评价维度，还需要补充的是：____ _____		

根据评价量表，我们可以发现教学活动实施中的一些问题，其中比较显著的是教学活动的针对性、必要性以及教学支架的使用，导致部分学生在理解和应用新词语时感到困难，这在具体的教学实践过程中更加明显，因此活动评价量表可以有效地帮助我们评估活动设计的情况，在后续教学活动中作一定的调整和改进。

2. 修正后的活动过程与描述

通过使用活动评价量表，笔者重新对教学活动进行了设计与打磨，修改后的教学活动如表47-4所示：

表47-4　教学活动设计表②

教学活动	设计意图
说文解字	释"汇"，导入
对号入座	新词语分类

教学活动	设计意图
新词蕴谈	建立新词语档案卡，阐释新词语的来源以及内涵，明确新词语折射的社会文化现象
界定概念	明确新词语的概念
辩论	围绕教学难点，设计主要活动，新词语让语言更丰富了还是更贫瘠了？思辨语言贫瘠背后的元凶
课堂总结	引导学生自行总结课堂收获，直观评价学生的课堂表现

修改后的教学活动显著增强了针对性，通过精简和重组活动，每一步都紧密围绕教学重难点展开，进一步优化了逻辑顺序，删去了一些不必要的教学活动，如删去了单独的"列举新词语"环节，将其融入"新词蕴谈"中，使每个活动都更加紧凑且必要。最大的改变是提供了非常多的学习活动支架，降低了学生的畏难情绪，学生的课堂参与主动性得到了提高。我们发现，即便是同样性质的活动，如果设计更加精细，每一步都落到实处，教学活动针对性也会有很大的提升。

（三）实施效果与反思

1. 实施效果

"双新"背景下，语文学科在评价体系中充分使用各类评价量表进行过程性诊断和结果诊断，这已经是教学的趋势。"活动类单元"作为"语言实践活动"的主要阵地，更有使用评价量表的必要性。

收集、比对学生两次的学习任务单笔记。第一次学生表现参差不齐，由于课堂节奏总体比较快，很多活动学生并没有落笔思考的痕迹，课堂教学停留在简单的口头单向提问上，或是只有个别同学积极参与，学生整体学习的深度和参与度都不够。第二次学习任务单反馈的结果是整体的听课效率有了提高，任务单成了真正帮助学生学习落地的支架工具；在辩论部分，学生能够在原有的材料之外，发掘其他的佐证材料，言之有物，条理清楚；在课堂总结部分，学生能够根据前面的活动内容总结课堂的收获以及提出自己的思考。

课后,教师通过问卷星,进一步观察学生的课堂所得和疑惑,旨在全面评估教学效果并收集学生的宝贵意见。通过分析问卷结果,我们得出结论:学生对课堂上学到的新词语知识点掌握较好。问到最喜欢哪个课堂活动,不少同学认为"新词蕴谈"和"辩论"对自己学习帮助最大。在鼓励学生提出自己在课堂上的疑惑和对教学的建议的部分,有个别同学指出在"新词蕴谈"活动中,虽然有新词语档案卡的模板,但他们对一些新词语背后的文化现象理解还不够透彻,需要更多的学习资料,同时在辩论时也缺乏一些专业性的指导等。

因此,在"关注新词语,让语言鲜活生动"这一教学活动的设计与实施过程中,活动评价量表发挥了积极的作用,通过调整后的活动设计实施,教学针对性、学生参与度、授课有效度等方面都得到了提升。

2. 教后反思

虽然修正后的教学活动取得了显著成效,但仍有一些方面需要进一步反思和改进。首先,"活动类单元"有其特殊性,活动评价量表需要呈现其不同于其他单元的评价维度,对于四个不同类型的"活动类单元",该活动评价量表能否全部涵盖需要进一步验证。此外,活动评价量表虽然涵盖了针对性、逻辑性、必要性等多个维度,但还可以进一步细化评价标准,使其更具操作性和指导性。最后,在教学过程中,虽然大部分学生能够积极参与并取得良好效果,但仍有个别学生表现出一定的学习困难,而也有个别学生能力比较突出。如何在活动评价量表中关注到学生的个性化需求是需要进一步解决的问题。说到底,活动设计只是形式,本质还是在于对教材内容的解读,先有内容再有形式,活动形式是为了更好地呈现内容。

四、教学启示

1. 构建活动评价量表,优化教学设计

活动评价量表作为一种量化与质性相结合的评价工具,为教学设计

的优化提供了科学依据。教师应学会构建并运用活动评价量表,从多维度对活动设计进行全面评估,根据活动评价量表的反馈,在确保教学针对性的基础上勇于尝试新的活动形式,为语文课堂注入更多的活力。

2. 持续优化活动评价量表,提升教学质量

教学是一个不断反思和迭代的过程。一方面,活动评价量表的设计不应该一成不变,应具有一定的开放性和灵活性,以适应不同教学内容的需求,特别要关注不同学生的发展需要,关注学生在活动中的表现与成长。另一方面,教师应定期总结教学活动的效果,结合活动评价量表的数据反馈,深入分析教学过程中的得与失,及时调整教学策略和方法,甚至可以根据教学效果反过来持续优化活动评价量表。

48 "双新"背景下小说教学策略探究
——以《祝福》《促织》《装在套子里的人》比较阅读为例

吕嘉怡

一、"双新"背景及小说教学困境

在新课标、新教材的"双新"背景下,高中语文的教学迎来了转变。《普通高中语文课程标准(2017年版2020年修订)》提出"坚持立德树人,增强文化自信,充分发挥语文课程的育人功能""以核心素养为本,推进语文课程深层次的改革""加强实践性,促进学生语文学习方式的转变""注重时代性,建构开放、多样、有序的语文课程"。"双新"背景之下,高中语文教学需要更加注重单元教学,以学习任务群的方式进行语文实践活动,由此培养学生的四大核心素养,达到学科育人的最终目的。

现如今,单元梳理课成为单元教学的一条路径。单元梳理课即在单篇教学的基础上,将单元文本进行整合梳理,以深入探讨课文内容。然而在小说的教学实践中,"双新"背景的落实仍有一定的问题。在高中语文教材中,小说课文的篇幅普遍较长,因此小说的体量较大。对于学生来说,哪怕只是单篇小说,其阅读难度也较大,对主旨的理解也较困难,更不必谈对多篇课文的梳理与整合。相对应地,对于教师在"双新"背景下的教学,也存在着以下困境。

1. 文章重点的把握问题

教科书内的小说课文篇幅较长,且内涵丰富,因此从小说解读的角度来说，一篇小说可以有多层解读与意蕴，甚至可以有不同的理解与阐释。然而，教学需要广度与深度，更需要聚焦。从教学的角度来说，越深刻的小说，越难以把握其教学的重点。

2. 梳理点的确定问题

在"双新"背景之下，教师更应当注重学生单元化、系统化地学习语文知识，以帮助学生素养的综合提升，因此单元梳理阅读教学在日常教学中尤为重要。卢芳婷认为："与以往知识碎片化、教学内容重复的单篇教学不同，大单元视域下的单篇教学应该从单元整体设计的视野来看每一个单篇，综合考虑怎么组织教学。"因此，在单元梳理课的实践中，梳理点的确定又成了一大问题。梳理点须是几篇文章的共性，并且可以统领几篇文章的整合阅读，成为学生阅读、梳理的抓手。更何况小说作家在写作时，本就无意设定文章的梳理点，因此教师需要在小说教学中自己探寻合理的梳理抓手。

3. 课堂结论的定位问题

在确定文章重点、梳理点之后，另一串问题应运而生：课堂结论该走向何方？通过梳理课，学生可以获得什么？在梳理课中，教师应当给予学生在单篇教学中无法获得的内容，教师的所教应当比单篇教学中的所教更加深刻。然而，教师还需把握一定的限度，所教不宜过深、过偏，要让学生既学之有用，又学得深刻。

总的来说，"双新"背景下的语文教学已明确了单元教学的重要性，明确了可以通过梳理课的方式落实语文实践活动的任务群。然而在教学实践中，教师在文章教学重点把握、梳理点确定、课堂结论定位等方面仍存在疑问。笔者试图将《祝福》《促织》《装在套子里的人》三篇属于第六单元的课文整合，设计梳理课教学方案，探索"双新"背景下小说教学的路径，试图回应以上教学困境。

二、小说教学设计

（一）教学内容分析

1. 教材分析

《祝福》《促织》《装在套子里的人》三篇文章位于语文必修下册第六单元，单元以"观察与批判"为人文主题，主张要注意知人论世、关注作品社会批判性、赏析作者的艺术手法，以借鉴小说技法进行创作。同时，本单元对应任务群"文学阅读与写作"，旨在使学生在感受形象、品味语言、体验情感的过程中提升文学欣赏能力。此外，三篇文章的学习提示中都提到，要关注人物形象（包括主要人物、次要人物及叙事者），分析人物形象的社会批判意义，把握作品的现实主题。因此，对于这三篇文章的学习，需要从人物与事件入手，对其悲喜因素进行层层剖析，深入探究文章所反映出的社会现实悲剧，才能达到把握文章主旨的目的。

2. 课文分析

三篇文章的共同切入点为死亡，即祥林嫂、成名儿子、别里科夫的死亡。这三人的死亡中，各有其悲剧因素或喜剧因素，然而其中的悲喜程度却是有所不同的：祥林嫂的死亡让人感到是十足的悲剧，但别里科夫、成名儿子的死亡却分别换来了人们的自由、成名的富贵，又有几分喜剧因素。然而，死亡喜剧的背后是小人物在大时代下的悲剧。《促织》中，从成名儿子的死亡来看，成名因此富贵是可喜之事，但他的富贵取决于小小一虫，更令人觉得可笑。此外，一虫带来的富贵需要靠人的死亡来换取，更是社会异化之可悲。别里科夫躲在"套子"里，或许有他的个性影响，但更是沙皇政权的思想禁锢在他身上形成的烙印，也是他用来压抑他人的工具。别里科夫是沙皇奴役的受害者，也是压抑他人的施暴者，他具有双重性。同时我们还能看到，别里科夫只是众多有着精神奴役创伤的民众中的一个。别里科夫有双重性，"我们"也有。"我们"受别里科夫的压抑之苦，同时也是时代的受害者，然而"我们"中也有和别里科夫一样的、隐藏着的"套中人"。沙皇的奴役已经被人们内化为各自心中的枷锁，别里科夫肉身死去了，但精神的枷锁却没能被解开。祥林嫂更不必说，她受着礼教社会中的地主阶级的压迫、族权的人身控制、神权的精神控制，让她痛苦、割裂。因此，透过死亡，我们看到的是社会悲剧。喜剧色彩反衬了社会悲剧，更显荒谬。

从这三篇文章中可以看出，在死亡这一悲剧性的命题中依然可能有喜剧因素。喜剧的来源是多元的。它们可能来自情节，也可能来自人物形象，构成了作者幽默而犀利的写作风格。但是喜剧因素多是虚构的、荒诞的，它的最终作用都是指向悲剧的，喜剧因素存在的价值多是为了加强于悲的效果，蕴含了强烈的控诉性。在教学中，教师需要使学生明白小说创作与阅读小说的目的：小说不是为了消遣，喜剧因素不仅仅是为了引人发笑，悲剧同样不仅仅是为了让人落泪。读者更要通过分析互相交织的悲喜因素，体会小人物在大时代下的多重悲剧，感受其悲惨命运中的喜剧因素，以及喜剧因素背后所蕴含的悲剧。最终，教师应当引导学生带着悲悯与良知去体悟小人物的生存与命运。

3. 学情分析

学生处于高一下半学期，在之前的学习中已经接触过小说，并通过对各种文体的学习参与了"文学阅读与写作"任务群，初步具备阅读、分析文学作品的能力。然而，高一学生在阅读时通常停留在对剧情的欣赏等审美阅读的层次，不能主动归纳人物形象，对社会思考有所不足，更难以将人物形象与社会联系在一起进行思考。因此，在教学过程中，我们要注意对人物与时间的归纳，更要引导学生将目光从个体延伸至社会群体，思考人物背后的社会现实问题。

（二）教学目标与重难点设定

基于以上几点，笔者设定教学目标如下：梳理时代背景下小人物的命运走向，品读《祝福》《促织》《装在套子里的人》中的死亡事件；联系时代背景，分析主要人物的死亡原因和社会影响，把握主要人物死亡中的悲剧因素；品味死亡中喜剧因素背后的悲剧性，通过对死亡事件的悲喜因素分析深入掌握小说主旨，培养悲悯意识。其中，教学重点为通过分析社会因素对主要人物的死亡的影响，把握主要人物死亡中的悲剧因素；教学难点为品味死亡中喜剧因素背后的悲剧性，深入掌握小说主旨，培养悲悯意识。

（三）教学环节设计及教学说明

【教学主题】

小人物的生死悲喜变奏曲。

【教学设计】

任务：梳理并解读文学作品中的"死亡"与"重生"，体会死亡背后的悲喜变奏形式，并就"小人物的死亡与悲剧、喜剧有什么关联"这一问题展开讨论。

【课前预习】

根据文章内容，完成初读表。

初读表			
	《祝福》	《促织》	《装在套子里的人》
主要角色	祥林嫂	成名的儿子	别里科夫
主要经历			
悲剧程度（最少0星，最多5星）	☆☆☆☆☆	☆☆☆☆☆	☆☆☆☆☆
喜剧程度（最少0星，最多5星）	☆☆☆☆☆	☆☆☆☆☆	☆☆☆☆☆

【教学过程】

1. 导入新课

2. 梳理各个死亡角色的经历

有哪些角色走向了死亡的命运？分别有怎样的经历？

3. 由"死"体会"悲"的丰富层次

（1）请极高分组和极低分组分享打分的原因。

（2）悲剧的根源为何？

（3）从个体抗争的角度看，该人物能否摆脱非自然死亡的命运？他们为什么会选择这样的抗争方式？

4. 分析死亡中"喜"的来源与作用

（1）请极高分组和极低分组分享打分的原因。

（2）喜剧因素的根源为何？

（3）死亡本就具有悲剧性，喜剧的因素似乎与死亡之悲相互冲突。为什么要加入喜剧的因素？

5. 重新看待死亡中的悲喜关系

（1）利用"再读表"对悲喜程度进行重新打分。

再读表			
	《祝福》	《促织》	《装在套子里的人》
悲剧程度（最少0星，最多5星）	☆☆☆☆☆	☆☆☆☆☆	☆☆☆☆☆
悲剧因素			
对主旨的作用			
喜剧程度（最少0星，最多5星）	☆☆☆☆☆	☆☆☆☆☆	☆☆☆☆☆
喜剧因素与悲剧的关系			
对主旨的作用			

（2）分享交流，分数改变（或不变）的原因是什么？

【课后作业】（任选其一）：

（1）整理本次讨论的讨论记录。

（2）拜伦说："一切悲剧都因死亡而结束。"结合讨论内容写下自己对这句话的看法。

【教学说明】

本课教学过程分为如下几个环节：

（1）通过梳理各个死亡角色的经历，导入新课。目的在于引导学生初步把握三篇小说的情节及主要人物，成为之后学习的支架。

（2）由"死"体会"悲"的丰富层次。通过死亡，学生能自然地感受到文章中人物的悲剧因素，本环节旨在顺应学生的初步阅读感受，以此为切入口，通过死亡原因等问题分析，解剖死亡悲剧中的丰富层次。

（3）分析死亡中"喜"的来源与作用。死亡与喜剧是相悖的，本环节旨在通过发现这一矛盾点，分析、归纳喜剧因素的形成原因，把握喜剧背后蕴含的悲剧力量，理解社会悲剧下小人物"含泪的笑"。

（4）最后重新看待死亡中的悲喜关系。本环节通过再次填写评分表格，让学生再度思考、审视三篇文章中的悲剧力量，把握文章的深层主旨。

三、教学反思与小说教学策略

在本课的设计与教学中，笔者通过"死亡"将《祝福》《促织》《装在套子里的人》三篇小说联系在一起，分析"死亡"背后的悲喜因素，深入探讨三篇小说的主旨内涵，培养学生的良知与悲悯情怀，引导学生学会以深度阅读的方式阅读小说文本。同时，笔者将本教学设计在杨浦高级中学内进行了反复实践。从本教学设计与实践出发，笔者归纳出三条"双新"背景下的小说教学策略，以回应"双新"背景下小说教学的困境。

第一，关于文章教学重点的把握。课文的教学重点应当由课程标准、单元人文主题，以及课后学习提示来决定。小说的价值越高，其可关注的要点越多，教师可以从多个要点中找出一个可统领其余要点的重点，并以此为教学的主要抓手，展开文本讨论。正如徐湘龙老师提出的："教师不妨从不同维度分解单元人文主题作为学习任务群的主题：首先把握单元人文主题的内涵，梳理与思考单元各篇课文的思想内容，深入理解单元人文主题在各篇课文中的具体呈现；然后依据单元人文主题在各篇中的具体呈现从不同维度分解单元人文主题，便于以若干专题形式进行学习任务群设计。"例如在本教学设计中，笔者以通过对主要人物的死亡原因、社会影响的分析，把握主要人物死亡中的悲剧因素为教学重点，回应了课程标准中提到的"关注作品社会批判性"的要求，以及学习提示中提到的"分析人物形象的社会批判意义，把握作品的现实主题"这一要点。

第二，关于梳理点的确定。在单元教学中，教师往往会采用梳理课的方式，整合多篇文本进行系统化教学。在梳理课中，梳理点通常为几篇文本的相同点，并且可以成为几篇文本教学的共同切入点。例如在本教学设计中，笔者以三位主要人物的离奇"死亡"为切入点，分析三位人物死亡的原因，品味其背后的悲喜剧因素。

第三，关于课堂结论的定位。对于单元教学来说，课堂的结论应当是由学生对多篇文本进行整合、学习、理解之后，得出的系统化的知识。它可以是文学中的一个普遍规律，也可以是在阅读上的策略学习与意识培养，等等。在本教学设计中，笔者试图引导学生脱离对小说的简单情节赏析，深入理解文本主旨，培养学生在小说阅读时对文本的敏感度。

同时，在实践中，笔者发现教学设计仍然存在着一定的问题：

第一，作为单元教学中的一个课时，该教学设计没有勾连起本单元的其余两篇课文。作为单元教学设计，尚且不够全面。

第二，三篇小说中，《促织》是明清时期的小说，属于文言文，《祝福》属于中国现当代文学，而《装在套子里的人》则属于外国文学。然而，在教学设计中，笔者将三篇文章放于文学场中的同一平面，仅对内容进行分析，未能体现其文本上的差别。

第三，本次教学注重从死亡的悲喜因素入手分析，来把握文章的主旨，忽视了三篇课文之间的比较。三个人物的死亡之中所含的悲喜因素、根源、作用均有不同。在挖掘单篇的主旨的基础上，还要更加注重不同文章之间的比较，在比较中探寻各篇文章的独特性与价值。

参考文献

［1］卢芳婷.双新背景下高中语文大单元教学实践探究［J］.文学教育（下），2023（9）：182-184.

［2］徐湘龙."双新"背景下单元整组文本解读的"四个意识"［J］.语文教学与研究，2023（7）：39-46.

49 冰山之下：经典作品的鉴赏与细读
——以《老人与海（节选）》教学为例

徐　嘉

在教育部统编普通高中语文教科书中，课文《老人与海（节选）》是选择性必修上册第三单元的第十课，属于外国作家作品研习任务群。对比其他几篇选文，《老人与海》教学会陷入这样一个困境：一方面，这是一部家喻户晓的作品，"一个人可以被毁灭，但不能被打败"是一句脍炙人口的名言，人人都会拿来用，人人都知道小说的大致情节。然而，鲜少有人细致地读完整部书，大多数人仅仅停留在听说过的阶段，或者停留在故事情节与人物形象的表面，不能深入体会其经典性。另一方面，选文篇幅较长，学生面对这样篇幅的课文，容易产生畏难情绪，加之是教材中的选文，更不愿意把时间"浪费"在这样一部"简单"的作品上。因此，如何在有限的课堂内抓住小说的重点，让学生深入体会这部作品在冰山表面下的巨大解读空间，同时还能将这种鉴赏能力迁移至其他文学作品的阅读中，是需要教师在教学中深思熟虑和精心设计的。

高二学生已经学过《哈姆莱特》《雷雨》《变形记》等经典作品，有一定的归纳概括、解读隐喻和细读鉴赏的能力，但问题意识仍然较为薄弱。鉴于这样的学情，教师可以凝练出课堂的主要学习内容：通过学生自主归纳概括的方式梳理课文内容，在此基础上，设计逐层递进的问题，引导学生探讨《老人与海》所要揭示的深刻内涵。

一、文本细读：多维度阐释作品内涵

在课文导入时，可以介绍海明威和他的代表作，阅读课下注释 ① 了解课文内容和前情提要，引导学生简要概括课文内容：老人圣地亚哥把好不容易捕到的鱼系在船尾，却五次遭到鲨鱼的围攻，最终在精疲力竭中无功而返。基于对主要情节的概括，可以看出，作品是以悲剧告终的，但结合作品背景可以得知，《老人与海》斩获诺贝尔文学奖时的颁奖词里说："海明威生动地展现了人类的命运，它是对一种即使一无所获仍旧不屈不挠的奋斗精神的讴歌，是对不畏艰险、不惧失败的道义胜利的讴歌，是对人敢于和不可知的自然拼搏的能力的讴歌。"于是，可以提出这样的核心问题：从情节上看，《老人与海》是一个悲伤的故事，但为什么会给人鼓舞的力量？

要回答这样一个问题，需要从多维度来细读文本，不能仅仅分析老人的人物形象，还应当关注文本自身，关注作者是如何编排布局，如何描写和渲染气氛的。通读完课文，学生很容易归纳出，老人经历了五次与鲨鱼的搏斗，教师可以结合文本引导学生思考，每一次的搏斗有何不同，其描写角度、详略安排是如何变化和发展的，品味作者的语言。

首先，五次搏斗的时间是在逐渐向后推移的。第一条鲨鱼是在老人捕到鱼后的一个小时内出现的，随着时间的流逝，天色越来越暗，等到老人的船驶回小港，"露台饭店的灯光已经熄灭，他知道大家都上床歇息了"。天色渐晚，不仅是时间向前流动的自然结果，也象征着老人的处境越来越灰暗——从最开始捕到鱼的喜悦，到最终空手而归。深夜中，所有人都已经入睡，也凸显出老人的孤独，以及他的努力无人知晓的悲哀。

其次，马林鱼的存量和老人所使用的武器也在发生改变。经过五次与鲨鱼的缠斗，马林鱼从完整，到被咬掉40磅肉，再到最终只剩裸露的脊骨，什么肉都没有剩下。老人可以用来捍卫自己战利品的武器也在搏斗中不断损耗，从一开始的锋利渔叉到最后的舵柄，只能胡乱敲打，无法抵御鲨鱼的侵袭。这些都刻画出老人越来越艰险、越来越孤立无援的处境。

此外，还应当关注的一点是，海明威对鲨鱼的描写从正面转向负面，从详写过渡到略写。在描述第一次斗争时，老人的对手是可敬的，甚至是迷人而又崇高的：外皮光滑漂亮，体格强健。但从第二次搏击开始，老人的对手开始变得臭气熏人，面目可憎，相应的斗争过程描写也逐渐简略。如果学生阅读整部作品，可以发现，对于第一条鲨鱼，老人的态度，又或者说，作者的笔法是将鲨鱼和主角之一的大鱼相媲美的。在老人眼中，大马林鱼是可敬的对手，有着股酒的烈劲，而与第一条鲨鱼的搏击也同样是酣畅淋漓的。然而，随着战斗的次数增加，战胜鲨鱼后的喜悦也在削减，从前迷人的胜利时刻，老人"连看都不看一眼"。这种种安排从文本表层的构思来看，不仅仅是作者考虑到小说的情节详略和节奏变化的需要，结合老人的经历来看，这种变化也是老人内心状态的外化和显化，更加凸显出老人在一次次磨难中逐渐体力不支，无法集中精力思考，对斗争产生厌倦。

磨难次数	时间	马林鱼状态	武器	对手	心态变化
第一次	航行后一个小时	终于捕获一条巨大的马林鱼	渔叉	美丽、崇高而又无畏的灰鲭鲨	美梦转为噩梦，不抱什么希望→带着十足的决心和恶狠狠的劲头
第二次	航行了两个小时	马林鱼被咬掉了40磅肉	绑着刀子的船桨	一条加拉诺鲨和一条铲鼻鲨，臭气熏天	希望是一场梦→人不是为失败而生的，重燃希望
第三次	紧接着	鱼被咬掉四分之一	刀变钝，没有磨刀石	一条独自赶上来的铲鼻鲨	感到自己被打垮→仍然觉得或许会有好结果

磨难次数	时间	马林鱼状态	武器	对手	心态变化
第四次	太阳快落下之前	只剩一半鱼	刀刃断裂，只剩断桨上锯下来的桨柄	两条加拉诺鲨	感到厌倦，从前入迷的场景，看也不想看一眼→愿意再试试看
第五次	半夜	只剩下残骸	失去棍子，拆下舵柄	成群结队的鲨鱼	精疲力尽，乱打一气，感觉自己终于被击垮→幸好船还是好好的，没有被打垮

通过这些梳理，可以引导学生回到最初的问题：面对如此无望、如此黑暗的结局，为何这部作品仍然被认为是对胜利的讴歌？此时，再引导学生关注文中对老人心理独白的刻画，体会这一人物身上的复杂性。通过梳理可以发现，老人的独白并不总是坚强和乐观的，他有过对敌人的敬佩，有过对杀戮的愧疚，也有过感到自己被打垮的无奈，这些都是复杂人性在面对困境时的正常心理。但老人的英雄气概在于，他总能在困境中寻找到希望的乐天精神，尽管结局是失败的，但是老人知道自己获得过胜利，小男孩会知道，读者也会知道。可以说，老人的胜利是孤独的、悲壮的，但也是伟大的。

在语言上，海明威的创作风格朴实而又简明，正如他所秉持的写作原则："写作的艺术是教你删去你写的东西。"通过精简文字，让读者只读到冰山浮在水面的八分之一，剩下的部分需要依靠自己的想象。若学生学有余力，可以阅读海明威的其他作品，进一步感受其写作风格。

除了以上的对比，教师还可以引导学生进一步思考，文中老人多次提到：他希望这一切都是一场梦。那么，梦的虚空与现实的虚空相比，哪一种更遗憾呢？梦的虚空，是停留在幻想的一无所获，而现实的虚空，则是付出巨大努力乃至于代价后的一无所获。二者之间有相似之处，更有本质不同。正如网络上流行的一个问题："从未拥有过更好，还是拥有过又失去更好？"让学生结合自己的想法与经历交流探讨，可以凝练学生自身的价值观，锻炼其思考能力。

二、知人论世：创作背景对主题的揭示

任何一部经典文学作品，都离不开创作者所赋予的独特性。"知人论世"不仅是引导学生阅读和理解文本的支架，更是开启作家与作品之间张力的关卡。

结合海明威的经历不难发现，海明威自身便是"硬汉"形象的真实写照，这不仅仅是因为他在两次世界大战的传奇经历，还体现在他的创作历程中。海明威与福克纳之间的"文斗"向来为文坛所津津乐道，海明威比福克纳更早作为作家出道，但福克纳却比海明威更先获得诺贝尔文学奖。受到对手的刺激，心有不甘的海明威开始埋头创作，希望自己能写出一部佳作来与之抗衡，证明自己比福克纳更有资格获得诺贝尔文学奖。

在福克纳获奖之前，海明威已经有近十年没有发表新的作品，而在福克纳获奖后的第二年，海明威就发表了以二战后的威尼斯为背景的《过河入林》。但这部作品的反响并不如人意，在当时的文学批评界看来，这是一部"翻车"的作品，一经面世便遭到了一致差评，认为海明威在这部作品中丧失了简洁干练的文风。评论家盖斯马尔在阅读这本书后发表评论："这是一部不幸的小说，不论哪一个尊重海明威的才华和成就的人来评论它都是一件不愉快的事。这不但是海明威最糟的一部小说，也是集他所有以前著作中坏的一面之大成，从而对未来投下了阴影。"

不论这部作品是否真的如此不堪，这对于当时的海明威来说，无疑

是一种打击，海明威也因此陷入事业与健康的双重谷底。但从后来的结果看，正是因为这部饱受诟病的《过河入林》，才有了后来将海明威重新推至巅峰的《老人与海》，再次振作起来的海明威才能说出那句有力的名言："一个人可以被毁灭，但不能被打败。"

和《老人与海》中的圣地亚哥一样，海明威有对梦想的追求，有对手的激励，也经历过许多次失败，但不同的是，海明威最终获得了证明自己能力的荣誉，相比之下，圣地亚哥的结局是残酷而悲壮的。于是，作品与创作的背景之间产生了相互拉扯的张力：《老人与海》的鼓舞作用不仅来源于人物自身的乐观，很大程度上也得益于海明威的个人经历和名声。试想，如果《老人与海》没有获得诺贝尔奖，如果海明威一生寂寂无闻，一如很多努力但平凡的人那样，我们又该如何抵抗这样的虚无？这样的提问，不仅仅是对文本的更深一层的思考，也是贴合学生个人经历的真实发问。

从创作本身来看，小说家创作文本的过程就好像出海捕鱼的过程，创作是孤独的，需要独自面对不可测的风险。对艺术创作来说，灵感可能迟迟不来，一连几天、几个月都捕不到"鱼"，但作者需要时刻准备着，为了能够在鱼出现的时候，顺利地捕捉到它。当海明威刻意追求成功时，他遭遇了漫天的批评，但当他真正经历失败并无所畏惧的时候，成功好像自然而然就到来了。于是，命与运之间的巨大张力，也就此存在于作者与他的作品之间。学生在高中的学习也是这样，学习是一个人的战斗，而学习的反馈并不总是积极的，学生会经历各种各样的瓶颈期和低谷期，因此，如何调整心态，如何面对失败就变得非常重要。如此设立情境，进行开放式讨论，可以加深学生对作品的理解，也可以增长他们对自身生命体验的感悟。

三、能力迁移：如何自主阅读经典作品

通过上述对《老人与海》的细读可以看到，要深入理解乃至鉴赏一部文学作品，需要梳理作品文本中诸要素的构成和作用，了解文本的创作

背景，积极拓展个体的审美体验。

首先，学生应当疏通课文，从作品的能指层面（包括修辞、韵律等）、作品的叙事（包括叙述时序、叙事视角、叙述结构等）以及作品的内容物（包括情节、物象、动作等）等方面，梳理归纳文本中诸要素之间的互相作用，观察和体悟这些要素是如何彼此支撑的，增强对主旨的把握和理解。

其次，学生不应当局限于课文选段，也不应当局限于整本书的阅读，还应该积极求索作品背后的创作历程和作者背景。只有这样，才能以点带面，从一部作品了解这位作家乃至这一流派的创作风格，了解这一时期的历史背景，以便今后运用到对更多作品的理解中，从而真正将文本吃透、用透。

最后，阅读文学经典必然需要学生在审美体验上的积极互动。学生在阅读过程中，应当对应自身经历，在文本中联想到个体的情感体验，引发共鸣效应，进行情感上的漫游。雅克·拉康的镜像理论指出了孩子从镜子里识别出自己形象时的重要意义："一个尚处于婴儿阶段的孩子，举步趔趄，仰倚母怀，却兴奋地将镜中影像归属于自己……以后，在与他人的认同过程的辩证关系中，自我才客观化。"幼儿在镜子中看到的是一个"异化"的意象，幼儿在这一过程中"误认"了自我，发现了一个他未曾在自己身体中实际体验到的令人愉快的统一体。这一点对文学作品的阅读同样有所启发，那些看似浮于纸上的文本，那些看似虚构的故事可以让我们重塑对自己的认识，我们在人物中发现了自己的镜像。同时，语言又是有距离的，它不包含具象，而只是一种隐喻，因此也就留下了可供想象的空间。于是，我们将自身的经历填充进去，与文本产生共鸣，并在共鸣中反思自己的处境，在更好地理解文本的同时，将所感所悟运用到实际生活中，进行德智融合。

当然，学生阅读一部文学作品前，会对这部作品有预判，导致其体验一部作品的姿态会有所不同。因此，在阅读一部经典作品之前，还需要抛开已有的成见，不因其"简单"而轻视，也不因其"复杂"而畏惧，保持开放的心，真诚地直面文本。

四、总结

正如海明威提出的冰山理论那样，一部好小说表达的东西可以很多，但所需要的文字载体可以很少，通过经济地使用每一段文字，可以表达出丰富的意涵。一部经典的作品是常读常新的，并不因为情节的简单而失去鉴赏的兴味，如果能发掘不同的角度，便总能引发新的深思。

教师的设计和引导，让学生阶梯式地把握文学作品，同时，相同的经验也可以迁移运用到其他经典文本中。只有不断地深入挖掘，才能在新的视角、新的层面上发掘经典文本的无穷韵味。在阅读过程中，学生使用审美能力感受到文学作品诸要素的相互作用与共鸣效应，文学作品的诸要素又刺激读者产生审美体验。审美的关注是自由的，每个人都可以从不同的侧重点切入观赏作品，获得的审美体验也不尽相同，这正是许多文学作品的伟大之处——在露出水面八分之一的冰山之下，每个个体总能在其中发现自我的审美愉悦，而伟大的作品也从不畏惧多元化的解读，反而会使其自身更加熠熠生辉。

50 基于核心素养的高中思想政治活动型课堂实施路径探究

——以《实现中华民族伟大复兴的中国梦》一课为例

丁燕婷

《普通高中思想政治课程标准（2017 年版 2020 年修订）》指出高中思想政治课程是"帮助学生确立正确的政治方向、提高思想政治学科核心素养、增强社会理解和参与能力的综合性、活动型学科课程"，强调该课程的基本理念之一是"构建以培育思想政治学科核心素养为主导的活动型学科课程"，并为如何构建活动型学科课程提供了具体可行的教学建议。

课堂是育人的主阵地。作为教育领域的一线实践者，高中思政教师需在深刻理解课程性质、把握课程基本理念的基础上，巧妙地将思想政治学科的政治认同、科学精神、法治意识和公共参与等核心素养的培养，整合到课堂教学活动中。通过精心设计一系列有针对性的课堂活动，实现"课程引领活动""活动深化课程"的双向互动，帮助学生树立正确的价值导向，为学生的全面发展与成长奠定坚实基础。

一、高中思想政治活动型课堂内涵解析

（一）高中思想政治活动型课堂的概念

《普通高中思想政治课程标准（2017 年版）》突破传统单一课程理论的束缚，创造性地提出要构建"活动型学科课程"；《普通高中思想政

治课程标准（2017年版2020年修订）》在此基础上对"活动型学科课程"相关内容进行了丰富和完善，这也成为新课标中最为突出的亮点。而活动型课堂是开展活动型课程的主要阵地，是落实新课标要求的重要渠道。何为活动型课堂？实际上，活动型课堂就是以活动为中心的一种课堂教学模式，有别于传统知识讲授型课堂，这一教学模式更加强调学生的主体地位。具体而言，它是指在学科课程标准的指导下，教师围绕所教授的学科知识精心设计一系列活动，引导学生通过多元化的参与方式，积极投身于课堂的学习互动之中，以期加深学生对学科知识的理解、提升学生学科核心素养的课堂模式。活动型课堂的核心在于让学生在活动中、在真实情境下亲身体验，汲取知识。这一过程不仅能够促进学生深度理解并内化理论知识，还能激发并锻炼学生的思维能力，提升其实践应用能力。更重要的是，通过一系列活动参与的过程，学生能在潜移默化中逐步形成正确的世界观、人生观和价值观，进而实现全面发展。

（二）高中思想政治活动型课堂的特点

1. 导向性

高中思想政治课是思想政治教育的主渠道，是培育和践行社会主义核心价值观的关键课程，具有明显的导向性特征。在教育实践中，教师精心策划并实施以学科核心内容为基石的系列活动，不仅能传授学科知识，还可以提升学生的情境分析能力与问题解决能力。此过程循序渐进，能促使学生对思想政治理论的理解日益深刻，也在无形中强化了学生关于"四个自信"的信念，深植家国情怀。此外，思想政治教育是一个多维度、递进式的实现"知、情、信、行"的过程。这意味着在学生充分理解学科知识、形成情感观念的基础上，思想政治活动型课堂能够在潜移默化中帮助学生将所学所信转化为实践力量，在生活中自发地采取实际行动，从而实现个人品德与社会责任的双重提升。

2. 时代性

思想政治课程是一门具有鲜明时代特色的课程，需不断适应和体现时代的发展。作为课程的重要载体，思想政治活动型课堂应响应时代号召，紧紧围绕思想政治教育的时代性开展活动。从课堂活动的设计来看，教师在活动素材、案例选取方面应当注重联系时政，积极融入社会热点问题，使学生通过参与课堂活动了解和掌握最新的时代信息。从活动的呈现方式来看，教师要善用多媒体信息技术。当前多媒体信息技术发展迅猛，中学生接受信息的方式、途径日趋广泛，所了解到的新鲜事物也日渐丰富。教师要及时把握学生的心理，在课堂活动的呈现上充分利用好互联网、多媒体等现代信息技术手段，使得思想政治课更加生动、形象，从而有效地传递信息，提高教学效率。

3. 实践性

与传统"教师讲、学生听"的教学模式不同，丰富多样的活动是高中思想政治活动型课堂的重要体现。在课堂上，学生投身于教师精心设计的活动中，积极开展小组合作、思考讨论并主动承担各项任务。这一过程深刻体现了活动型课堂的实践性本质。实践性，是指学生积极参与、亲身体验老师组织开展的各项活动，包括思维活动与社会实践活动。学生在参与活动的过程中需充分调动内在的积极性与能动性，在"学"中领悟知识，于"做"中践行理论，实现理论与实践的深度结合。教师巧妙地设计教学活动，引导学生围绕活动展开探究与讨论，使学生能够在一个互动性的学习环境中加深对知识体系的领悟与内化。此外，积极开展作为知识的延伸与巩固的课后社会实践活动，能够促使学生将所学知识与实际行动紧密结合，真正达到"学"与"做"相辅相成，"知"与"行"和谐统一。

二、学科核心素养与高中思想政治活动型课堂的关系

党的二十大报告明确提出："全面贯彻党的教育方针，落实立德树人的根本任务，培养德智体美劳全面发展的社会主义建设者和接班人。"学生核心素养的确立，实则是对党的教育方针的具象化和细化。为了确保学生核心素养的有效落实，我们亟须把握学科核心素养与活动型课堂之

间的联系，以此作为推进教育实践的关键纽带。

（一）学科核心素养是高中思想政治"活动型"课堂构建的重要基础

学科核心素养是学科育人价值的集中体现。为了更好地在思想政治课堂中培育学科核心素养，课程标准明确倡导构建一种以活动为导向的思想政治学科课程。由此，我们可以发现高中思想政治活动型课堂的构建，显然是在全面响应并深入践行核心素养教育理念的大背景下展开的，旨在通过更加生动、实际的教学活动，充分发挥学生主体作用，促进学生综合素养的全面提升。同时，由于学科核心素养是在三维目标（知识与技能、过程与方法、情感态度价值观）的基础上提炼与整合而来，它深刻体现了以学生为本的教育核心理念，着重于学生能力与品格的双重塑造。而高中思想政治活动型课堂正是立足于这一先进理念，不仅致力于传授给学生扎实的理论知识，更通过多样化的活动设计，巧妙地将理论与实践紧密融合，促进学生知行合一。可见，培育学科核心素养的目标也为高中思想政治活动型课程的构建提供了重要导向。

（二）高中思想政治活动型课堂是核心素养得以落实的主要载体

学科核心素养的培育是一个系统而复杂的过程，它不可能凭空产生，而需要借助一定的载体。高中思想政治活动型课堂便很好地承担了这一角色，它巧妙地将学科知识与学科活动相融合，基于学生的认知发展轨迹，立足学科知识产生一系列既富有教育意义又贴近学生生活实际的学科活动，从而为学生核心素养的培育提供坚实的支撑与广阔的舞台。不同于其他教学模式，思想政治活动型课堂具有很强的实践性和思辨性。在课堂上，学生要投身于教师精心设计的各类活动，通过亲自搜集资料、小组合作、思考讨论等方式来学习学科知识、获得情感认同。例如，在讲述"民主选举"这一知识点时教师可组织一场模拟选举活动，让学生在选举与被选举的过程中形成对国家的政治认同感、对社会的公共参与感。

又如，针对课堂案例的不同方面，教师也可展开辩论活动，在活动过程中，培养学生思辨的科学精神和法治意识。可见，思想政治活动型课堂的开展与学科核心素养的培育高度契合。通过精心构建高中阶段的思想政治活动型课堂，我们能够确保学生核心素养的培养不只停留在理论层面，而是切实转化为教学实践中的具体行动，从而实现核心素养培育目标的有效达成与深入实施。

三、核心素养下高中思想政治活动型课程实施路径

如何构建以培育思想政治学科核心素养为导向的活动型学科课程，这成为当前高中思想政治教学实践中亟待解决的时代新课题。笔者处于高中思想政治教学实践一线，通过观摩优秀课例、开设公开课等方式对"活动型课堂"进行了一系列探索与实践。接下来将以笔者所开设的公开课"实现中华民族伟大复兴的中国梦"为例，具体探究核心素养培育的大背景下高中思想政治活动型课程的实施路径。

（一）立足现实生活，确定合理教学议题

在构建活动型课堂的过程中，确立能够贯穿整个课堂的议题至关重要。教师在选议题时需注意要贴近学生生活实际，确保议题既具讨论价值又易于切入。那么如何确定合适的教学议题呢？议题的生活化处理需立足学生既有的认知框架和经验储备，双管齐下：一方面，要紧密依托学科知识体系，深入剖析教学目标、教学重点及教学难点；另一方面，要紧密关联现实生活，精心选择学生感兴趣的、贴近学生生活实际的时事热点、常见问题及典型实例，以此构建教学桥梁，促进知识与实践的深度融合。

在《实现中华民族伟大复兴的中国梦》一课的教学中，基于对教材的把握并结合学生的生活实际、时事热点，笔者选择运用杭州亚运会这一案例，以"亚运梦，中国梦"作为总议题，下设三个子议题：寻梦——从亚运盛会召开中寻中国梦，充分发挥学生主观能动性，让学生课前搜寻

资料、课中讨论分享，提高学生议题讨论的参与度；读梦——从亚运背后故事中读中国梦，根据具体材料引导学生讨论分析，培养学生发现问题、分析问题和解决问题的能力；逐梦——从青年使命担当中逐中国梦，把实践活动同议题有机结合起来，引导学生坚定理想信念，进一步培养其公共参与能力。议题贯穿整个活动型课堂，充分发挥学生的主体作用，使其真正成为课堂活动的核心。

（二）创设议题情境，构建活动型课堂

在活动型课堂中，要真正启发学生思维、培育学生核心素养就必须基于议题创设好结构化的情境。教师在创设议题情境的过程中，应着重考虑以下两点：第一，紧密围绕议题筛选情境素材。这一过程中，须坚持"三贴近"，即贴近生活、贴近学生、贴近热点。第二，精准定位师生角色，既要确保学生充分参与，使其深入情境、体验情境，又不削弱教师必要的引导功能。

《实现中华民族伟大复兴的中国梦》一课的教学中包含五个情境（表50-1）。在议题一中笔者设计了小组合作分享的教学情境，让学生通过课前预习提前查找有关我国举办的三届亚运会的素材，分享三届亚运会经历的变化、中国力量是如何展现的。学生带着自主学习的成果参与小组讨论与分享，合作学习的能力得到了提升。在议题二中笔者设计了两个情境，一是分别赏析1990年、2023年两届亚运会相关歌曲，引导学生从不同中找共同点，体会歌曲传递的理念，从而明确中国梦不仅是中国的梦想，它也同世界息息相关。二是深入亚运会背后的故事，通过呈现亚运会的系列举措和亚运会背后人们的行动的材料，引导学生总结归纳得出中国梦的特点。在议题三中笔者也设计了两个情境，一是展示亚运会青年志愿者的风采，展现身边榜样的力量。二是开展议题续写活动，让学生将自己的梦想融入国家的梦想，引导学生将理论与未来规划、具体实际相结合。整节课始终以亚运会为主线内容，一案到底，以小见大，通过丰富多样的活动，引导学生从亚运梦中了解中国梦，培养学生政治认同、公共参与的核心素养。

表 50-1 《实现中华民族伟大复兴的中国梦》教学情境设计

活动项目	任务明细	学习建议
情境 1	探究与分享：课前分组查阅资料，小组派代表在全班范围分享我国举办的三届亚运会经历了哪些变化，共同思考产生这些变化的基础是什么。	可从经济、科技、交通、文化等诸多方面进行分享，进一步感受中国力量，领悟中国梦的本质。
情境 2	《亚洲雄风》歌词：我们亚洲，山是高昂的头；我们亚洲，河像热血流…… 《同爱同在》歌词：同一片大海和天空，同迎着黎明和繁星…… 探究与分享：这两首歌曲共同传递了什么理念？这体现了中国与世界什么样的关系？	可以从关键词、高频词、情感表达等方面赏析两首歌曲，找寻其中蕴含的共同理念。
情境 3	材料：杭州亚运会的成功和精彩，离不开 1200 万来自各行各业的杭州人民的支持与付出，其中包括安保人员、消防人员、演职人员…… 探究与分享：亚运会的系列举措和亚运背后人们的行动体现了中国梦同人民的什么关系？	透过亚运会背后的故事和人们的行动感受中国梦的特点。
情境 4	展示亚运期间青年志愿者风采——小青荷，大梦想；杨高特色活动——投身社会、助力圆梦，杨高学子在路上；杨高名誉校长、人民教育家于漪老师的榜样力量等材料。 探究与分享：青少年应如何助力中国梦，不负时代？	探究个人梦想与中国梦的关系，思考个人梦想如何融入中国梦。

活动项目	任务明细	学习建议
情境5	开展"未来属于青年，希望寄予青年"议题续写活动：如果我将来（从事的职业）：_____ 我将（如何投身社会、助力国家）：_____ 为实现中华民族伟大复兴的中国梦贡献力量！	结合自身的职业生涯规划，思考在未来能为中国梦的实现作出哪些贡献。

（三）全员参与活动，引导学生合作探究

围绕议题，坚持以学生为中心设计教学活动，引导学生全员参与，是开展活动型课堂的关键。为了使学生能够在问题驱动下、在探究学习中运用学科思维与学科方法去解决问题，教师在课堂教学实践中要着重强化学生的主体性，为他们创造充足的时间与空间，使他们深入开展独立思考与自主探究活动；还需倡导学生在自主探究的基础上，发挥同伴的力量，在合作探究活动中充分集结群体的智慧。

在《实现中华民族伟大复兴的中国梦》一课的教学中，笔者为调动全体学生参与活动的积极性，设计了多个自主探究和小组合作探究的活动。例如，情境1即合作探究活动：学生基于预习任务在课前自行组队，从小组感兴趣的角度收集资料，交流分享、共同探讨。情境2、情境3分属小组合作探究和自主探究活动：通过赏析歌曲的方式充分调动学生参与活动的积极性，引导学生小组讨论，在对比分析中寻找歌曲蕴含的理念，同时，结合亚运会具体材料引导学生深入思考，在自主探究中总结归纳中国梦的特点。情境4和情境5的活动设计将学科内容的教学和具体实践活动相结合，使学生在参与的过程中充分运用知识、技能、方法解决问题，展现自己的价值观。这些活动处处体现了学生的主动参与、教师的积极引导，从课前精心准备、活动深入探究，到课堂互动交流的每一个环节，师生双方共同在活动中学习相关知识，亲历活动流程，最后进行反思

和整理。

（四）注重多元评价，提升学生核心素养

教学评价是思政教师教学工作必不可少的环节。在现行的教育体系中，传统的课堂评价模式普遍侧重于作业反馈与标准化考试。而基于学生核心素养发展的课堂评价和反馈，教师需要从单一、片面和功利的传统评价方式中走出来，贯彻发展性、过程性、参与性评价观，采用多样化、灵活实用、可操作的学生评价和反馈方式。

在《实现中华民族伟大复兴的中国梦》一课的教学中，对学生一系列的课堂活动，教师都应该进行及时而有效的评价。因此，笔者基于核心素养要求设计了课堂活动小组任务完成评价表（表50-2）以及学生活动表现评价量表（表50-3），帮助学生及时自我审视，明确自身不足之处。在评价实践中，我们不仅应将目光聚焦于最终成果，更应深刻认识评价过程本身的重要性。在这一过程中，引导学生展开持续的自我反思，不仅有助于塑造其政治认同、科学精神、法治意识和公共参与的核心素养，还能显著提升其识别、分析及解决问题的综合能力，进而增强学生对知识的深入理解与灵活应用，最终推动课堂教学质量的持续优化与提升。

表50-2　课堂活动小组任务完成评价表

评价维度	完成情况
积极参与资料的搜集、整理	
主动配合同学	
搜集信息充分、精确、恰当	
表达观点流利，并能为主要观点提供例证	
对所学知识认识深刻、独到	

表 50-3 学生活动表现评价量表

评价维度	表现水平			评价主体		
	A 级	B 级	C 级	自我评价	同学评价	教师评价
资料搜集	能够从多种途径、多角度搜集资料,对资料进行有序整理,搜集的资料真实有效	能够自主搜集资料,但资料角度不够丰富完善	资料搜集角度单一,资料内容与所学知识不够契合			
学习态度	学习专注度高,善于与人合作,虚心听取别人的意见,积极参与讨论	具有一定的学习专注度,能与他人合作,听取别人意见,能参与讨论	学习专注度低,缺乏与人合作的精神,难以听进别人的意见,极少参与讨论			
学科知识基础	知识基础扎实,整合程度高,有较高的学科知识的整合能力、迁移能力	知识基础较扎实,有一定程度的整合,能进行学科知识的整合与迁移	知识基础薄弱且碎片化			
学科语言表达能力	发言有条理,能准确用学科专业语言将课堂学习中使用的资源所蕴含的信息、意义进行概括和阐述	能发表观点,能用学科专业语言将课堂学习中使用的资源进行描述,条理性、逻辑性不足	很少发言且不能准确表达			

评价维度	表现水平			评价主体		
	A级	B级	C级	自我评价	同学评价	教师评价
创新思维能力	大胆提出和别人不同的见解，独立思考，用不同的方法解决问题	能用老师或他人提供的方法解决问题，有一定的思考能力和创造性	不敢提出和别人不同的问题，不能独立解决问题			
实践运用能力	能运用所学理论解决实际问题	能够理解所学知识并恰当举例	无法理解所学知识			

我这样评价自己：

同伴眼里的我：

老师的话：

总之，积极构建高中政治活动型课程已成为当前教育实践中不可或缺的一环。基于此，在进行高中思想政治课堂教学时，教师应遵循培育学科核心素养的要求，立足学生发展的现实状况，精心设计活动型课程，通过多元化的活动形式，使学生在课堂参与中深化对理论知识的理解，提升自身政治素养，从而实现思想政治学科在育人方面的独特价值。

参考文献

［1］曹雅琴. 高中思想政治活动型学科课程构建研究 [D]. 重庆：西南大学，2020.

［2］瞿洁玲. 高中思想政治课活动型课堂构建策略研究 [D]. 扬州：

扬州大学，2020.

［3］王礼新．对"活动型学科课程"的几点思考 [J]. 思想政治课教学，2018（3）：17-20.

［4］孙玉娟．基于核心素养培育的活动型课堂之探 [J]. 思想政治课研究，2019（2）：132-134.

图书在版编目（CIP）数据

　　德智融合：素养导向的课程文化建设：上海市杨浦高级中学教师论文集 / 张田岚主编. — 上海：上海教育出版社，2025.3. — ISBN 978-7-5720-3404-6

　　Ⅰ. G632.0-53

　　中国国家版本馆CIP数据核字第2025T3H008号

责任编辑　余　地
封面设计　蒋　妤

德智融合：素养导向的课程文化建设
上海市杨浦高级中学教师论文集
张田岚　主编

出版发行　上海教育出版社有限公司
官　　网　www.seph.com.cn
地　　址　上海市闵行区号景路159弄C座
邮　　编　201101
印　　刷　上海龙腾印务有限公司
开　　本　700×1000　1/16　印张 28　插页 1
字　　数　403 千字
版　　次　2025年3月第1版
印　　次　2025年3月第1次印刷
书　　号　ISBN 978-7-5720-3404-6/G·3042
定　　价　118.00 元

如发现质量问题，读者可向本社调换　电话：021-64373213